Israel
schafft
sich ab

Gershom Gorenberg, orthodoxer Jude, ist einer der renommiertesten Experten für den Nahostkonflikt und die Geschichte Israels.
Sein Markenzeichen: Er scheut klare Worte nicht, aber nimmt
dabei stets eine sehr besonnene Position ein. Seine Bücher, darunter *The Accidental Empire*, sind in Israel Bestseller, seine Biografie über Jitzchak Rabin wurde mit dem National Jewish Book
Award ausgezeichnet. Gorenberg schreibt unter anderem für das
New York Times Magazine, The Atlantic, Ha'aretz und bloggt unter
southjerusalem.com. Zusammen mit seiner Frau und seinen drei
Kindern lebt er in Jerusalem.

Gershom Gorenberg

Israel schafft sich ab

The Unmaking of Israel

Aus dem Englischen von
Andreas Simon dos Santos

Campus Verlag
Frankfurt/New York

Die englischsprachige Ausgabe des Buches erschien 2011 unter dem Titel
»The Unmaking of Israel« bei Harper Collins, New York.
Copyright © 2011 by Gershom Gorenberg.
THE UNMAKING OF ISRAEL, Harper Collins.

ISBN 978-3-593-39724-5

Umschlaggestaltung: hauser lacour, Frankfurt am Main
Satz: Fotosatz L. Huhn, Linsengericht
Gesetzt aus: Scala und Scala Sans
Druck und Bindung: CPI – Ebner & Spiegel, Ulm
Printed in Germany

Dieses Buch ist auch als E-Book erschienen.
www.campus.de

Für meine Kinder
YEHONATAN, YASMIN
und SHIR-RAZ

Die Wiederaufbauer

Inhalt

Kapitel 1

Die Straße nach Elisha

Die Lehranstalt von Elisha in der Westbank sieht nicht aus wie die Verkörperung dreier gesellschaftlicher Revolutionen. Die Mensa mit Blick auf den Hof ist ein Plattenbau, die Verwaltung ist in einem Bürocontainer untergebracht. Nur der steinverkleidete Studiensaal mit angeschlossener Synagoge ist ein festes Gebäude. Auch die Unterkünfte, die mehrere Dutzend Studenten beherbergen, bestehen aus verwitterten, in zwei konzentrischen Halbkreisen an den Hang gesetzten Mobilheimen. Am Eingang des Geländes hockt ein gelangweilter Unteroffizier der israelischen Streitkräfte in seinem Wachhäuschen. Er mustert mich durch das geöffnete Autofenster, sieht, dass ich Israeli bin, hört mit einem Ohr, dass ich eine Verabredung mit dem Vorsteher habe, und winkt mich durch.

Keine Säulengänge und Heldenstatuen zieren den Hof. Nichts hier wirkt monumental. Die Umbrüche in der israelischen Gesellschaft, für die Elisha steht, gleichen eher Verwerfungen im Untergrund: nur halb sichtbar, mächtig und fortlaufend in Bewegung. Sie treiben Risse in die Grundfesten des Staates. Aber sie sind die Folge menschlicher Entscheidungen, nicht das Werk von Naturgewalten.

Ich bin nach Elisha gekommen, weil mich die Sorge umtreibt, dass sich der Staat Israel in einer fortdauernden Zersetzung befindet, was sich an Elisha gleich in mehrfacher Hinsicht ablesen lässt.

Zunächst einmal ist dieser Ort ein illegaler Außenposten, eine von etwa 100 kleinen Siedlungen, die im ganzen Westjordanland errichtet wurden, seit das Oslo-Abkommen von 1993 Israel zu einem Verhandlungsfrieden mit den Palästinensern verpflichtete. Seit diesem Abkommen hat die israelische Regierung keine neuen Siedlungen in der Westbank mehr genehmigt. Angeblich haben sich die Siedlungsaktivisten auf dem israelisch besetzten Territorium seither also über staatliche Weisungen und geltende Gesetze hinweggesetzt. Doch in Wirklichkeit haben ihnen viele staatliche Stellen dabei unter die Arme gegriffen, während die gewählten Amtsträger ihre Aktivitäten entweder ignorierten oder sogar noch unterstützten. Das israelische Wohnungsbauministerium hat allein für Elisha über 300 000 Dollar für Infrastruktur und Gebäude aufgewendet. Die Armee stellt Soldaten, um den Ort zu schützen. Der Zweck solcher Außenposten besteht darin, die Lücken zwischen den größeren bereits bestehenden Siedlungen zu schließen, die jüdische Kontrolle über das Westjordanland auszudehnen und das Territorium, das den Palästinensern geblieben ist, zu zerstückeln. Tatsächlich handelt es sich um ein gewaltiges, jeder Rechtsstaatlichkeit spottendes Schurkenstück.[1]

Gleichzeitig ist Elisha eine Institution strenggläubiger jüdischer Gelehrsamkeit. Die Studenten sind junge Männer unter 20. Der Vorsteher ist ein charismatischer Rabbiner mit einer ruhigen, warmen Stimme, der zufällig 1967 geboren wurde, im Jahr des israelischen Sieges im Sechstagekrieg. Aufgrund dieses als Wunder empfundenen Erfolges fegte eine neue Theologie durch das israelische Judentum. Sie deutete den Triumph auf dem Schlachtfeld als Teil von Gottes Plan, die Welt zu erlösen und die Menschheit ins vollendete Zeitalter des Messias zu führen. Diese Theologie sprach den Staat Israel und sein Militär heilig. Sie machte die Ansiedlung von Juden in den frisch eroberten Gebieten zu einem göttlichen Gebot, »so wichtig wie alle anderen zusammengenommen«[2]. Die neue Doktrin verkürzte den universellen Gehalt der jüdischen Moral und machte den militanten Nationalismus zu einem Pfeiler des Glaubens. Als der Vorsteher mir in seinem Büro seine erzieherische Botschaft erklärt, fallen die Schlüsselwörter dieser Theologie: Seine Studenten »müssen verstehen«, sinniert er, dass sie ein »Teil der Erlösung Israels« seien. Wenn er eine Idee erläutert, weiten sich seine Augen und ein katzenhafter Schauder der Wohligkeit zuckt ihm über den Rücken. Zweifellos nimmt er an, dass ihm der orthodoxe Gesprächspartner, der ihm da mit seiner Kippa auf dem Haupt gegenübersitzt, in allem beipflichtet. Schließlich ist er in einer Gemeinschaft aufgewachsen, wo seine Ansichten, vermittelt in zahllosen staatlichen Schulen, allgemein geteilt werden.

Elisha ist jedoch eine ganz besondere Art von Schule: Sie ist eine vormilitärische Lehranstalt. Prinzipiell gilt in Israel ab 18 eine allgemeine Wehrpflicht. Allerdings gewährt die Armee Oberschulabsolventen einen Aufschub von einem und mehr Jahren für den Besuch solch vorbereitender Einrichtungen, die Körperertüchtigung mit Studien verbinden und in ihren Zöglingen den Wunsch bestärken, zur Armee zu gehen und sich in ihr hochzudienen. Eines der Ziele orthodoxer Lehranstalten ist es, den Glauben der Studenten zu festigen, damit sie dem Druck widerstehen, seine Ausübung während der Dienstzeit ruhen zu lassen. Ein weiteres Ziel besteht in der Schaffung eines Kaders ideologisch eingeschworener strenggläubiger Offiziere. Obwohl es sich um einen illegalen Außenposten handelt, wird Elisha auf der Website des israelischen Verteidigungsministeriums in der Liste vormilitärischer Lehranstalten aufgeführt.[3] Das Erziehungsministerium stellt ein Drittel und mehr ihres Budgets bereit.[4]

In den zwei Jahrzehnten seit der Einrichtung solcher Lehranstalten spielen religiöse Männer in den Kampfeinheiten der israelischen Armee und ihrem Offizierskorps eine immer größere Rolle.[5] Doch der neue Rekrutensegen wirft eine beunruhigende Frage auf: Wie viel Einfluss hat ein politisierter Klerus im Militär? Der Antwort auf diese Frage könnte ein enormes Gewicht zufallen, falls Israel beschließen sollte, sich aus dem Westjordanland, das in der israelischen Amtssprache und in weiten Teilen des öffentlichen Diskurses mit seinen biblischen Namen Judäa und Samaria genannt wird, zurückzuziehen. Im Hof von Elisha will ich von einem jungen Mann mit einem dunklen Schatten von einem Bart wissen, was er denn tun würde, falls er den Befehl zur Räumung einer Siedlung erhielte. »Ich werde nicht das religiöse Gesetz brechen, wenn all die Rabbiner sagen, dass ich es nicht tun soll«, erwidert er.[6]

Auf der Straße nach Elisha markiert kein Schild die Grenze zwischen Israel und dem besetzten Gebiet. Ich hatte auch keines erwartet. Seit 1967 ist der Staat bestrebt, diese Linie auszuradieren – auf den Karten und in der Landschaft. Die Straße führte ostwärts in die Berge der Westbank an dem palästinensischen Dorf Deir Nidham und den Vorstadthäusern der israelischen Siedlung Neveh Tzuf vorbei, bis ich schließlich vor das Maschendrahttor der Lehranstalt gelangte. Für die meisten Israelis, die sich nur selten über die Ränder des besetzten Territoriums hinauswagen, ist Elisha unsichtbar.

Doch Elisha stellt eine Wegscheide dar – nicht auf der Landkarte, sondern in der israelischen Geschichte. Die fortdauernde Besatzung, die Förderung des religiösen Extremismus, die Untergrabung von Recht und Gesetz durch die Regierung selbst, all das bedroht die Zukunft Israels. Insbesondere gerät dadurch sein demokratischer Anspruch in große Gefahr. Als Israeli bin ich überzeugt, dass mein Land die Richtung ändern muss. Meine Fragen – die Fragen, die ich in diesem Buch zu beantworten versuche – lauten: Wie konnte es mit Israel so weit kommen? Und welchen Weg muss das Land einschlagen, um zu gesunden und sich neu aufzubauen?

Es gibt zwei verbreitete Darstellungen von Israel. Die erste legt die Betonung auf seine Erfolge. Es hat Juden eine Zuflucht und Souveränität in ihrem eigenen Land verschafft. Sechs Jahrzehnte nach seiner Gründung ist Israel eine Rarität unter den Ländern, die ihre Unabhängigkeit in der Ära der Entkolonialisierung erlangt haben. Es ist eine parlamentarische Demokratie. Wirtschaftlich hat sich Israel von einem Drittweltland in die Erste Welt aufgeschwungen, von einem Obstausfuhrland zu einem Software-Exporteur.

Das zweite Porträt zeichnet ein Land im Konflikt, geprägt von

Terroranschlägen gegen Israelis, aber auch von Straßensperren, Mauern, Siedlungen und israelischen Offensiven in Gaza und im Libanon. In den Medien und in wissenschaftlichen Analysen richtet sich aus diesem Blickwinkel das Augenmerk zunehmend auf die Besatzung des Territoriums, das Israel 1967 eroberte, und auf die Misere der dort lebenden Palästinenser. Das Regime im Westjordanland – sogar in Israel selbst – wird manchmal mit der Apartheid gleichgesetzt. Der Zionismus wird als eine kolonialistische Bewegung gezeichnet und die Vertreibung der Palästinenser 1948 als zwangsläufige Folge des Wesens des Zionismus. Am knappsten auf den Punkt gebracht lautet die Kritik, dass Israel eine »Ethnokratie« sei, wie der Geopolitologe Oren Yiftachel 2006 in seinem gleichnamigen Buch argumentierte. Eine Ethnokratie, so erläutert er, ist ein Regime, das die »Ausdehnung der dominanten Gruppe in dem umstrittenen Territorium vorantreibt, während es eine demokratische Fassade aufrechterhält«.[7]

Diese beiden Darstellungen Israels bilden eine ebenso krasse wie irreführende Dichotomie. Nationen lassen sich nicht unbedingt in saubere Kategorien stecken, sie sind keine chemischen Elemente. Wie große literarische Figuren lässt sich Israel besser durch seine Widersprüche, durch seine tragischen Schwächen und heroischen Aspirationen porträtieren.

Der Zionismus ist, von innen heraus verstanden, die nationale Befreiungsbewegung der Juden. Diese Bewegung begann in Ost- und Mitteleuropa, ein Gebiet mit sich überschneidenden und ineinander verschränkten Volksgruppen, die Ende des 19. Jahrhunderts alle nach politischer Selbstbestimmung strebten. Das jüdische Leben in der Region war prekär und fruchtbar, doch nun gewann die Unsicherheit die Oberhand. Der Zionismus definierte die Juden in erster Linie als ethnische Gruppe statt als religiöse Gemeinschaft. Er betrachtete die Schaffung einer jüdischen Gesellschaft im »Land Israel«, auch Palästina genannt, als rechtmäßige Repatriierung eines staatenlosen, verfolgten Volkes in seine lange verlorene Heimat. Rückkehr, so postulierte der Zionismus, sei die einzig gangbare Lösung des ältesten Flüchtlingsproblems der Welt.

Aber diese Heimat war auch das Heimatland eines anderen Volkes, jener Araber, die sich nach und nach immer deutlicher als Palästinenser definierten. 1881, am Vorabend der Einwanderung europäischer Zionisten, überstieg die Zahl der Araber in Palästina die Zahl der Juden um das 18fache. Von den Ufern Palästinas aus betrachtet war der Zionismus eine Bewegung von Ausländern, die in das Land einfielen, um es zu besiedeln, zu kolonisieren. Der Streit zwischen diesen beiden Darstellungen ist wie eine Debatte darüber, ob Wasser in Wahrheit aus Sauerstoff oder Wasserstoff besteht. Dass beide zum Teil wahr sind, ist der Ausgangspunkt der Tragödie des israelisch-palästinensischen Konflikts.

Israel, gegründet 1948, war das Produkt dieser widersprüchlichen Geschichte. Noch unmittelbarer war es das Kind der Entscheidung der Vereinten Nationen vom 29. November 1947, Palästina in einen jüdischen und einen arabischen Staat aufzuteilen. Für den überwiegenden Teil der zionistischen Führung bedeutete Teilung die internationale Anerkennung des jüdischen Rechts auf einen eigenen Staat. Für die palästinensischen Araber bedeutete dieselbe Entscheidung, dass ausländische Mächte »in einem Akt der Aggression« einen »jüdischen Staat auf arabischem Boden« erzwangen. So wurde Israel aus dem Krieg geboren – zuerst mit den palästinensischen Arabern, dann mit den benachbarten arabischen Staaten. Für die Palästinenser war dieser Krieg die *nakba*, die Katastrophe, in deren Verlauf die meisten Araber flohen oder aus dem Land, aus dem bald Israel werden sollte, vertrieben wurden; für die israelischen Juden war es ein traumatischer Krieg ums Überleben. Wieder sind beide Beschreibungen wahr.

Bei seiner Geburt erbte Israel die Spaltungen im Inneren des Zionismus selbst – zwischen politischen Fraktionen, die das ganze Spektrum von der prosowjetischen Linken bis zur radikalen Rechten und zwischen einer säkularen Mehrheit und einer religiösen Minderheit abdeckten. Die Unabhängigkeitserklärung des neuen Landes verkündete, dass es das »natürliche Recht des jüdischen Volkes« auf Souveränität verkörpere, versprach aber auch »all seinen Einwohnern ungeachtet ihrer Religion, Volkszugehörigkeit oder ihres Geschlechts völlige Gleichheit in ihren sozialen und politischen Rechten«.

Das waren die Ausgangsbedingungen. Sie begrenzten die politischen Wahlmöglichkeiten, die den Staat Israel formten, aber sie legten nicht von vornherein das Ergebnis fest. Aus ein und denselben Anfängen hätte sich Israel sowohl zu einer prosowjetischen als auch zu einer rechtsgerichteten Diktatur entwickeln oder in inneren Kämpfen zerbrechen können. Stattdessen gelang es den Gründern Israels, wie ich im folgenden Kapitel darlegen werde, einen stabilen Staat zu errichten. Es war eine Demokratie, wenngleich mit einem schweren Fehler – am offenkundigsten sichtbar an seiner Behandlung der palästinensischen Minderheit, die nach der *nabka*, der Katastrophe, in Israel blieb. Andere Fehler waren weitaus unterschwelliger, wie jene frühen Entscheidungen, die über Jahrzehnte hinweg einen Wandel im strenggläubigen Judentum Israels bewirkten, indem sie dafür sorgten, dass die Ultraorthodoxen von der demokratischen Gesellschaft, die sie ablehnen, wirtschaftlich abhängig wurden. Und dennoch machte das Land in dieser Phase, die ich die Erste Israelische Republik nennen möchte, zwar ungleichmäßige, aber zuweilen bemerkenswerte Fortschritte in Richtung einer liberalen Demokratie.

Ironischerweise war der Sechstagekrieg vom Juni 1967 ein Wendepunkt: ein militärischer Sieg, der zu politischer Torheit führte. Er markierte den Beginn dessen, was ich das »Zufallsimperium« nenne.[8] Der Krieg überraschte Israel: Die Eroberungen des Westjordanlands, des Gazastreifens, der Golanhöhen und der Sinai-Halbinsel kamen unerwartet. Doch danach erwies sich ein unter Lähmung und Hybris leidendes israelisches Gemeinwesen als unfähig, harte politische Entscheidungen zu fällen, besonders über die Westbank und Gaza. Stattdessen hielt es die Palästinenser, die in diesen Territorien lebten, als Entrechtete unter einer Militärbesatzung, während es israelische Bürger auf dem besetzten Land ansiedelte.

Im Augenblick seines Triumphs begann Israel also, sich selbst zu zersetzen. Mit der langfristigen Herrschaft über die Palästinenser entfernte sich das Land vom Ideal der Demokratie, ein Abrücken, das wechselnde israelische Regierungen mit der Behauptung in Abrede stellten, die Besatzung sei nur eine vorübergehende Episode. Das Siedlungsunternehmen war ein breit angelegter Angriff auf die Rechtsstaatlichkeit. Entgegen einer verbreiteten Darstellung waren es säkulare Politiker, die mit der Besiedlung der besetzten Gebiete begannen und sie seither decken. Aber die ideologisch vernageltsten Siedler waren religiöse Zionisten – und die staatliche Unterstützung der Besiedlung beförderte die Verwandlung des religiösen Zionismus in eine Bewegung der radikalen Rechten.

Ein Land lässt sich, wie ich gesagt habe, am besten durch seine Widersprüche begreifen. In mancher Hinsicht hat sich Israel weiter demokratisiert. Die Wahl vom Mai 1977 nach dem Rücktritt von Jitzchak Rabin belegte, dass sich ein Machtwechsel in Israel friedlich vollziehen konnte, auch wenn er der rechtsgerichteten Likud unter Menachem Begin die Schlüssel zur Regierung in die Hand gab und ihr die Gelegenheit zu einer Eskalation der Besiedlungspolitik verschaffte. Das Oberste Gericht hat eine stärkere Rolle beim Schutz der Bürgerrechte übernommen. Die gewählte Führung der palästinensischen Bürger Israels ist selbstbewusster und unabhängiger geworden. 1993 signalisierte das Oslo-Abkommen die Anerkennung – durch zumindest der Hälfte der israelischen Öffentlichkeit –, dass Israel die Westbank und Gaza würde aufgeben müssen, um demokratisch zu bleiben.

Dennoch wurde Israel mit dem Oslo-Abkommen zum Reich der Zweideutigkeit. Es übergab den Gazastreifen und Bruchstücke des Westjordanlands einer beschränkten palästinensischen Selbstregierung, vermeintlich als ersten Schritt zum Ende der Besatzung. Das Eintreten für einen palästinensischen Staat an der Seite Israels, eine ehemals subversive Forderung, wurde zu einer Position der politischen Mitte. Selbst die rechten Premierminister Ariel Scharon und Benjamin Netanjahu legten schließlich ein Lippenbekenntnis zu einer Zwei-Staaten-Lösung ab. In akademischen Kreisen und in den Medien wurde die Debatte über die aktuelle und vergangene Politik des Landes offener denn je geführt.

Gleichzeitig hat sich Israels Verstrickung in die Westbank nur noch verstärkt. Seit 1993 ist die Zahl der Siedler im Westjordanland – außerhalb des annektierten Ostjerusalems – von 116 000 auf 300 000 gestiegen.[9] Der Rechtsbruch, der dem Besiedlungsunternehmen stets anhaftete, ist bei den nach Oslo errichteten Außenposten nur noch offenkundiger; der religiöse Radikalismus ist extremer geworden. Die Aufgabe der Westbank gestaltet sich umso schwieriger, als das Militär sich gar nicht sicher sein kann, ob seine Offiziere und Soldaten einem Rückzugsbefehl überhaupt Folge leisten würden.

Gleichzeitig fährt die Regierung fort, die ultraorthodoxe Gemeinde zu subventionieren, und nährt damit eine andere Form des religiösen Extremismus. Über 20 Prozent der jüdischen Kinder in Israel gehen heute auf ultraorthodoxe Schulen.[10] Ultraorthodoxe Parteien mit ihrer theokratischen Agenda sind mächtiger geworden. Sie verhindern nicht nur die Trennung von Staat und Religion, sondern stellen eine Gefahr für die wirtschaftliche Zukunft Israels dar. Sie sind außerdem ein wesentlicher Bestandteil des Bündnisses, das die Besiedlung der Westbank deckt.

Die besetzten Territorien sind keine überseeischen Kolonien. Die Gesetzlosigkeit, die hypernationalistische Politik und der Kampf zwischen Juden und Palästinensern um die Kontrolle des Landes lassen sich nicht hinter einer unsichtbaren Grenze abschotten. Siedler machen sich in jüdisch-arabischen Städten innerhalb Israels breit; rechtsgerichtete Politiker stellen palästinensische Bürger als Unglück Israels hin. Das ist ein weiterer Schlag gegen Israels Gründungsverpflichtung auf die Gleichheit »all seiner Einwohner«, ein weiterer Schritt auf dem Weg zur Demontage des Staates.

Ich möchte eines betonen: Die hier angesprochenen Tendenzen sind nicht die Früchte einer wohlüberlegten Politik. Einige verdanken sich dem Umstand, dass Warnungen vor einer lang währenden Herrschaft über ein anderes Volk in den Wind geschlagen wurden. Andere waren völlig unbeabsichtigte Folgen von Entscheidungen, mit denen man sich auf der sicheren Seite wähnte oder unmittelbar anstehende Probleme aus dem Weg räumen wollte. Viele sind die Folge eines Festhaltens an Werten, die vor 1948, als die Juden nach Selbstbestimmung strebten, sinnvoll waren, die aber in einem unabhängigen Staat keinen Sinn ergeben.

Doch diese Tendenzen bedrohen nun Israels demokratischen Anspruch und seine Existenz. Das Land muss und kann eine andere Richtung einschlagen. Zur Vervollständigung dieser Geschichte werde ich daher erläutern, was Israel tun muss, um sich neu aufzurichten, um die Spannung zwischen jüdischer Unabhängigkeit und liberaler Demokratie zu lösen und eine Zweite Israelische Republik aus der Taufe zu heben.

Israel ist nicht Südafrika, die Westbank nicht Algerien. Um Tolstoi zu paraphrasieren: Jedes unglückliche Land ist auf seine Weise unglücklich. Historische Parallelen zu anderen Ländern können uns hilfreiche Aufschlüsse geben, solange wir in Erinnerung behalten, dass die Ähnlichkeiten ihre Grenzen haben. Dies vorausgesetzt, möchte ich zwei historische Parallelen anführen, die Licht auf die Lage Israels werfen.

Die erste ist die Parallele zu Amerika. Die neugeborenen Vereinigten Staaten waren eine »Siedlerethnokratie«, um Oren Yiftachels Ausdruck zu benutzen. Diese versklavte dunkelhäutige Menschen und vertrieb die eingeborenen Amerikaner beharrlich von ihrem Land. Tatsächlich beschreibt der israelische Philosoph Avishai Margalit die von den amerikanischen Verfassungsvätern erzielte Einigung als Paradebeispiel für einen moralisch nicht zu verteidigenden »faule[n] Kompromiss, der ein unmenschliches Regime der Grausamkeit und der Erniedrigung etabliert oder in seinem Fortbestand sichert«, ein Regime, das »Menschen so behandelt, als wären sie keine Menschen«.[11]

Doch die Vereinigten Staaten waren auch ein bahnbrechendes Experiment in Demokratie, das Revolutionäre in anderen Teilen der Welt inspirierte. Offenbar kann ein Gemeinwesen als Demokratie und Ethnokratie geboren werden, wobei seine Politik in der Folge immer um den Widerspruch zwischen beiden kreisen wird.

Wir gründen unser Urteil darüber, welche Seite des Charakters eines Landes wohl seinen wahren Kern ausmacht, unausweichlich auf den späteren Verlauf seiner Geschichte, so wie die Bedeutung des ersten Kapitels eines Romans sich mit jedem weiteren, das man liest, verändert. Aus der Perspektive des 6. März 1857, nachdem das Oberste Gericht im Verfahren Dred Scott versus Sandford entschieden hatte, dass eine schwarze Person kein Bürger sein könne, sahen die Vereinigten Staaten wie eine Ethnokratie mit demokratischer Fassade aus. Aus der Perspektive des 5. November 2008 hingegen, dem Tag nach der Wahl ihres ersten afroamerikanischen Präsidenten, stellten sich die USA wie eine durch und durch demokratische Nation dar. So sehr uns die Geschichte hilft, der Gegenwart Sinn zu verleihen, verändert die Gegenwart beständig die Vergangenheit. Während sich die israelische Herrschaft über die Palästinenser immer mehr in die Länge zieht, fällt das Urteil über die Entstehungsgeschichte Israels in der Wissenschaft wie im Volk zunehmend strenger aus.[12] Wenn Israel die Besatzung beendet und die Demokratie stärkt, wird es nicht nur seine Zukunft erlösen, sondern auch seine Vergangenheit.

Die zweite, sehr beschränkte Parallele ist die zu Pakistan. Dort hat eine Reihe häufig aus kurzfristigen Gründen getroffener politischer Entscheidungen die fundamentalistische Erziehung gestärkt, die Verfassung für eine Theokratie geöffnet und religiösen Radikalen eine machtvolle Rolle im Militär verliehen. Moderatere Formen der Religion, die einem modernen, säkularen Staat förderlich sind, haben darunter gelitten.

Israel ist gewiss noch nicht so weit auf diesem Weg vorangeschritten. Aber die Erfahrung in Pakistan sollte als Warnung dienen. Wenn die Führer eines Landes die Schutzherrschaft über religiöse Bewegungen übernehmen, die eine offene Gesellschaft ablehnen, richten sie doppelten Schaden an: am Staat und an der Religion. Die Förderung der religiösen Siedlerbewegung und der Ultraorthodoxie durch den israelischen Staat hat es beiden ermöglicht, einflussreicher, unnachgiebiger und intoleranter zu werden. Das Judentum wurde in diesem Prozess furchtbar entstellt.

Ich übe diese Kritik nicht als ein Gegner der Religion, sondern als religiöser Jude. Da dieses Buch keine Abhandlung über den jüdischen Glauben ist, werde ich nur kurz erklären, was aus meiner Sicht offenkundig ist: Die ersten Lehren aus den heiligen Schriften des Judentums in den biblischen Büchern Genesis und Exodus sind, dass alle Menschen nach dem Ebenbild Gottes erschaffen wurden und Freiheit verdienen. Den Grund, warum nach der Lehre der Bibel die Menschheit mit einem einzelnen Menschen beginnt, erläutert der *Talmud* so: »Wer einen Menschen zerstört, hat eine ganze Menschenwelt zerstört«, wer dagegen »ein Menschenleben erhält, hat eine ganze Menschheit erhalten.«[13] Der Zweck, dass Juden in ihrem Land zusammenleben, und die Bedingung dafür besteht darin, als Gesellschaft, nicht nur als Individuen, »der Gerechtigkeit und nur der Gerechtigkeit zu folgen«.[14]

Einer der vehementesten Kritiker der mit dem Staat verbundenen Religion in Israel war der strenggläubige Wissenschaftler und Theologe Yeshayahu Leibowitz. »Es gibt keine größere Herabsetzung der Religion als die Erhaltung ihrer Institutionen durch einen säkularen Staat«, schrieb er 1959.[15] Nach den Eroberungen im Juni 1967 kritisierte Leibowitz als einer der Ersten das Festhalten an den besetzten Gebieten. Wenn die religiöse Rechte das Land Israel und den Staat Israel als heilig betrachtete, so sei das eine Vergötzung, argumentierte er: Land und menschlichen Institutionen könne man keine Heiligkeit zumessen.[16] Leibowitz, der 1994 im Alter von 91 Jahren starb, bleibt als ein lautstarker, wütender Mann in Erinnerung – ein rationalistischer Philosoph mit dem unduldsamen Zorn eines Propheten. Im Rückblick auf seine frühen Schriften gegen die Besatzung scheint es mir offenkundig zu sein, dass er nicht nur die Korruption des Staates fürchtete, sondern auch die Korruption des Judentums. Die Zeit hat erwiesen, dass diese Furcht wohlbegründet war.

Ich möchte noch eine eher persönliche Anmerkung hinzufügen. Ich bin Israeli aus freien Stücken. Vor 35 Jahren bin ich als amerikanischer Student ins Land gekommen und habe mich entschlossen, als Bürger zu bleiben. Meine drei Kinder sind hier geboren. Zwei dienen gegenwärtig in den israelischen Streitkräften. Ich schreibe dieses Buch, weil ich um die Zukunft meines Landes besorgt bin.

Ich habe Israel nicht für eine Wirklichkeit gewordene Utopie gehalten, als ich mich entschloss, hier zu leben. Allerdings war ich der Meinung, dass es sich um eine Gesellschaft handelte, in der gewöhnliche Menschen ein ungewöhnliches politisches Engagement an den Tag legten, und meine Hoffnung war, dass dies die Chancen auf einen Wandel erhöhen könnte. Ich glaubte, dass es eine Aussicht auf die Verwirklichung eines liberalen Zionismus gab: auf die Schaffung einer Gesellschaft, in der Juden in der Mehrheit sind, in der jüdische Dispute die Debatten der allgemeinen Gesellschaft sind – aber auch eine Gesellschaft mit vollen Rechten für Nichtjuden, eine Demokratie im vollsten Wortsinn. Ich glaube noch immer, dass dies möglich und notwendig ist, auch wenn viel Zeit vergeudet wurde.

Im Folgenden warte ich weder mit einer Geschichte Israels auf noch mit einem diplomatischen Plan für einen israelisch-palästinensischen Frieden. Vielmehr unternehme ich eine selektive und persönliche Reise durch Israels Vergangenheit und Gegenwart, um eine These zu verfolgen: dass Israel drauf und dran ist, sich selbst abzuschaffen, und sich wieder auf sich selbst besinnen muss.

Kapitel 2

Die Mahnung der »Altalena«

»Die Einheiten haben sich in Richtung Strand in Bewegung gesetzt. Die Separatisten haben die Brücke nach Kfar Vitkin ver-
mint und Maschinengewehre in Stellung gebracht. Alle Straßen
sind von unseren Einheiten blockiert«, schrieb Yisrael Galili, der
höchste Militärberater David Ben-Gurions, an seinen Premierminister. »Wir ziehen weitere Kräfte zusammen ... Es besteht kein
Zweifel, dass unsere Streitkräfte beschossen werden, wenn sie
sich dem Strand nähern. Wir werden entschlossen handeln.«[1]

Galili schickte diese Nachricht aus dem Lager Dorah, einem Ar-
meestützpunkt an der Mittelmeerküste in der Nähe des jüdischen
Bauerndorfes Kfar Vitkin. Es war der frühe Morgen des 21. Juni
1948. Fünf Wochen zuvor, am 14. Mai, hatte Israel zum Ende des
britischen Mandats formal seine Unabhängigkeit erklärt. Ende
Juni bot ein von der UNO auferlegter Waffenstillstand eine kurze
Atempause vom Krieg mit den benachbarten arabischen Ländern.
Dennoch schickte Galili Truppen in den Kampf – gegen Juden.
Und in einem ganz praktischen Sinn markierten die Ereignisse
der nächsten anderthalb Tage in Kfar Vitkin und der Küste von Tel
Aviv die eigentliche Geburt Israels als eines souveränen Staates,
in dem die Regierung »das Monopol legitimen physischen Zwan-
ges« besaß.[2]

Mit »Separatisten« meinte Galili die Irgun Tzwa'i Le'umi, die
Nationale Militärorganisation, eine militante rechte Untergrundbewegung. Hunderte von Irgun-Mitgliedern – von denen einige
aus der neuen israelischen Armee desertiert waren – hielten den

Strand bei Kfar Vitkin.[3] Die ganze Nacht hindurch hatten sie Kisten mit geölten Sturm- und Maschinengewehren und anderen Waffen aus einem Schiff namens *Altalena*, das vor der Küste ankerte, entladen. Zu dem Zeitpunkt, als Galili an Ben-Gurion schrieb, hatte der Irgun-Führer Menachem Begin bereits ein Ultimatum abgelehnt, die Waffen der Armee auszuhändigen. Diese Weigerung war nur ein weiterer Schritt in der eskalierenden Missachtung, mit der die Irgun der jungen Regierung begegnete.

Ungehorsam war bei der Irgun stolze Tradition. Die Gruppe hatte sich unter der britischen Mandatsherrschaft über Palästina gegründet. Sie war eine Abspaltung der Hagana, der Miliz der autonomen gewählten jüdischen Institutionen Palästinas. Diese Institutionen – der Va'ad Le'umi (Nationalrat) und die Jewish Agency – wurden von sozialistisch-zionistischen, von Ben-Gurions Mapai-Partei geführten Gruppen beherrscht. Die Irgun wurde der militärische Flügel der rechtsgerichteten revisionistischen Zionisten, welche sich ihrerseits 1935 von der Zionistischen Weltorganisation abgesetzt hatten. Solche Spaltungen waren vorhersehbar; Brüche und gewaltsame Rivalitäten sind Teil des normalen Lebenszyklus nationaler Bewegungen.

Der Gründer der Revisionisten, Ze'ev Jabotinsky, ein in Russland geborener, in Italien erzogener Schriftsteller, lehnte die Politik der zionistischen Hauptströmung ab, die eine graduelle Expansion der jüdischen Bevölkerung, Siedlungen und Institutionen in Palästina anstrebte. Er betonte Nationalstolz und Militärmacht und verlangte die sofortige Schaffung eines jüdischen Staates im gesamten jüdischen Heimatland, dem »Land Israel«, zu dem, wie er betonte, beide Seiten des Jordans gehörten – unter Einbeziehung des gesamten heutigen Königreichs Jordanien.[4] Jabotinsky, der unter dem Pseudonym Altalena schrieb, starb 1940. 1943 wurde der aus Polen gebürtige Menachem Begin Kommandeur der Irgun. Neben Jabotinsky war der prägende Einfluss auf Begin und seine Kameraden die radikale polnische und darüber hinaus die extreme europäische Rechte mit ihrem Glauben an die Nation als höchstem Wert, ihrem Vertrauen auf eiserne Willenskraft statt auf Pragmatismus und ihrer gleich stark ausgeprägten Bereitschaft, die Macht entweder durch Wahlen oder mit Waffengewalt zu erringen.[5] Im folgenden Jahr rief die Irgun gegen die Briten, die Palästina mit einem Mandat des Völkerbundes regierten, den bewaffneten Aufstand aus. (Die Lechi, eine noch extremere Abspaltung der Irgun, griffen die Briten während des ganzen Krieges über sporadisch an; 1940 und 1941 versuchten ihre Unterhändler vergeblich, eine Allianz mit Nazideutschland gegen die Briten zu schmieden.[6]) Während der Zweite Weltkrieg fortdauerte, versuchte die Hagana, die Irgun zu zerschlagen; danach warfen die beiden Gruppen eine Zeit lang ihre Kräfte zu einem breiteren Aufstand zusammen.

Vollmundig rechnete die Irgun sich selbst das alleinige Verdienst für die Vertreibung der Briten aus Palästina an. Aber sie lehnte den Teilungsplan der UNO ab.[7] Führer der Irgun sprachen von der Regierung, deren Bildung die Jewish Agency vorbereitete, als einer verräterischen »Regierung der Teilung«. Das Hauptquartier der Organisation in Paris schlug die Bildung einer Gegenregierung vor. Begin entschied sich gegen einen Versuch, die Macht zu übernehmen, weil dies zu einem blutigen Bürgerkrieg und zur »Niederlage der Irgun« geführt hätte. Allerdings befahl er dem Hauptquartier in Paris, in Europa eine Division Freiwilliger aufzustellen, sie zu bewaffnen und an Bord eines ausgemusterten amerikanischen Militärtransportschiffs zu bringen, das die Irgun gekauft und auf *Altalena* umgetauft hatte. Nach Begins Vorstellung sollten ihre Kräfte am 15. Mai unmittelbar nach dem Abzug der Briten landen und jene Teile Palästinas erobern, die nach dem Teilungsplan einem arabischen Staat zugeschlagen worden waren. Aus ganz Europa konnten die Pariser Aktivisten jedoch nur 100 untrainierte Möchtegernsoldaten rekrutieren. Auch ihr Versuch, Waffen zu kaufen, scheiterte.[8] Das Schiff blieb vorerst in Frankreich vor Anker.

Am 14. Mai erklärte Israel seine Unabhängigkeit, mit Ben-Gurion als Premier- und Verteidigungsminister der provisorischen Regierung. Weniger als zwei Wochen später, mitten im Krieg, verkündete die Regierung die Gründung der israelischen Verteidigungsstreitkräfte, deren Grundstock die Hagana bildete, als Landesarmee. Eine allgemeine Wehrpflicht wurde eingeführt, separate Kampfverbände wurden verboten. Am 1. Juni unterzeichnete Galili, der Stabschef der Hagana, eine Vereinbarung mit Begin, die Irgun aufzulösen und ihre 3600 Kämpfer in die Streitkräfte einzugliedern. Die Irgun-Führer bestanden darauf, aus den Irgun-Soldaten eine einzelne Brigade zu bilden. Galili wollte sie einzeln einziehen, stimmte dann aber getrennten Irgun-Bataillonen innerhalb der Verteidigungsstreitkräfte zu. Die Irgun sollte laut Übereinkunft ihre Bemühungen um Waffenkäufe in Übersee einstellen.[9]

Aber das tat sie nicht. Am 13. Juni wurde Galili von Irgun-Kommandeur Begin informiert, dass die *Altalena* in Marseille abgelegt habe und auf dem Weg nach Palästina sei.[10] Sie war beladen mit Waffen, die das Pariser Büro geheimnisvollerweise von der französischen Regierung erhalten hatte: 5000 Gewehre, mindestens vier Millionen Schuss Munition, Hunderte von Maschinengewehren, Panzerfäuste, Mörsergranaten und mehr. Sie beförderte außerdem 900 Immigranten, Unterstützer der Irgun aus den Reihen der heimatlosen Juden Europas. Begin wusste von Anfang an von dem Plan, das Schiff in See stechen zu lassen, aber die Sache lief aus dem Ruder: Die Waffen und Einwanderer würden nun in Verletzung des von der UNO überwachten Waffenstillstands eintreffen, der zwei Tage zuvor in Kraft getreten war – am selben Tag, an dem sich das Schiff auf den Weg gemacht hatte. Begin bat um Hilfe und bot im Gegenzug die Übergabe der Waffen an die Regierung an. Der Chef der Beschaffungsstelle der Streitkräfte wählte Kfar Vitkin als Ort für die nächtliche Entladung, außer Sichtweite der UN-Inspektoren. Das Dorf nördlich der Küstenstadt Netanyah war schon in der Vergangenheit zum Waffenschmuggel genutzt worden.[11]

Die Irgun stellte jedoch, vielleicht ermutigt durch Galilis Zugeständnis separater Bataillone, Nachforderungen. Sie wollte die Waffen selbst entladen und in eigenen Lagerhäusern deponieren.

Vor allem aber wollte sie, dass die Waffen ihren eigenen Bataillonen zugeteilt werden würden. Am 18. Juni informierte Galili Begin über Ben-Gurions Erwiderung: »Die Waffen sind am Strand der Regierung Israels auszuhändigen.« Begin beriet sich mit seinen Kameraden und lehnte ab. In seiner Zusammenfassung der Verhandlungen hob Galili hervor, dass das Hauptquartier der Irgun noch immer in Israel aktiv sei und eine »Beziehung unter Gleichen« mit dem Staat anstrebe.[12]

Am 20. Juni näherte sich die *Altalena* nach Einbruch der Dunkelheit dem Strand von Kfar Vitkin. In Tel Aviv erörterte Ben-Gurion die Krise mit den Mitgliedern seiner provisorischen Regierung. »Es kann keine zwei Armeen und es kann keine zwei Staaten geben«, sagte er seinen acht Ministerkollegen. »Wir müssen entscheiden, ob wir die Macht Begin übergeben und unsere Armee auflösen wollen oder ob wir ihn anweisen, seine aufrührerischen Aktionen zu beenden.« Die einhellige Entscheidung lautete, die Armee mit ausreichend starken Kräften nach Kfar Vitkin zu entsenden, um die Irgun zur Kapitulation zu bewegen – falls möglich kampflos. Ben-Gurion befürchtete, dass die Regierung mit ihren Gegenmaßnahmen womöglich schon zu lange gewartet hatte. Wenn die Irgun 5000 Gewehre und 250 Maschinengewehre in die Hand bekäme, so warnte er, sei das, »was sie jetzt tun, eine Kleinigkeit im Vergleich zu dem, was sie morgen anstellen werden«.[13]

Mittlerweile war Begin zusammen mit anderen Irgun-Kommandeuren und Hunderten von Mitgliedern und Unterstützern der Organisation am Strand eingetroffen. Einige gruben sich in Vorbereitung auf einen Angriff ein. Das Landungsboot des Schiffes und zwei Ruderboote aus einem nahen Fischerdorf brachten zuerst die Einwanderer, dann die Waffen- und Munitionskisten an Land. Die Atmosphäre war festlich; Begin war augenscheinlich euphorisch. In der Nacht wies er Galilis letztes Ultimatum zurück, das ihm zehn Minuten zur Übergabe der Waffen einräumte und ihn warnte, dass die Streitkräfte den Strand umzingelt hätten. Die Entladung des Schiffes zog sich den folgenden Morgen über bis in den Nachmittag hin.[14]

So viel Zeit brauchte – ungeachtet Galilis Behauptung gegenüber Begin – auch die Armee, um ausreichend Soldaten zusammenzuziehen und den Brückenkopf der Irgun einzukreisen. Zur Brigade Alexandroni, die in der Nähe von Kfar Vitkin stationiert war, gehörte eines der neu aufgestellten Bataillone aus Irgun-Kämpfern. Das Bataillon war unter Führung seines Kommandeurs desertiert, um die Irgun-Kräfte am Strand zu verstärken.[15] In einem anderen Bataillon, dem 71., waren viele der Soldaten nicht bereit, an einem Einsatz gegen Juden teilzunehmen. Am Morgen erhielt der Kommandeur des 89. Bataillons, Mosche Dajan, den Befehl, seine Truppen von einem Stützpunkt außerhalb Tel Avivs nach Kfar Vitkin zu führen. Er ließ eine Kompanie aus ehemaligen Lechi-Männern zurück.[16]

Am Spätnachmittag schloss die Armee schließlich den Ring um den Strand. Im Süden, jenseits eines niedrigen Hügels, rückte Dajans Bataillon zu Fuß und in Halbkettenfahrzeugen vor. Begin beriet sich mit seinen höchsten Kommandeuren. Sie beschlossen, dass Begin das Landungsboot zurück zur *Altalena* nehmen, nach Tel Aviv auslaufen und die restlichen Waffen dorthin bringen solle. Die Irgun konnte in der Stadt auf mehr Unterstützung zählen, Menschen würden ihr zu Hilfe eilen, die Regierung würde einen Kompromiss schließen müssen. Es dämmerte. Begin, ein Mann des Zeremoniells, ließ seine Truppe für eine Ansprache in Reih und Glied antreten. Als er zu sprechen anhob, brach eine Gewehrsalve los. Die Männer der Formation stoben Deckung suchend auseinander.[17]

Der besten Rekonstruktion der Ereignisse zufolge war Dajans motorisierte Kolonne mehrfach aus Irgun-Stellungen südlich des Hügels unter Feuer geraten. Schließlich hatte Dajans Truppe mehrere Minuten lang mit schweren Maschinengewehren zurückgeschossen, überwiegend in die Luft. Begins Truppenmusterung war tatsächlich hinter dem Hügel verborgen. Die Schüsse lösten eine Panik aus, forderten jedoch keine Opfer.[18] Begin setzte zur *Altalena* über und dampfte mit ihr nach Süden ab, während die Irgun-Männer bei Kfar Vitkin hastig die Gewehre aus den Kisten holten. Die gegnerischen Truppen standen sich in einem Patt gegenüber, das die ganze Nacht andauerte. Am Morgen, als Dajan abermals vorrückte, erklärten sich die Irgun-Kommandeure am Strand zu Kapitulationsverhandlungen bereit.

Unterdessen näherte sich die Revolte der Irgun ihrem Höhepunkt.[19] Kurz nach Mitternacht des 22. Juni warf die *Altalena* 100 Meter vor dem Strand von Tel Aviv Anker oder lief auf Grund. Sie lag direkt vor dem Stadtzentrum, sodass sich ihre Unterstützer rasch in ihrer Nähe sammeln konnten. Sie lag ferner vor dem Hotel Kate Dan, wo die Waffenstillstandsinspektoren der UNO untergebracht waren, vor dem Hauptquartier der *Heyl mishmar*, der Heimwehr mit der für die Stadt verantwortlichen Armeeeinheit, der Kiryati-Brigade, sowie gegenüber dem Hotel Ritz.[20] Das Ritz war zufällig auch das Hauptquartier der Palmach, der ehemaligen Eliteeinheit der Hagana, die nun zur israelischen Armee gehörte. Die Palmach hatte ihren eigenen politischen Charakter: Sie war eng mit der linken Vereinigten Kibbuzbewegung und der prosowjetischen Mapam-Partei (Vereinigte Arbeiterpartei) verbunden; zu ihren militärischen Vorbildern gehörten die republikanische Armee Spaniens und die sowjetische Rote Armee. Der ideologische Führer der Vereinigten Kibbuzbewegung, Yitzhak Tabenkin, hatte einmal gesagt, die Palmach stärke »die proletarische Hegemonie im Zionismus«.[21]

Am Morgen unternahmen die schon älteren Männer der Kiryati-Brigade nichts, um das Beiboot der *Altalena* an der Landung und Entladung der Waffen zu hindern. Auch konnten die Straßensperren der Brigade den zusammengewürfelten Mob aus örtlichen Irgun-Mitgliedern, in die Stadt geströmten Armeedeserteuren und Irgun-Unterstützern am Erreichen des Strandes nicht hindern. Als das Boot ein zweites Mal anlandete, eröffnete das kleine Palmach-Kontingent im Ritz das Feuer. Jitzchak Rabin, der 26-jährige stellvertretende Befehlshaber der Palmach, traf im Hauptquartier ein und übernahm das Kommando. Den ganzen Tag über kam es immer wieder zu Feuergefechten mit den Irgun-Kräften am Strand und auf dem Schiff. In der Zwischenzeit ordnete der Generalstab der Streitkräfte an, im Yonah-Lager, einem Küstenstützpunkt unmittelbar im Norden, Artilleriegeschütze in Stellung zu bringen. Als ein Besatzungsmitglied der *Altalena* an Land schwamm, um einen Waffenstillstand auszuhandeln, gab Palmach-Befehlshaber Yigal Allon den Befehl, ihn mit einem Ultimatum und einem Versprechen zurückzuschicken: Aushändigung der Waffen binnen einer halben Stunde, dann würde niemand verhaftet. Als das Ultimatum um 16 Uhr abgelaufen war, feuerten die Kanonen im Yonah-Lager mehrere Granaten ab. Eine traf die *Altalena*. Eine Rauchsäule stieg auf; Leute sprangen über Bord.[22]

Insgesamt 16 Irgun-Kämpfer und drei Soldaten der israelischen Streitkräfte kamen bei den Gefechten ums Leben. Die Granate auf die *Altalena* war noch nicht ganz das letzte Wort in der Sache. Truppen unter Allons Kommando säuberten Tel Aviv. Die Irgun gab eine Erklärung ab, in der sie Ben-Gurion als Diktator beschimpfte und ihm unterstellte, seine Regierung würde »mit den Mitteln von Konzentrationslagern und Erhängungen« regieren. Zudem bezeichnete sie die provisorische Regierung als »Judenrat«. Um ein »schreckliches Blutvergießen zwischen Juden in der Stunde der Gefahr« zu vermeiden, befahl die Irgun ihren Kämpfern indes, nicht von ihren Waffen Gebrauch zu machen.[23] Erst im September leistete die Irgun schließlich dem letzten Ultimatum zu ihrer Auflösung Folge.[24] Dennoch: Die Granate auf die *Altalena* – Ben-Gurions Bereitschaft, ihren Abschuss zu befehlen, und die äußerst widerwillige Bereitschaft der Artilleriebesatzung, sie abzufeuern[25] – setzte der Auflehnung der Irgun gegen die Regierung schon zuvor ein wirkungsvolles Ende.

Dem ist noch ein Postskriptum hinzufügen. In der folgenden Woche trat Galili von seinem Posten zurück. Vor der Unabhängigkeit war er Chef des zivilen, von den politischen Parteien ernannten Stabs der Hagana gewesen. Er selbst war Mitglied der Mapam-Partei und der Vereinigten Kibbuzbewegung. Ben-Gurion wollte keine Bande zwischen Parteien und der Armee und hatte seit Monaten daran gearbeitet, Galili aus den Streitkräften zu drängen. Der nächste Schritt erfolgte Ende September: Gegen heftigen Widerstand von Mapam löste Ben-Gurion das Palmach-Kommando auf und schloss die Eingliederung ihrer Einheiten in die Streitkräfte ab.[26] In den frühen Monaten der Unabhängigkeit lehnte er auch die Bitten von Rabbinern und der religiösen Partei Hapoel HaMisrachi ab, strenggläubigen Soldaten zu ermöglichen, ihren Dienst in getrennten Einheiten zu versehen.[27]

Seit 1948 wird des *Altalena*-Zwischenfalls in Israel auf zweierlei Weise gedacht. Das politische Lager von Menachem Begin und anderen Irgun-Veteranen erinnert sich an die Affäre als Beispiel für Niedertracht, Tyrannei und unverzeihliche Gewalt von Juden gegen Mitjuden. Im anderen Gedenken repräsentiert der *Altalena*-Zwischenfall die feste Entschlossenheit des Staates, seine Autorität zu behaupten und einen breiteren Bürgerkrieg abzuwenden.

Diesen beiden Versionen und dem Konflikt selbst liegt ein halb politisches, halb psychologisches Phänomen zugrunde: Es fällt Menschen schwer, den Übergang von einer Revolution zur Institution, von einer Bewegung zum Staat zu bewältigen. Das gelingt nicht einfach, indem man die Unabhängigkeit ausruft oder eine Regierung ernennt. Es liegt mehr Romantik darin, ein Rebell zu sein als ein Bürokrat.

Bevor eine Revolution glückt, liegt das Gesetz in Händen eines ausländischen oder unrechtmäßigen Regimes. Es zu brechen, um der gerechten Sache zu dienen, ist heldenhaft. Als sie Palästina regierten, beschränkten die Briten die jüdische Einwanderung – vor, während und nach dem Holocaust. Sowohl die Hagana als auch die Irgun lotsten illegal Schiffe voller Immigranten ins Land, um Juden aus Europa in ihre alte Heimat zu bringen und der britischen Herrschaft die Stirn zu bieten. Die illegale Einwanderung gewann im zionistischen Gedächtnis einen mystischen Status, ebenso wie der illegale Einsatz von Waffen.

Im Idealfall sollen nach einer Revolution die ehemaligen Rebellen der Herrschaft des Gesetzes huldigen, das, legitimiert durch die Zustimmung des Volkes, alle Untaten in gleicher Weise bestraft, ob sie nun im Namen einer Ideologie oder des Patriotismus begangen werden. Im besten Fall dauert es lange, bis dieses Ideal erreicht wird.

Vor dem 14. Mai 1948 strebte die zionistische Bewegung die Befreiung des Landes von ausländischer Herrschaft an, aber auch die Befreiung der Juden durch die Herrschaft über dieses Territorium. Die palästinensischen Araber waren ein Problem, aber man fühlte sich nicht für sie verantwortlich. Innerhalb der jüdischen Hauptströmung – der Zionistischen Weltorganisation, der Jewish Agency und dem Nationalrat (Va'ad Le'umi) – wurden die Beziehungen zwischen politischen Fraktionen durch Wahlen geregelt. Aber eine verärgerte Minderheit konnte sich, wie es die Revisionisten getan hatten, abspalten, daher war ein breiter Konsens von entscheidender Bedeutung. Die Beziehung zwischen der Irgun und der Hauptströmung war von Rivalität, Argwohn, manchmal auch Partnerschaft geprägt. Kam es zu einer Zusammenarbeit, so waren die Vereinbarungen, auf denen sie gründeten, durch die Tatsache gefärbt, dass beide Seiten Waffen trugen.

Von anderen Ideologien wie etwa der sozialistischen ungetrübt, sah sich die Irgun als Repräsentant des reinsten Zionismus und war nicht gewillt, irgendeinen Teil des Landes Israel abzutreten. Sie war überzeugt, dass die Befreiung nur mit Waffengewalt zu erreichen sei. In ihrer Erklärung nach der Versenkung der *Altalena* nannte sie die Bewaffnung »über die Maßen kostbar«[28]. Diese Liebe zum »Eisen«, wie Begin es nannte, war ein emotionales Bedürfnis ebenso wie eine pragmatische Notwendigkeit. Die zionistische Rechte hatte nur einen kleinen Knüppel, doch den schwang sie mit großem Tamtam. Die Hauptströmung dagegen sah die Irgun als Organisation von Separatisten und Terroristen.

In der *Altalena*-Affäre bewies die Irgun, wie schwer die Anpassung an die Unabhängigkeit sein konnte. Begin und seine Kameraden behandelten die provisorische Regierung wie eine rivalisierende Bewegung. Vor dem 14. Mai träumte Begin davon, seinen eigenen Feldzug zu führen. Nach der Unabhängigkeit willigte die Irgun ein, ihre Kräfte mit denen der Regierung zu verbinden, aber als ihre Waffen verspätet eintrafen, wollte sie diese für ihre eigenen Einheiten sichern. Ben-Gurions Kainsmal – bzw. das von Rabin aus Sicht der extremen Rechten in den 90er Jahren – bestand darin, dass er verantwortlich für die Tötung von Juden war.[29]

Für Ben-Gurion andererseits bedeutete Staatlichkeit, dass die militärische Macht allein in der Hand der Zivilregierung lag.[30] Natürlich war die israelische Armee nie hermetisch von der Politik abgeriegelt. Die politischen Neigungen der Führungsoffiziere waren bekannt, besonders in den ersten Jahren des Staates. Exgeneräle beherrschen die israelische Politik bis heute. Die Analysen und politischen Empfehlungen des Militärs mit ihrer Neigung zum Einsatz von Gewalt hatten durchweg starken Einfluss auf die Entscheidungen israelischer Regierungen.

Allerdings gelang es Ben-Gurion, dafür zu sorgen, dass politische Parteiungen weder ihre eigenen Milizen unterhielten noch Teile der Armee des Landes unter ihre Kontrolle brachten. Die Entwaffnung von Parteien verschaffte der Realpolitik Raum. Sie eröffnete politischen Gruppen den Weg zu Verhandlungen und Kompromissen auf der Grundlage ihrer Fähigkeit, öffentliche Unterstützung zu mobilisieren, nicht aufgrund ihrer Kampfkraft. Sie war eine notwendige, wenn auch noch keine hinreichende Bedingung für die Demokratie.[31]

Angesichts der Erfahrungen anderswo war dies, so meine Einschätzung, keine geringe Leistung. In Europa umfasste der Zweite Weltkrieg, wie Tony Judt schrieb, »eine beispiellose Folge mörderischer Konflikte«, manchmal auch zwischen rivalisierenden Partisanenbewegungen, von denen einige bis weit über die deutsche Niederlage hinaus fortdauerten. Der griechische Bürgerkrieg, ein Erbe der Befreiung, wütete noch, als Israel unabhängig wurde.[32] Der Rückzug der europäischen Kolonialmächte eröffnete weitere Auseinandersetzungen zwischen rivalisierenden Befreiungsgruppen, die von auswärtigen Schutzmächten unterstützt wurden. Der Bürgerkrieg in Angola dauerte von 1975 bis 1991. Die Palästinensische Autonomiebehörde ließ auch ohne Unabhängigkeit 2006 Wahlen zwischen bewaffneten Parteien abhalten, die sich dann bekriegten und ihr mageres Territorium untereinander aufteilten. Die Lösung der *Altalena*-Affäre wendete einen solchen Zusammenbruch in Israel ab. Was half, den Zusammenstoß zu begrenzen, war das Bewusstsein beider Seiten, dass es sich um einen Nebenschauplatz des wahren postkolonialen Kampfes handelte: jenes Konflikts, der als Krieg zweier Gemeinschaften, der Juden und palästinensischen Araber, begann und als Krieg mit den benachbarten arabischen Ländern weiterging.

Aufgrund dieses Konflikts dauerte es länger, eine zweite Bedingung für Staatlichkeit und Demokratie zu erfüllen. Nach Max Webers klassischer Definition ist Staat »diejenige menschliche Gemeinschaft, welche *innerhalb eines bestimmten Gebietes* ... das Monopol legitimer physischer Gewaltsamkeit« besitzt.[33] Um mit der Zustimmung der Regierten zu herrschen, muss ein Staat Grenzen haben, die definieren, wer regiert wird.[34] Was aber war Israels Gebiet?

Die arabischen Führungen innerhalb Palästinas und in den Nachbarländern hatten den Teilungsplan der UNO abgelehnt. Bald nachdem die Generalversammlung am 29. November 1947 die Teilung gebilligt hatte, beschloss das britische Kabinett heimlich, die Vereinten Nationen an der Umsetzung des Plans zu hindern, offenbar aus Rücksicht auf ihre arabischen Verbündeten. Israels Unabhängigkeitserklärung beschrieb keine Grenzen. Als sie verkündet wurde, hielten jüdische Streitkräfte nicht alles Land besetzt, das der Teilungsplan dem jüdischen Staat zumaß – aber sie kontrollierten etwas Land jenseits der Teilungslinien, darunter ein belagertes Stück von Jerusalem und andere isolierte Enklaven. Während die Kämpfe fortdauerten, nahmen die israelischen Streitkräfte mehr Land außerhalb der UN-Karte ein.

Zuerst dachten die israelischen Offiziellen noch im Rahmen der Teilungslinien und waren sich völlig unsicher, wie sie mit dem zusätzlichen Territorium verfahren sollten. In der jüdischen Küstenstadt Nahariyah berichtete der Bezirksvorsteher des Innenministeriums – ein Jude, der zuvor britischer Bezirksvorsteher gewesen war – über seine anfängliche Zurückhaltung. Westgaliläa – die Nordwestecke Palästinas – war ja offiziell nicht Teil des israelischen Staatsgebiets. Er beschloss jedoch, die öffentliche Gesundheitsversorgung aufrechtzuerhalten, die israelische Einkommensteuer einzutreiben und zu versuchen, die britischen Katasterbücher zu rekonstruieren, die während des Machtwechsels im Krieg verloren gegangen waren. Im September wurde ihm mitgeteilt, dass die Regierung auf den von ihr besetzten Territorien außerhalb der Teilungslinien israelisches Gesetz anzuwenden gedachte. Er erhielt Anweisung, jüdische Kommunen in seinem Gebiet seiner Aufsicht zu unterstellen, während die Verantwortung für die Orte der Araber einer Militärregierung übertragen wurde.

Schließlich, zwischen Februar und Juli 1949, unterzeichnete Israel ein Waffenstillstandsabkommen mit Ägypten, dem Libanon, Transjordanien und Syrien. Die Übereinkunft mit Transjordanien war israelischen Falken auf der Linken und der Rechten ein Dorn im Auge. Yigal Allon, nun Kommandeur der Südfront, bat Ben-Gurion in einem Memo kurz vor Unterzeichnung des Abkommens um die Erlaubnis einer Blitzoperation, um die transjordanische Armee zu zerschlagen und das Land einzunehmen, das sie am Westufer des Jordans hielt. Allon führte zur Begründung militärische Erfordernisse ins Feld, brachte damit aber in Wirklichkeit die Ideologie seiner Ahdut-Ha'avodah-Partei (Einheit der Arbeit) zum Ausdruck, eines Flügels der Mapam-Partei. Trotz der Feindseligkeiten in anderen Fragen teilte Ahdut Ha'avodah mit den Revisionisten den Glauben an das jüdische Recht auf das Territorium des »ganzen Landes Israel«. Einer von Allons Gefolgsleuten, der Dichter Haim Gouri, bezeichnete ihn als einen »bewaffneten Propheten Großisraels«.

Ben-Gurion wies Allons Vorschlag zurück. Im frisch gewählten Parlament führte diese Entscheidung zum ersten Misstrauensvotum gegen die Regierung – beantragt von Menachem Begin, nun Vorsitzender der Cherut (Freiheitspartei). Ben-Gurion entgegnete, dass die Herrschaft über das ganze Gebiet des biblischen Israels mit seiner großen arabischen Bevölkerung bedeute, die Demokratie aufzugeben oder auf einen jüdischen Staat zu verzichten. Der Antrag scheiterte.[35] Die Waffenstillstandslinie – auf den Karten üblicherweise grün eingezeichnet, außer dort, wo sie mit den Grenzen des ehemaligen Britisch-Palästina zusammenfielen – wurde de facto Israels Landesgrenze.

Wenn die *Altalena*-Episode den eigentlichen Beginn der Staatlichkeit markierte, so begann die Demokratie mit den Wahlen vom 25. Januar 1949. Die Wahl einer gesetzgebenden Gewalt, so muss hinzugefügt werden, war dabei gar nicht der erklärte Zweck der Abstimmung. Offiziell sollten die Wähler eine Versammlung bestimmen, die, gemäß den Bestimmungen des UN-Teilungsplans, eine Verfassung ausarbeiten sollte. Aber es war bereits offenkundig, dass Streitigkeiten über die politische Richtung des Landes und die Beziehung des Staates zur Religion eine schnelle Einigung auf eine Verfassung verhindern würden. Zwei Tage nach dem Zusammentreten der verfassunggebenden Versammlung beschloss diese, sich in die Knesset, das heißt das Parlament zu verwandeln. Sie gab sich die Macht, eine Regierung zu bestätigen und sie mittels eines Misstrauensvotums zu entlassen.[36]

Es war eine Verhältniswahl: Das gesamte Land war ein einziger Wahlbezirk, die Wähler gaben ihre Stimme Parteien, und die Parteien teilten sich 120 Sitze gemäß ihrem prozentualen Anteil. Das war das System, wie es in zionistischen Organisationen vor der Unabhängigkeit üblich war. Aber auch danach behielt es seinen Sinn; die maßgeblichen politischen Spaltungen waren nicht regionaler Art. Bei seiner Geburt war Israel keine Föderation von Kolonien oder Fürstentümern. Es war eine Konföderation politischer Fraktionen, von ideologischen Stämmen, von denen einige beinahe selbst wie Staaten funktionierten. Die Gewerkschaft Histadrut, beherrscht von den Parteien Mapai und Mapam, betrieb ihr eigenes Schul- und Gesundheitssystem, ihre eigene Bank und Baugesellschaft und einiges mehr. Andere Parteien kontrollierten ähnliche Unternehmen und Organisationen, gewöhnlich in kleinerem Maßstab. Es gab zwei weitere jüdische Schulsysteme – ein »allgemeines«, das tatsächlich an die prokapitalistische Partei der Allgemeinen Zionisten angeschlossen war, und ein orthodoxes

System, das mit zwei religiös-zionistischen Fraktionen verbunden war, der bürgerlichen Misrachi-Partei und der proletarischen Hapoel HaMisrachi. Fußballclubs und andere Sportvereine schieden sich nach Ideologien, gehörten zur Arbeiterbewegung, waren religiös oder rechtsgerichtet. Das Wahlsystem musste selbst kleinen ideologischen Stämmen eine Vertretung geben, damit sich diese am zähen demokratischen Tagesgeschäft beteiligen konnten – um Stimmen wetteifern, streiten, feilschen und Abmachungen treffen –, statt ihnen keinen anderen Ort zu lassen als die Straße, um auf ihre Forderungen zu pochen.

Die in der ersten Knesset repräsentierten Parteien reichten von den Kommunisten bis hin zur rechtsextremen, von Lechi-Veteranen gegründeten »Kämpferliste«. Einer der kommunistischen Abgeordneten war ein junger Araber, Tawfiq Toubi. Zwei andere Araber vertraten die demokratische Liste von Nazareth, in Wirklichkeit eine Hilfstruppe der Mapai-Partei. Mapai, geführt von Ben-Gurion, gewann die relative, aber nicht die absolute Mehrheit. Um in der Knesset die Mehrheit hinter eine Regierung zu scharen, mussten Koalitionen aus mehreren Parteien geschmiedet werden – und so ist es bis heute stets geblieben.[37]

Rein rechnerisch war Ben-Gurions nächstliegende Wahl Anfang 1949 ein Bündnis mit Mapam, der anderen Partei der zionistischen Linken. Doch während Ben-Gurion den Vereinigten Staaten zuneigte, hegte die Mapam-Partei Sympathien für die »Weltrevolution«. Sie wollte die Industrie verstaatlichen; die Mapai-Partei hingegen duldete eine gemischte Wirtschaft. Mapam verlangte die Kontrolle des Verteidigungsministeriums, das Letzte, was Ben-Gurion ihr geben wollte. Und Mapam wollte eine geschriebene Verfassung, um die Macht der herrschenden Partei zu beschränken – nicht so Ben-Gurion.

Nicht nur blieb Mapam in der Opposition, sondern Ben-Gurion benutzte den Geheimdienst, um ihre Führer und Büros auszuspionieren. Ende 1949 entließ er den 31-jährigen Armeegeneral Yigal Allon als Kommandeur der Südfront. Allon zufolge hatte ihm Ben-Gurion zu verstehen gegeben, dass »meine Bewegung und Gesinnungsgenossen unter dem Verdacht der Untreue gegenüber der Sicherheit und Unabhängigkeit des Staates stünden«. Als wichtigsten Koalitionspartner wählte Mapai die Vereinigte Religiöse Front, eine Allianz aus vier orthodoxen Parteien. Die orthodoxen Parteien neigten dazu, ihre Forderungen auf religiöse Fragen zu beschränken und Mapai bei allem anderen freie Hand zu lassen. Damals schien das ein günstiger politischer Tauschhandel zu sein.[38]

Innenpolitisch verfolgte Ben-Gurion eine Politik der *mamlakhtiut*, was man grob mit »Etatismus« übersetzen kann. Praktisch bedeutete es, dass Dienstleistungen vom Staat, nicht von parteiabhängigen Organisationen bereitgestellt werden sollten. Die Konsolidierung des Militärs sollte nur der erste Schritt dahin sein. Das Ziel bestand darin, die vorstaatliche Konföderation von Parteien durch den gemeinsamen Rahmen des Staates zu ersetzen. Aber dann wiederum war es ja die Mapai als herrschende Partei, die den Staat führte. Oppositionsparteien sowohl der Rechten wie der Linken erhoben – mit einigem Recht – den Vorwurf, das wahre Motiv des Premierministers bestünde darin, alle Macht in der Hand der Mapai zu vereinen.[39] Eine weitere Kritik an der *mamlakhtiut* ist, dass sie als Schlagwort und Konzeption den Staat zu einem Wert an sich erhebt, zum letzten Ausdruck der jüdischen Identität und zur Erfüllung der jüdischen Geschichte.[40] Auf lange Sicht war, wie mir scheint, die Vergöttlichung des Staates sogar noch gefährlicher als die potenzielle Machtkonzentration.

In jedem Fall war die Politik praktisch schwer umzusetzen. Im September 1949 erließ die Knesset eine Schulpflicht bis zum 13. Lebensjahr. Aber sie beließ die Schulen in der Hand von vier parteilich gebundenen Schulsystemen: den dreien, die bereits vorhanden waren, und einem neuen, das Agudat Yisrael gründete, eine ultraorthodoxe Partei, die den Zionismus ablehnte.[41] Es setzte ein rabiater Wettbewerb darum ein, wer die Kinder der aus Europa und den Ländern des Nahen Ostens nach Israel strömenden jüdischen Einwanderer erziehen durfte. Ben-Gurions Koalition mit den orthodoxen Parteien zerbrach über dieser Frage. Nur zweiein-halb Jahre nach den ersten Wahlen kam es zu Neuwahlen.

In der Zwischenzeit beschloss die Knesset, keine geschrie-bene Verfassung auszuarbeiten, zumindest nicht in einem Stück. Stattdessen verabschiedete sie von Zeit zu Zeit »Grundgesetze«, die sich schließlich zu einer Verfassung aufaddieren sollten. Die Arbeit wurde nie beendet. Das parlamentarische System blieb er-halten. Prinzipiell hatte die Parlamentsmehrheit beinahe unbe-grenzte Macht.

Doch wenn Demokratie mehr bedeutet als Wahlen und Mehr-heitsregierung – wenn sie auch den Schutz der Rechte des Ein-zelnen und von Minderheiten, die Gewährleistung des freien Meinungsaustauschs und die Verhinderung staatlicher Willkür meint –, dann könnte man die eigentliche Geburt der israelischen Demokratie auf den 16. Oktober 1953 datieren. An jenem Tag ver-kündete nämlich der Oberste Gerichtshof Israels sein Urteil im Fall der hebräischen Ausgabe der kommunistischen Parteizeitung *Kol Ha'am* (Stimme des Volkes) und ihres arabischsprachigen Schwesterblatts *Al-Ittihad* (Die Einheit).[42]

Tatsächlich nahm der Fall seinen Ausgang mit einem Bericht, der im März jenes Jahres in der ziemlich kapitalistischen, in Privat-besitz befindlichen Tageszeitung *Ha'aretz* erschienen war. Darin wurde der israelische Botschafter in den Vereinigten Staaten, Abba Eban, mit den Worten zitiert, dass »Israel im Falle eines Krieges 200 000 Soldaten auf Seiten der USA aufstellen« könne. Damals hätte das bedeutet, einen von acht Israelis in einen hypothetischen Konflikt zu entsenden. Zwei Wochen später tat Premierminister Ben-Gurion die Geschichte als »journalistische Erfindung« ab.

Bis dahin hatten beide kommunistischen Zeitungen Leitartikel veröffentlicht, in denen Ben-Gurion und Eban bezichtigt wurden, aus Liebedienerei zu ihren amerikanischen Herren das »Blut jun-ger Israelis zu verhökern«. Die hebräische Ausgabe forderte, »den Kampf« um Israels Unabhängigkeit »auszuweiten«; die arabische verhieß ebenfalls einen Kampf, jedoch um »Brot, Arbeit, Unabhängigkeit und Frieden«. Die Regierung war nicht glücklich über diese Rhetorik. Der Innenminister gab Anweisung, *Kol Ha'am* für 10 und *Al-Ittihad* für 15 Tage zu schließen. Beide Blätter erhoben dagegen sofort gerichtlich Einspruch.

Der Rechtsstreit brachte zwei Erbschaften der britischen Herrschaft in Frontstellung. Eine war die Presseverordnung von 1933, ein gewohnt repressiver Erlass, der den britischen Hochkommissar – nun ersetzt durch den israelischen Innenminister – ermächtigte, eine Zeitung so lange zu schließen, wie er für notwendig hielt, wenn sie seiner Auffassung nach »den öffentlichen Frieden gefährden könnte«. Die Verordnung war in dem enormen Ermessensspielraum, den sie Regierungsoffiziellen gab, typisch für israelische Gesetze, besonders für jene, die von den Briten übernommen worden waren.

Das zweite Erbe war die Funktion des Obersten Gerichts als Aufsichtsgremium im Sinne des High Court of Justice in England und Wales, an das sich einzelne Bürger wenden können, um sich gegen Übergriffe der Regierung zu wehren. Solche Klagen kamen direkt vor den Obersten Gerichtshof. Der ursprüngliche Grund für diese Regelung war ebenfalls kolonialer Art: Unter britischer Herrschaft waren die meisten Richter an den niederen Gerichten Juden oder Araber. Das Oberste Gericht Palästinas war dagegen nur mit einem Alibijuden und einem Alibiaraber besetzt, während alle übrigen Richter Briten waren. Alle Klagen gegen staatliche Maßnahmen kamen so direkt vor jenes Tribunal, dem der Schutz britischer Interessen zuzutrauen war. Mit der Unabhängigkeit blieb diese Institution bestehen, setzte sich nun aber aus israelischen Richtern zusammen. Gewöhnliche Bürger konnten sich direkt an das höchste Gericht des Landes wenden, um eine staatliche Maßnahme anzufechten.

Fälle vor dem Obersten Gericht wurden (und werden noch immer) in einer mit drei Richtern besetzten Kammer verhandelt. Der Kammer im *Kol Ha'am*-Fall saß der in Amerika geborene und ausgebildete Richter Shimon Agranat vor, der auch die Begründung des einstimmigen Urteils verfasste. Es gab weder eine geschriebene Verfassung noch eine Grundrechtscharta, auf die sich Agranat hätte berufen können. Trotzdem untermauerte er die Verwerfung der Zeitungsschließung – wie die Rechtswissenschaftlerin Pnina Lahav in ihrer Biografie Agranats schreibt – mit einer kühnen juristischen Argumentation.

Agranat begann mit dem philosophischen Argument, dass die Meinungsfreiheit grundlegend für die Demokratie sei. Zum Beweis, dass ein freier Markt der Ideen dem Gemeinwohl durch »Klärung der Wahrheit« diene, »sodass ein Land das weiseste Ziel wählen« könne, zitierte er amerikanische Rechtsphilosophen, darunter Billings Learned Hand. Und zur Demonstration, dass die Meinungsfreiheit »die Bedingung von beinahe jeder anderen Freiheit« sei, griff er bis auf John Miltons klassische *Areopagitica* (*Rede für die Pressefreiheit und gegen die Zensur*) und John Stuart Mills *Über die Freiheit* zurück.

Das Urteil zitierte sodann das Versprechen in der israelischen Unabhängigkeitserklärung, dass der Staat »auf Freiheit gegründet« sein werde. Die Erklärung war zwar keine Verfassung, sie habe jedoch »die Vision und den Glauben des Volkes« zum Ausdruck gebracht, dass Israel eine Demokratie sein solle. Das Gericht sei verpflichtet, die Gesetze, einschließlich der von den Briten ererbten, in diesem Licht zu interpretieren. Dabei könne es von den Erfahrungen anderer Demokratien lernen, schrieb Agranat. Damit führte er die Berufung auf amerikanische Präzedenzfälle auf Grundlage des Ersten Verfassungszusatzes, des Grundrechtskatalogs der amerikanischen Verfassung, in die israelische Rechtsprechung ein. Um eine Zeitung zu schließen, müsse der Minister zu dem Schluss kommen, dass die Gefährdung der öffentlichen Ordnung »nahezu sicher« sei; zudem könne der Oberste Gerichtshof diese ministerielle Entscheidung überprüfen und gegebenenfalls verwerfen. Die Leitartikel von *Kol Ha'am* und *Al-Ittihad* erfüllten dieses Gefährdungskriterium nicht, so Agranats Schluss, daher kippte der Oberste Gerichtshof die Schließungsanordnungen.

Das *Kol Ha'am*-Urteil war zugleich ein bescheidener Anfang und ein Durchbruch. Die Presseverordnung blieb in Kraft. Die israelischen Medien blieben einer Militärzensur unterworfen, auch sie ein Erbe der britischen Herrschaft. Es sollte beinahe 40 Jahre dauern, bevor das Oberste Gericht auch seine Befugnis bekräftigte, Gesetze zu verwerfen. Dennoch erhob das Urteil die freie Meinungsäußerung zum Prinzip des israelischen Rechts. Wie Pnina Lahav erläutert, hatte die Entscheidung Modellcharakter für die gerichtliche Überprüfung der Befugnisse der Exekutive. Die Regierung war an Rechtsnormen gebunden; sie konnte nicht nach Gutdünken schalten und walten.

Hervorstechend im *Kol Ha'am*-Fall ist nicht nur Agranats mutige richterliche Rechtsschöpfung, sondern auch die Reaktion der Regierung Ben-Gurion. Es gibt eine endlose israelische Debatte darüber, ob Ben-Gurion ein Autokrat oder ein Demokrat war, ein Streit, der kaum je beigelegt werden dürfte, weil er ursprünglich in ihm selbst stattfand. In diesem Drama spielte er den Autokraten im ersten Akt, den Demokraten im letzten. Mit dem Publikationsverbot für die Zeitungen demonstrierte die Regierung unverhohlen ihre Bereitschaft, abweichende Meinungen zu ersticken. Trotzdem akzeptierte sie den Eingriff des Gerichts. Da die Macht der Judikative nur so weit geht, wie die Exekutive ihre Entscheidungen befolgt, stärkte die Regierung das Gericht. Sie willigte in ein erstes, fragiles System gegenseitiger Kontrolle ein.

Israel »wurde als Demokratie gegründet und ist noch immer eine, was es ein bisschen zu einer Ausnahme macht«, schrieb der Politikwissenschaftler Peter Medding 1990. Im Jahr 1980, so bemerkte er, waren nur 21 Länder auf der Welt seit dem Zweiten Weltkrieg oder seit ihrer Gründung, sofern diese später erfolgte, Demokratien geblieben. Tatsächlich war Israel das einzige Land auf der Liste, das nach 1945 gegründet worden war.[43] Das Militär hatte nicht die Macht übernommen (auch wenn General Ariel Scharon kurz vor dem Sechstagekrieg gegenüber anderen Generälen einen Putsch vorgeschlagen hatte[44]); eine einzige Partei hatte die übrigen nicht verboten.

Demokratie ist indes ein relativer Begriff. Es gab Fehler im System, wobei die Bedeutung einiger Mängel jahrelang nicht erkannt, andere dagegen bereits früh bemerkt wurden. Zunächst einmal waren Staat und Synagoge verschränkt – obwohl ein Großteil der säkularen Mehrheit die Religion auf den Müllhaufen der Geschichte werfen wollte.

Zur Verdeutlichung muss ich zunächst mit dem Irrtum aufräumen, das strenggläubige Judentum von heute sei die alte Religion, wie sie einst von allen Juden praktiziert wurde. Es ist ein Mythos, dass besonders die ultraorthodoxen Juden von heute, die Männer mit den schwarzen Hüten und die Frauen mit den Perücken, die sich Touristen in Teilen Jerusalems und New Yorks zeigen, die ursprüngliche jüdische Lebensweise Osteuropas unversehrt bewahrt hätten. »Die Behauptung der Strenggläubigen«, schrieb der bedeutende jüdische Historiker Jacob Katz, »nichts anderes als Wächter des reinen Judentums der Vergangenheit zu sein, ist eine Fiktion.«[45]

Wie der Zionismus, das Reformjudentum und die säkulare jiddische Kultur ist auch die Orthodoxie ein Produkt des Erdbebens der Moderne, das die Juden Westeuropas im 18. Jahrhundert und Osteuropas im 19. Jahrhundert zu erschüttern begann. Zu den Schockwellen gehörten der Zugang zu moderner Bildung, die halb erfüllte Verheißung des Zutritts zur christlichen Gesellschaft, drastische wirtschaftliche Umbrüche, Migration aus den Dörfern in die Städte und von Osteuropa nach Westen, eine Bevölkerungsexplosion und der moderne Antisemitismus. Zuvor war die jüdische Religion schlicht die Art gewesen, wie Juden lebten. Die Kinder erfuhren mehr darüber von ihren Eltern als aus Büchern. Die Befolgung der religiösen Gesetze schwankte zwischen streng und gesellschaftlich annehmbar. Die Moderne verwandelte die Religion von einer Annahme in eine Frage.[46] Besonders in den protestantischen Ländern begannen einige Juden, ihre religiösen Praktiken zu reformieren, um sie ästhetisch der umliegenden Kultur anzupassen. Neue Ideologien, darunter der säkulare Zionismus, betrachteten die Juden als eine nationale Gemeinschaft – und das Judentum als obsolet. Der säkulare Zionismus beanspruchte die Bibel als Nationalepos, Ausdruck des Goldenen Zeitalters, in dem die Juden Krieger und Bauern in ihrem eigenen Land waren, eine Ära, die der Zionismus wiederherstellen würde.

Die Orthodoxie war eine Bewegung von Leuten, die sich an traditionelle Glaubensvorstellungen und Praktiken hielten – in einer Art und Weise, die »zugleich bewusster und weniger selbstbewusst« als in der Vergangenheit war, wie Katz erläutert. Die Speisevorschriften einzuhalten, am Sabbat Arbeit zu vermeiden, dreimal am Tag auf Hebräisch zu beten, das alles war nun eine Stellungnahme, ein Statement, eine Ideologie.

Eine Form der Strenggläubigkeit trat dafür ein, das religiöse Gesetz zu bewahren, sich aber in die nichtjüdische Gesellschaft einzugliedern und der säkularen Erziehung einen positiven Stellenwert beizumessen. Die Alternative, die weitgehend die Ultraorthodoxie formen sollte, wurde von dem mitteleuropäischen Rabbiner Moses Sofer postuliert: »Alles Neue ist von der Tora« – die fünf Bücher Mose, die ursprüngliche Offenbarung, auf der die jüdische Tradition fußt – »verboten«. Ironischerweise war diese rigide Ablehnung des Wandels, um sich an neue Umstände anzupassen, im Judentum neu. Die Ultraorthodoxen schworen säkularen Studien ab, erhoben die Befolgung des jüdischen Gesetzes im strengstmöglichen Sinne zum Ideal und legten Wert darauf, sich als sichtbares Zeichen der Unterscheidung von anderen Juden ebenso wie von den Nichtjuden anders zu kleiden.[47] In Reaktion auf die geistige Offenheit der Aufklärung, gegen die schwindelerregende Option der Moderne, den Glauben infrage zu stellen, postulierte die Ultraorthodoxie den »Glauben an die Weisen« als neues Fundament des jüdischen Lebens: Wahrhaft religiöse Juden müssen die Autorität der führenden Rabbiner ihrer Zeit anerkennen, in allen Lebensbereichen Entscheidungen für sie zu treffen – nicht nur, was die Ausübung der Religion angeht, sondern auch in politischen und persönlichen Angelegenheiten.[48] Auch das war eine radikale Neuerung, die sich als Konservatismus tarnte.

Eine strenggläubige Minderheit unterstützte den Zionismus und gründete die Misrachi-Bewegung. Die meisten orthodoxen, insbesondere die ultraorthodoxen Rabbiner verurteilten den Zionismus indes als säkulare Rebellion gegen Gott. In Opposition zu Misrachi wurde Agudat Yisrael gegründet. Im 19. Jahrhundert zogen einige Ultraorthodoxe nach Jerusalem, um sich einem Leben religiöser Studien weit entfernt von den Häresien Europas zu widmen. Während des britischen Mandats kamen weitere hinzu, um dem wachsenden Antisemitismus besonders in Polen und Deutschland zu entfliehen.[49] (Seit den 1930er Jahren bezeichnete das hebräische Wort *charedi*, »gottesfürchtig«, besonders die Ultraorthodoxen). Aber auch Palästina war, wie Amerika, ein Ort, wo junge Menschen unter dem Einfluss einer säkularen Umgebung die Herde verließen. Ultraorthodoxe Rabbiner rieten daher von der Emigration aus Osteuropa ab – mit katastrophalen Folgen während des Holocausts. Als Israel unabhängig wurde, stellten die strenggläubigen Charedim fünf bis sieben Prozent der jüdischen Bevölkerung, so die Schätzung des Soziologen Menachem Friedman, der sich als einer der Ersten mit der Gesellschaft der Charedim beschäftigte. Das europäische Zentrum ihrer Kultur war verloren. In Palästina hatten sie nur wenige Schulen, die zudem unter Geldmangel litten; es kam vor, dass Lehrer manchmal monatelang kein Gehalt erhielten. Viele strenggläubige Juden hatten den Eindruck, »eine jüdische Identität zu repräsentieren, die in absehbarer Zukunft verschwinden würde«, schreibt Friedman.[50] Während einige Eiferer keinerlei Beziehung zum säkularen Staat wollten, sah Agudat Yisrael kaum eine Alternative, als in der israelischen Politik mitzumischen. Sie bildete für kurze Zeit sogar im Bündnis mit rivalisierenden religiösen Zionisten die Vereinigte Religiöse Front und trat Ben-Gurions Koalition bei.

Die Kompromisse, welche die orthodoxen Parteien der Mapai-Partei abtrotzten, zielten zum Teil darauf, ihre Wähler vor weltlichem Zwang zu schützen, zum anderen sollten sie ihrer eigenen Auffassung Geltung verschaffen, dass ein »jüdischer Staat« ein von der Religion beherrschter Staat sein müsse. Die Armeeküchen wurden koscher gehalten, damit strenggläubige Juden Wehrdienst leisten konnten. Während des Unabhängigkeitskriegs wurden etwa 400 Männer, die an ultraorthodoxen Talmudschulen in Jerusalem studierten, von der allgemeinen Wehrpflicht ausgenommen, auch wenn andere charedische Männer eingezogen wurden. Jerusalem lag außerhalb der Teilungslinie, und die Regierung wollte anscheinend dem Spektakel eines Konflikts mit extrem antizionistischen Gruppen an einem Ort, wo ihre Position schwach war, aus dem Weg gehen. Doch der Präzedenzfall machte Schule, und nach dem Krieg fuhr die Armee fort, mehrere Hundert Talmudstudenten von der Wehrpflicht zurückzustellen. Ein geringfügiges Zugeständnis, wie es schien.

Augenfälliger war, dass der Staat Ehe und Scheidung in der Hand der religiösen Autoritäten einer jeden Religion beließ, wie es seit der Zeit der Herrschaft des Osmanischen Reichs über Palästina der Fall gewesen war. Für Juden bedeutete dies, dass eine Heirat nur über das staatlich gelenkte Oberrabbinat und eine Scheidung nur durch ein rabbinisches Gericht, ebenfalls ein staatliches Organ, zu erlangen war.[51] Die einzige Möglichkeit für einen Juden, einen nichtjüdischen Partner zu heiraten, bestand darin, ins Ausland zu reisen. Diese Weichenstellung schuf eine rabbinische Bürokratie mit Posten, die von den orthodoxen Parteien in Patronage verteilt wurden. Das wirkte sich auf die Freiheit religiöser ebenso wie säkularer Juden aus: Bei wichtigen Stationen ihres religiösen Lebens waren sie gezwungen, sich an eine Geistlichkeit zu wenden, die der Staat für sie ausgesucht hatte.

1953 endete der Kampf unter den Parteien über die Erziehung von Einwandererkindern schließlich mit einem Gesetz, das ein staatliches Schulsystem schuf.[52] Die Zeit der von Parteien betriebenen Schulen war damit vorüber, wie es schien. Doch das staatliche System bestand weiterhin aus zwei Teilen: einem säkularen und einem »staatlich-religiösen«. De facto wurde der staatlich-religiöse Teil von den Funktionären der religiös-zionistischen Parteien kontrolliert, die bald darauf zur Nationalreligiösen Partei verschmolzen. Der ultraorthodoxen Agudat-Yisrael-Partei wurde erlaubt, das Schulsystem zu behalten, das es kurz zuvor geschaffen hatte, mit staatlicher Finanzierung, aber nur geringfügiger staatlicher Aufsicht. Diese Schulen lehrten die Kinder religiöse Gesetze und heilige Schriften zusammen mit einem Grundwissen in Mathematik und vielleicht ein bisschen Englisch. Bürgerkunde stand nicht auf dem Lehrplan. Ihr Auftrag war es, die Kinder vor der modernen Gesellschaft zu schützen, und nicht, sie darauf vorzubereiten.[53]

Ben-Gurion ging diese Kompromisse ein, weil sie der Preis für die Koalitionsbildung waren. Ein weiterer Grund war, dass er nicht den Graben zwischen weltlich ausgerichteten und religiösen Juden vertiefen wollte.[54] Dem kritischen orthodoxen Philosophen Yeshayahu Leibowitz sagte Ben-Gurion ausdrücklich: »Ich werde der Trennung von Staat und Religion niemals zustimmen. Ich will, dass der Staat die Religion fest im Griff behält.«[55]

Man sollte sich jedoch an die vorherrschenden Erwartungen der Ära erinnern, wie sie der Schriftsteller Amos Oz in seinen Erinnerungen *Eine Geschichte von Liebe und Finsternis* festgehalten hat. Mitte der 40er Jahre, als es an der Zeit war, Oz einzuschulen, steckte sein Vater in einer Zwickmühle. In ihrer Jerusalemer Nachbarschaft lagen zwei Schulen in Gehweite: eine gehörte zum Schulsystem der Linken, die andere den religiösen Zionisten. Oz' Vater war ein rechter Säkularist. Er wählte die strenggläubige Schule, denn »die rote Flut schwillt doch immer mehr in unserem Lande an« und die sozialistische Schule würde aus dem Jungen womöglich noch einen Bolschewisten machen. Die religiöse Schule bot kein vergleichbares Risiko, weil »die religiösen Juden ... mit all ihren Synagogen aus der Welt verschwinden würden«.[56]

Noch einige Jahre später, nach der Unabhängigkeit, konnten säkulare Politiker von derselben Annahme ausgehen, insbesondere im Hinblick auf die Ultraorthodoxie. Die dauerhaften Folgen dieser frühen Vereinbarungen sowohl für den Staat als auch für die Religion stellten sich völlig unerwartet ein. Niemand konnte sich zum Beispiel vorstellen, dass der Staat durch die Finanzierung von charedischen Schulen die ultraorthodoxe Gemeinschaft verändern und Gefahr laufen würde, fest in *ihren* Griff zu geraten.

Religionspolitik spielte auch bei dem Votum der Knesset von 1950 eine Rolle, Israel keine geschriebene Verfassung zu geben, doch fiel Ben-Gurions Opposition dagegen noch schwerer ins Gewicht. In jedem Fall verdient diese frühe Entscheidung nicht so viel Tadel, der Demokratie Steine in den Weg gelegt zu haben, als sie gewöhnlich erhält.

Erstaunlicherweise kamen die stärksten Verfechter einer Verfassung in der Knessetdebatte von der Mapam-Partei und den Kommunisten auf der Linken und von Menachem Begins Cherut-Partei auf der Rechten. »Es gibt eine Sache, die Sie verhindern möchten«, zieh Begin die herrschende Mapai-Partei, »ein Gesetz der Freiheit, der Gerechtigkeit, das Vorrang vor anderen Gesetzen hat und das Sie nicht eines schönen Morgens mit einer einfachen Stimmenmehrheit aufheben können.«[57] Ein Abgeordneter der Mapam-Partei, Yisrael Bar-Yehudah, brachte das klassische Argument, dass eine Verfassung vonnöten sei, um »die Rechte des Einzelnen in Beziehung zum Staat« zu schützen, und forderte, diese müsse definieren, »was das Minimum ist, das Legislative, Exekutive und Judikative nicht verletzen dürfen«.[58]

Der erklärte Einwand der Religiösen Front gegen eine Verfassung war, dass die Tora die Geschichte hindurch die Verfassung der Juden gewesen sei und ein jüdischer Staat daher auch keine andere brauche. Eine Verfassung habe unter anderem eine erzieherische Funktion, meinte Meir David Levenstein von Agudat Yisrael: Ihre Präambel würde dazu benutzt, Kinder das »spirituelle Profil« der Nation zu lehren – und aus genau diesem Grund könne keine religiöse Schule eine säkulare Verfassung unterrichten. Das würde einen Kulturkampf[59] auslösen, sagte er. Die praktischere Sorge der orthodoxen Politiker mag gewesen sein, dass eine Verfassung Staat und Synagoge getrennt oder sogar der Religionspraxis Beschränkungen auferlegt hätte.[60] Der militante Säkularismus der Linken und das Beispiel des Ostblocks – einschließlich der berüchtigten Jewsektia, der jüdischen Sektion der Kommunistischen Partei Russlands, die für die Unterdrückung des Judentums verantwortlich war – machten ihnen Angst.[61]

Die wahre Gefahr, so argumentierte Yosef Lam von der Mapai-Partei, drohe von eben jenen Parteien, die eine Verfassung verlangten. Weder die Cherut- noch die Mapam-Partei verstünden die Demokratie, behauptete er. »In einem demokratischen Regime verändert man nicht die Richtung der Mehrheit mit der Drohung, dass ihre Führer vor Gericht gestellt werden«, sagte er mit Bezug auf die Rhetorik der Cherut-Partei. Was Mapam betraf, so glaube die Partei an die »Volksdemokratie«, an den Schutz der Rechte der Minderheit nur bis zum nächsten »revolutionären Moment«, wenn sie die Macht ergreifen könne. Mit solchen Parteien im Parlament sei kein Konsens zu erzielen, der breit genug wäre, um eine Verfassung auszuarbeiten, fügte Lam hinzu.[62] Ben-Gurion schloss die Debatte mit einer ähnlichen Argumentationslinie: Normale Gesetze könnten die Bürgerrechte schützen, aber die Mehrheit sollte nicht in eine Zwangsjacke gesteckt werden. Anders als die Vereinigten Staaten, das Pionierland des modernen Konstitutionalismus, müsse Israel nicht die Beziehungen zwischen einer föderalen Regierung und einzelnen Staaten regeln. Vor allem aber könne es sich Israel nicht leisten, die Macht einer demokratischen Regierung zu beschränken, um sich gegen antidemokratische Minderheiten zu verteidigen. In Richtung des Mapam-Führers Meir Ya'ari sagte er: »Es kann doch nicht sein, dass Knessetmitglied Ya'ari nicht weiß, dass es Leute in der Knesset und im Land gibt, die das demokratische Regime in Israel zerstören wollen und ein totalitäres Regime anstreben.«[63]

Es mag stimmen, dass Ben-Gurion den Schutz der Demokratie im Mund führte, sich in Wirklichkeit jedoch nur gegen Beschränkungen seiner eigenen Macht sträubte. Es könnte auch sein, dass eine ideale Verfassung die Grundrechte, die Gleichheit von nichtjüdischen Bürgern und die Macht der Gerichte, repressive Gesetze zu kippen, garantiert hätte. Dann wiederum hätte Yosef Lam von der Mapai mit seinem vor der Knesset geäußerten Einwand durchaus Recht gehabt, dass die nach dem Ersten Weltkrieg verabschiedeten Verfassungen die Demokratie in Polen, Lettland, Italien und Deutschland ja auch nicht gerettet hätten.[64]

Darüber hinaus kann eine reale – statt einer idealen – Verfassung die ungerechten Kompromisse in Stein meißeln, die zur Zeit ihrer Verabschiedung notwendig waren. Die amerikanische Verfassung zwang ursprünglich freie Staaten, flüchtige Sklaven an die Sklavenstaaten auszuhändigen.[65] Bis heute gewährt sie den Bürgern von Staaten mit kleinen Bevölkerungen im Senat unverhältnismäßig viel Macht und setzt sich damit über das Mehrheitsprinzip hinweg.

Eine 1950 verabschiedete israelische Verfassung hätte Fortschritten in Richtung einer liberaleren Demokratie sehr wohl im Weg stehen können. In der Knesset-Debatte forderte die Mapam, dass die Verfassung Ladenbesitzer zu Arbeitern machen solle.[66] Menachem Begin griff Ben-Gurion wegen seiner Bereitschaft an, den jüdischen Anspruch auf Bethlehem, Hebron und den Rest des Westjordanlands aufzugeben, und deutete damit an, dass er eine Verfassung wollte, die Israels ewiges Recht auf diese Gebiete deklarierte.[67] Um die Strenggläubigen zufriedenzustellen, hätte eine Verfassung Judentum und Staat verheiratet, nicht geschieden. 1950 hätte sie mit ziemlicher Sicherheit die Ungleichheit jüdischer und arabischer Bürger festgeschrieben.

Hier kommen wir zur grundlegendsten Frage über die Bedingung der israelischen Demokratie, die Frage, die nicht erst seit ihrer Geburt existierte, sondern ihre ganze Vorgeschichte hindurch im Raum stand: Welchen Status würden die Araber in einem jüdischen Staat haben? Die Antwort darauf strotzt vor Widersprüchen.

An der Oberfläche bot der von der UNO im November 1947 gebilligte Teilungsplan einen geradlinigen Umgang mit zwei Volksgruppen, die dasselbe Territorium beanspruchten: Eine jede würde einen Teil des Landes erhalten. Das Problem mit dieser Lösung war das gleiche wie die Festlegung von Grenzverläufen zwischen den Nationalstaaten in Europa nach den beiden Weltkriegen oder im

Punjab zwischen Indien und Pakistan 1947. Keine saubere geografische Linie trennte die Gruppen, die geteilt werden sollten. Sie lebten miteinander, untereinander, durcheinander. Der UNO-Plan für Palästina sprach 55 Prozent des Territoriums dem jüdischen Staat zu und 40 Prozent dem arabischen, mit Jerusalem als internationaler Enklave.[68] In dem Gebiet, das für den jüdischen Staat vorgesehen war, lebten 500 000 Juden und 450 000 Araber. Weitere 100 000 Juden lebten in Jerusalem und eine kleine Zahl in verstreuten Gemeinden in dem Land, das dem arabischen Staat zugeteilt war.

Angesichts dieser Zahlen und dem, was mit den palästinensischen Arabern 1948 geschah, kommt man leicht zu dem Schluss, dass sich die Gründer des jüdischen Staates für eine gezielte Vertreibungspolitik entschieden hatten und sich dann daran machten, sie zu exekutieren. Zionistische Führer, bekräftigt der palästinensische Historiker Rashid Khalidi, »verstanden die wohlbekannte demografische Arithmetik Palästinas« und planten deshalb, »so viel Land von der palästinensischen Bevölkerung zu räumen, wie sie nur konnten«.[69] Diese Schlussfolgerung ist jedoch zu glatt. Sie leidet unter einem Irrtum, den man als intentionalen Fehlschluss bezeichnet, das heißt, sie unterstellt, dass, wenn sich die Dinge in eine bestimmte Weise entwickelt haben, sie auch von jemandem so geplant gewesen sein müssen. Präziser gesagt, sie unterscheidet nicht zwischen politischer Stimmung und tatsächlicher Politik.

Der Teilungsplan basierte nicht nur auf der Bevölkerung Palästinas im Jahr 1947. Er ging davon aus, dass der jüdische Staat bis zu einer halben Million jüdischer Flüchtlinge aus Europa aufnehmen würde, die nicht in ihre Heimat vor dem Holocaust zurückkehren wollten und dort nicht erwünscht waren. In diesem Sinn ist das Argument, dass die Palästinenser für die Verbrechen Europas bezahlten, korrekt. Auch waren die europäischen Flüchtlinge nicht die einzigen voraussichtlichen Immigranten; die Gründer Israels hofften, Juden aus der ganzen Welt »einzusammeln«. Ihre innigste Überzeugung war, dass der angemessene Ort für Juden ihre ursprüngliche Heimat sei. Praktisch erwarteten sie, dass die künftige Einwanderung die notwendige jüdische Mehrheit mit sich bringen würde.[70]

Dennoch, die erwartete Größe der arabischen Minderheit erfüllte die zionistischen Führer mit Sorge. Ein gutes Beispiel für ihre Bedenken ist ein Telegramm des »Außenministers« der Jewish Agency, Moshe Shertok, an Ben-Gurion, den damaligen Direktor der Organisation, vom Oktober 1947. Shertok (später Sharett) weilte in New York, wo die Schlussfassung des Teilungsplans festgeklopft wurde. Der Plan sah vor, es den im jüdischen Staat lebenden Arabern freizustellen, die Staatsbürgerschaft des arabischen Staates anzunehmen – und umgekehrt.[71] (Jerusalemer Bürger konnten ebenfalls wählen, Bürger eines der beiden Staaten zu werden.) Shertok berichtete Ben-Gurion von einem Vorschlag der Amerikaner, wonach jeder, der die Staatsbürgerschaft eines der beiden Länder wählte, verpflichtet sein würde, innerhalb eines bestimmten Zeitraums auch dorthin zu ziehen. Shertok war gegen diese Idee, weil es »nicht in Transfers münden, sondern Araber davon abhalten würde, sich für einen Austritt zu entscheiden«. Das zionistische Interesse bestand darin, die »politische Minderheit der Araber zu vermindern, selbst wenn sich die ökonomische Minderheit nicht vermindern lässt«. Ideal wäre es aus Shertoks Sicht gewesen, wenn der UNO-Plan einen Bevölkerungstransfer vorgesehen hätte, doch das war nicht der Fall. Da die Araber bleiben würden, wo sie waren, hielt er es daher für die beste Lösung, wenn sie sich für die Staatsbürgerschaft des arabischen Staates entschieden, damit sie im jüdischen nicht wählen gehen durften. Unterdessen bekäme die politische Mehrheit der Juden kräftigen Zulauf durch die außerhalb des Staates lebenden Juden.[72]

Es sollte nicht überraschen, dass die zionistischen Führer über Transfers nachdachten. Ein Bevölkerungstransfer – weniger höflich formuliert: die gewaltsame Vertreibung von Frauen, Männern und Kindern, um ethnisch homogene Staaten zu schaffen – gehörte zum Ungeist der Zeit. Der ursprüngliche britische Vorschlag zur Teilung Palästinas, 1937 von der Peel-Kommission vorgelegt, sah den Transfer von Arabern aus dem jüdischen Staat vor und führte den erzwungenen Austausch von 1,3 Millionen Griechen und 400 000 Türken von 1923 als positiven Präzedenzfall an.[73] Nach dem Zweiten Weltkrieg wurde, wie Tony Judt schreibt, dieses Beispiel in Europa zur brutalen Norm: 160 000 Türken wurden aus Bulgarien in die Türkei ausgewiesen; Ungarn verfrachtete 120 000 Slowaken in die Tschechoslowakei, im Tausch gegen die gleiche Anzahl Ungarn, die in die entgegengesetzte Richtung in Marsch gesetzt wurden; beinahe drei Millionen Deutsche wurden, mit Billigung Großbritanniens, der Sowjetunion und der Vereinigten Staaten, aus dem nun wieder zur Tschechoslowakei gehörenden Sudetenland vertrieben. Die Liste ist noch viel länger. »Den Begriff ›ethnische Säuberung‹ gab es noch nicht, wohl aber die Realität«, bemerkt Tony Judt. Es war ein Verbrechen gegen die Menschlichkeit, das zur damaligen Zeit von moralisch wachen Beobachtern auch als solches benannt, von »pragmatischen« Staatschefs aber als Notwendigkeit hingenommen wurde.[74]

Trotzdem fehlen Beweise für die Behauptung, dass die jüdische Führung von Anfang an die Vertreibung der Araber geplant hatte.[75] Tatsächlich gibt es deutliche Belege für das Gegenteil: dass die Führer des werdenden Staates mit dem Bleiben der arabischen Bevölkerung rechneten und es in ihre Planung einbezogen. Diese Belege stammen aus dem Bericht eines Komitees mit dem wenig aufschlussreichen Namen »Lageausschuss« (Situation Committee).

Im Oktober 1947, noch vor dem Teilungsbeschluss der UNO, war den Verantwortlichen in der Jewish Agency und dem Nationalrat klar, dass das britische Mandat bald auslaufen würde. Sie brauchten einen Plan, wie sie das Land regieren sollten – für Straßenbau, Postzustellung, Gesundheitsvorsorge, Instandhaltung der Kanalisation. Der Lageausschuss wurde geschaffen, um dafür eine Blaupause zu erarbeiten. Sein Vorsitzender war Ben-Gurion. Andere hochrangige Politiker, darunter Golda Meir und der Schatzmeister der Jewish Agency, Eliezer Kaplan, leiteten Unterausschüsse, die den künftigen Verwaltungsapparat planten, von den Ministerien bis hinunter zu den Bezirksveterinären und

Schulinspektoren, und genaue Budgets für ihre Finanzierung aufstellten.[76]

In dem Kapitel über Erziehung merkt der Abschlussbericht des Lageausschusses an, dass der Staat für die elf vorhandenen arabischen Schulen in den teilweise rein arabischen Städten Haifa, Tiberias, Safed und Bet Sche'an und die 92 Schulen der 248 arabischen Dörfer auf dem Gebiet des jüdischen Staates verantwortlich sein würde. Das Kapitel über die Gesundheitsvorsorge führt aus, dass Gesundheitsstationen, die von den Briten in arabischen Dörfern eingerichtet worden waren, weiter in Betrieb bleiben sollten. Dörfer ohne solche Einrichtungen sollten im staatlichen Auftrag von den Krankenhäusern der Histadrut-Gewerkschaft in den benachbarten jüdischen Gemeinden mitversorgt werden. Das Innenministerium, zuständig für die Lokalverwaltungen, sollte 24 Bezirksvorsteher haben, 16 jüdische und acht arabische.[77] Der Bericht war auf Hebräisch verfasst. Er war nicht dazu gedacht, Ausländer zu beeindrucken; er sollte umgesetzt werden.

Die Überlegungen einiger zionistischer Führer vor der Unabhängigkeit über einen Bevölkerungstransfer stellten eine der politischen Tendenzen dar. Der Bericht des Lageausschusses repräsentierte die entgegengesetzte Neigung unter denselben Leuten, die arabische Minderheit in den jüdischen Staat zu integrieren. Den Ausschlag gab schließlich der Lauf der Ereignisse.

Der Ausschuss schloss seinen Bericht irgendwann zwischen dem 10. und 30. April 1948 ab, wenngleich ein Großteil der Arbeit offensichtlich früher erledigt worden war. Zu diesem Zeitpunkt waren die der arabischen Bevölkerung gewidmeten Abschnitte bereits veraltet, da durch die Kampfhandlungen obsolet geworden. Die Gefechte zwischen Arabern und Juden in Palästina waren am selben Tag ausgebrochen, als die Vereinten Nationen die Teilung billigten, und stetig eskaliert. Es war ein Krieg zwischen Volksgruppen, nicht zwischen Staaten. Beide Seiten waren davon überzeugt, dass es für sie um Leben und Tod ging. In den ersten Monaten flohen Araber der Mittel- und Oberschicht aus ihren Häusern. Örtliche arabische Dorfmilizen schnitten die Straßen nach Jerusalem ab; den jüdischen Vierteln der Stadt drohte eine Hungersnot.

Im April – vielleicht während eine Schreibkraft in Tel Aviv Matrizenabzüge des Komiteeberichts anfertigte – ging die Hagana in die Offensive. Sie zielte darauf ab, die Kontrolle über das dem jüdischen Staat zugeteilte Land zu übernehmen, die Straßen nach Jerusalem zu öffnen und die Verteidigung gegen die kommende arabische Invasion vorzubereiten. An einigen Orten vertrieben jüdische Kommandeure Araber aus eroberten Dörfern. In vielen weiteren führte Panik zu Massenfluchten, besonders nachdem Irgun- und Lechi-Kämpfer in dem Dorf Deir Yassin vor den Toren Jerusalems ein Massaker angerichtet hatten.[78]

Anfang Mai sprach Shertok von einem »erstaunlichen« und »unvorhergesehenen« arabischen Exodus, als redete er von einer unverhofften Erbschaft. Zum Status quo ante zurückzugehen sei undenkbar, erklärte er.[79] Als die provisorische Regierung die Angelegenheit im Juni diskutierte, herrschte der – von Ben-Gurion unterstützte – Konsens vor, die Flüchtlinge an einer Rückkehr zu hindern. Eine spätere Kabinettsentscheidung verlangte, dass »eine Lösung des Flüchtlingsproblems« Bestandteil eines formellen Friedensabkommens sein müsse. Diese Politik war zum Teil defensiver Natur, um eine fünfte Kolonne zu vermeiden. Doch in der Kabinettssitzung im Juni bezeichnete Shertok auch alles »Land und die Häuser« als »Kriegsbeute« und als Kompensation für das, was die Juden in einem ihnen aufgezwungenen Krieg verloren hätten.

Während die Kämpfe fortdauerten, kam es in der Folge immer öfter zu Vertreibungen von Arabern durch die israelischen Streitkräfte. Der Wendepunkt war der Beschluss, ihre Rückkehr zu verhindern: Was sich aus dem Chaos des Krieges ergeben hatte, wurde nun zu einem bewusst eingeschlagenen Weg.[80]

Um die späteren Ereignisse zu verstehen, verdient es Beachtung, dass arabische Streitkräfte ebenfalls Juden vertrieben und niedermetzelten oder ihre Heimkehr an Orte verhinderten, von denen sie geflohen waren. Aber das gelang ihnen nur selten, weil

die Araber den Kampf auf dem Schlachtfeld verloren. Nichts-
destoweniger säuberte die Arabische Legion Transjordaniens das
jüdische Viertel der Jerusalemer Altstadt; arabische Kämpfer mas-
sakrierten etwa 150 jüdische Verteidiger von Kfar Etzion, einem
religiösen Kibbuz südlich von Bethlehem, nachdem diese sich ergeben hatten. Mehrere andere isolierte jüdische Ackerbaugemein-
den wurden aufgegeben. Obwohl relativ klein, sollten diese Verluste 19 Jahre später ihr Teil dazu beitragen, die israelische Politik
zu prägen.

Mit dem Ende des Krieges und der Unterzeichnung des Waffen-
stillstandsabkommens waren die Planungen des Lageausschusses
für eine Koexistenz mit den Arabern kaum mehr als eine blasse
Erinnerung. In Tiberias, Safed und Bet Sche'an gab es keine
Araber mehr, genauso wenig wie in 350 und mehr Dörfern, die
1947 existiert hatten. In Haifa blieb nur ein Bruchteil der arabischen Bevölkerung übrig. Dasselbe gilt für Jaffa, Akkon, Lod und
Ramla – Städte, die nach dem Teilungsplan dem arabischen Staat
zugewiesen worden waren und die sich nun Israel einverleibte.
Etwa 150 000 Palästinenser lebten nun in Israel, weniger als ein
Fünftel der Araber, die zuvor auf demselben Territorium gewohnt
hatten.[81] Die israelische Politik und die israelischen Gesetze in
den ersten Jahren verliehen den Übriggebliebenen den Status von
Bürgern, machten sie aber gleichzeitig auch zu Außenseitern und
potenziellen Feinden. Sie waren israelische Araber oder arabische
Bürger Israels oder, wie sie sich selbst Jahrzehnte später nennen
würden, palästinensische Bürger Israels – aber keine Israelis.

1952 verabschiedete die Knesset verspätet ein Staatsbürger-
schaftsgesetz. Ein Abschnitt besagte, dass Einwohner von Britisch-Palästina, die dauerhaft in Israel geblieben waren oder ein
Rückkehrrecht in das Land erhalten hatten, israelische Staatsbürger waren.[82] Das Gesetz erreichte auf diese Weise zweierlei. Es
definierte die Staatsbürgerschaft in universeller, liberaler Weise:
Jeder, der auf dem Territorium des Staates lebte, erfüllte die nö-
tigen Voraussetzungen. Es definierte außerdem jene palästinen-

sischen Araber, die vertrieben worden oder gegangen waren, als Nichtbürger.[83]

Ein weiterer Abschnitt des Gesetzes gewährte jedem Juden, der in das Land einwanderte, die Staatsbürgerschaft. Das stand im Einklang mit einem früheren Gesetz, dem Rückkehrgesetz von 1950, das jedem Juden das Recht auf Immigration einräumte.[84]

Zusammen machten diese beiden Gesetze ein fortdauerndes Problem der Bedeutung der israelischen Staatlichkeit deutlich. Für Juden erfüllte sich die Selbstbestimmung zu einem Teil darin, dass sie sich in einem Territorium sammeln und eine nationale Gemeinschaft gründen konnten, zu einem anderen in der Erlangung der politischen Unabhängigkeit. Die Unabhängigkeit ermöglichte freie Einwanderung, aber sie vollendete das Werk keinesfalls. Was die Repatriierung anging, so waren die vom israelischen Staat Angesprochenen dieselben wie bei der zionistischen Bewegung: die Juden, einschließlich jener, die andernorts lebten, insbesondere wenn sie eine Zuflucht vor Verfolgung suchten.

In jeder anderen Hinsicht aber bedeutete die Unabhängigkeit, dass die Befreiungsbewegung ihren Zweck erfüllt hatte. In ihrer historischen Heimat hatten die Juden nun einen Staat, in dem der Rhythmus des alltäglichen Lebens, die Sprache und öffentliche Kultur jüdisch waren. Hier war ihr rabiater Streit darüber, was es bedeutet, jüdisch zu sein, eine allgemeingesellschaftliche Debatte, nicht das abseitige Thema einer Minderheit. Was jedoch die politische Gemeinschaft anging, der sich die demokratische Regierung rechtmäßig zu verantworten hatte, so bestand diese aus den Bürgern Israels, den Menschen innerhalb seiner Grenzen, Juden und Nichtjuden.

Ben-Gurion und allen in seinem Umfeld gelang es nur schlecht, diesen Wandel zu akzeptieren und den psychologischen und politischen Sprung von der nationalen Bewegung zur Staatlichkeit, von der Revolution zur Institution zu bewältigen. Bei entscheidenden Fragen handelten sie, als ob die Gemeinschaft, die sie führten und der sie dienten, aus den Juden Israels und, im Weiteren, aus den Juden im Allgemeinen bestünde, einschließlich der »Fast-Bürger«

auf der ganzen Welt. Die Grenzen des Staatswesens changierten und verschwammen. Aus einem Blickwinkel betrachtet waren sie die Linien auf einer Landkarte; aus einem anderen waren sie die sozialen Grenzen einer ethnischen Gruppe.

In der Frage der Eigentumsrechte an Grund und Boden offenbarte sich die Haltung, dass der Staat im Dienst der Juden stand. Seit seinen Anfängen war der Grunderwerb in Palästina eines der zentralen Anliegen des Zionismus. Das Ziel, besonders der zionistischen Linken, bestand darin, die Juden zurückzubringen, nicht nur in ihre Heimat, sondern auf ihr eigenes Land. Also brauchten die Juden Orte, wo sie leben und, genauso wichtig, die sie kultivieren konnten. Für den Landkauf schuf die Zionistische Weltorganisation den Jüdischen Nationalfonds, der das von ihm erworbene Grundeigentum für alle Zeit dem jüdischen Volk vorbehielt.[85] Doch gesetzliche Beschränkungen der Briten, eine nationalistische arabische Kampagne gegen den Landverkauf an Juden und Geldmangel behinderten den Grunderwerb.[86] Zur Zeit der Unabhängigkeit besaß der Jüdische Nationalfonds fünf Prozent des israelischen Territoriums; das gesamte jüdische Grundeigentum belief sich auf weniger als ein Zehntel des Landes. Das Land, das zuvor der britischen Regierung gehört hatte, war nun Eigentum des israelischen Staates, aber das meiste davon war unbrauchbar. Was den Rest des Landes betraf, so war der Staat zwar der Souverän, doch Souveränität ist nicht gleichbedeutend mit dem Besitz von Eigentumsrechten.[87]

Aber da gab es noch die aufgegebenen Felder, Obstgärten und Häuser der Araber, die geflohen waren. 1950 verabschiedete die Knesset das Gesetz über das Eigentum Abwesender, das solchen Grund und Boden einem staatlichen Treuhänder überantwortete. Ein »Abwesender« war laut Gesetz nicht nur jemand, der nun auf der anderen Seite der Grenze lebte. Es war jeder, der sein Heim nach dem 29. November 1947 verlassen hatte und in ein anderes Land oder in einen damals von arabischen Streitkräften gehaltenen Teil Palästinas geflüchtet war.[88] Man war ein Abwesender, wenn man vertrieben worden und zurückgekommen war. Man war ein Abwesender, wenn man aus seinem Dorf in die nächste Stadt geflohen war, die später von israelischen Truppen erobert wurde. War man in dem Dorf Taybe geboren, auf Arbeitssuche nach Jaffa gezogen, hatte dort ein Haus gekauft und war während der Kämpfe schutzsuchend nach Taybe zurückgekehrt, war man ein Abwesender – obwohl Taybe in einem Streifen Land lag, der unter dem Waffenstillstand mit Transjordanien an Israel übergeben worden war. Kehrte man nach Taybe zurück und zog in das Haus seines Bruders oder Cousins, der in der Zwischenzeit nach Tul Karm gleich hinter der Waffenstillstandslinie umgesiedelt war, wohnte man in dem Eigentum eines Abwesenden und musste an den Treuhänder Miete zahlen, wie handschriftliche Belege aus der Zeit zeigen.[89] Ein »Abwesender«, der sich zufällig in Israel befand, war ein »anwesender Abwesender«. Nach einer Schätzung fielen 75 000 arabische Bürger unter diese Rubrik.[90]

Laut Gesetz durfte der Treuhänder das Eigentum eines Abwesenden an eine frisch geschaffene Entwicklungsbehörde veräußern, die gemäß einem anderen Gesetz Land an den Jüdischen Nationalfonds verkaufen konnte. Bis Ende 1950 waren die Besitzansprüche von beinahe zwölf Prozent des Landes in dieser Weise auf den Nationalfonds übergegangen. Der Jüdische Nationalfonds verpachtet Land, statt es zu verkaufen. Er verpachtet nicht an Nichtjuden.[91] Der Staat nutzte seine beträchtliche Macht, um das Ziel der zionistischen Bewegung zu erreichen, Land für die Juden zu erwerben. In der Folge behandelte er israelische Araber als ethnische Feinde statt als Bürger, die in eine neue, gemeinsame Zivilgesellschaft zu integrieren waren.

In seinem alltäglichen Betrieb behandelte der Staat die arabischen Bürger als verdächtigen Bevölkerungsteil. Der Krieg zwischen den Volksgruppen war in frischer Erinnerung. Die meisten Araber lebten jahrelang unter einer Militärverwaltung. Zuerst war dies eine vorübergehende Einrichtung, um im Krieg eroberte, außerhalb der Teilungslinien gelegene Gebiete zu kontrollieren. 1949 wurde entschieden, Gebiete mit arabischer Bevölkerung weiterhin der Militärverwaltung zu unterstellen. Die gesetzliche

Grundlage dafür lieferte wiederum ein drakonischer Erlass der Briten, in diesem Fall die Notstandsverordnung von 1945, die ursprünglich gegen den jüdischen Aufstand verhängt worden war. Sämtliche staatlichen Dienstleistungen in diesen Gebieten liefen über die Militärverwaltung.[92] Für Reisen innerhalb des Landes benötigten Araber Passierscheine von den örtlichen Militärgouverneuren. Dieses System diente unter anderem dazu, die arabische Konkurrenz mit Juden um Arbeitsplätze zu begrenzen, zu einer Zeit, als das Land von jüdischen Einwanderern überschwemmt wurde.[93] Die Militärverwaltung, die Polizei und der Inlandsgeheimdienst Schin Bet – sie alle rekrutierten Informanten, um die Bewegungen der arabischen Bevölkerung zu überwachen, ihre politischen Aktivitäten zu kontrollieren und den arabischen Nationalismus zu unterdrücken. Die Kommunistische Partei fungierte als hauptsächliche öffentliche Opposition gegen die Militärherrschaft. Die Armee und Sicherheitsdienste ermutigten die Unterstützung der Mapai und ihrer arabischen Satellitenparteien, boten Anreize wie Reiseerlaubnisse und den Besitz von Waffen. Die Mapai-Partei nutzte die Staatsmaschinerie hier in eklatanter Weise für ihre eigenen Zwecke.[94]

Die amerikanische Historikerin Shira Nomi Robinson geht in ihrer Dissertation heftig mit der israelischen Militärverwaltung ins Gericht. Sie spricht von der »paradoxen Realität« der palästinensischen Araber, die in Israel blieben und sowohl »Bürger eines liberalen Nationalstaats als auch Untertanen einer Kolonialadministration« wurden.[95] Aus meiner Sicht ist das Wort »kolonial« ein stumpfes Werkzeug geworden. Zu häufig benutzt, verdunkelt es die je besonderen Tragödien der Geschichte. Aber es ist unbedingt hervorzuheben, dass die Araber in den frühen Jahren Israels nicht nur Untertanen einer Militärverwaltung waren, sondern auch Bürger. Die Tatsache, dass sie wählen durften, bedeutete nicht, dass sie auch nur annähernd gleichberechtigt waren, aber es sorgte für einen langsamen, dynamischen Wandel. 1950 stimmte Außenminister Moshe Sharett, wie Robinson bemerkt, widerwillig einem Programm der Familienzusammenführung zu, das mehreren Tausend palästinensischen Flüchtlingen die Rückkehr erlaubte – zum Teil, weil »er hoffte, die arabische Unterstützung für die Kommunistische Partei auf die herrschende Mapai-Partei umzulenken«.[96]

Wichtiger noch, Mapais größte politische Rivalen – von der Mapam auf der Linken bis hin zur Cherut auf der Rechten – waren gegen die Militärverwaltung, weil die herrschende Partei sie ausbeutete, um arabische Stimmen einzuheimsen. Die anderen Parteien wollten faire Wettbewerbsbedingungen.[97] Ben-Gurion, der stärkste Verfechter der Militärverwaltung, trat 1963 zurück. Drei Jahre später, Ende 1966, wurde die Militärverwaltung abgeschafft. Dieser Wandel brachte den Arabern keine Gleichheit oder eine gemeinsame staatsbürgerliche Identität. Sie beendete nicht die Enteignung arabischen Landeigentums oder die offizielle Diskriminierung. Dennoch war es ein bedeutsamer Schritt hin zu mehr Demokratie.

Währenddessen war Israel nicht zu einer »Volksrepublik« geworden. Die Mapam und Ahdut Ha'avodah waren von ihrer Romanze mit der Sowjetunion genesen. Selbst die Kommunistische Partei hatte sich über die Loyalität zu Moskau gespalten. Auf der Rechten hatte die Cherut das letzte Mal im Jahr 1952 mit gewalttätiger Opposition geliebäugelt, als die Knesset darüber debattierte, ob Israel Reparationen von Westdeutschland für den Holocaust annehmen solle, und Menachem Begin damit drohte, wieder gegen die Regierung in den Untergrund zu gehen.[98] 1966 war diese Episode lange Geschichte und die Cherut in einem Bündnis mit der gemäßigt rechten Liberalen Partei zu Respektabilität gelangt. Ben-Gurions Nachfolger, Levi Eschkol, war ein Versöhner. Üblicherweise wurde er nicht dafür kritisiert, ein autokratischer, sondern ein unentschlossener Mann zu sein. Eine neue Generation in Israel erzogener arabischer Intellektueller, deren palästinensischer Nationalismus an den klassischen zionistischen Gedichten von Chaim Nachman Bialik und Saul Tschernichowski geschärft war, die sie in der Schule durchgenommen hatten, wurde erwachsen.[99]

Die israelische Republik wurde reifer. Heute entsinnt man sich dessen nur noch mit Mühe. Der Prozess des Auseinanderbrechens stand kurz vor seinem Beginn.

Kapitel 3

Die Hauptstadt der Gesetzlosigkeit

»Es wurden keine Baugenehmigungen oder Sonderbaugenehmigungen für die Gebäude in der Siedlung von Ofra erteilt«, heißt es in dem Fax. In der Kopfzeile prangt das Wappen der Zivilverwaltung, die zwar so heißt, aber dem Verteidigungsministerium untersteht, weshalb sie faktisch doch eine Militärverwaltung ist, die das Westjordanland kontrolliert. Das Schreiben stammt vom 12. August 2007 und ist die Antwort auf das Auskunftsersuchen eines Menschenrechtsforschers gemäß dem Gesetz für den freien Informationszugang.[1] Die fünf trockenen bürokratischen Sätze auf dem Blatt sind das Eingeständnis einer vollständigen Missachtung der Gesetze durch die Behörden.

Damals hatte Ofra über 2700 Einwohner und über 500 Gebäude.[2] Laut Fax hatten die verantwortlichen israelischen Behörden außerdem niemals einen Bebauungsplan für die Siedlung genehmigt oder auch nur Ofras Gemeindegrenzen festgelegt – rechtliche Vorbedingungen, die erfüllt sein müssen, damit in einer israelischen Siedlung überhaupt Baugenehmigungen erteilt werden können. Das Schreiben gibt keine Gründe an, warum diese Bedingungen niemals erfüllt wurden. Eine Erhebung über den israelischen Siedlungsbau durch die Armee, die als Spiegel-Bericht bekannt ist und im Jahr 2009 an die Öffentlichkeit durchsickerte, nennt jedoch den Grund dafür: Ein Großteil von Ofra wurde »ohne rechtliche Grundlage« auf privatem palästinensischen Grund errichtet.[3] Der Staat hat nie etwas unternommen, um diesem Rechtsbruch Einhalt zu gebieten.

Ofra liegt nördlich der palästinensischen Stadt Ramallah im Bergland der Westbank. Gleich hinter dem Eingangstor befinden sich ein orthodoxes Mädcheninternat, eine Klinik von Israels größtem Gesundheitsdienstleister und ein Park mit einer kleinen Brücke über einem künstlich angelegten schilfbewachsenen Tümpel. Entlang der Seitenstraßen reihen sich zweistöckige Häuser mit weißen Steinfassaden und roten Ziegeldächern. Große Pinien überragen die Gebäude, Blumenkästen säumen steingepflasterte Bürgersteige. Ein gegen eine Hauswand gelehntes hölzernes Wagenrad stellt künstliche Rustikalität zur Schau.

Ofra ist die namhafteste aller Neusiedlungen. Sie war der erste Brückenkopf von Gusch Emunim, dem »Block der Gläubigen«, eine Organisation der religiösen Rechten, die zum Synonym für die Siedlungsbewegung wurde.[4] Ihre Gründer haben eine ausschließlich Mitgliedern vorbehaltene Gemeindeform erfunden, die Dutzenden anderen Siedlungen als Vorbild diente. Zu ihren bekannten Einwohnern zählen Yisrael Harel, Gründer des Rates der Siedlungen in Judäa, Samaria und Gaza; Pinchas Wallerstein, jahrzehntelang Chef der Gemeindeverwaltung für die Siedlungen nördlich Jerusalems; und Moti Sklar, Generaldirektor der öffentlich-rechtlichen Rundfunkanstalt Israels.

Ofra ist Stein gewordene Gesetzlosigkeit. Wie andere israelische Siedlungen im besetzten Territorium ist der Bau Ofras ein Verstoß gegen das Völkerrecht. Die Siedlung wurde 1975 ohne Genehmigung der Regierung errichtet, mit dem ausdrücklichen Ziel, die Außenpolitik von Premierminister Jitzchak Rabin zu untergraben – und dies mithilfe von Rabins Verteidigungsminister und Rivalen Schimon Peres. Ofras Gründer, Yehudah Etzion, war ein Anführer des jüdischen Terroruntergrunds, der Anfang der 80er Jahre Anschläge auf Palästinenser verübte.[5] Der erste Vorschlag zum Bau von Privathäusern in Ofra merkt eine geringfügige Komplikation an: »die unübliche Vorgehensweise, ohne Genehmigung des Landeigentümers zu bauen«, für den die Siedler irrtümlich den Staat Israel hielten.[6] Ofra verkörpert beispielhaft die beiläufige Missachtung der Eigentumsrechte und der

Landnutzungsbestimmungen der israelischen Militärverwaltung im Besatzungsgebiet. Doch wie andere Siedlungen hat es von der Unterstützung der Behörden profitiert, unter anderem von einem Rechtssystem, das der Gleichheit vor dem Gesetz spottet, indem es auf ein und demselben Territorium für israelische Siedler gänzlich andere Regeln gelten lässt als für palästinensische. Ofra, die exemplarische israelische Siedlung im besetzten Territorium, ist ein Ort, wo der Staat Israel blindlings an seinen eigenen Grundfesten rüttelt.

Hinter diesem Verhalten steckt sowohl die besondere Geschichte Israels als auch ein allgemein menschlicher Zug. Diesen Zug beschreibt am besten der Geograf Jared Diamond in seinem Buch *Kollaps* über die Ursachen ökologischer Katastrophen, die zur Erschütterung von Gesellschaften führen. »Die Werte, an denen Menschen unter ungeeigneten Bedingungen am hartnäckigsten festhalten«, schreibt Diamond, »sind genau jene, durch die sie zuvor ihre größten Triumphe über widrige Umstände gefeiert haben.«[7] Die Lehren einer heroischen Vergangenheit können, wenn sie auf neue Bedingungen angewandt werden, in eine Katastrophe münden.

Diamond führt dafür zahlreiche Beispiele an. Die auf Grönland siedelnden Wikinger überlebten anfänglich dank ihrer skandinavischen Lebensweise. Dazu gehörten Viehhaltung und der christliche Glaube. So bauten sie extravagante Kirchen, plünderten ihre Baumbestände, zerstörten den Boden, versäumten es, von den Inuit zu lernen, wie man die lokalen Nahrungsressourcen besser ausschöpfte, und verhungerten schließlich. »Im kommunistischen China«, schreibt Diamond über die heutige Zeit, »wollte man nicht die Fehler des Kapitalismus wiederholen, und das führte dazu, dass ökologische Bedenken als ein weiterer kapitalistischer Fehler verächtlich gemacht wurden ...« Weißen Pionieren gelang die Besiedlung Montanas, indem sie auf individuelle Autarkie setzten; die Beibehaltung dieser Haltung blockiert im heutigen Montana die Einsicht, staatliche Planung zur Lösung der durch Bergbau, Holzeinschlag und Viehhaltung verursachten Umweltkrise zu akzeptieren.[8]

In Israel ist das Ideal der Landbesiedlung das beste Beispiel für Diamonds Postulat. Seit den Anfängen des Zionismus im späten 19. Jahrhundert waren die jüdischen Einwanderer eifrig darum bemüht, das europäische Stereotyp des »dürren« Stadtjuden abzuschütteln und sich in muskelbepackte Farmer zu verwandeln.[9] Darüber hinaus war jedes Stück Boden, das Juden im Kampf mit den Arabern ergatterten und besiedelten, ein weiterer Pflock, um das ganze historische Land abzustecken.

In der nächsten Phase wurde die Besiedlung ein Mittel zur Erreichung des Sozialismus, als zionistische Pioniere Kibbuzim gründeten, landwirtschaftliche Kommunen auf dem Land des Jüdischen Nationalfonds. Die frühen Kommunen verliehen körperlicher Arbeit die Weihen eines säkularen Sakraments. Ihre Mitglieder waren die Elite des Arbeiterzionismus, des Zionismus der Linken, der sich selbst als weltlichen Ersatz des Judentums betrachtete. »Nur indem wir aus der Arbeit ... unser nationales Ideal machen, werden wir ... den Riss zwischen uns und der Natur kitten«, schrieb A. D. Gordon, der Tolstoi-hafte Prophet von Deganyah, dem ersten Kibbuz.[10]

Nach dem Ersten Weltkrieg wanderten von der russischen Revolution inspirierte Immigranten mit der Vision ein, das ganze Jüdisch-Palästina in eine einzige Kommune zu verwandeln. Die Vereinigte Kibbuzbewegung, geboren aus diesem Traum, zielte auf die Schaffung großer Kibbuzim, häufig am Rand von Städten, die der übrigen jüdischen Gesellschaft als Beispiel dienen sollten. Doch ihre Strategie änderte sich nach dem Bericht der Peel-Kommission 1937. Die Teilungskarte der Kommission zog die Grenzen des vorgeschlagenen jüdischen Staates gemäß bereits vorhandener jüdischer Siedlungen, wurde dann aber auf Eis gelegt. Danach jedoch breiteten sich neue Siedlungen weiter aus, um die Teilung des Landes zu verhindern oder zumindest sicherzustellen, dass am Ende so viel wie möglich dem jüdischen Teil zugeschlagen werden würde. Die Besiedlung schuf stillschweigend Fakten und zog Grenzen. Jede neue Landbaugemeinde war ein Zeltpflock, der die nationale Heimstatt markierte.[11] Koordiniert wurde die gesamte Anstrengung von der Siedlungsabteilung der Jewish Agency. Währenddessen entwickelte sich eine zweite Form von Arbeitersiedlung: Genossenschaftsdörfer oder Moschawim, deren Mitglieder ihre Produkte gemeinschaftlich vermarkteten, aber eigene Familienfelder und -häuser besaßen.

Mit der Bildung der Palmach als einer kibbuzbasierten Guerillatruppe übernahmen die ländlichen Siedlungen während des Zweiten Weltkriegs eine weitere Funktion als Fundament einer jüdischen Armee. Im Krieg von 1948 dienten die Kibbuzim häufig als Frontfestungen.

Als die Unabhängigkeit erreicht und der Krieg zu Ende war, hatte sich der Siedlungsbau tatsächlich als Quelle der »größten Triumphe über widrige Umstände« erwiesen. Die Juden hatten ihre Selbstbestimmung erreicht. Doch statt als Mittel zu diesem Zweck betrachtet zu werden, verwandelte sich die Landbesiedlung in einen heiligen Wert.

Trotzdem war der Siedlungsbau als praktisches Programm zunächst drauf und dran, in der Bedeutungslosigkeit zu versinken. Es stimmt zwar, dass in dem historischen Augenblick nach Erlangung der Eigenstaatlichkeit rasch neue Kibbuzim entlang der Waffenstillstandslinien aus dem Boden schossen. Die Siedlungsbauabteilung der Jewish Agency unter Leitung von Levi Eschkol sorgte dafür, dass sich ganze neue Gebiete mit Genossenschaftssiedlungen füllten. Doch das Land hatte nun eine Armee zu seiner Verteidigung. Seine Grenzen waren das Ergebnis des Krieges und von Verhandlungen, die eine souveräne Regierung geführt hatte. Die Regierungspolitik würde bestimmen, in welchem Maß Israel sozialistisch oder nichtsozialistisch werden würde. Die meisten Juden wollten in Städten leben, und Hochschulbildung würde in einer sich modernisierenden Wirtschaft größeren Erfolg versprechen als Muskelkraft. Zwischen 1961 und Mitte 1967 wurden nur zehn neue Kibbuzim und Genossenschaftssiedlungen gegründet.[12]

Die Landbesiedlung hatte der zionistischen Revolution gedient, doch die Revolution war vorbei. Aber dann holte der Sechstagekrieg im Juni 1967 das Siedlungsideal aus der Versenkung und hauchte ihm ein unnatürliches neues Leben ein.

»Der Krieg '67 kam überraschend, aber der Sieg war noch weit überraschender«, sagte mir Sini Azaryahu 2003. Azaryahu war damals 87 Jahre alt, einer der letzten verbliebenen Zeitzeugen, der noch von der militärischen Entscheidungsfindung in Israels frühen Jahren berichten konnte. 1967 diente er als Bürochef von Yisrael Galili, damals offiziell Minister ohne Geschäftsbereich in Levi Eschkols Regierung, inoffiziell dessen engster sicherheitspolitischer Berater. Jeden Tag erhielt Galili die gleichen Militärberichte wie der Premierminister. Azaryahu bewertete sie. »Weil der Sieg so vollständig war, hält es niemand für möglich ..., dass die Regierung von Israel glaubte, dass der Krieg in einem Desaster enden würde«, erzählte mir Azaryahu.[13]

Azaryahus Bericht aus dem inneren Zirkel wird von Avi Shlaim gestützt, einem Historiker, der nicht dafür bekannt ist, vor der landläufigen israelischen Geschichtsdeutung einen Kotau zu machen. »Von allen arabisch-israelischen Kriegen war der vom Juni 1967 der einzige, den keine Seite wollte«, schrieb Shlaim.[14] Berichte des militärischen Geheimdienstes belegen, dass Ägypten, das führende arabische Land, Anfang 1967 trotz seiner anti-israelischen Rhetorik nicht kampfbereit war.[15] Israel rechnete nicht damit, dass seine Grenzscharmützel mit Syrien Ägypten dazu aufstacheln würden, seine Armee auf die Sinai-Halbinsel zu werfen und die Straße von Tiran zu schließen, um den israelischen Hafen Eilat am Roten Meer zu blockieren. Der ägyptische Präsident Gamal Abdel Nasser hatte nur vorgehabt, die »arabische Meinung zu beeindrucken«; stattdessen peitschte er die öffentliche Kriegsstimmung auf. Israels ursprünglicher Schlachtplan, im Wesentlichen defensiver Art, zielte darauf ab, einen Teil des Sinai einzunehmen, um ihn gegen die Öffnung der Meerenge einzutauschen. Eroberungen waren nicht das Ziel, so Shlaim.

Als Israel am 5. Juni seinen Präventivschlag gegen Ägypten begann, erwartete die Regierung einen Waffengang mit nur einer Front.[16] Doch der Krieg entfesselte ein Chaos. Verteidigungsminister Mosche Dajan befahl seinen Generälen, 15 Kilometer vor dem Suezkanal Halt zu machen, aber als die ägyptische Armee zusammenbrach, rollten die israelischen Panzer bis zur Wasserstraße vor.[17] Die israelische Offensive gegen Jordanien begann erst, nachdem jordanische Artillerie israelische Städte und Stützpunkte bombardiert hatte. Die Ziele dieses Gegenangriffs weiteten sich aus, von der Einnahme kleiner Ecken des Westjordanlands über das Gebiet bis zur Bergkette bis hin zur Eroberung der gesamten Westbank.[18] Dajan brachte das Kabinett davon ab, Syrien anzugreifen. Dann änderte er seine Meinung, überschritt seine Kompetenzen und befahl eine Invasion.[19] Inmitten der Kämpfe teilte auch der Kommandeur der Nordfront, General David Elazar, dem mittlerweile zum Arbeitsminister aufgestiegenen Yigal Allon mit, dass auch er in Missachtung der Befehle seine Truppe weiter vorgeschickt hatte, als er sollte.[20] In sechs Tagen eroberte Israel die Sinai-Halbinsel und den Gazastreifen, die Westbank und die Golanhöhen.

Jahre später beschrieb Azaryahu das daraus folgende politische Dilemma. »Wir hatten keine Kriegsziele ..., und deshalb wusste niemand, was wir mit den Kriegsgewinnen anfangen sollten.«[21] Der Krieg war die Fortsetzung der Politik gewesen und hatte durch Zufall ein Reich erobert. Eine Politik musste ersonnen werden, die den geschaffenen Tatsachen Rechnung trug.

Die am Vorabend des Krieges gebildete Regierung der nationalen Einheit war dazu nicht geeignet. Zu ihr gehörten alle, von der Mapam auf der Linken bis zu Menachem Begin auf der Rechten. Galili und Allon repräsentierten Ahdut Ha'avodah, die sozialistische Partei mit großisraelischer Vision. Innerhalb der Mapai-Partei des Premierministers war beinahe jede Meinung über die Zukunft des eroberten Landes vertreten. Es war eine Regierung der nationalen Verwirrung.

Die Lähmung ging tiefer als die Meinungsverschiedenheiten zwischen den Parteien. Die nationale Stimmung – um genau zu sein: die Stimmung der jüdischen Mehrheit – war ein Gemisch aus Vorkriegsfurcht und Nachkriegshybris. Das beförderte nicht gerade eine nüchterne Urteilsbildung.

Verfechter einer Annexion der besetzten Gebiete führten sicherheitspolitische und historische Argumente ins Feld. Der Sinai würde Israel vor Ägypten schützen, bekräftigten sie. Das Westjordanland verliehe Israel strategische Tiefe; ein Festhalten an Golan würde Syrien davon abhalten, mit seiner Artillerie von den Höhen aus israelische Gemeinden zu beschießen. Was die geschichtlichen Orte anging, so betrachtete man die Jerusalemer Altstadt und ihre heiligen Stätten, die Klagemauer und den Tempelberg, als Kriegsbeute. Dasselbe galt für Hebron, Bethlehem und eine Fülle anderer Orte, deren biblische Vergangenheit säkularen wie orthodoxen Juden gleichermaßen die Sinne raubte.[22]

Dem Jubel über die Eroberungen standen ernüchternde Besorgnisse entgegen. Amerika hatte sich vor dem Krieg auf die »territoriale Integrität« aller Länder im Nahen Osten verpflichtet und wollte Israels Beteiligung an einer diplomatischen Lösung.[23] Wenn die arabischen Länder begierig genug waren, ihr Land zurückzubekommen, würden sie vielleicht einem Friedensvertrag mit Israel im Tausch gegen einen Rückzug unterzeichnen.

Am wichtigsten war das Problem, wie Israel seinen eigenen Charakter bewahren sollte. 1967 hatte das Land eine Bevölkerung von 2,7 Millionen Menschen, von denen 400 000 Araber waren. Mit der Annexion der Westbank und des Gazastreifens würden weitere 1,1 Millionen Araber hinzukommen, und die arabische Geburtenrate war höher als die israelische.[24] Wenn Israel eine Demokratie bliebe, wie lange würde es noch ein jüdischer Staat sein?

Eschkols Regierung gelang ein rascher Konsens darüber, Ostjerusalem zu annektieren. Die Strahlkraft der Stadt überwältigte alle anderen Bedenken. Das dem Staat hinzugefügte Gebiet war weit größer als der jordanische Stadtbezirk Jerusalem. Unter anderem wurden die ehemaligen Orte Atarot und Neveh Ya'akov eingegliedert, jüdische Bauerndörfer, die 1948 verloren gegangen waren.[25] Die Araber im annektierten Land erhielten eine dauerhafte Aufenthaltserlaubnis in Israel, aber nicht die Staatsbürgerschaft. Laut dem israelischen Journalisten Uzi Benziman kam ein Kabinettsausschuss zu dem Schluss, dass es das Völkerrecht verböte, den Bürgern eines Landes die Staatsbürgerschaft eines anderen aufzunötigen.[26] Die Rücksicht auf internationales Recht war freilich selektiv: Sie verhinderte, die Bewohner Ostjerusalems dem israelischen Wahlvolk hinzuzufügen; sie verhinderte nicht, das Land zu annektieren.[27]

Eine Woche nach dem Krieg, am 19. Juni 1967, verabschiedete das Kabinett auch eine Stellungnahme an Washington, dass Israel Ägypten und Syrien »einen umfassenden Friedensvertrag auf der Grundlage der internationalen Grenzen und Israels Sicherheitsbedürfnissen« anbieten werde.[28] Damit legte es einen nahezu vollständigen Rückzug nahe. Bis Oktober 1968 distanzierte sich die Regierung jedoch wieder von diesem Angebot und bestand nun darauf, dass Israel einen Streifen des Sinai behalten müsse, um die Durchfahrt durch den Golf von Akaba und die Straße von Tiran zu sichern.[29]

Was das Westjordanland betraf, so gelang es der Regierung nicht, sich auf eine Linie festzulegen. Israel habe im Krieg »eine hübsche Mitgift bekommen«, so sagte Eschkol gern. »Das Problem ist, dass zur Mitgift auch die Braut gehört.«[30] Politiker beeilten sich mit Vorschlägen, wie man wohl die Mitgift behalten könnte, ohne zugleich die Braut zu nehmen.

In der Kabinettsdebatte vom Juni 1967 hatte sich Dajan für eine »Selbstverwaltung durch die Einwohner des Westjordanlands ausgesprochen, während Israel für Verteidigung und Außenpolitik zuständig wäre«. Die Einwohner, so betonte er, »werden keine Bürger Israels sein«.[31] Am bekanntesten wurde schließlich Yigal Allons Vorschlag. Der Allon-Plan sprach sich dafür aus, das dünn besiedelte Tiefland entlang des Jordans zu annektieren, dem Allon einen entscheidenden Wert für die Landesverteidigung zumaß. Hebron und Bethlehem, meinte er, könnten ebenfalls annektiert werden. Nordjerusalem, das dicht besiedelte Bergland und dessen Westseite sollten eine Enklave unter palästinensischer »Selbstverwaltung« oder sogar ein palästinensischer Staat werden. Später war Allon der Meinung, dass die Enklave an Jordanien übergeben werden sollte. In jedem Fall würde Israel einen Großteil des Landes, aber nur wenige seiner Menschen behalten.[32]

Andere rieten dazu, an dem Land festzuhalten und später zu entscheiden, was mit der Bevölkerung geschehen sollte. »Für das Interim wird die Militärverwaltung fortdauern, zusammen mit einer Suche nach einer konstruktiven Lösung«, schlug Galili auf der Kabinettssitzung im Juni vor. Menachem Begin war derselben Meinung. Am Ende fällte die Regierung die Entscheidung, keine Entscheidung zu fällen.[33] Praktisch war das gleichbedeutend mit der Annahme von Galilis und Begins Position.

Man musste kein Prophet sein, um zu ahnen, dass dies desaströse Folgen haben würde. Klarsichtigkeit reichte aus. In der Kabinettsdebatte warnte Justizminister Ya'akov Shimshon Shapira, dass im Falle einer Annahme von Dajans Vorschlag »jeder fortschrittlich Gesonnene aufstehen und sagen wird ...: ›Sie wollen die Westbank in eine israelische Kolonie verwandeln ...‹« Der einzige annehmbare Weg, das Westjordanland zu behalten, sei seine Annexion, in welchem Fall die Juden schließlich zu einer Minderheit werden würden. Annexion, argumentierte Shapira, bedeute, dass »wir mit dem zionistischen Unternehmen durch sind«.[34] Der Philosoph Yeshayahu Leibowitz warnte öffentlich davor, dass im Fall eines Festhaltens an der Herrschaft über ein anderes Volk »die Korruption, die für jedes Kolonialregime charakteristisch ist, auch im Staat Israel die Oberhand gewinnen wird«.[35]

1968 schlossen sich die Mapai, Ahdut Ha'avodah und Dajans Rafi-Partei zur Arbeiterpartei zusammen. Erst 1972 raffte sich deren Führungsgremium dazu auf, die Zukunft der besetzten Gebiete zu erörtern. Der altgediente Finanzminister Pinhas Sapir sagte seinen Parteigenossen, zu erwarten, die Araber des Westjordanlands würden einen verbesserten Lebensstandard ohne gleiche Rechte akzeptieren, brächte Israel in eine Kategorie mit

Ländern, »deren Name ich nicht einmal im selben Atemzug zu nennen wage«.[36] Auch diese Debatte endete ohne eine politische Richtungsentscheidung. Die Führer der Arbeiterpartei waren mehr daran interessiert, eine Spaltung der Partei zu vermeiden, als eine kohärente Position zu entwickeln.

Ungeachtet des Prinzips der israelischen Politik, dass alle Kabinettsmitglieder kollektiv für die Handlungen der Regierung verantwortlich sind, traten weder Shapira noch Sapir zurück. So teilten sie im Oktober 1967 die Verantwortung, als Yigal Allon einen Akt von immenser symbolischer Bedeutung unternahm. Allon war jetzt Stellvertretender Ministerpräsident und Einwanderungsminister. Zu seinem Ministerium gehörte das Vermessungsamt, das praktisch sämtliche Karten des Landes herstellte. Von nun an, so instruierte Allon den Amtsleiter, sollten die einzigen Grenzen Israels auf den Landkarten die Waffenstillstandslinien vom Juni 1967 sein. »Die Mandatsgrenzen und die [alten] Waffenstillstandslinien« – das heißt die Grenzen vor dem Sechstagekrieg – »werden nicht gedruckt.«[37]

Notabene: Die Mandatsgrenzen und die Grüne Linie waren die größte Annäherung an die Grenzen, die für Israel international anerkannt waren. Bis auf das annektierte Ostjerusalem markierten sie noch immer das Territorium, auf dem nach eigener Erklärung Israels die Gesetze und die Souveränität des Landes Gültigkeit besaßen. Doch Allons Memorandum entfernte aus der Landkarte eines der Definitionsmerkmale eines modernen, insbesondere eines demokratischen Staates: seine Grenzen.[38] Unterdessen erhielten die Orte neue amtshebräische Bezeichnungen. Die Westbank wurde von nun an biblisch Judäa und Samaria genannt, wobei Judäa die südliche, Samaria die nördliche Hälfte bildete.

Die Zukunft des Besatzungsgebiets war bereits die wichtigste einzelne politische Streitfrage Israels, doch die Landkarten wiesen nicht länger aus, wo das besetzte Territorium begann. Gelangweilte Schulkinder, die auf die Karte an der Wand des Klassenzimmers starrten, lernten aus ihr nicht mehr die Umrisse ihres eigenen

Landes. Tel Aviv und Hebron erschienen als Teil derselben Einheit. Beinahe 40 Jahre später fand eine Studie unter Studenten der Hebräischen Universität, der Spitzenhochschule Israels, heraus, dass nur 37 Prozent von ihnen auf einer Landkarte annähernd die Trennungslinie zwischen Israel und dem Westjordanland einzeichnen konnten.[39] Sie waren in einem Land aufgewachsen, das seine Grenzen so behandelte wie das prüde viktorianische Zeitalter die Sexualität. Die Grenze wirkte sich prägend auf die Gesellschaft aus, doch ihre Darstellung fand schlicht nicht statt.

Während die Veränderung auf der Landkarte symbolischer Art war, verwischten neue Siedlungen die Landesgrenzen auch physisch. Bevor ich schildere, wie es dazu kam, muss ich mit mehreren Mythen aufräumen. Die übliche israelische Darstellung lautet, dass die Besiedlung der besetzten Gebiete mit religiösen Extremisten begann, die den pragmatischen Führern der Arbeiterpartei ihren Willen aufzwangen. Diese Geschichte ist falsch. Auch spielte die säkulare Rechte unter Führung von Menachem Begin nicht die geringste messbare Rolle dabei, den Siedlungsbau in die Wege zu leiten – wenngleich Begin ihn eskalierte, als er 1977 die Macht übernahm.

Im Ausland beschreiben Verteidiger der israelischen Politik die Siedlungen manchmal als bloßes Unterpfand für Verhandlungen, das nur so lange im Spiel bleiben soll, bis die Araber einem Frieden zustimmen. Das ist reine Fiktion. Andererseits zitieren die Kritiker Israels die Siedlungen als Beweis einer gezielten israelischen Politik der Eroberung und Kolonisierung. Wie wir indes gesehen haben, war die Eroberung nicht geplant, und der Regierung gelang es nicht, eine klare Politik zu formulieren.

Was tatsächlich geschah, ist dies: Durch das politische Vakuum gewann eine kulturelle Disposition die Oberhand. Der Siedlungsbau war ein zionistischer Wert, insbesondere einer der zionistischen Linken. Nun gab es neues Land, das besiedelt werden konnte. Die Uhren waren zurückgestellt; die Teilung hatte nie stattgefunden. Wieder konnten Pioniere die Grenzen eines jüdischen Staates abstecken, bevor die Verhandlungen begannen. Sie würden wieder wie Mitglieder einer Bewegung handeln – jedoch einer Bewegung mit der Macht eines Staates hinter sich.

Die Initiative zum Beginn des Siedlungsbaus ging hauptsächlich von Politikern der Arbeiterpartei, Offiziellen und Aktivisten aus. Anfangs waren die religiösen Zionisten dabei die Juniorpartner. Es waren die Regierungen der Arbeiterpartei, die neue Siedlungen genehmigten – und zwar im Sinne der Salamitaktik. So wurde die Landkarte des Gebiets, das Israel ihrer Erwartung nach behalten würde, mit einer vollendeten Tatsache nach der anderen langsam abgesteckt. Die Ausbreitung der Siedlungen folgte grob dem Allon-Plan. Kabinettsmitglieder, die Israel ein größtmögliches Territorium sichern wollten, waren zufrieden über die neuen Siedlungen; die anderen, die gegen eine dauerhafte Herrschaft über die Palästinenser waren, konnten mit Siedlungen in dünn besiedelten Gebieten leben. Die Regierungen der Arbeiterpartei billigten den Allon-Plan oder irgendeine andere kohärente Strategie nie formell. Aber die Unentschlossenheit erlaubte es den Siedlungsbefürwortern unter den Ministern – geführt von Allon, Galili, Dajan und Dajans Nachfolger als Verteidigungsminister, Schimon Peres –, eine schleichende Expansion zu betreiben. Spannungen zwischen der Arbeiterpartei und orthodoxen Aktivisten begannen ernstlich erst nach dem Jom-Kippur-Krieg von 1973, als die religiösen Siedler befürchteten, dass die Regierung ein Stück der Westbank an Jordanien zurückgeben könnte.

Zu der Zeit, als Menachem Begin als Chef des Likud-Blocks, ein Bündnis der Rechten, an die Macht kam, ging der interne israelische Streit nur noch darum, *wo* gesiedelt werden sollte, nicht *ob*. Die Arbeiterpartei hatte dem Siedlungsbau Legitimität und einen soliden Start verschafft. Begin teilte jedoch weder die Zögerlichkeit der Arbeiterpartei noch ihre Nostalgie für sozialistische Ackerbaukommunen. Seine Überzeugung, dass Israel das gesamte biblische Land Israel beherrschen müsse, hatte sich seit seinen Tagen im Untergrund nicht geändert. Der Likud baute große Vorstädte und kleine außerstädtische Schlafgemeinden,

die er mit massiven Subventionen förderte, um Siedler anzulocken. Als Chef des Kabinettsausschusses für Siedlungsbau übernahm Ariel Scharon eine wichtige Rolle bei der Festlegung der
Besiedlungskarte, die darauf zielte, Keile zwischen palästinensische Städte zu treiben und die Herausbildung eines zusammen-
hängenden palästinensischen Staatsgebiets zu verhindern.[40] »Die
Absicht bestand darin, vor irgendwelchen Friedensverhandlungen
Fakten zu schaffen ..., mit dem Grundgedanken, dass, wo immer
wir lebten [das Territorium unseres bleiben würde]. Genau wie im
Unabhängigkeitskrieg, als die meisten Orte, in denen Juden lebten, sich schließlich auf der jüdischen Seite befanden«, erklärte
Staatsanwältin Plia Albeck, Leiterin der Zivilabteilung der Staatsanwaltschaft, die an jeder Sitzung des Ausschusses unter Scharon
teilnahm.[41]

Und jede Phase des Prozesses unterhöhlte, zusammen mit anderen grundlegenden Prinzipien der Demokratie, den Rechtsstaat
weiter.

Die erste Siedlung im besetzten Gebiet war ein Kibbuz, der Mitte
Juli 1967 auf den Golanhöhen gegründet wurde, weniger als
einen Monat, nachdem die israelische Regierung Washington ihre
Bereitschaft versichert hatte, sich von den Höhen zurückzuziehen. Die Organisatoren waren Mitglieder galiläischer Kibbuzim,
Anhänger des 80-jährigen Ideologen der Vereinigten Kibbuzbewegung, Yitzhak Tabenkin. Sie wollten, dass der Golan in israelischer Hand bliebe, um zu verhindern, dass dort wieder syrische
Artillerie in Anschlag gebracht werden würde. Dabei beeinflusste
sie auch Tabenkins Ansicht, dass der Golan Teil des alten Landes
Israel sei, sowie die Aussicht, als vorstaatliche Pioniere mit einer
unmittelbaren Aktion Anspruch auf das Land erheben zu können.

Obwohl sich der neue Kibbuz mit der Besiedlung des Golan
damals der Regierungspolitik widersetzte, erhielt er Unterstützung von höchsten Stellen. Zivilisten brauchten Passierscheine
der Armee, um das Golangebiet zu betreten. General Elazar, Chef
des Nordkommandos der israelischen Streitkräfte, stellte sie den

Siedlern aus, wieder in Überschreitung seiner Kompetenzen. Er erlaubte ihnen auch, einen verlassenen Stützpunkt der syrischen Armee zu beziehen, und stellte Soldaten zu ihrem Schutz ab. Die Abteilung für Siedlungsbau der Jewish Agency lieferte Hilfsgüter, die sie zur Tarnung über den Obergaliläischen Regionalrat, eine Art Bezirksregierung, schleuste. Der Arbeitsminister finanzierte die Siedlung – durch Unterschlagung, indem er Mittel aus einem Etat zur Schaffung von Arbeitsplätzen für Arbeitslose abzweigte.[42]

(Als vorstaatliche Verwaltung hätte die Jewish Agency 1948 aufgelöst werden müssen. Stattdessen operierte sie weiter als quasistaatliche Körperschaft. Anders als der Staat konnte sie Spenden von amerikanischen Juden annehmen. Bald nach dem Krieg wurden die Aktivitäten zur Unterstützung des Landsiedlungsbaus in den besetzten Gebieten auf eine neu gegründete Siedlungsabteilung in der Zionistischen Weltorganisation ausgelagert, aus Angst, in den USA die Steuerbefreiung für Spenden an die Jewish Agency zu verlieren. Der Etat der Siedlungsabteilung wurde vom israelischen Staat finanziert.[43])

Die Golansiedlung schuf mehrere Präzedenzfälle. Hier waren Einzelne bestrebt, die israelische Außen- und Verteidigungspolitik festzulegen und so die Regierung auszustechen. Einige von ihnen spielten gleich zwei Rollen: Sie agierten in ihrer Funktion als hochrangige Regierungsoffizielle und als Rebellen. Wie in vorstaatlichen Tagen hatte die Sache Vorrang vor dem Gesetz. Doch die Regierung war nicht länger ein ausländisches Regime; die Gesetze wurden nicht mehr von Außenstehenden verordnet. Als Rebellen boten sie jenem Staat die Stirn, den sie selbst geschaffen hatten.

Allon stand beispielhaft für diesen Widerspruch. Im folgenden Frühjahr ermutigte er eine Gruppe strenggläubiger Aktivisten unter Führung des Rabbiners Moshe Levinger, ohne Erlaubnis der Regierung in Hebron zu siedeln, und stattete ihnen dann rasch einen ministeriellen Besuch ab. Auf der Rückkehr nach Jerusalem machte er in der zuvor gegründeten Westbank-Siedlung Kfar Etzion Halt, wo er Hanan Porat, der maßgeblichen Autorität der Gemeinde, vorschlug, den Hebronsiedlern Waffen zu leihen. Porat erwiderte, dass die Mitglieder von Kfar Etzion ihre Waffen von den israelischen Streitkräften bekommen und den Erhalt persönlich quittiert hätten.

»Zur Zeit der Palmach wussten wir, wie man solche Dinge regelt«, sagte Allon, womit er meinte: außerhalb des Gesetzes. Porat schickte den Siedlern die Waffen.[44] Weder Allon noch Porat war aufgefallen, dass die Ära einer Rebellenarmee im Untergrund der Vergangenheit angehörte.

Als Porat, Levinger und andere religiöse Aktivisten 1974 das außerparlamentarische Bündnis Gusch Emunim (Block der Gläubigen) bildeten, folgten sie dem Beispiel der säkularen Golansiedler: Sie sahen sich als Erben der vorstaatlichen zionistischen Pioniere, die den künftigen Grenzen des jüdischen Staates ihre Form gaben. Doch der jüdische Staat existierte ja bereits, und sie verletzten seine Gesetze. Auch sie bekamen Hilfe aus höchsten Regierungskreisen, besonders von Verteidigungsminister Peres, in der Arbeiterpartei der prominenteste Fürsprecher für eine Besiedlung des gesamten Westjordanlandes.

Die Gründer von Ofra zogen unter Führung von Yehudah Etzion im April 1975 in einen verlassenen Stützpunkt der jordanischen Armee in der Nähe des Palästinenserdorfes Ein Yabrud ein. Sie behaupteten, nur ein vorübergehendes »Montagelager« zum Schlafen zu errichten, für die Zeit, in der sie den Auftrag zur Errichtung eines Zauns um eine neue israelische Armeebasis ausführten. Obwohl die Regierung von Jitzchak Rabin dem Siedlungsbau wohlgesonnen war, verbot sie die Besiedlung des Berglands nördlich von Jerusalem. Rechtlich erforderte die Gründung einer neuen Siedlung die Genehmigung eines Kabinettsausschusses.[45] Doch Peres holte Rabins Erlaubnis für die »Einquartierung« der ursprünglich 24 »Arbeiter« auf dem verlassenen Stützpunkt ein, unter der strikten Bedingung, dass ihre Zahl nicht größer und das Camp nicht zu einer Siedlung ausgebaut werden würde.[46] Die Akten von Peres' Ministerium – bis 2007 unter Verschluss – belegen, dass er regelmäßig Berichte über den Zuzug weiterer Siedler mit ihren Kindern und die Sanierung der jordanischen Gebäude erhielt.[47] Im Dezember 1975 genehmigte Peres den Anschluss des »Montagelagers« an das israelische Elektrizitätsnetz.[48] Wie Allon spielte Peres freudig zwei Rollen gleichzeitig: als Minister, der darauf vereidigt war, die Gesetze des Landes hochzuhalten, und als Rebell, der sie im Namen des obsoleten Werts des Siedlungsbaus ignorierte.

Das waren die Ausnahmen. Die übergroße Mehrzahl der Siedlungen hatte die Zustimmung des Kabinetts. Aber die Regierung selbst legte eine ähnlich laxe Haltung gegenüber gesetzlichen Beschränkungen an den Tag. Nun war es keine Untergrundbewegung mehr, die vor der Unabhängigkeit die britischen Behörden getäuscht hatte, sondern die israelische Regierung, die glaubte, sie könne die internationale Gemeinschaft zum Narren halten, insbesondere die Vereinigten Staaten.

Kfar Etzion war die erste zivile Siedlung im Besatzungsgebiet, für die Eschkol die Zustimmung des Kabinetts suchte, und die erste im Westjordanland. Der Siedlungsaktivist Porat war als Kind aus dem ursprünglichen Kibbuz des Ortes evakuiert worden, bevor dieser 1948 an die arabischen Streitkräfte fiel und seine Verteidiger niedergemetzelt wurden. Nach dem Sechstagekrieg trommelte er andere Kinder der ursprünglichen Mitglieder zusammen und agitierte für eine Neugründung des orthodoxen Kibbuz. Als Eschkol im September 1967 seine Zustimmung gab, glaubte Porats Gruppe – und die Presse –, dass der Premierminister der Mapai-Partei unter dem Druck der Strenggläubigen eingeknickt sei.[49] Tatsächlich aber hatte Porat eine offene Tür eingerannt. Eschkols Büroakten aus jenem Sommer belegen, dass er auch ohne eine Strategie für die Zukunft der Westbank die jüdischen Siedlungen wieder errichten wollte, die 1948 gefallen waren.[50] Obwohl weder Porat noch Eschkol den Begriff jemals benutzten, traten sie für das »Rückkehrrecht« der Flüchtlinge von 1948 ein – solange die Flüchtlinge jüdisch waren.

Bevor er das Kabinett bat, seine Entscheidung zu billigen, fragte Eschkol den Rechtsexperten des Außenministeriums, Theodor Meron, die größte Kapazität der Regierung in Fragen des

Völkerrechts, ob ein ziviler Siedlungsbau in den »verwalteten Territorien« erlaubt sei. In seinem Antwortschreiben stellte Meron klipp und klar fest: »Der zivile Siedlungsbau in den verwalteten Territorien verstößt gegen ausdrückliche Bestimmungen der IV. Genfer Konvention.«[51] Die einschlägige Bestimmung, die er anführte, war Artikel 49, Absatz sechs: »Die Besatzungsmacht darf nicht Teile ihrer eigenen Zivilbevölkerung in das von ihr besetzte Gebiet deportieren oder umsiedeln.«

Meron verließ ein Jahrzehnt später den auswärtigen Dienst Israels, um einen Lehrauftrag an der Universität von New York zu übernehmen. Er hatte als Kind den Holocaust überlebt und wurde zu einem der weltweit führenden Kriegsrechtsexperten, später zum Richter am Internationalen Strafgerichtshof für das ehemalige Jugoslawien. Jahrzehnte später dazu befragt, stand er noch immer zu dem, was er 1967 geschrieben hatte. »Ich glaube, dass ich heute dieselbe Meinung abgeben würde«, sagte er Donald Macintyre von der britischen Zeitung *The Independent on Sunday*.[52]

Meron merkte in seinem Gutachten allerdings an, dass es der Besatzungsmacht erlaubt sei, vorübergehende Militärstützpunkte einzurichten. Im Kabinett sprach Eschkol von dem neuen Kfar Etzion als einem »Außenposten« und deutete damit an, es handele sich um eine paramilitärische, mit Soldaten der Nachal-Einheit (»kämpfende Pionierjugend«) besetzte Siedlung. Der Presse und israelischen Diplomaten wurde ausdrücklich mitgeteilt, dass Kfar Etzion eine Nachal-Stellung sein würde.[53]

Ein geheimes Militärmemorandum mit Datum vom 27. September 1967 – dem Gründungstag des neuen Kfar Etzion – verrät die wahre Geschichte.[54] Es ist an das Büro des Stabschefs adressiert und von Oberst Shlomo Gazit unterzeichnet, der in der Militärverwaltung des besetzten Landes als Dajans Nummer zwei diente. Gazit erteilte darin folgende Instruktionen:

1. Als »Tarnung« für die Zwecke des diplomatischen Kampfes wird der Außenposten der religiösen jungen Leute im Etzion-Block als militärischer Außenposten der Nachal erscheinen.

2. Die Siedler werden in der Sache instruiert, falls man ihnen Fragen stellt.
3. Es besteht vonseiten der Streitkräfte keine Absicht, praktische Schritte zu unternehmen, um diese »Tarnung« umzusetzen [das heißt dort tatsächlich einen Stützpunkt der Pionierjugend einzurichten; A. d. Ü.].

Dies ist eine Direktive an die Armee zur Täuschung der Öffentlichkeit. Sie zeigt, dass Eschkol die Meinung Merons akzeptierte, sich aber entschloss, sie zu umgehen und sein Tun mit einer Falschdarstellung zu bemänteln. Der Premierminister traf damit die Entscheidung, die Sache des Siedlungsbaus über rechtliche Beschränkungen zu stellen. Der internationalen Gemeinschaft kam bei dieser Wiederaufführung des vorstaatlichen Skripts der Platz zu, den zuvor die britischen Behörden innegehabt hatten.

Ein weiterer Beleg, dass den Kabinettsmitgliedern die Rechtswidrigkeit des Siedlungsbaus zwar bewusst war, sie sich davon aber nicht aufhalten ließen, ist Dajans Vorschlag zum Bau israelischer Städte im Westjordanland von 1968. »Israelis in den verwalteten Gebieten anzusiedeln verstößt bekanntlich gegen internationale Konventionen, aber daran ist im Wesentlichen nichts Neues«, schrieb er.[55] Nach Kfar Etzion richtete die Regierung tatsächlich echte Nachal-Außenposten im besetzten Land ein – als Vorbereitung für die Ansiedlung von Zivilisten. Manchmal wurden Siedlungen allerdings von Anfang an als zivile Gemeinden gegründet.

Nach der Schaffung vollendeter Tatsachen legten Regierung und hilfreiche Juristen Begründungen nach, warum die Genfer Konvention im vorliegenden Fall nicht anzuwenden sei. Der Unterschied zwischen Merons Position und diesen Argumenten entspricht den unterschiedlichen Antworten, die ein Verteidiger gibt, wenn ein Klient wissen will, ob Insiderhandel erlaubt ist, oder aber die Tat bereits begangen hat und einen Rechtsbeistand benötigt. Im letzteren Fall wird die anwaltliche Gesetzesauslegung eher unkonventionell ausfallen.

Das israelische Außenministerium zum Beispiel behauptet bis zum heutigen Tag, dass Artikel 49 dem Besatzer lediglich den »erzwungenen Transfer von [seinen] Zivilisten« verbiete.[56] Diese Deutung ignoriert die anerkannte Lesart, wonach das Verbot viel weiter geht und die Errichtung oder Förderung von Siedlungen durch die Besatzungsmacht untersagt.[57] Sie unterschlägt ferner die Mittel, die von der israelischen Regierung seit 1967 in den Siedlungsbau gesteckt wurden – was zu einer Verzerrung des israelischen Wohnungsmarktes aufgrund der dadurch erzeugten wirtschaftlichen Anreize für Israelis zum Kauf kostengünstigen Wohnraums in den besetzten Gebieten sowie zu einer stetigen Beschneidung der Landressourcen und Bewegungsfreiheit der Palästinenser führte.

Eine weiteres Argument zur Verteidigung des Siedlungsbaus behauptet, dass die Westbank von den Genfer Regeln ausgenommen sei, da die jordanische Souveränität über das Gebiet zuvor von der Weltgemeinschaft nicht anerkannt worden war. Da es keine vorangehende Souveränität gebe, deren Rechte geschützt werden müssten – so das Argument weiter –, hätten die Besatzungsbestimmungen keine Gültigkeit.[58] Doch die übliche Lesart der Genfer Konvention lautet, dass sie gar nicht darauf abziele, die Souveränitätsansprüche eines anderen Landes auf besetztes Gebiet zu schützen.[59] Sie schützt vielmehr die *Menschen* unter Militärbesatzung. Die Konvention beschützt den »demografischen, sozialen Status quo«, indem es den Besatzer daran hindert, seine Bürger in Besatzungsgebiet anzusiedeln.[60]

Eine weitere Behauptung ist, dass es Israel freistehe, seine Souveränität an jedem Ort des ehemaligen britischen Mandatsgebiets Palästina zu bekräftigen, und dass das Recht der Juden unter dem Völkerrechtsmandat, sich überall in Palästina niederzulassen, noch immer in Kraft sei.[61] All diese Argumente sind intellektuelle Taschenspielertricks, mit denen die Aufmerksamkeit auf das Westjordanland und den Gazastreifen gelenkt wird, obwohl Israel auch Siedlungen im Sinai und auf dem Golan errichtete, Gebiete, die klar unter ägyptischer bzw. syrischer Souveränität standen.

Andere Argumente führen technische Ausnahmen von der Genfer Konvention ins Feld, weichen aber dem ethischen Grundsatz, der in der juristischen Sprache der Genfer Konvention zum Ausdruck kommt, aus: Menschen, die unter einer Militärbesatzung leben, sind einem von außen aufgezwungenen Regime unterworfen, das nur allzu leicht den Interessen der Besatzungsmacht dient statt dem Wohl der Regierten. Normale demokratische Schutzmechanismen fehlen; die Konvention soll an ihre Stelle treten. Wenn Israel wirklich der Auffassung wäre, dass die mit dem Waffenstillstand von 1949 erfolgte Gebietsaufteilung null und nichtig ist, hätte es seine Souveränität ja auf dem gesamten Territorium des ehemaligen Palästina behaupten können – mit dem Stimmrecht und anderen demokratischen Rechten für all seine Einwohner. Doch das tat es nicht, und zwar aus dem Grund, den Justizminister Shapira angeführt hatte: Es wäre das Ende des jüdischen Staates gewesen. Stattdessen verhielt es sich zum Zweck des Siedlungsbaus so, als gehörten die Territorien zu Israel, während sie zum Zweck der Beherrschung der Palästinenser weiter militärisches Besatzungsgebiet blieben.

Mit der gleichen Doppelmoral behandelte man die Siedler selbst. Sofort nach dem Krieg ging mit der physischen Ausdehnung der Siedlungen die Ausweitung des israelischen Rechts auf die Israelis in den besetzten Gebieten einher, zunächst ohne Planung oder Strategie. Der erste Schritt war eine sechsmonatige Notverordnung, die Verteidigungsminister Dajan am 2. Juli 1967 erließ.[62] Sie war für Israelis auf Besuch im besetzten Land gedacht, noch bevor die ersten Siedler auf den Golanhöhen eintrafen. Israelische Gerichte, so besagte sie, konnten in Israel wegen Vergehen, die in den »verwalteten« Territorien verübt wurden, gegen jeden Bürger ein Verfahren einleiten, »als ob« das Delikt innerhalb Israels begangen worden wäre. Folglich würde das Gericht nach israelischem Gesetz statt nach dem vor Ort geltenden Recht urteilen. Im Dezember jenes Jahres verlängerte die Knesset nach dem gängigen israelischen Prozedere diese Notverordnung um weitere zwölf

Monate und hat dies seither immer wieder getan.[63] *Als ob* war die kritische Wendung in der Verfügung. Als der Siedlungsbau begann und sich ausdehnte, weiteten Gesetze der Knesset und Militärverordnungen das Reich des »Als ob« nach und nach immer weiter aus.

Ein schlagendes Beispiel: In Israel gibt es keine Briefwahl in Abwesenheit. Ein Bürger, der sich am Wahltag außerhalb des Landes aufhält, kann nicht wählen. Doch seit der Wahl vom Oktober 1969, der ersten nach dem Sechstagekrieg, durften die Siedler in ihren Siedlungen wählen gehen, als ob sie sich in Israel befänden.[64]

Die Medien und die Öffentlichkeit schenkten dem kaum Beachtung. Jedes Mal, wenn die Knesset die Notverordnung verlängerte, bot sich ihr die Gelegenheit, sie inhaltlich auszuweiten, um dafür zu sorgen, dass die wachsende Anzahl von Siedlern dieselben Rechte und Pflichten genoss, als lebte sie innerhalb der Grünen Linie. Israelis, die außerhalb der Grünen Linie wohnten, konnten zum Beispiel ursprünglich keine Leistungen der staatlichen Rentenversicherung beziehen.[65] Eine Ergänzung des Gesetzes von 1984 ermöglichte dann auch den in den besetzten Gebieten wohnenden Israelis den Bezug von Rentenzahlungen. Mittlerweile waren die Siedler im Gazastreifen und in der Westbank – ohne das annektierte Ostjerusalem – auf 81 000 angewachsen.[66] 1994, nachdem die Knesset eine nationale Krankenversicherungspflicht eingeführt hatte, dehnte ein weiterer trockener Satz in der unbeachteten Erweiterung der Notverordnung diese auch auf die Siedler aus.[67]

Unterdessen begann man ab 1979 damit, die Siedlungen als territoriale Enklaven zu behandeln und israelisches Recht mittels Militärverordnungen auf sie zu übertragen. Die Verordnungen ermächtigten den Oberkommandierenden des Westjordanlandes, Kommunalverwaltungen nach israelischem Modell einzusetzen: Regionalräte für Gruppen kleiner Gemeinden; einen Stadtrat für jede größere Kommune. Der jeweilige Kommandeur legte die Gemeindegrenzen fest. Doch selbst innerhalb dieser Grenzen erstreckte sich die Zuständigkeit der Gemeinderäte nicht auf etwaiges palästinensisches Privatland.[68] Die Enklaven waren Flickenteppiche, verstreute Kleckse auf der Landkarte, weil es darauf ankam, keine Palästinenser in die neuen Gebietskörperschaften einzuschließen. (Ähnliche Verordnungen wurden für den Gazastreifen erlassen.[69] Israel annektierte 1981 einseitig die Golanhöhen, zog sich aber 1982 aus dem Sinai zurück, wodurch sich die Frage der Kommunalverwaltungen in diesen Gebieten von selbst erledigte.)

Der Zeitpunkt für die Einrichtung kommunaler Selbstverwaltungen in den Siedlungen war nicht zufällig, sondern Teil einer Kampagne des Likud-Blocks, die nun in Schwung kam. Es wäre doch viel leichter, Israelis die Westbank schmackhaft zu machen, wenn sie dort leben könnten, *als ob* sie in Israel wohnten. In der Zwischenzeit sollten gemäß dem ägyptisch-israelischen Friedensabkommen vom März 1979 Verhandlungen über eine palästinensische »Selbstverwaltungsbehörde« in der Westbank und dem Gazastreifen beginnen.[70] Die Militärverordnungen zielten offenbar vorbeugend darauf ab, die Siedlungen als separate Gebiete zu markieren. Die Autonomiegespräche scheiterten; die israelischen Kommunalverwaltungen blieben. Durch Ergänzungen der ursprünglichen Militärverordnungen wurden immer mehr israelische Gesetze auf ihre Territorien angewendet und die Statuten verfeinert. Die Wendung *als ob* war auch hier wieder hilfreich: Die Gesetze besaßen für die Bewohner von Siedlungen Gültigkeit, als ob sie Einwohner Israels wären.[71]

In einem gänzlich formalen Sinn herrschten in den besetzten Gebieten rechtsstaatliche Verhältnisse. Nach internationalem Besatzungsrecht war das israelische Militär – so ironisch es klingen mag – souverän. Es regierte durch bereits vor der israelischen Eroberung bestehende Gesetze, die vom Militärkommandeur oder, weniger häufig, von der Knesset modifiziert wurden. Doch das Rechtsstaatsprinzip hat auch eine substanzielle Bedeutung. Es erfordert die Befolgung grundlegender Rechtsnormen, die Gerechtigkeit im ethischen Sinn zum Ausdruck bringen. Eine dieser

Normen ist die Gleichheit vor dem Gesetz.[72] In dieser substanziellen Bedeutung opferte Israel die Rechtsstaatlichkeit, um das Land jenseits der Grünen Linie zu besiedeln.

Im Juni 1967 hatten Yisrael Galili und Menachem Begin von einer »konstruktiven Lösung« gesprochen, ohne diese näher umreißen zu können. Sie sollte es Israel aber ermöglichen, am Westjordanland festzuhalten, ohne die Palästinenser in den Staat einzugliedern. Nach und nach wurde die »konstruktive Lösung« dann ohne öffentliche Debatte, ohne formelle Erklärung zusammengeschustert: Die Siedler und ihre Siedlungen wurden praktisch von Israel annektiert. Die Palästinenser lebten weiter unter Militärbesatzung.

Bei der Landbeschaffung für den Siedlungsbau war der Gesetzesmissbrauch durch den israelischen Staat besonders krass. Das Gleiche galt für die grundlegende Dynamik des Siedlungsunternehmens: die Behandlung des Besatzungsgebiets, als ob es eine Arena wäre, in der zwei ethnische Bewegungen um die Vorherrschaft kämpften, als ob es staatenloses Land wäre oder sich immer noch unter britischem Mandat befände – während eine dieser Bewegungen die Macht des Staates hinter sich hatte.

In den ersten Jahren der Besatzung erschloss sich Israel mehrere Quellen der Landaneignung. Eine dieser Quellen war Land, das unter den früheren Herrschern als Staatseigentum ausgewiesen war und sich in der Westbank auf ein Achtel der Gesamtfläche belief.[73] Schon bei oberflächlicher Betrachtung verletzt die Ansiedlung von Israelis auf diesem Land die zweite bedeutende internationale Quelle des Besatzungsrechts: die Haager Landkriegsordnung von 1907. Eine Besatzungsmacht darf danach das Eigentum des feindlichen Staates »nach den Regeln des Nießbrauchs verwalten« – das heißt, sie kann den Profit aus dem Eigentum abschöpfen, darf jedoch keine dauerhaften Veränderungen daran vornehmen.[74] Der ausdrückliche Zweck von Besiedlung ist aber die Schaffung einer dauerhaften Veränderung.[75] Per Militärdekret erließ Israel außerdem eine Fassung des Gesetzes über das Eigentum Abwesender, das es dem Staat erlaubte, sich der Grundstücke von Flüchtlingen zu bemächtigen, die während oder nach dem Sechstagekrieg geflohen waren.[76]

Allerdings war dieses Land aus Sicht der Regierung für den Siedlungsbau nicht immer ideal. In einigen Fällen griff Israel auf das jordanische Enteignungsrecht zurück. 1975 und 1977 enteignete es etwa 18 Quadratkilometer Land östlich von Jerusalem für die neue Siedlung Ma'aleh Adumim.[77] Heute beheimatet die Stadt 35 000 Israelis, was sie zu einer der drei größten Siedlungen im Westjordanland macht.[78] Die Enteignung war eine offenkundige Verletzung der Haager Landkriegsordnung, die festlegt: »Privateigentum darf [von der Besatzungsmacht] nicht eingezogen werden«, sowie ein Missbrauch des jordanischen Rechts, das eine Enteignung nur für die öffentliche Nutzung vorsieht.[79]

In den frühen Jahren machte man häufiger Gebrauch von einem Schlupfloch in der Haager Landkriegsordnung, das es einem Besatzer erlaubt, Land vorübergehend für militärische Zwecke zu requirieren.[80] Der israelische Staat behauptete, dass die Siedlungen der israelischen Sicherheit dienten, ein anachronistisches Argument, das auf der zionistischen Erfahrung bis 1948 gründete. Die Siedlungen in den Besatzungsgebieten nach 1967 sind für die Armee, die sie ja bewachen muss, vielmehr eine zusätzliche Bürde.[81] Der syrische Überraschungsangriff zu Beginn des Jom-Kippur-Kriegs 1973 zeigte, dass die Ära, in der Siedlungen Bollwerke gegen einfallende Armeen darstellten, vorüber war. Während sie syrische Panzer abzuwehren versuchte, musste die israelische Armee die Frontsiedlungen auf dem Golan evakuieren. Doch der Mythos war tief verwurzelt, und nachfolgende Regierungen blieben ihm mit der Beschlagnahmung von Siedlungsland treu.

Gegen diese Vorgehensweise formierte sich rechtspolitische Gegenwehr. Schon bald nach der Besetzung reichten einige arabische Einwohner der Besatzungsgebiete vor dem Obersten Gerichtshof Israels Klagen gegen die Maßnahmen der Armee ein. Generalstaatsanwalt Meir Schamgar – später selbst Richter am

Obersten Gerichtshof – verzichtete darauf, die Zuständigkeit des Gerichts anzufechten.[82] Ein Aspekt dieser Politik ist erstaunlich liberal: Diejenige demokratische Institution, in deren Obhut der Schutz der Bürgerrechte in Israel liegt, weitete ihren Schutz auf Nichtbürger außerhalb der israelischen Grenzen aus. In einem Interview 2010 sagte mir Schamgar, dass er »die Notwendigkeit einer Rechtsaufsicht der Militärstellen« gesehen habe.[83] Die andere Seite dieser Politik war freilich, dass sie eine juristische Annexion andeutete und die israelische Herrschaft legitimierte. »In beinahe all seinen Urteilen in Bezug auf die besetzten Gebiete«, so meint der namhafte israelische Rechtswissenschaftler David Kretzmer, »hat das Gericht zugunsten der Behörden entschieden, häufig auf Grundlage zweifelhafter juristischer Argumente.«[84] Allerdings zwangen die Ausnahmen, in denen das Gericht gegen Armee und Regierung urteilte, den Staat, seine Maßnahmen gerichtsfest zu machen.

Bei der bekanntesten dieser Ausnahmen ging es wieder um Land. 1979 instruierte Menachem Begins Regierung unter dem Druck von Gusch Emunim (Block der Gläubigen) die Streitkräfte, für die Siedlung Elon Moreh 70 Hektar privaten palästinensischen Landes in der Nähe von Nablus zu beschlagnahmen. Einige der Landeigentümer wandten sich an das Oberste Gericht. Dieses hatte Beschlagnahmungen von Grund und Boden zuvor bestätigt, doch dieses Mal konnten die Landeigentümer eine eidesstattliche Erklärung des ehemaligen Armeestabschefs Haim Bar-Lev beibringen, der schrieb: »Elon Moreh ... trägt nicht zur Sicherheit Israels bei.« Die Siedler ihrerseits beriefen sich auf die Zusicherung Premierminister Begins, wonach die Siedlung dauerhaft sei. Die Richter wiesen die Behauptung des Staates ab, die Siedlung diene vorübergehenden militärischen Erfordernissen, verwarfen den Requirierungsbefehl und gaben das Land seinen Eigentümern zurück.[85]

Der Sieg erwies sich als flüchtig. Elon Moreh wurde auf staatlichem Land in der Nähe neu gegründet. Die Geschwindigkeit des Siedlungsbaus nahm nur noch weiter zu. Der Staat riskierte es kaum je wieder, Privatland zu konfiszieren. Die neue Methode der Landaneignung war die Ausnutzung der örtlichen Rechtslage, um den Beweis zu führen, dass das Eigentum von vornherein dem Staat gehörte.[86] Die entscheidenden Weichen dafür stellte Staatsanwältin Plia Albeck von der israelischen Generalstaatsanwaltschaft.

Das Bodenrecht der Westbank ging auf 1858 zurück, als das Osmanische Reich bestrebt war, auf gesetzlichem Wege klare Eigentumsverhältnisse zu schaffen. In den hochwertigen Lagen in der Nähe von Ortschaften durfte jeder, der zehn Jahre lang das Land bestellt hatte, seinen Eigentumsanspruch geltend machen und sich den Grundbesitz beurkunden lassen. Um die Steuerbasis zu erhalten, wollten die Osmanen dafür sorgen, dass der Boden weiterhin kultiviert wurde. Ließ ein Bauer also seine Felder für drei aufeinanderfolgende Jahre brach liegen, konnte er sein Anrecht darauf verlieren. Die Urkunden waren schrecklich ungenau. Viele Leute machten sich gar nicht die Mühe, ihr Land registrieren zu lassen; ihr Anspruch beruhte allein auf der Kultivierung und dem überlieferten Eigentumsrecht. Großbritannien und später Jordanien versuchten, das Durcheinander zu beseitigen, indem sie das Land vermaßen, Streitfälle schlichteten und dauerhafte Eigentumsrechte verbrieften. Doch bis 1967 war erst weniger als ein Drittel des Westjordanlandes vermessen worden. Israel hatte die Erfassung mit der Behauptung gestoppt, es sei unfair, Eigentumsrechte abzuerkennen, da viele der Menschen, die Ansprüche hätten geltend machen können, aus dem Land geflohen waren – wobei es sich zufällig um Flüchtlinge handelte, die Israel an der Rückkehr hinderte. Dadurch blieb der Rest der Westbank ohne verlässliche Grundbücher.

Nach dem Rückschlag mit Elon Moreh leitete Albeck über einen Zweig der Militärregierung, der Treuhand für staatliches und aufgegebenes Eigentum, eine juristische Offensive an zwei Fronten ein. Beamte sichteten die überlieferten Eigentumstitel und nutzten Luftbilder der Westbank zur Kartierung des landwirtschaftlich genutzten Gebiets. Albeck machte sich den Umstand zunutze, dass viele palästinensische Familien ihre osmanischen Urkunden verloren hatten, und interpretierte die Landesgesetze weit rücksichtsloser als die Briten und Jordanier. Alle Liegenschaften, deren Eigentümer nicht eindeutig verzeichnet waren und die nicht nach den Regeln – wie Albeck sie verstand – kultiviert wurden, konnten zu Staatseigentum erklärt werden. Bevor der Staat sein Eigentum an einem bestimmten Gebiet erklärte, nahm es Albeck zuweilen selbst zu Fuß in Augenschein. Zwischen 1979 und 1992 wies die Treuhand über 560 Quadratkilometer Fläche – beinahe ein Sechstel des Westjordanlands – als Staatseigentum aus. Die Gemeindegrenzen von Siedlungen wurden ausgedehnt, um einen Großteil dieses Landes einzuschließen.

Wenn ein Palästinenser den Anspruch des Staates bestreiten und sein Eigentumsrecht geltend machen wollte, musste er einen militärischen Berufungsausschuss anrufen – wobei die Beweislast bei ihm, nicht beim Staat lag. Wenige Einsprüche hatten Erfolg. Albeck erklärte, dass Israel nur seine völkerrechtliche Pflicht erfülle, das Staatseigentum zu bewahren. In Zweifelsfällen sei eine Besatzungsmacht, so schrieb sie, verpflichtet, Land, das womöglich dem Staat gehörte, zu schützen und zu verwalten, falls und solange es sich nicht als Privateigentum erweise.[87] Das Völkerrecht war für sie indes kein Hindernis, staatliche Liegenschaften dem Wohnungsbauministerium oder der Siedlungsbauabteilung der Zionistischen Weltorganisation für die jüdische Besiedlung zu übergeben. Wenn sie gegen den Siedlungsbau gewesen wäre, so sagte sie später, hätte sie ihre Arbeit nicht tun können. »Mein Leben lang habe ich nie etwas Heiliges an der Grünen Linie gesehen. Ich habe sie nicht in der Bibel gefunden«, sagte sie einem Interviewer kurz vor ihrem Tod 2004.[88]

Eine nach Albecks Tod entdeckte geheime Korrespondenz wirft Licht auf ihre Rechtsauffassung. Im September 1990 erhielt Albeck einen Brief von Moshe Glick, einem Rechtsanwalt, der den »Fonds zur Erlösung des Landes« repräsentierte, eine von Siedlern gegründete Gesellschaft, die Palästinensern Land abkaufen sollte. Glick teilte darin mit, der Fonds habe ein Grundstück in der

Nähe des palästinensischen Dorfes Bilin gekauft, der Eigentümer-
wechsel sei jedoch nicht im Grundbuch eingetragen, wie es zur
Übertragung der Eigentumsrechte erforderlich war, da dies die
Namen der palästinensischen Verkäufer offenbart und ihr Leben
in Gefahr gebracht hätte. Ein anderer Palästinenser, der Land an
Juden verkauft hatte, sei kurz zuvor ermordet worden. Glick schlug
daher vor, dass Albeck das Land zu Staatseigentum erklären lassen sollte, woraufhin die Treuhand für staatliches Eigentum es
dem Fonds zuweisen könne. Albeck machte sich wie geheißen
ans Werk. Dutzende palästinensischer Familien aus Bilin klagten
gegen die Ausweisung ihres Landes als Staatseigentum; ein paar
gelang es sogar, den Eigentumsnachweis zu führen. 1992, nach
Beendigung des Verfahrens, erinnerte Albeck die Militärbehör-
den daran, dass das »Staatsland« in Wirklichkeit dem Fonds zur
Erlösung des Landes gehöre, dies jedoch geheim bleiben solle.[89]

Es stimmt, dass die palästinensische Gesellschaft den Verkauf
von Land an Juden als Verrat betrachtete. Es ist jedoch ebenfalls
wahr, dass es bei den tatsächlich stattfindenden Verkäufen immer
wieder zu Betrügereien kommt. Und es ist extrem unwahrscheinlich, dass Dutzende von Familien aus Bilin wirklich in den Verkauf ihres Landes eingewilligt hatten. Albeck räumte ein, dass
das Land verkauft werden konnte, es sich folglich also in Privat-
hand befand. Dann fädelte sie die Ausweisung desselben Landes
als Staatseigentum ein, um seinen angeblichen Käufern die juristische Überprüfung der Transaktion zu ersparen. Alles geschah
nach dem Buchstaben des Gesetzes. Aber das Gesetz existierte,
um der Sache des Siedlungsbaus zu dienen, nicht der Sache der
Gerechtigkeit.

Zuweilen raubten jüdische Siedlungen privates palästinensisches
Land auch einfach, ohne einen Kauf auch nur vorzutäuschen. Ofra
ist ein extremes Beispiel dafür. Die von Brigadegeneral Baruch
Spiegel zusammengestellte Datensammlung listet weitere auf.
In Beit El nördlich von Ramallah wurde »das nördliche Viertel ...
hauptsächlich auf privatem [palästinensischem] Land errichtet«,

heißt es im Spiegel-Bericht. Das nordöstliche Viertel – einschließlich von 20 Wohngebäuden, einer Schule und einem Industriegebiet – steht gänzlich auf gestohlenem Land. In Ma'aleh Mikhmas östlich von Ramallah fand Spiegel ein Neubaugebiet auf palästinensischem Boden.[90] Die vollständige Liste ist noch viel länger. Der Staat sah zu und ließ den Diebstahl geschehen.[91]

Diebstahl war nur eines der Delikte, die ungeahndet blieben. 1981 ernannte Generalstaatsanwalt Yitzhak Zamir eine hochrangige Untersuchungsgruppe unter Leitung seiner Stellvertreterin Yehudit Karp, um Vergehen nachzugehen, die Israelis im Westjordanland an Palästinensern verübt hatten. Die Forcierung des Siedlungsbaus durch den Likud-Block befand sich da noch in einem frühen Stadium. Erst 16 000 Siedler lebten in der Westbank, etwa ein Zwanzigstel der heutigen Zahl, doch bereits jetzt machte sich eine grassierende, eklatante Gesetzlosigkeit breit. Ein Jahr später schrieb Karp einen scharf formulierten, verzweifelten Bericht, der einen tiefen Einblick in dieses eine frühe Jahr der Besatzung gewährt.[92]

Es häuften sich Vorfälle, bei denen israelische Zivilisten auf Palästinenser geschossen und sie verwundet hatten, berichtete Karp. Doch die Polizei behauptete, sie sei »nicht in der Lage, solche Fälle zu verfolgen«, daher führe sie keine Ermittlungen. Sie tat kaum mehr, wenn ein Palästinenser erschossen wurde. Nach einem mutmaßlichen Mord im Dorf Bani Na'im in der Nähe von Hebron zog eine Delegation von Siedlern, darunter der Bürgermeister von Kiryat Arba und einer der Verdächtigen, zur Polizeistation und verkündete, dass die Siedler die Kooperation bei den Ermittlungen verweigerten. Die Polizei machte sich nicht die Mühe, den Verdächtigen festzuhalten oder zu befragen. Kiryat Arba am Rand von Hebron war vom israelischen Staat für orthodoxe Aktivisten erbaut worden, die versucht hatten, sich innerhalb der palästinensischen Stadt anzusiedeln. Die Siedlung war für ihre besonders giftige Mischung aus Religion und Nationalismus bekannt und taucht mehrfach in Karps Bericht als Heimat mutmaßlicher Täter auf, die Gewalttaten an Palästinensern verübt hatten.

Karp schilderte detailliert 15 Fälle aus einer weit größeren Zahl gescheiterter Ermittlungen. Sie schrieb die »Zwiespältigkeit« der Polizei hinsichtlich der Verfolgung von Straftätern »der natürlichen Komplexität der Situation« zu, eine höfliche Umschreibung dafür, dass Palästinenser unter israelischer Militärherrschaft lebten, während der Staat die Ansiedlung von Juden in ihrer Mitte förderte. Die Polizei behandele Verdächtige nicht als mutmaßliche »Kriminelle im normalen Sinne«. Schlimmer noch, Offizielle der Militärregierung mischten sich häufig in die Untersuchungen ein, befahlen der Polizei, Ermittlungen einzustellen oder Verdächtige wieder auf freien Fuß zu setzen. Der Ermittlungsleiter des Polizeibezirks Judäa – der Südhälfte der Westbank – äußerte »seinen Eindruck«, dass jemand hoch oben in der Armee oder im Verteidigungsministerium den Siedlern zu verstehen gegeben habe, dass sie »praktisch Soldaten« seien und nicht unter die Zuständigkeit der zivilen Polizei fielen. Karp kam zu dem Schluss, dass eine weitere Beaufsichtigung der Polizei durch ihr Team keinen Sinn mache. Es wäre nur ein Feigenblatt für ein gescheitertes System gewesen, das ein »radikales Umdenken über die Bedeutung rechtsstaatlicher Verhältnisse erfordert«.

Selbst wenn Juden wegen Angriffen auf Palästinenser vor Gericht gestellt wurden, offenbarte das Justizsystem sein zwiespältiges Wesen: Es behandelte die Täter als Kriminelle, aber auch als fehlgeleitete Patrioten und manchmal als Opfer palästinensischer Gewalt. 1988 lief Moshe Levinger Amok, nachdem Palästinenser in Hebron sein Auto mit Steinen beworfen hatten. Levinger lief die Straße hinunter, feuerte mit seiner Pistole wild um sich und erschoss einen Ladenbesitzer, der vor seinem Geschäft stand. Nach einem Geständnishandel wurde er der »fahrlässigen Tötung« für schuldig befunden. Von den fünf Monaten, zu denen er verurteilt wurde, musste er drei absitzen.[93]

Der jüdische Terroruntergrund der frühen 80er Jahre bietet das extremste Beispiel einer schizophrenen Justiz.[94] Die 28 Mitglieder der Gruppe, die meisten von ihnen Siedler, verkrüppelten zwei palästinensische Bürgermeister und einen Pionier der israelischen Streitkräfte mit Sprengfallen, ermordeten drei Schüler einer Oberschule in Hebron, versuchten, fünf Jerusalemer Busse in der Hauptverkehrszeit in die Luft zu sprengen und verschworen sich zur Sprengung des Felsendoms in Jerusalem, um das Friedensabkommen Israels mit Ägypten zunichte zu machen und den Rückzug der Israelis aus dem Sinai zu verhindern. Die Richter in dem Fall merkten an, dass die Sprengung des Felsendoms, wenn sie ausgeführt worden wäre, einen Krieg mit der gesamten muslimischen Welt ausgelöst hätte. Drei Männer wurden wegen der Morde in Hebron zu lebenslanger Haft verurteilt. Doch nach wiederholter Umwandlung ihrer Haft kamen sie nach sieben Jahren frei. Yehudah Etzion, Architekt der Tempelbergverschwörung und Organisator der Anschläge auf die Bürgermeister, verbrachte weniger als fünf Jahre hinter Gitter. Ze'ev Hever, angeklagt des versuchten Mordes, weil er versucht hatte, eine Sprengfalle am Auto eines anderen palästinensischen Führers anzubringen, ging einen Geständnishandel ein und kam ein Jahr nach seiner Festnahme auf freien Fuß. In einem Gespräch verriet er mir 1986, dass er sich für seine Taten »nicht schämt«. Die Verstrickung in den Terrorismus hat seiner Karriere keinen Abbruch getan. Während ich dies schreibe, ist er seit 20 Jahren Generalsekretär von Amana, einer Siedlungsbauorganisation mit engen Verbindungen zum Staat.

Karps Bericht brachte nicht die Rückbesinnung auf das Prinzip der Rechtsstaatlichkeit, die sie sich erhofft hatte.[95] Das verhinderte die »natürliche Komplexität der Situation«. Wie sie viele Jahre später bemerkte, sahen Armee und Polizei ihre Rolle im Schutz der Israelis, nicht der Palästinenser.[96] Anders ausgedrückt, sie fühlten sich nicht für die Wohlfahrt der Regierten verantwortlich, für die gerechte Durchsetzung der Gesetze oder die Verhinderung von Konflikten; sie waren eine Seite des Konflikts. Da hier israelische Zivilisten inmitten einer Bevölkerung unter Militärbesatzung lebten, war dies unausweichlich. Was die Siedler anging, so waren sie »Soldaten«, die der Politik der schleichenden Annexion dienten, aber keiner militärischen Disziplin oder auch nur konsistenten rechtlichen Beschränkungen unterworfen waren. Denn jenseits der selektiven Beherzigung des Völkerrechts, jenseits des doppelgesichtigen Rechtssystems und des Missbrauchs der örtlichen Gesetze verwandelte das Siedlungsprojekt das Besatzungsgebiet in ein Reich, in dem es letztlich kein Gesetz gab.

Rechtsstaatlichkeit in einem substanziellen Sinn ist für einen demokratischen Staat eine wesentliche Voraussetzung. In zunehmendem Maße höhlte das Siedlungsprojekt den Rechtsstaat aus. Klare Grenzen sind grundlegend für die Demokratie. Der Siedlungsbau radierte Israels Grenzen aus oder schuf mehrere Grenzverläufe. Für die Juden erstreckte sich der Staat vom Mittelmeer bis zum Jordan oder vielleicht bis zur Grünen Linie zuzüglich der Gemeindegrenzen der Siedlungen in den Besatzungsgebieten. Für die Palästinenser markierte die Grüne Linie die Grenze, wo die auf der Zustimmung der Regierten beruhende Regierung endete. Die Palästinenser in den besetzten Gebieten waren nur Untertanen einer Militärregierung. Anders als die Araber, die in Israel unter der Militärherrschaft gelebt hatten, waren sie nicht zugleich auch »Bürger eines liberalen Nationalstaats«. Keine politische Partei in Israel konnte sich Stimmengewinne versprechen, indem sie ihren Bedürfnissen auch nur flüchtige Aufmerksamkeit schenkte.

Seit Juli 1967 glaubten alle am Siedlungsbau Beteiligten, dem Zionismus zu dienen. Tatsächlich taten sie das Gegenteil. Sie lebten rückwärtsgewandt und verwandelten einen Staat in eine Bewegung. Stein für Stein demontierten sie den Staat Israel.

Dies alles rief, so ist zu betonen, innerhalb Israels eine Opposition auf den Plan, die mit dem Fortdauern der Besatzung und der Ausweitung des Siedlungsbaus zugenommen hat. Selbst in der Ekstase unmittelbar nach dem Sechstagekrieg warnten einige nüchterne Stimmen vor den Folgen einer fortdauernden Besatzung. Der Besuch des ägyptischen Präsidenten Anwar al-Sadat in Israel 1977 gab den Anstoß zur Gründung der Friedensinitiative Schalom Achschaw (Frieden jetzt), die von der Regierung verlangte, ihre Bereitschaft zur Aufgabe von Land gegen Frieden zu demonstrieren. Es entstanden etliche Menschenrechtsorganisationen, die unter anderem gegen die Missbräuche in den besetzten Gebieten zu Felde zogen. Das ewige Problem der Kritiker ist es, dass sie zwar Berichte verfassen und Märsche organisieren können, die Allianz aus staatlichen Behörden und Siedlern währenddessen jedoch fortfährt, Fakten zu schaffen, indem sie Häuser im besetzten Land baut.

Der ungeplante Krieg von 1967 und der unüberlegte Siedlungsbau danach hatten eine weitere gänzlich unbeabsichtigte Konsequenz: Sie verwandelten den religiösen Zionismus aus einer moderaten politischen Bewegung in eine Sekte, deren zentraler Glaubensgrundsatz die jüdische Beherrschung des alttestamentarischen Landes Israel ist.

Vor dem Krieg hatte der strenggläubige Zionismus der säkularen Hauptströmung weitgehend als Hilfstruppe gedient. Seine beispielhafte Leistung in den frühen Jahren des Staates war die Gründung der Bar-Ilan-Universität, ein orthodoxer Winkel in der akademischen Welt, ein kunstvoller Kompromiss zwischen selbstgewählter Absonderung und voller Teilhabe an der modernen Gesellschaft.[97] Politisch war die Nationalreligiöse Partei ein Dauerkoalitionspartner in den Mapai-Regierungen und im Allgemeinen, im Hinblick auf außenpolitische Fragen, handzahm. Wie die säkularen zionistischen Parteien hatte sie ihre eigene Jugendorganisation, Bnei Akiva, die bestrebt war, die Strenggläubigkeit ihrer Mitglieder zu bewahren und in ihnen den Wunsch nach einem Leben in einem religiösen Kibbuz zu nähren.[98]

In theologischer Hinsicht war der häufig zitierte geistige Vater der Bewegung Rabbi Avraham Yitzhak Hacohen Kook, der während des britischen Mandats als Oberrabbiner gedient hatte und 1935 gestorben war. Kooks Lehren vermischten jüdischen Mystizismus mit europäischem Nationalismus. Die Rückkehr der Juden in ihr Land, so lehrte er, sei Teil von Gottes Plan zur Erlösung der Welt, und säkulare Zionisten täten unwissentlich Gottes Willen.

Kooks Ideen legitimierten die Zusammenarbeit von Strenggläubigen mit solchen Juden, die Schweinefleisch aßen und am Sabbat arbeiteten, doch wurde Kook zwar gern zitiert, aber kaum ernsthaft studiert.[99] Nach seinem Tod führte sein einziger Sohn, Rabbi Tzvi Yehudah Kook, eine kleine Talmudschule in Jerusalem, wo er lehrte, dass Israel der Staat sei, »den die Propheten vorhersahen«, als sie vom Ende aller Tage sprachen. Die Armee des Staates, sagte Kook junior, sei kein Ausdruck menschlicher Macht und menschlichen Stolzes. Vielmehr ermögliche sie »das Studium und die Erfüllung der Tora«, da »wir lernen, dass wir die göttliche Pflicht erfüllen müssen, die von dieser Macht geschaffen wird: die Eroberung des Landes«.[100] Er sammelte einen Kreis von Jüngern um sich – darunter Porat und Levinger –, blieb aber eine Randfigur.

Bis zum Juni 1967. Für viele religiöse Juden, besonders die jüngeren, verlangte der wundersame Sieg nach einer Erklärung. Tzvi Yehuda Kook lieferte eine: Die Eroberungen waren der nächste Schritt in Gottes Plan auf dem Weg zur Erlösung. Als die israelische Regierung so tat, als »machte die Erlösung an der Grünen Linie Halt«, da hatte Gott die Juden gezwungen, den Rest der alten Heimat zu erobern. Das schrieb Rabbi Yaakov Filber, ein weiterer Kook-Jünger, und betonte, dass »es keine vollständige Erlösung ohne das vollständige Land Israel geben wird«.[101] In der Neudeutung des jüngeren Kook und seiner Anhänger rechtfertigte der mystische Nationalismus nicht nur die Teilnahme am säkularen Projekt des Staatsaufbaus, sondern barg auch die Gewissheit, dass sich der spirituelle Zustand der Welt nach der Macht des jüdischen Militärs und territorialer Expansion bemaß. Die Religion verschlang den Chauvinismus des Bodens, der Macht und der ethnischen Überlegenheit mit Haut und Haar und nahm seine Gestalt an.

Der Siedlungsbau auf »erlöstem« Land war ein Weg, bewusst Gottes Plan voranzutreiben. Bei jungen religiösen Zionisten heilte er auch ein doppeltes Unterlegenheitsgefühl. Beim Aufbau des Staates war ihre Bewegung nur ein untergeordnetes Rädchen gewesen. In den Augen der säkularen Zionisten waren sie Hasenfüße, während die Strenggläubigen ihnen ein lauwarmes Judentum vorwarfen. Nun ergriffen sie die Gelegenheit, sich zur Vorhut bei der Verwirklichung des alten säkular-zionistischen Werts des Siedlungsbaus zu machen. Gleichzeitig glaubten sie, damit ihre überlegene religiöse Hingabe unter Beweis zu stellen, da sie ja nun das »Gebot« erfüllten, das laut Filber »so wichtig ist wie alle anderen zusammengenommen, das Gebot, das gelobte Land zu besiedeln«.[102]

Wären die Eroberungen nur vorübergehend gewesen, so wäre dem Rausch nach dem Krieg wahrscheinlich die Ernüchterung gefolgt. Als der Staat am besetzten Gebiet festhielt und es zu besiedeln begann, jedoch sein letztes Schicksal im Ungewissen ließ, schuf er die perfekten Bedingungen für einen ideologischen Sturm.

Die größte praktische Schwierigkeit, die sich den Regierungen der Arbeiterpartei beim Siedlungsbau in den Weg stellte, war der Mangel an Siedlungswilligen. Ihre Nachfolger vom Likud hatten mit demselben Problem zu kämpfen, Menschen für die Ansiedlung tief im Besatzungsgebiet anzuwerben.[103] Junge, säkulare Israelis behandelten den Siedlungsbau im Allgemeinen als einen Wert, der in Ehren zu halten war, nicht als Handlungsauftrag. Nun lieferte die Partnerschaft mit religiösen Zionisten der Kook-Schule die Fußsoldaten dafür. Die religiösen Siedler ihrerseits wurden zum Vorbild für die strenggläubige zionistische Gemeinde. Nach Gründung von Gusch Emunim, dem »Block der Gläubigen«, 1974 mutierte die Parlamentsfraktion der Nationalreligiösen Partei zur Heimstatt der Siedler und des ultranationalistischen Glaubens.[104]

Das Bündnis des Staates mit den religiösen Siedlern steckte voller verkannter Gefahren. Die religiösen Siedler waren Subunternehmer in einem Projekt von strategischer Tragweite, betrachteten aber die staatliche Limitierung möglicher Siedlungsorte als illegitim. Der Staat gliederte ein Projekt der Verteidigungs- und Außenpolitik an ein ideologisches Lager aus, das pragmatische Beschränkungen als Mangel an Glauben auffasste.

Natürlich war das Siedlungsprojekt für den religiösen Zionismus mehr als ein theologisches Unterfangen. Die Siedler bewegten sich physisch über die Grüne Linie in das Besatzungsgebiet. Und unter ihnen waren es am stärksten die religiösen Eiferer, die in größerer Entfernung vom israelischen Hoheitsgebiet kleine Siedlungen zwischen palästinensischen Städten und Dörfern in den Bergen der Westbank gründeten. Der Staat erleichterte diese Migration: Israelis, die in Siedlungen tief in der Westbank zogen, erhielten die größten finanziellen Anreize.

Die meisten religiösen Siedler zogen außerdem aus der Stadt in eine neue Art von außerstädtischer Siedlung, für die Ofra das Vorbild schuf. Bis zu Ofras Gründung bestand das Siedlungsideal im Bau von Kibbuzim oder Genossenschaftssiedlungen, von sozialistischen Gemeinschaften, deren Mitglieder in der Landwirtschaft oder in Industriebetrieben in Gemeinschaftseigentum arbeiteten. Beinahe alle von Regierungen der Arbeiterpartei gegründeten Siedlungen folgten diesem Muster, mit Ausnahme einiger weniger Städte. Doch der Sozialismus war aus der Mode gekommen. Nach vielen Diskussionen definierte sich Ofra selbst als »Gemeinschaftssiedlung«.[105] Damit war eine kleine Wohngemeinde gemeint, verwaltet von einer Gesellschaft, die für die »Erhaltung des Charakters der Siedlung« verantwortlich war, wie es in Berichten von Gusch Emunim heißt. Neue Bewohner mussten von den Mitgliedern akzeptiert werden, damit alle den gleichen »ideologisch-sozialen Hintergrund« hatten. Sie kamen in den Genuss von »Einfamilienhäusern, ruhigen Straßen, frischer Luft«, ein Traum jenseits der Möglichkeiten von Israelis aus der Mittelklasse, die gewöhnlich in Apartments wohnten. Die Gemeinschaft wuchs nicht über einige Hundert Familien hinaus und machte qualifizierten Berufstätigen ein Leben auf einer »Insel« mit einer »ausgewählten Einwohnerschaft« schmackhaft, die sich bewusst als »geschlossene« und »homogene« Gesellschaft präsentierte.[106] Die Schattierung der eigenen Religiosität, sogar der genaue Grad von Sittsamkeit, mit dem sich eine Frau kleidete, konnten als Kriterium für die Mitgliedschaft herhalten.[107] Als der Likud an die Macht kam, übernahm er das Modell und ließ nach diesem Grundschema viele weitere Siedlungen errichten.

Junge orthodoxe Juden, die in israelischen Städten aufgewachsen waren und dort mit einer Kakophonie politischer und kultureller Debatten zu kämpfen hatten, zogen in kleine Gemeinschaften, wo Leute wie sie selbst lebten, in komfortable Kolonien mit palästinensischen Städten und Dörfern als Szenerie. Viele pendelten in Städte innerhalb Israels zur Arbeit. In ihren neuen Wohnstätten jedoch mussten sie nicht mehr den säkularen Israelis gegenübertreten, von denen sie auf dem Heimweg von ihren Treffen des religiös-zionistischen Jugendverbandes Bnei Akiva verspottet worden waren. Sie wurden zu einer Sekte, getrennt von dem Israel, dem sie vorangehen wollten.

Doch von Beginn an erkannte die orthodoxe Siedlungsbewegung in der Erziehung von Juden innerhalb der Grünen Linie sowohl ein ideologisches Ziel als auch eine mögliche Existenzsicherung. Ein früher Generalplan von Gusch Emunim rief in dem Kapitel, das wirtschaftliche Fragen behandelte, zur Gründung von Talmudschulen und Internaten in den Siedlungen auf, um dadurch Arbeitsplätze zu schaffen.[108] Eine weitere Option war das Pendeln, um in staatlich finanzierten religiösen Schulen innerhalb Israels zu unterrichten. Der Staat unterstützte beide Möglichkeiten. Zusätzliche Mittel für die Bildung sind zu einem der Pfeiler des Gerüsts finanzieller Anreize geworden, das den Siedlungsbau stützt. Die kostenlose Schulbildung beginnt in den Siedlungen zwei Jahre früher als innerhalb Israels; das Erziehungsministerium zahlt für längere Schultage als im Großteil Israels üblich; das Innenministerium stellt den Kommunalverwaltungen der Siedlungen zusätzliches Geld für Bildung zur Verfügung. Lehrer, die in Siedlungen leben, erhalten Vergünstigungen, durch die ihr Gehalt um bis zu 20 Prozent steigen kann, ob sie nun in der Siedlung oder innerhalb Israels arbeiten.[109]

Dies alles summiert sich zu einer auffälligen Ungleichheit: In der israelischen Bevölkerung insgesamt arbeiten dem Amt für Statistik zufolge 12,7 Prozent der Beschäftigten im Bildungswesen. In den Siedlungen der Westbank liegt die Vergleichszahl bei 21,9 Prozent, also beinahe doppelt so hoch.[110] Diese offiziellen Zahlen unterscheiden nicht zwischen großen vorstädtischen Siedlungen und kleinen Gemeinden tiefer im Westjordanland. Doch ist der Anteil der Lehrer in Letzteren, wo der Wunsch, tiefe Überzeugungen weiterzugeben, das Lehramt zu einem weit geschätzteren Beruf macht, nahezu sicher höher.

Eines Tages im Jahr 2003 besuchte ich das geräumige Haus von Moti und Lea Sklar in Ofra. Damals arbeitete Lea Sklar als Verwaltungsbeamtin für die Jerusalemer Schulbehörde und beaufsichtigte die Erziehung in »Judentum, Gleichstellung und Demokratie«. Im Spektrum religiöser und politischer Ansichten unter den Siedlern sah sie sich selbst auf der kritischen, ja radikal kritischen Seite. Stolz bezeichnete sie ihre beiden jüngsten Töchter im Grundschulalter als »wahre Feministinnnen«. Um der strenggläubigen Gesetzesauslegung Genüge zu tun, wonach eine verheiratete Frau ihr Haar zu bedecken habe, trug sie eine gestrickte Kappe, unter der ihre brustlangen Locken herabfielen – womit sie sich den Regeln zugleich beugte wie entzog.

Die Zweite Intifada wütete noch. Ofra, so erläuterte Lea Sklar mir die Gründe, warum sie trotz der gestiegenen Gefahr von Terrorangriffen in Ofra blieb, sei eine warmherzige Gemeinschaft und die einzige Heimat, die ihre fünf Kinder kannten. Aber sie betonte auch, dass Ofra »Teil des Staates Israel« sei und der Siedlungsbau eine direkte Fortsetzung der ersten Kibbuzim, die von den zionistischen Pionieren errichtet worden waren. »Ich glaube nicht an eine Unterscheidung zwischen [dem Land, das wir] vor 1967 und danach [gehalten haben]«, sagte sie. »Es ist alles Teil eines Prozesses.« Die politischen Verhältnisse nach Vollendung dieses Prozesses sollten ihrer Meinung nach so aussehen, dass die Palästinenser der Westbank die »Menschenrechte auf Leben, Sicherheit und Gesundheit« und ein gewisses Maß an Autonomie genossen – zum Beispiel zur Unterhaltung ihres eigenen Schulsystems –, freilich unter israelischer Herrschaft. Bürger sollten sie nicht sein. »Sie können nicht meine Regierung wählen, denn dann wäre es eine arabische Regierung«, erklärte mir eben jene Frau, die zu dieser Zeit für die Demokratieerziehung in den Schulen verantwortlich war, auf die meine Kinder gingen.[111]

Für Kinder, die in den geschlossenen, warmherzigen Gemeinschaften der Siedlungen aufgewachsen und hier erzogen worden sind, stellen solche Ansichten das liberale Ende des Spektrums dar. Innerhalb Israels sind Erzieher aus den Siedlungen besonders stark in den religiösen Schulen und anderen Lehrinstituten im Dienst der orthodox-zionistischen Gemeinschaft vertreten.

Durch ihre Partnerschaft mit strenggläubigen Siedlern haben säkulare Politiker für die radikal-religiöse Indoktrination einer neuen Generation gesorgt. Erst jetzt, wo diese Generation erwachsen wird, treten die gefährlichen Auswirkungen dieser Politik zutage.

Kapitel 4

Die Kinder der Berge

Das Flugblatt hing am Schwarzen Brett des Studiensaals. Nur einer der 30 Studenten hielt sich zur Mittagszeit dort auf. Er hatte den spärlichen Bart eines jungen Mannes, der sich noch nie rasiert hat, und volle blonde Schläfenlocken, die ihm bis auf die Schulter hinabbaumelten. Der Name der Institution, »Talmudschule Singet dem Herrn«, und ihr Motto, »Der Herr ist der König«, waren eher schluderig außen an das Fertighaus gepinselt. Ein Esel und ein großer gelber Traktor für Bauarbeiten standen auf dem staubigen Parkplatz von Havat Gilad, »Gilads Farm«, ein illegaler Außenposten südwestlich von Nablus. Es war Ende Oktober, die Hochzeit der Olivenernte. Auf der Anfahrt hatte ich palästinensische Familien in Olivenhainen beim Pflücken der Früchte gesehen, aus denen ein tiefgrünes Öl gewonnen wird, das führende Produkt der Westbank.

Der Text auf der Vorderseite des Flugblatts war über das blasse Foto eines Olivenhains gedruckt. Ich nahm das Blatt ab und drehte es um. Auch die Rückseite war bedruckt. Darauf war eine palästinensische Frau mit einem weißen Kopftuch neben einem verstümmelten Olivenbaum abgebildet. Der hebräische Text auf der Vorderseite war in der Diktion religiöser jüdischer Gesetze (Halacha) verfasst und zitierte, mit der Bibel angefangen, klassische Quellen des Judentums.

Die Olivenreife, so stand auf dem Flugblatt, biete die Gelegenheit, die Weisung Mose an die zwölf von ihm nach Kanaan ausgesandten Spione zu erfüllen. »Seid mutig und bringt mit von den

Früchten des Landes.«[1] Der Weg, um zu zeigen, wer wirklich ein Anrecht auf das Land Israel hatte, bestünde darin, seine »guten Früchte von ihren vorübergehenden Bewohnern« – gemeint waren die Palästinenser – »an seine wahren Eigentümer zurückzugeben« – also an die Juden. Der ganze Grund und Boden des gelobten Landes und alle Bäume gehörten dem jüdischen Volk, hieß es weiter, sodass die Juden, wenn sie die Früchte nehmen, »das, was gestohlen wurde, in unsere Hände zurücklegen und nicht von anderen stehlen«.

Wo das Abernten palästinensischer Olivenhaine nicht praktikabel war, fuhr der anonyme Flugblattschreiber fort, solle man stattdessen dem Wort des Predigers folgen, wonach es eine »Zeit zum Pflanzen und eine Zeit zum Ausreißen« gebe, und die Bäume fällen.[2] Ein Krieg sei im Gange, und »eines der wichtigsten Mittel ... zum Sieg über unseren Feind ist es, ihn aus dem Land zu treiben, indem wir seinem Eigentum Schaden zufügen«. Der Text schließt mit einem Gebet für ein rasches Ende der Schande, die darin bestehe, dass »Fremde unser Erbe verzehren« und noch dazu »mit der Hilfe des [jüdischen] Establishments und verschiedener Sicherheitsbehörden, die ihre jüdische Identität vergessen haben«.[3]

Das ans Schwarze Brett gehängte Flugblatt demonstrierte ein altes Prinzip: Wer entschlossen genug ist, kann den Gehalt heiliger Schriften leicht auf den Kopf stellen und eine Sünde als Pflicht hinstellen. Auf der einfachsten Ebene musste der Autor das ausdrückliche Gebot im 5. Buch Mose ausräumen, wonach das Fällen von Fruchtbäumen als Mittel des Krieges verboten ist. Einen offenkundigen Diebstahl rechtfertigte er als Rückforderung von Eigentum. Er ignorierte ferner eine alte und wohlbekannte rabbinische Anmerkung zu dem Streit zwischen den Hirten Abrahams und Lots im Buch Genesis: Lots Männer, so berichtet die Überlieferung, weideten ihre Herden auf den Feldern der Kanaaniter und rechtfertigten sich damit, dass Gott das Land ja Abrahams Nachkommen verheißen habe. Doch Abraham ließ diese Entschuldigung nicht gelten – eine Geschichte, die lehrt, dass eine göttliche Verheißung für die unbestimmte Zukunft nicht als Rechtfertigung dienen kann, die jetzigen Bewohner des Landes zu bestehlen.[4] Diese Überlieferung lernen die Kinder schon in der Schule.

Historisch sind religiöse Gruppen, die an das nahe Königreich Gottes auf Erden glauben, besonders anfällig dafür, moralische Prinzipien in dieser Art ins Gegenteil zu verkehren. Der Anbruch eines neuen Zeitalters lässt sich nicht besser demonstrieren als mit der Ausrufung neuer Regeln, die an die Stelle der alten getreten seien. Im Judentum ist das klassische Beispiel dafür Schabbtai Zvi, ein falscher Messias aus dem 17. Jahrhundert, dessen Anhänger Ehebruch in ein Ritual verwandelten.[5] In unserer Zeit sind theologische Doktrinen, die sich mit politischem Extremismus vermischen, ebenso anfällig dafür, Sünden zu heiligen – wie sich an jenen islamischen Radikalen zeigt, die aus dem verbotenen Akt des Selbstmords eine Heldentat machen.

Die religiöse Siedlungsbewegung ist doppelt anfällig, entspringt sie doch sowohl dem von Tzvi Yehudah Kook zum Ausdruck gebrachten Glauben, dass »wir bereits inmitten der Erlösung« leben, als auch der Umformung der tribalistischsten Spielart des Nationalismus zu einer religiösen Lehre.[6] Diese Verbindung kommt in einem Zitat auf der Website von Shvut Ami zum Ausdruck, einem weiteren illegalen Außenposten in der Region von Nablus. Auf der Höhe des messianischen Zeitalters, so steht dort zu lesen, »ist das Wichtigste das Land Israel. Aus ihm fließt alles, und auf keine andere Weise lässt sich Heiligkeit in die Welt tragen, als innig an ihm festzuhalten.«[7] Dies sind die Worte von Rabbi Ya'akov Moshe Harlap, einem Jünger des älteren Kook, der 1951 starb. Was immer Harlaps ursprüngliche Absicht gewesen sein mag, seine Worte öffnen die Tür zu einem »moralischen« System, in dem das »Gebot« der Landnahme schwerer wiegt als jegliche Verpflichtung Menschen gegenüber.

Das Flugblatt repräsentiert die Haltung eines bedeutsamen Teils der Siedlerbewegung. Die Olivenernte im Westjordanland ist zu einem alljährlich ausgetragenen niederschwelligen Krieg geworden, in dem Siedler palästinensische Olivenhaine plündern und verwüsten, wobei die Bewohner der Außenposten die Hauptverdächtigen sind. Israelische Menschenrechtsgruppen haben in den ersten sechs Wochen der Ernte von 2010 über 30 Angriffe auf palästinensisches Eigentum dokumentiert. In der Nähe der Siedlung Talmon setzten unbekannte Israelis einen Olivenhain in Brand, während Palästinenser noch bei der Ernte waren. In Turmusayya, einem Palästinenserdorf nahe dem Außenposten Adei Ad, wurden 100 Bäume vergiftet, weitere 40 entwurzelt. In der Nablus-Region kam es allenthalben zu solchen Übergriffen; Gilads Farm ist nur eine der extremistischen Siedlungen und Außenposten, von denen die palästinensische Stadt umringt ist. In der Nähe von Shvut Ami wurden 50 Bäume verstümmelt oder gefällt, die Früchte von 200 weiteren gestohlen. Gilads Farm selbst schiebt sich wie ein Keil zwischen die Palästinenserdörfer Fur'ata und Tell. Hunderte von Bäumen auf einem rund 50 Hektar großen Areal, das zu den beiden Dörfern gehört, wurden dort in Brand gesetzt. Die Oliven eines anderen Hains von Fur'ata wurden geerntet und gestohlen.[8] Die Täter müssen nicht unbedingt aus den nächstgelegenen Siedlungen stammen, wenn man bedenkt, welch weite Verbreitung die Kampagne gefunden hat. Sicher kann man sich indes sein, dass jeder vernichtete Baum Teil von jemandes Arbeit und Lebensunterhalt war; jeder Fall reiht sich in die Bemühungen, »den Feind ... aus unserem Land zu treiben, indem wir seinem Eigentum Schaden zufügen«.

Im Schlussgebet des Flugblatts kommt die wütende Abneigung vieler Siedler der Außenposten gegen das »Establishment« zum Ausdruck. Dieses Wort ist ein Sammelbegriff: Er schließt die israelische Regierung, die sogenannte Zivilverwaltung, die Polizei, den Geheimdienst Schin Bet, die israelischen Streitkräfte sowie häufig die erste Führungsgeneration der Siedlungsbewegung, orthodoxe Politiker und nicht hinlänglich radikale Rabbiner ein – denen samt und sonders fehlendes jüdisches Bewusstsein unterstellt wird.[9] Die Ironie besteht darin, dass die Außenposten tatsächlich ein Gemeinschaftsprojekt der jungen Siedler und eines großen Teils eben dieses Establishments sind. Die Siedler der Außenposten sind eine extrem rechte Spielart des linken College-

Studenten, der sich über die bourgeoise Heuchelei seiner Eltern mokiert und auf seine Unabhängigkeit pocht, während er auf die nächste Geldspritze von daheim wartet. Politiker, staatliche Behörden und Vertreter der Siedlungsbewegung in mittleren Jahren spielen die Rolle der Eltern, die hin und her schwanken, ob sie den Idealismus ihres Sprösslings ermutigen, ihm Zurückhaltung predigen oder mit ihm und sich selbst hadern sollen.

Gilads Farm ist eine der viele Variationen dieses Themas. Der Außenposten wurde von Itai Zar im Gedenken an seinen älteren Bruder Gilad gegründet, der 2001 von palästinensischen Heckenschützen auf einer nahe gelegenen Straße im Vorbeifahren erschossen wurde, in der frühen Phase des Blutvergießens der Zweiten Intifada. Ihr Vater, Moshe Zar, ist eine prominente Gestalt der ersten Siedlergeneration, ein bekannter Grundstücksmakler und verurteiltes Mitglied des jüdischen Untergrunds vom Beginn der 80er Jahre. Itai Zar behauptet, der Außenposten sei auf Land errichtet, das sein Vater gekauft habe, ohne dafür freilich einen vorschriftsmäßigen Grundbucheintrag zu beantragen. Premierminister Ariel Scharon habe, so erzählte Itai Zar weiter, sein mündliches Einverständnis für die Besiedlung des Ortes gegeben und die Familie zum Leiter der Siedlungsbauorganisation Amana, Ze'ev Hever, geschickt, um alles Notwendige in die Wege zu leiten.[10]

Zars Darstellung lässt sich nicht in allen Einzelheiten unabhängig überprüfen, doch passt sie ins Schema der Außenposten.[11] Auch die Details, die er auslässt, stimmen mit der gängigen Geschichte überein: Der neuen Siedlung fehlte die Zustimmung des Kabinetts, des Verteidigungsministers und der Planungsabteilungen der israelischen Ziviladministration des Westjordanlands, was bedeutet, dass sie illegaler nicht hätte sein können.[12] Ein etwas ungewöhnliches Ereignis in der Geschichte von Gilads Farm ist, dass Scharons Verteidigungsminister Binyamin Ben-Eliezer im Oktober 2002 beschloss, den Außenposten zu beseitigen, anscheinend, um symbolisch seine Bereitschaft zur Durchsetzung von Recht und Gesetz unter Beweis zu stellen. 1000 Siedler kamen, um die Räumung mit einer Sitzblockade zu vereiteln. Über 90 Polizisten, Soldaten und Siedler wurden bei dem Kampf verletzt, während die windigen Gebäude dem Erdboden gleichgemacht wurden.

Am Abend nach den Auseinandersetzungen kehrten Itai und seine Kameraden zurück, um den Außenposten wiederaufzubauen, mit Rückendeckung des Siedlungsrates von Judäa, Samaria und Gaza, dem hauptsächlichen Führungsorgan der Siedler.[13] Bis 2009 lebten 25 Familien in Gilads Farm, 30 junge Männer studierten an seiner Talmudschule. Mit tiefer Verachtung nennt Zar die etablierten Siedlungen bloße »Wohnviertel mit Fernsehern« – im Gegensatz zu den »Bergkuppen«, den Außenposten, in denen junge Idealisten leben. Er redet abschätzig von den religiösen Zionisten alter Schule, die hinter den israelischen Institutionen stehen, bezeichnet weltliches Recht als »Blödsinn« und hofft auf ein Israel, das sich allein von religiösen Gesetzen leiten lässt.[14] Wie der anonyme Flugblattschreiber hat er, kurz gesagt, nur sehr wenig Verwendung für das Establishment aus Politik, Religion und Siedlungsbewegung, das dabei mitgewirkt hat, ihn auf den Plan zu rufen.

Aufmerksamkeit verdienen Gilads Farm und die ganze Unternehmung der Außenposten nicht als Entgleisungen, sondern als Symptome eines umfassenderen Syndroms. Seit dem Oslo-Abkommen von 1993 hat sich die Spaltung der »Persönlichkeit« Israels zu einer tiefen Kluft geweitet.

Einerseits hat Israel die Palästinensische Befreiungsorganisation (PLO) und die Realität einer palästinensischen Nation anerkannt. Es hat mit Unterbrechungen an einem diplomatischen Prozess mitgewirkt, dessen einziges logisches Ergebnis die Schaffung eines palästinensischen Staates im Westjordanland und im Gazastreifen ist. Parallel dazu stoppte der Staat die Genehmigung neuer Siedlungen im Besatzungsgebiet. Er hat sogar die wenigen Siedler aus dem Gazastreifen entfernt. Könnte man diese Veränderungen nur für sich betrachten, würden sie bedeuten, dass Israel die lange notwendige, lange aufgeschobene Entscheidung getroffen hätte, die besetzten Gebiete für den Frieden und um seiner eigenen Zukunft als Demokratie und jüdischer Staat willen aufzugeben.

Doch in denselben Jahren leistete der Staatsapparat einer dramatischen Ausweitung der Siedlungen im Westjordanland Vorschub und Hilfestellung. Kabinettsminister, Beamte und Siedler, sie alle traten das Gesetz und ihre Verantwortung für demokratische Entscheidungen mit Füßen. Regelmäßig ignoriert die Regierung höchstrichterliche Urteile zur Wahrung der Menschenrechte und höhlt damit eine richtungweisende Errungenschaft aus den frühen Jahren Israels aus. Eine neue Generation von Siedlern ist herangewachsen, die in ihrer theologisierten Politik ebenso extrem oder sogar noch radikaler ist, sich aber den staatlichen Institutionen, von denen sie so beharrlich hochgepäppelt wurde, entfremdet hat.

Diese Veränderungen bedeuten, dass die Demokratie in noch größerer Gefahr ist. Der Staat und seine Fähigkeit, die Besatzung zu beenden, sind geschwächt. Um die Außenposten zu verstehen, ist es notwendig, auf die breiteren Veränderungen zu blicken, denen sie ihre Entstehung verdanken.

Jitzchak Rabin konnte das Oslo-Abkommen unterzeichnen, weil sich sein Verständnis des Konflikts durch die Hitze des palästinensischen Aufstandes, der Intifada, wandelte. Als Verteidigungsminister hatte Rabin beim Ausbruch des Aufstands im Dezember 1987 noch versprochen, ihn mit »Gewalt, Macht und Schlägen« zu ersticken.[15] Doch im Kabinett wurde Rabin nach Aussage des Geheimdienstdirektors Yaakov Perry schließlich zum stärksten Verfechter der Auffassung, dass die Intifada »eine nationale Volkserhebung« sei, die sich nicht mit militärischen Mitteln stoppen lasse.[16] Mit anderen Worten: Rabin wurde klar, dass Israel mit der Nationalbewegung der Palästinenser einen Modus Vivendi erreichen musste.

Ich erwähne Rabin nicht, um die These zu stützen, die Geschichte sei das Werk großer Männer, sondern weil er für eine allgemeine Strömung steht, so wie bei Shakespeare die Tragödien von Adligen die inneren Kämpfe der einfachen Leute repräsentieren. In der israelischen Gesellschaft der 8oer Jahre schlug man sich auf die Seite der radikalen Linken, wenn man von zwei Völkern in zwei Staaten sprach. Auf den ersten Blick war es das Oslo-Abkommen, das solchen Ideen Legitimität verschaffte. Tatsächlich war die Einigung nur möglich, weil der Aufstand der Palästinenser die Gleichgültigkeit hinwegfegte, mit der viele Israelis der Besatzung gegenüberstanden.

Doch war Rabin nicht bereit, sofort ein Friedensabkommen einschließlich Grenzenfestlegung und Siedlungsräumung ins Auge zu fassen. Das Oslo-Abkommen schuf ein Interim mit ungewissem Ausgang. Der »Durchbruch« barg tatsächlich eine weitere Weigerung in sich, zu einer Entscheidung zu kommen. Auch in dieser Hinsicht repräsentierte Rabin den Durchschnittsbürger.

Der Aufschub einer Einigung über einen endgültigen Status erwies sich als fatal. Unter dem Oslo- und seinen Folgeabkommen wurde eine palästinensische Autonomiebehörde geschaffen, um in Teilen der Westbank und Gaza eine begrenzte Selbstverwaltung auszuüben. Da keine Siedlungen geräumt wurden, erhielt die Autonomiebehörde nur einen Flickenteppich von Enklaven. Die Landkarte der Autonomie wurde von der Siedlungskarte diktiert, die Ariel Scharon gezeichnet hatte. Unterdessen hatten sowohl Israelis wie Palästinenser allen Grund, »Fakten zu schaffen«, um das Ergebnis eines dauerhaften Abkommens im Vorhinein festzulegen. Doch Israel besaß dafür die größere Macht: Der Aufbau palästinensischer Institutionen in Ostjerusalem konnte nicht dieselbe Wirkung haben wie der Bau neuer israelischer Viertel dort.

Da die Siedlungen blieben, machte sich die Rabin-Regierung an ein Straßenbauprogramm für das Westjordanland, damit Israelis palästinensisch kontrollierte Städte umfahren konnten. Die Umgehungsstraßen machten das Pendeln aus den Siedlungen in israelische Städte sicherer und hatten die unbeabsichtigte Wirkung, die Fahrtzeiten beträchtlich zu verkürzen – was es Israelis erleichterte, in Siedlungen tief in der Westbank zu ziehen. Für

Rechte, die zwischen ihrer Bequemlichkeit und ihrem Wunsch geschwankt hatten, in einer Siedlung zu wohnen, um einen Beitrag zur Blockierung eines künftigen Rückzugs zu leisten, waren die neuen Straßen ein Geschenk. »Der größte Siedlungsbauer war Jitzchak Rabin. Was sorgte für die Entwicklung von Ofra? Die Straße kam zu uns«, sagt Pinchas Wallerstein, der langjährige Vorsitzende des Regionalrats von Mateh Binyamin, der lokalen Siedlungsverwaltung nördlich von Jerusalem. Das Lob ist zweideutig: Weder Wallerstein noch andere Siedler, die diesen Gedanken äußern, glauben, dass Rabin die leiseste Absicht hegte, ihnen zu helfen.

Zur Zeit der Bekanntgabe des Oslo-Abkommens gab es unter den Siedlern für den Premierminister kein Lob, nicht einmal ein ironisches. Die Proteste begannen noch vor Unterzeichnung des Abkommens am 13. September 1993. Auf Massenveranstaltungen sprachen säkulare rechte Politiker wie die Knesset-Mitglieder Ariel Scharon und Benjamin Netanjahu – doch die Protestierenden waren fast ausschließlich strenggläubige Siedler und ihre Unterstützer. Für die Siedler war das Abkommen weit mehr als eine politische Niederlage. Obwohl es nicht die sofortige Räumung der Siedlungen verlangte, wies es in diese Richtung – und bedrohte damit ihre Häuser, ihr Selbstverständnis von ihrer Stellung in der Gesellschaft, ihr Lebenswerk und die Theologie, die ihm Bedeutung verlieh. Nach Jahren, in denen sie sich für Israels Avantgarde gehalten hatten, fühlten sich die Siedler nun wie eine betrogene Minderheit. Der heilige Staat gab heiliges Land auf und pflanzte damit einen Widerspruch in ihre innersten Überzeugungen.

Rabbiner der religiösen Rechten beschrieben die Bedrohung in hetzerischer Sprache. Rabbi Nachum Rabinovitch, Direktor der staatlich unterstützten Talmudschule Birkat Moshe in der Siedlung Ma'aleh Adumim, verglich jeden, der Befehle zur Räumung von Siedlungen ausführte, mit jüdischen Nazikollaborateuren.[17] In einem vom Rabbinerkomitee in Judäa, Samaria und Gaza veröffentlichten Artikel spricht Rabinovitch davon, dass »jede Handlung, die unsere Stellung im [gelobten] Land [Israel] vermindert oder Juden von Teilen unseres Bodens verbannt«, den »Zweck der Tora« verletze, und erinnert seine Leser an eine mittelalterliche Schrift, die für Gotteslästerung die Todesstrafe vorschrieb.[18]

»Visionäre haben mit angesehen, wie ihre Vision vor ihren Augen zerfetzt wurde«, klagte der Ideologe Dan Be'eri in der Siedlerzeitung *Nekuda* ein halbes Jahr nach dem Abkommen.[19] Be'eri beschrieb die spirituelle Krise unter jenen, die an einen »erlösenden Zionismus« glaubten. Insbesondere erläuterte er, was den Siedler Baruch Goldstein aus Kiryat Arba dazu bewogen hatte, am 25. Februar 1994 in der heiligen Stätte in Hebron, die unter Juden als das Grab der Patriarchen und unter Moslems als Ibrahimi-Moschee bekannt ist, 29 betende Moslems zu ermorden. Vor der Tat hatte Goldstein Freunden gesagt, er habe einen Plan, um den Oslo-Prozess zu beenden. Er hörte mit dem Schießen erst auf, als es Palästinensern gelang, ihn zu töten.

Jitzchak Rabin war nicht der Einzige, der Goldstein als »geistig verwirrt« bezeichnete, eine Beschreibung, die den Hintergrund der Tat – die vom Staat aufgepäppelte, nun gegen ihn rebellierende Siedlerbewegung – ausblendete. Unterdessen pries der extreme Rand der religiösen Rechten Goldstein als Helden und Märtyrer.[20] Unter seinen posthumen Bewunderern war auch ein Jurastudent der Bar-Ilan-Universität, Yigal Amir.[21] Am 4. November 1995 führte Amir seinen eigenen Plan aus, die Teilung des Landes Israel zu verhindern. Er ermordete Jitzchak Rabin.

Amirs Anteil an der Verantwortung für den Zusammenbruch des Oslo-Prozesses lässt sich unmöglich bemessen. Man kann die Geschichte nicht zurückdrehen und von vorn abspulen mit einem nun wieder lebendigen Rabin. Doch Rabins Nachfolger, Schimon Peres, ein viel schwächerer Kandidat, verlor die Wahl von 1996 gegen Netanjahu nur mit einem Prozent Abstand. Netanjahu verwandte drei Jahre als Premierminister darauf, diplomatische Fortschritte zu vereiteln.

Im Hinblick auf das Trauma von Rabins Ermordung konzentrierte sich ein Großteil der öffentlichen Reaktion auf die Tatsache, dass ein Jude einen anderen Juden ermordet hatte, als wäre der

Bruch der ethnischen Solidarität Amirs Hauptdelikt gewesen. In Verteidigung seiner Universität sagte zum Beispiel der Präsident von Bar-Ilan, Shlomo Eckstein: »Wir bemühen uns, unsere Studenten zur Liebe aller Juden zu erziehen.«[22] Die praktische Konsequenz dieser Deutung war das Streben nach »nationaler Einheit«, sprich die jüdische Einheit: Versöhnung zwischen Säkularen und Orthodoxen oder zwischen Juden der Linken und der Rechten. Als Ehud Barak von der Arbeiterpartei 1999 Netanjahu mit einer Wahlplattform besiegte, die für die Erneuerung der Friedensanstrengungen eintrat, hielt er der Rede von der Einheit die Treue, indem er die siedlungsfreundliche Nationalreligiöse Partei in seine Koalition holte und ihren Führer, Yitzhak Levy, zum Wohnungsbauminister ernannte. Levy forcierte den Bau neuer Häuser in den Siedlungen in beispielloser Weise; während die Betonmischer Überstunden machten, hielt Barak still.[23]

Das Narrativ der Einheit geht der Bedeutung von Amirs Tat aus dem Weg: Jenseits der normalen Grausigkeit eines Mordes war sie die Arme-Leute-Version eines Putsches, ein Angriff auf den gewählten Staatschef, um eine demokratisch beschlossene Politik zu ändern. Amir handelte als selbsternannter Bote eines politischen Lagers, das den Staat als legitim ansah, nur insofern er seine angeblich gottgegebene Mission erfüllte: das ganze biblische Land für die Juden zu halten. Danach rechtfertigten Politikern ihre Unterstützung für den Siedlungsbau auch mit dem Argument, auf diese Weise Konflikte unter Juden zu vermeiden, wodurch eine künftige Konfrontation über demokratische Entscheidungen nur umso wahrscheinlicher wird.

Zwischen 1993 und dem erfolglosen Gipfel in Camp David im Jahr 2000 schwoll die Zahl der israelischen Siedler im Westjordanland und dem Gazastreifen um 70 Prozent an, von 116 000 auf 198 000.[24] Während der Jahre des Oslo-Prozesses konnten die Palästinenser dabei zusehen, wie sich die roten Ziegeldächer in den Siedlungen auf den Hügeln ausbreiteten. Dies schmälerte zusehends ihren Glauben, dass Israel wirklich die Absicht hegte, ihnen die Unabhängigkeit zu gewähren. Der Grund, warum im Jahr 2000 die israelisch-palästinensischen Gespräche scheiterten, bleibt heftig umstritten, doch war das Wachstum der Siedlungen gewiss einer der Faktoren.[25] Wichtiger für die gegenwärtige Erörterung ist, dass durch den Bau von Häusern in Ofra, Ma'aleh Adumim und einer Fülle weiterer Siedlungen alle israelischen Regierungen eine strategische Schizophrenie an den Tag legten und ihre eigene Glaubwürdigkeit untergruben.

Bis Mitte 2010 war die Anzahl der Siedler trotz Israels Rückzug aus Gaza auf 300 000 angewachsen. Das heißt, in den 17 Jahren, in denen Israel sich offiziell darauf verpflichtet hatte, ein dauerhaftes Abkommen mit den Palästinensern zu erreichen, hatten die Siedler um mehr als das Zweieinhalbfache zugenommen. Dies sind die offiziellen israelischen Zahlen, die nicht die 185 000 Israelis in den annektierten Gebieten Ostjerusalems hinzuzählen.[26]

Dieser Zuwachs ist keine natürliche Bevölkerungsexplosion. Vielmehr wird er getrieben von einer Schwemme staatlicher Finanzierung für das Siedlungsprojekt, die ohne genaue Buchführung weitergeht. In einem Bericht von 2003 über das Wohnungsbauministerium beklagte sich der israelische Rechnungshof: »Der Haushalt des Ministeriums ermöglicht es nicht, zu identifizieren, welcher Anteil ... Judäa, Samaria und dem Bezirk Gaza zugewiesen wurde.«[27] Das gilt auch für andere Ministerien. Im selben Jahr erklärte ein Sprecher des Finanzministeriums: »Wir haben keine Möglichkeit, irgendeine Schätzung [über staatliche Aufwendungen für den Siedlungsbau] abzugeben.« Das war eine Antwort, die ich mittlerweile schon erwartete. Als ich 1986 zum ersten Mal die Kosten des Siedlungsbaus unter die Lupe nahm, teilte mir Yaacov Tsur, der Integrationsminister, mit, er habe das Finanzministerium, das Statistikamt und die Bank von Israel gefragt, wie viel die Regierung für den Siedlungsbau ausgebe, und »niemand hatte irgendwelche Zahlen«. Selbst als Kabinettsmitglied kam er zu dem Schluss, dass die Gesamtausgaben ein »größeres Geheimnis sind als die [Mordechai] Vanunu-Affäre«, womit er sich auf den in diesem Jahr unter Ausschluss der Öffentlichkeit stattfindenden

Prozess gegen jenen Israeli bezog, der später wegen Verrats des israelischen Nuklearprogramms und damit der faktischen atomaren Bewaffnung des Landes verurteilt wurde.[28]

Der Unterschied zwischen den Atomgeheimnissen und den Aufwendungen für den Siedlungsbau war der, dass Letztere gar nicht durchsickern konnten. Da sie nie jemand zusammengezählt hat, bleiben sie bis zum heutigen Tag unberechnet. Die Ausgaben für den Siedlungsbau verteilen sich auf den gesamten Staatshaushalt. Viele der Anreize dafür sollten ursprünglich »nationalen Vorranggebieten« innerhalb von Israel zugute kommen – vor allem armen jüdischen Kleinstädten fern des urbanen Zentrums des Landes. Später wurden die Siedlungen stillschweigend auf die Liste der Vorranggebiete gesetzt. Die Vergünstigungen für Unterrichtende zum Beispiel sollten qualifizierte Lehrer in Städte mit Lehrermangel locken. Siedlungen kennen dieses Problem gar nicht, doch sie bekamen das Geld trotzdem. Die Zuschüsse für Investoren, die in den Industriegebieten von Siedlungen Fabriken bauen, entstammen demselben Topf wie die Subventionen, die Arbeitsplätze in wirtschaftlich darbenden Gebieten innerhalb Israels schaffen sollen.

Gemeinderäte in den Siedlungen erheben niedrigere Steuern als ihre Kollegen in Israel und erhalten viel höhere Zuschüsse vom Innenministerium, was bedeutet, dass die Einwohner weniger Steuern zahlen und bessere Dienstleistungen erhalten. In den meisten Siedlungen verringert das Wohnungsbauministerium die Baukosten durch Nachlässe auf die bereits künstlich niedrigen Grundstückspreise und bietet gleichzeitig subventionierte Hypotheken an. Billiges Land ermöglicht es, einen Haustyp zu bauen, der innerhalb der Grünen Linie nicht zu haben ist: Einfamilienhäuser mit nur 230 Quadratmeter mit der Option einer späteren Erweiterung. Das bedeutet, dass ein junges Paar in einer Siedlung ein Haus zu den Kosten einer gemieteten Wohnung in der Stadt kaufen und getrost eine Familie gründen kann. Später, wenn sein Einkommen zunimmt, wächst das Haus mit, was es erleichtert, dem religiösen Ideal einer großen Familie gerecht zu werden. Die Subventionierung der Siedlungen mag nicht zum Ziel gehabt haben, die Fruchtbarkeit kräftig zu steigern, doch auch das hat sie bewirkt. Selbst das »natürliche Wachstum« der Siedlungen verdankt sich unnatürlichen finanziellen Anreizen.[29]

Wenn die fortdauernde Besatzung und die Siedlungsexpansion etwas Gutes hatten, so war es der Antrieb, den sie anderen Israelis zur Gründung von Menschenrechts- und Demokratieinitiativen gaben. Solche Gruppen haben sich regelmäßig an die Gerichte gewandt, besonders an den Obersten Gerichtshof. Unterdessen hat dieser selbst eine aktive Rolle übernommen. Seit den 80er Jahren hat er nach und nach seine Türen für Kläger geöffnet – darunter Menschenrechtsgruppen –, die nicht direkt von den staatlichen Maßnahmen, gegen die sie sich wehren, betroffen sind. Zusätzliche Macht gewann der Oberste Gerichtshof durch seine Auslegung zweier »Grundgesetze« – Teile von Israels immer noch unvollständiger Verfassung –, die 1992 verabschiedet wurden. Eines garantiert »Menschenwürde und Freiheit«, das andere schützt das Recht auf freie Berufswahl.[30] In einer Entscheidung von 1995, dem israelischen Äquivalent zu dem wegweisenden amerikanischen Urteil im Fall Marbury versus Madison von 1803, bekräftigte das Oberste Gericht seine Befugnis, normale Gesetze für verfassungswidrig zu erklären, wenn sie gegen ein Grundrecht verstoßen.[31]

2006 entschied das Oberste Gericht über eine Klage von drei Organisationen, die für die Rechte arabischer Israelis eintraten. Die Kläger argumentierten, dass die Liste der nationalen Vorranggebiete für Erziehung die arabischen Gemeinden innerhalb Israels diskriminierte und daher gegen den Gleichheitsgrundsatz verstieß. Das Gericht gab der Klage nicht nur in dieser Hinsicht statt, sondern sprach die Empfehlung an die Regierung aus, sämtliche Vergünstigungen im System der nationalen Vorranggebiete zu überprüfen. Im Juli 2010 vergab die Regierung noch immer Mittel, als hätte der Oberste Gerichtshof dieses Urteil nie gefällt, und die Siedler erhielten noch immer die größten Zuschüsse.[32]

Auch dieses Ergebnis offenbart Israels gespaltene Persönlichkeit in den Jahren nach Oslo: Einerseits haben Bürgerinitiativen und die Verfassungsrevolution des Obersten Gerichts von 1995 das Land näher an die Erfüllung der Grundsätze einer freiheitlichen Demokratie gebracht. Andererseits untergräbt die Missachtung dieser und anderer Gerichtsurteile durch die Regierung die richterliche Überprüfung der Exekutive – ein Abrücken von dem Präzedenzfall, den David Ben-Gurions Reaktion auf das *Kol Ha'am*-Urteil geschaffen hatte.

Aktivisten haben auch versucht zu klären, wie viel Geld die Regierung dem Siedlungsbau widmet. 2002 beauftragte die Schalom Achschaw (Frieden jetzt) Dror Tzaban, einen ehemaligen hochrangigen Mitarbeiter des Finanzministeriums, den Staatshaushalt des vorangehenden Jahres zu analysieren. Tzaban errechnete 430 Millionen Dollar zusätzlicher Aufwendungen für Siedler über das hinaus, was der Staat für dieselben Bürger ausgegeben hätte, wenn sie innerhalb Israels gelebt hätten. Das belief sich auf 2000 Dollar pro Person, in einem Land, in dem das Bruttoinlandsprodukt pro Kopf etwa 17 000 Dollar betrug.

Tzaban betonte, dass dies nur ein Teil einer weit größeren, unbekannten Gesamtsumme sei. Viele Teile des Staatshaushalts sind nicht geografisch aufgeschlüsselt, und die Ausgaben für Siedlungen sind im nationalen Etat enthalten, als lägen sie innerhalb Israels. »Das Verteidigungsbudget«, so erklärte Tzaban ferner, »ist eine Blackbox«; seine Aufschlüsselung stehe unter Geheimhaltung.[33] 2008 nannte er in einer Studie von Shlomo Swirski, dem Direktor des Adva Center, eines Instituts für Sozialforschung, den Siedlungsbau als »wahrscheinlich Israels teuerstes ziviles – oder vielmehr zivil-militärisches – Projekt nach 1967«.[34] Das Wort »wahrscheinlich« deutet auf einen Preis hin, der nicht in monetären Kategorien zu fassen ist. Die Transparenz der Finanzen ist wesentlich für die demokratische Debatte. Doch das Ausmaß der staatlichen Aufwendungen für den Siedlungsbau ist der israelischen Öffentlichkeit und selbst ihren gewählten Vertretern unbekannt.

Ein Gebet in der Al-Aksa-Moschee in Jerusalem ist so viel wert wie 500 anderswo, sagte mir 1999 ein Führer der islamischen Bewegung unter den palästinensischen Bürgern Israels. Es ist das – leicht verfälschte – Zitat eines sogenannten Hadiths, eines der Aussprüche, die dem Propheten Mohammed zugeschrieben werden.[35] Die Ereignisse des folgenden Jahres legen nahe, dass ein Tod an der Al-Aksa-Moschee auf dem Jerusalemer Tempelberg sicherlich die Wirkung von Hunderten andernorts hat. Am 28. September 2000 stattete der Führer der rechtsgerichteten Opposition in der Knesset, Ariel Scharon, dem umstrittenen heiligen Ort einen weithin publizierten Besuch ab. Am folgenden Morgen brach nach dem Freitagsgebet in der Moschee eine gewalttätige Demonstration aus. Die israelische Polizei erschoss vier Palästinenser. Es war der Beginn der Zweiten Intifada.[36]

So spontan ihr Ausbruch war, musste man nach den tieferen Gründen der Zweiten Intifada nicht lange suchen.[37] Nach dem Scheitern von Camp David verzweifelten viele Palästinenser daran, die Unabhängigkeit auf diplomatischem Weg zu erreichen, und hofften mehr und mehr auf ein gewaltsames Ende der Besatzung. Die massive militärische Reaktion Israels hatte dieselbe Wirkung wie das Löschen eines Brandes mit Benzin. Ein Jahrzehnt später waren 1000 Israelis – die meisten von ihnen Zivilisten – und über 6000 Palästinenser getötet worden.[38] Doch die vielen Toten brachten den Palästinensern nicht die Unabhängigkeit.

Dem Anschein nach machte Israel zwei bedeutsame Zugeständnisse, nachdem Scharon 2001 Barak als Premierminister abgelöst hatte. Angesichts der Selbstmordattentäter, die sich selbst und andere Menschen in israelischen Cafés und Bussen innerhalb der Grünen Linie in die Luft sprengten, gab Scharon dem öffentlichen Druck nach, einen Zaun zu bauen, um die Terroristen davon abzuhalten, aus dem Westjordanland nach Israel einzudringen. Wie seine Vorgänger hatte sich Scharon zuvor dagegen gesträubt, eine De-facto-Grenze zwischen Israel und den besetzten Gebieten zu markieren. Wäre der Zaun auf der offensichtlichsten Route gebaut worden, der Grünen Linie, wäre dies ein psychologischer

Durchbruch gewesen, der die verdrängte nationale Erinnerung wieder wachgerufen hätte. Ein solches Vorhaben hätte außerdem lokale und internationale Proteste vermieden sowie billiger und schneller umgesetzt werden können als Scharons Kopfgeburt.

Scharon jedoch passte den Zaun in seine Strategie ein, das palästinensische Territorium mit israelischen Siedlungskeilen zu zerstückeln.[39] In enger Zusammenarbeit mit einem Strategieplaner der Streitkräfte, Oberst Dany Tirza, entwarf Scharon eine verschlungene Route, die durch die Westbank mäandert, um so viele Siedler wie möglich auf die »israelische« Seite des Zauns zu ziehen.[40] Dabei setzte er Tausende Palästinenser in Enklaven zwischen dem Zaun und der Grünen Linie gefangen, schloss Zehntausende in Gebieten ein, die vollständig von dieser Barriere abgeriegelt waren, und schnitt andere von ihrem Ackerland ab.[41]

2003 bezeichnete Tirza den Verlauf als eine »Referenzlinie« für eine israelisch-palästinensische Grenze.[42] Auf einer juristischen Fachtagung 2005 sagte Tzipi Livni – damals Justizministerin in der Regierung Scharon –, der Zaun sei »die zukünftige Grenze des Staates Israel«.[43] Tatsächlich war der Verlauf der Sperranlagen als Grenzvorschlag nicht brauchbarer als eine Zeichnung von M. C. Escher. Gewundene Tentakeln erstrecken sich bis tief in die Westbank hinein, reichen an einer Stelle fast bis an Nablus heran und begleiten an einer anderen beinahe den ganzen Weg von Jerusalem nach Jericho. Die meiste Strecke der Barriere ist als Schneise mit Stacheldraht und Sensoren eingerichtet, mit militärischen Patrouillestraßen auf jeder Seite – ein mit Bulldozern geschriebenes Eingeständnis, dass die Streitkräfte auf beiden Seiten der Grenze stationiert bleiben würden.[44]

Ein kleines Beispiel für die Auswirkungen des Zaunverlaufs auf das Leben der Palästinenser ist das Dorf Azzun Atma am Westrand des Westjordanlands. Die Barriere windet sich durch Gebirgsausläufer und trennt die palästinensische Gemeinde von Siedlungen auf jeder ihrer Seiten. Azzun Atma ist vollständig eingeschlossen, nur eine Straße führt hinaus in das übrige Westjordanland. Im Januar 2008 bestätigte der Sekretär des Dorfrates,

Abdulkarim Ayoub Ahmed, Berichte, dass Frauen gegen Ende ihrer Schwangerschaft häufig das Dorf verließen, um dem Risiko einer nächtlichen Niederkunft zu entgehen, wenn das Tor der israelischen Streitkräfte auf dieser Straße unbesetzt und geschlossen war. Einige Wochen zuvor hatte eine Frau ihr Kind in ihrem Auto vor verschlossener Pforte zur Welt gebracht.[45]

Statt es wieder vom Besatzungsgebiet zu trennen, verstrickte die Sperranlage Israel noch tiefer in die Westbank. Wie die Kontrollposten, die während des Aufstands aus dem Boden schossen, wie das Verbot für Palästinenser, dieselben Straßen wie Israelis zu benutzen, wurde der Zaun öffentlich als Schutz Israels vor dem Terror verkauft, doch in erster Linie war er zur Sicherung der Siedlungen ausgelegt.

Scharons Erklärung vom Februar 2004, dass er die Streitkräfte aus dem Gazastreifen zurückziehen und die israelischen Siedlungen dort räumen würde, erschien als eine weit größere Konzession und für ihn noch weit untypischer. Scharon betrachtete jedoch den »Rückzug« als taktischen Schachzug, eine Verkürzung der Frontlinie zum Schutz seiner Truppen. Die Idee wurde geboren, nachdem die Regierung Bush 2003 ihren Fahrplan, die sogenannte »Roadmap«, für eine dauerhafte Zwei-Staaten-Lösung vorgelegt hatte. Einer von Scharons engsten Beratern, Dov Weisglas, bezeichnete den Teilrückzug als »Bereitstellung der passenden Menge Formaldehyd«, um den amerikanischen Vorschlag einzubalsamieren, »damit es keinen diplomatischen Prozess mit den Palästinensern gibt«.[46] Israel würde daran festhalten, den Zugang zum Gazastreifen von außen zu kontrollieren. Mit der Räumung von 9000 Gazasiedlern – und dann noch von 600 Einwohnern aus vier winzigen, isolierten Gemeinden in der nördlichen Westbank – beabsichtigte Scharon, das Siedlungsprojekt als Ganzes zu schützen.[47] Die zwangsweise Entfernung wurde für den August 2005 angesetzt.

Für die religiöse Rechte Israels war Scharons Entscheidung ein schlimmerer Verrat als die von Rabin. Scharon war 30 Jahre lang der engste säkulare Verbündete der orthodoxen Siedlungsbewegung gewesen. Schlimmer noch, mit dem Plan zum Teilrückzug schien sich die Vereitelung einer Landnahme abzuzeichnen, die, wie sich Gläubige eingeredet hatten, von Gott verheißen war. Die Antwort war Verweigerung. Der ehemalige oberste Rabbiner des Landes, Mordechai Eliahu, prophezeite, dass die Verfügung bis zum Vorabend des Passahfestes im April 2005 wieder gestrichen würde, ausgelöscht wie die letzten Krümel des Sauerteigbrotes, das religiöse Juden vor dem Feiertag verbrennen.[48] Der Feiertag verging; Scharon versäumte es, Reue zu zeigen. Im Juni sprach Eliahu in einer Rede vor Tausenden von Gegnern, die sich in der Gazasiedlung Neveh Dekalim versammelt hatten, von »Entwurzelung und Vertreibung« und gab abermals den Propheten: »Es wird nicht sein.«[49] Viele Gazasiedler waren Bauern, die ihre Glaubensfestigkeit unter Beweis stellen wollten, indem sie Wochen vor dem Abzugsdatum noch die Saat ausbrachten. Da die Banken nicht die üblichen Darlehen gewährten, von denen die Bauern abhängig waren, organisierten Aktivisten einen »Glaube-und-pflanze-Fonds«, der von Tausenden von Unterstützern Geld einsammelte – als Darlehen, rückzahlbar nach der Ernte.[50]

Zu den Glaubensbeweisen kamen politische Proteste. Da der Rat der Gazasiedlungen eine orangefarbene Fahne hatte, verteilten seine Unterstützer orangefarbene Bänder. Einmal versuchte das »orange Lager« Israelis zu überzeugen, sechszackige orangefarbene Sterne zu tragen, wie die gelben Sterne, die Juden während des Holocaust tragen mussten.[51] Die Propaganda der Aktivisten setzte den Abzug aus Gaza mit dem Abtransport der Juden in Güterwaggons nach Osten gleich, wobei der israelischen Regierung die Rolle der Nazis zukam.

Ende Juli 2005 versammelten sich 40 000 Demonstranten in Kfar Maimon, einer strenggläubigen Genossenschaftssiedlung in der Nähe des Gazastreifens. Von hier aus wollten sie zu den Gazasiedlungen marschieren, um ihre Räumung zu verhindern. Tausende von Polizisten und Soldaten stellten sich ihnen in den Weg. Am dritten Tag des Patts versuchte die Kolonne der Protestler, sich vom Gelände der Genossenschaft in Marsch zu setzen, mit Pinchas Wallerstein, Hanan Porat und anderen ergrauenden Anführern der Siedlungsbewegung in vorderster Reihe sowie wütenden Jugendlichen in ihrem Gefolge. Als der Einsatzleiter der Polizei sich weigerte, sie durchzulassen, entschieden sich die Anführer, alle in ihren mittleren Jahren, gegen einen gewaltsamen Durchbruchsversuch und beendeten den Marsch.

Für den Augenblick hatte die Loyalität gegenüber dem Staat, den sie als heilig betrachteten, vor der Verpflichtung zur Einnahme des heiligen Landes die Oberhand behalten.[52] Den Anführern ist es anzurechnen, dass sie ein Blutvergießen vermieden. Dennoch, in religiösen Begriffen war es die Entscheidung für eine Form des Götzendienstes anstelle einer anderen. Sie erhoben den Staat, der »bestenfalls ... einen instrumentellen politischen Wert« hat, »zum höchsten Wert« – wie es ein von Avishai Margalit zitierter Abolitionist den Gründungsvätern der amerikanischen Union vorgehalten hatte.[53] Ihre Gegner, die jüngeren Siedlungsaktivisten, die dem Staat nicht nachgeben wollten, behandelten ihrerseits ein Stück vom Land Israel – ebenfalls etwas von instrumentellem Wert zur Erreichung politischer und religiöser Ziele – als höchsten Wert.

Hinterher – nachdem kein Feuer vom Himmel niedergefahren war, um den Rückzug zu verhindern; nachdem es Hunderten junger Aktivisten gelungen war, in den Gazastreifen einzudringen, sich in der Synagoge der Siedlung Kfar Darom zu verbarrikadieren und die Polizei mit Stöcken und Eisenstangen zu bekriegen, bevor sie fortgeschleift wurden; nachdem der letzte fassungslose Siedler evakuiert worden war –, nach alldem wurde der Name Kfar Maimon zu einem Kennwort. Für einige alte Anführer der Siedlungsbewegung stand es als Synonym für Zweifel, Selbstgeißelung und Scheitern.[54] Für die jungen, die radikalsten Rabbiner, die unbeugsamen Ideologen, bedeutete es »Ausverkauf«.

Der Rückzug selbst bewies, dass die säkularen Juden und der Staat ihrer Rolle bei der »Erlösung des Landes« abgeschworen hatten. Radikale Siedler unterschieden manchmal zwischen Juden und Israelis. Juden waren Siedler oder orthodoxe Unterstützer des

Siedlungsbaus. Israelis waren säkular und lebten an der Küste, in biblischer Zeit das Land der Philister. In Amonah, einem Außenposten auf einem Berggipfel mit Blick über Ofra, erklärte mir ein junger Siedler, Abrahams Auszug aus der Stadt Ur lehre die Juden, dass sie nicht in Städten leben sollten. Unausgesprochen stand Ur für den Westen und das westlich orientierte städtische Israel, beides dem wahren Judentum entgegengesetzt. Der Name Kfar Maimon markierte nun ein weiteres Stadium der Entfremdung: Die Führung der Siedler selbst, so extrem sie »Israelis« auch erscheinen mochte, war aus Sicht der Radikalen insgesamt noch zu moderat und gesetzestreu, um zu den echten »Juden« zu gehören.[55]

Der Rückzug aus Gaza erwies sich als ungeeignetes Formaldehyd zur Einbalsamierung des Friedensprozesses. Da Israel noch immer das Westjordanland besetzt hielt und den Zugang zum Gazastreifen kontrollierte, nahm der internationale Druck zur Aufnahme von Friedensgesprächen rasch wieder zu. Gleichzeitig nährte der Abzug bei vielen Mitgliedern der religiösen Siedlerbewegung, besonders bei den jungen, Zweifel an der Legitimität des Staates und die erbitterte Entschlossenheit, das nächste Mal heftiger, gewaltsamer Widerstand zu leisten.

Doch nichts davon schmälerte das Ausmaß der staatlichen Unterstützung für den Siedlungsbau oder für Institutionen, die das Judentum barbarisierten. Ein Beispiel ist die Talmudschule Od Yosef Hai in der Siedlung Yitzhar in der Nähe von Nablus.[56] Die gewalttätige Geschichte der Schule geht mindestens bis auf einen Amoklauf 1989 im Palästinenserdorf Kifl Harith zurück, bei dem der 16-jährige Ibthisam Bozaya erschossen wurde. Vier Talmudstudenten wurden nach einem Geständnishandel für diese Tat zu kurzen Gefängnisstrafen verurteilt.[57] Der Direktor der Schule, Rabbi Yitzhak Ginsburg, reagierte auf ihre Verhaftung mit der Erklärung: »Jedes Gerichtsverfahren, das auf der Annahme beruht, Juden und Gojim [Nichtjuden] seien gleich, ist eine völlige Pervertierung der Gerechtigkeit.«[58] Sodann schrieb

Ginsburg eine Lobrede auf Baruch Goldstein, den Massenmörder von Hebron.[59]

Ende 2009 veröffentlichten zwei andere Rabbiner dieser Talmudschule, Yitzhak Shapira und Yosef Elitzur, ein Buch mit dem Titel *Das Gesetz des Königs*, das sich als Kommentar zum jüdischen religiösen Gesetz ausgibt und erläutert, wann es verboten oder statthaft für einen Juden ist, einen Nichtjuden zu töten. Die wiederkehrenden Themen des Werkes sind, dass ein jüdisches Leben mehr wert sei als das eines Nichtjuden und dass die Tötung eines Nichtjuden eine geringere Sünde darstelle als die Tötung eines anderen Juden. In einem Krieg zwischen Juden und Nichtjuden, so bekräftigen Shapira und Elitzur, sei es Juden erlaubt, jeden Menschen der gegnerischen Seite zu töten, der eine Bedrohung darstellt, so indirekt diese auch sei. Feindliche Zivilisten, die ihre Soldaten moralisch bestärken, seien daher legitime Ziele. Es gebe, behaupten die Autoren, kein moralisches Problem mit dem Tod von Zivilisten, die in der Nähe eines feindlichen Armeestützpunktes oder einer Waffenfabrik des Gegners leben, selbst wenn es Kinder sind, weil sie legitimen Zielen im Weg stünden. Tatsächlich behaupten sie, dass der gezielte Angriff auf Kinder sogar durch das religiöse Gesetz gerechtfertigt sei, »wenn klar ist, dass sie aufwachsen werden, um uns zu schaden«.[60]

Ohne die israelischen Streitkräfte zu erwähnen, feuert das Buch eine Breitseite ab gegen die Armeevorschrift, Zivilisten zu schonen. Solche Beschränkungen sind aus Sicht der Autoren unjüdisch. Ihr Buch ist mehr als nur ein Flugblatt, das Diebstahl entschuldigt; es ist ein ganzer Band, der Kriegsverbrechen rechtfertigt und den Glauben entweiht, in dessen Namen er angeblich verfasst wurde.

In den Jahren 2006 bis 2010 zahlte die Regierung der Talmudschule Od Yosef Hai durchschnittlich nahezu 400 000 Dollar jährlich. Innerhalb dieses Zeitraums, für den die vollständigen Etatlisten vorliegen, kam beinahe die Hälfte des Schuldbudgets vom Staat. Die Finanzierung ging 2010 weiter, nachdem *Das Gesetz des Königs* erschienen war, was eine landesweite Kontroverse auslöste.[61] Die staatlichen Zuwendungen, so ist zu betonen, bedeuten noch nicht, dass die Beamten, die sie abzeichneten, die Ideen von Ginsburg, Shapira und Elitzur befürworten. Doch selbst nachdem *Das Gesetz des Königs* Schlagzeilen gemacht hatte, scheint niemand im Erziehungs- oder Sozialministerium stutzig geworden zu sein, ob der Staat wohl eine Institution finanzieren sollte, die Rassismus lehrt.

Schließlich, irgendwann im Lauf des Jahres 2010, setzten beide Ministerien ihre Zahlungen aus, offenbar in Reaktion auf Schreiben der Anwälte des Israel Religious Action Center, dem Bürgerrechtsarm des israelischen Reformjudentums. Darin wurde argumentiert, dass die staatliche Finanzierung einer Institution, die zum Rassismus aufstachle, die »fundamentalen Werte des Staates Israel« verletze und »im höchsten Maße unbillig« sei. Nicht ausdrücklich, aber unverkennbar waren die Briefe Rohentwürfe für Klageschriften vor dem Obersten Gerichtshof, was in den Ministerien genug Sorge auslöste, um der Talmudschule keine weiteren Schecks auszustellen. Offenbar eine politische Gegenreaktion oder eine Gegenklage fürchtend, vermieden sie aber das Eingeständnis, dass sie die Finanzierung einer Talmudschule wegen eines derart fragwürdigen Vergehens einstellen würden. Stattdessen erklärten die Sprecher beider Ministerien, dass der Zahlungsaufschub einer Überprüfung der Buchführung von Od Yosef Hai geschuldet sei, da die Schule ihre Studentenzahl möglicherweise zu hoch angegeben habe.[62] Woraus zu schließen war, dass nach Bereinigung der Buchhaltungsprobleme die Finanzierung weitergehen konnte.

Zwölf Kilometer Luftlinie nordöstlich von Yitzhar liegt auf einer Bergkuppe der Außenposten Skalis Farm, eine Handvoll Schuppen, Mobilhäuser und kleiner Holzhütten mit einem Wachturm und einer Synagoge aus Stein. Seine Gründer, Cheftziba und Yitzhak Skali, leben mit ihren vier kleinen Kindern in einer der Holzhütten.

Cheftziba Skali gehört einer Generation an, die das Leben innerhalb Israels nicht kennt. Sie wuchs in Kiryat Arba in der Nähe von Hebron auf. Ihre Freunde aus Kindheitstagen stehen heute, wie sie sagt, »an der Front«, verstreut über die Außenposten und andere relativ neue Siedlungen. 1999 zog sie nach ihrer Heirat mit Yitzhak im Alter von 20 Jahren auf den Berg.[63] Sie ist eine dünne Frau mit schmalem Gesicht, ihr Haar ist fast zur Gänze mit einer Strickkappe bedeckt, ihre Ärmel reichen in strengreligiöser Sittsamkeit bis zu den Handgelenken hinunter. Die zweite Generation der Siedler sei freier als die erste, erzählt sie, verspüre »den Druck des Gesetzes« weniger stark, lebe bereitwilliger im offenen Land jenseits der Zäune der etablierten Siedlungen. Nur sechs andere Familien leben in dem Außenposten.

Sie spricht von den Führungen der alten Siedlungen, als sei deren Verfallsdatum abgelaufen. Der Siedlungsrat »bestimmt hier nichts«, sagt sie. Der Außenposten gehört nicht zur Siedlungsbauorganisation Amana, allerdings stellte diese einen Generator bereit. Sie erwähnt nicht, dass das Wohnungsbauministerium annähernd 200 000 Dollar in die Infrastruktur des Ortes investiert hat, obwohl zwei Drittel des Landes Privateigentum von Palästinensern sind und die Siedlung von der Regierung nie genehmigt wurde.[64] Die Siedler in den Außenposten haben keinen Kontakt zu örtlichen Arabern. Skali sagt: »Wir sind keine Mörder und Diebe.«

Zufällig stand ein Ehepaar aus Skalis Farm 2004 unter dem Verdacht des bewaffneten Raubes. Ihm wurde vorgeworfen, dem alten Hirten Aziz Hneini aus Beit Dajan, einem Palästinenserdorf gleich im Süden, zwei Esel entwendet zu haben. Laut der israelischen Menschenrechtsgruppe Yesh Din, die den Gesetzesvollzug im Westjordanland überwacht, sagte Hneini aus, dass der Dieb auch zu jener Gruppe von Siedlern gehört habe, die ihn später so schwer misshandelte, dass er für fünf Tage ins Krankenhaus kam. Nach oberflächlicher Untersuchung schloss die Polizei beide Fälle, da der Täter nicht zu ermitteln sei, berichtet Yesh Din. Die Organisation führt diese Vorfälle als Beispiele für das »fortdauernde Scheitern« der israelischen Polizei an, das Recht gegen Siedler durchzusetzen, die Angriffen auf Palästinenser verdächtig sind.[65]

Für sich genommen sind die unaufgeklärten Verbrechen nur ein Epilog zum Karp-Bericht von 1982. Sie sind kein Beleg für einen Wandel, sondern dafür, dass alles seinen gewohnten Gang geht. Dasselbe gilt für die Besiedlung von Land, das Palästinensern gehört, und für den Hausbau ohne Einhaltung des in Israel selbst gesetzlich erforderlichen Planungsverfahrens.

Jahrelang, sagt Ronny Goldschmidt, der früher als Stadtplaner für den Regionalrat von Mateh Binyamin im Westjordanland arbeitete, hatte die Errichtung einer Siedlung de facto nichts mit dem rechtlich vorgeschriebenen Planungsverfahren zu tun. Vielmehr begann sie mit einem »Auslöser«: einem palästinensischen Terrorangriff oder einer diplomatischen Initiative, »die das Siedlungsunternehmen bedrohte«. In Reaktion darauf suchten »Siedlungsanführer« Land – staatliches Land, nach Goldschmidts Darstellung –, wo gebaut werden konnte, trieben dann Wohncontainer und Leute auf, die zur Gründung einer Siedlung bereit waren, und brachten sie vor Ort. Mit dem Ausdruck »Siedlungsanführer« sind in dieser Darstellung zusammen mit anderen Aktivisten offenbar auch die obersten Vertreter des Regionalrats gemeint. Hatten sich die ersten Siedler erst einmal eingerichtet, wuchs der Druck auf Regierungsvertreter, Pläne und Genehmigungen zu erteilen, die im Vorhinein hätten beantragt und gewährt werden müssen. Lange vor Genehmigung der Bebauungspläne hatte der Staat errichtet, was die Gemeinde brauchte, von Abwasserleitungen bis hin zu Schulräumen.[66] Das Prinzip war stets, eine politische Gelegenheit zur Besetzung eines Ortes auszunutzen, großzügige staatliche Hilfe in Anspruch zu nehmen und die Siedlung später – wenn überhaupt – zu legalisieren.

Und doch repräsentieren die Außenposten zwei bedeutsame Veränderungen. Die Rolle des Staates bei ihrem Bau zeigt eine neue Kühnheit von Politikern, die *eine* Politik im Mund führen und eine *andere* betreiben, und von staatlichen Behörden, die das Gesetz brechen. Unter den Siedlern sind die Außenposten die Flaggschiffe der militanten zweiten Generation.

Der von der Regierung in Auftrag gegebene, 2005 eingereichte Bericht von Staatsanwältin Talia Sasson liefert die detaillierteste Beschreibung der staatlichen Beteiligung an den Außenposten. Sasson, eine hoch angesehene Anwältin, hatte erst kurz zuvor die Staatsanwaltschaft verlassen, wo sie die Abteilung für Sonderaufgaben geleitet hatte. Scharons Entscheidung, ihr die Untersuchung der Außenposten zu übertragen, war eine der überraschendsten seiner Laufbahn. Offenbar hatten die USA den Premierminister unter Druck gesetzt, zu erklären, warum so viele neue Außenposten entstanden und welche davon errichtet worden waren, nachdem er im März 2001 ins Amt gekommen war. Die Roadmap von 2003 forderte von Israel die Beseitigung dieser Außenposten.[67]

Sasson ist die Erste, die betont, dass ihr Bericht unvollständig ist.[68] Viele der Lücken lassen sich durch andere Untersuchungen und durch Aussagen der Siedler der Außenposten selbst füllen. Daraus ergibt sich, dass auf den besetzten Territorien zwischen Mitte der 90er Jahre und 2005 etwa 100 Außenposten gegründet wurden. Obwohl es erklärte Politik der Regierung war, keine neuen Siedlungen zu erlauben, stellten staatliche Behörden mit einem ganzen Arsenal von Vorwänden finanzielle Mittel und andere Hilfen für sie bereit. Das Wohnungsbauministerium schleuste Geld über die Regionalräte der Siedler. Diese heuerten dann Bauunternehmen an, um in den Außenposten Infrastruktureinrichtungen und öffentliche Gebäude zu errichten, wobei die Rolle des Ministeriums im Verborgenen blieb.[69] Das Wohnungs- und das Innenministerium sowie die staatlich finanzierte Siedlungsbauabteilung der Zionistischen Weltorganisation wiesen fälschlich Außenposten als Erweiterungen bereits vorhandener älterer Siedlungen aus, um ihnen ohne Erteilung von Siedlungsgenehmigungen durch die Regierung Geld zuweisen zu können.[70] Die Kette solch geheimer Verabredungen reicht mindestens bis hinauf zu den Ministerialdirektoren, der Führungsebene der Beamtenschaft. Avigdor Lieberman, 1997 Ministerialdirektor des Amtes von Premierminister Netanjahu, erteilte der Siedlungsbauabteilung Anweisung, neue Siedlungen so zu unterstützen, als handele es sich um Teile älterer Siedlungen.[71] Ein anderer hochrangiger Offizieller, Ron Shechner, der seit 2003 unter Verteidigungsminister Shaul Mofaz Beauftragter für Siedlungsangelegenheiten war, wies die Siedlungsbauabteilung an, Außenposten so zu behandeln, als ob sie genehmigt wären, und erlaubte Siedlern, ihre Wohncontainer in illegalen Außenposten aufzustellen.

Doch die Verantwortung für dieses Schurkenstück reicht über die Beamtenebene hinaus. Sasson nennt mindestens einen Kabinettsminister, der anscheinend direkt daran beteiligt war. Zahlreiche Berichte weisen auf Ariel Scharons Rolle als Minister und Premierminister beim Bau von Außenposten hin.

Die israelischen Regierungen haben seit der Zeit vor der Unterzeichnung des Oslo-Abkommens praktisch keine neuen Siedlungen mehr genehmigt. Als Rabin 1992 zum Premierminister gewählt wurde, fror er die Siedlungsplanung ein, wenn auch an einigen vorhandenen Siedlungen weiter gebaut wurde. Als Netanjahu im Mai 1996 an die Macht kam, hob dessen Regierung zwar den völligen Planungsstopp auf, verfügte jedoch zugleich, dass keine neue Siedlung errichtet werden durfte, es sei denn, das Kabinett genehmigte eine Ausnahme. Das ist nie geschehen. Der Beschluss von 1996 unterwarf auch neue Projekte in vorhandenen Siedlungen strikten Regeln. An fünf Punkten im Planungsprozess musste der Verteidigungsminister – der zweitwichtigste gewählte Amtsträger im Land – ein Projekt persönlich abzeichnen. Jedes Bauvorhaben ohne diese Unterschriften wäre – vom Völkerrecht ganz abgesehen – schon *nach Israels eigenen Maßstäben* illegal.[72]

In einer Ära der Friedensgespräche verstand die Regierung, dass es »international unmöglich« war, neue Siedlungen zu genehmigen. Doch die »Ideologie der Expansion des Staates« durch den Siedlungsbau blieb für israelische Offizielle das Richtmaß, erklärt Sasson.[73]

Es ist unmöglich, ein genaues Datum anzugeben, wann die ersten Außenposten errichtet wurden, da es häufig widersprüchliche Aussagen darüber gibt, wann ein Dutzend Menschen anfing, in Mobilhäusern zu leben, die sie auf eine Bergkuppe geschleppt hatten. Während Rabins Amtszeit wurden zwar auch Außenposten errichtet, um gegen die Baubeschränkungen zu protestieren, die eigentliche Welle begann jedoch erst unter Netanjahu.[74] Die Idee bestand darin, eine Präsenz zu etablieren, gewöhnlich auf erhöhtem Terrain, um mehr Land als jüdisch kontrolliert zu markieren und es Israel zu erschweren, in Friedensverhandlungen Land aufzugeben.[75]

In dem Bemühen, den Oslo-Prozess vor dem Zusammenbruch zu bewahren, nötigte der amerikanische Präsident Bill Clinton im Oktober 1998 Netanjahu und Jassir Arafat, den Prätendenten der Palästinensischen Autonomiebehörde, zu einem Gipfeltreffen auf der Wye River Plantation in Maryland. Als Außenminister nahm auch Ariel Scharon daran teil. Der Gipfel endete mit einer Einigung, in der Israel unter anderem versprach, 13 Prozent des Westjordanlands der palästinensischen Autonomieverwaltung zu übergeben.[76] Wieder daheim, nutzte Scharon einen Auftritt im israelischen Radio, um die Siedler zu drängen, sich dagegen zu wehren. »Jeder dort sollte sich bewegen, sollte losrennen, sollte sich mehr Berge schnappen, das Territorium erweitern«, tönte er. »Alles, was wir uns nehmen, bleibt in unserer Hand. Alles, was wir nicht nehmen, gelangt in ihre Hände.«[77]

Scharons Worte brachten die inneren Widersprüche des Oslo-Prozesses auf den Punkt. Er barg das Versprechen, das Verhältnis zwischen Israel und den Palästinensern in eine zwischenstaatliche Beziehung zu verwandeln. Doch weil er die Markierung der Grenze aufschob, ermutigte er führende israelische Politiker, so zu handeln, als hätten sie es wieder mit der Situation in den 1940er Jahren zu tun und könnten durch den Bau von Siedlungen darüber bestimmen, wie das Land aufgeteilt werden würde. Der Oslo-Prozess verschlimmerte ihre Neigung, zu denken und zu handeln wie die Mitglieder einer nationalen Bewegung, die mit einer anderen Volksgruppe in einem Konflikt um das gesamte Land zwischen dem Jordan und dem Mittelmeer gefangen ist und Gesetze als geringfügige Hindernisse behandelt, um die man sich zum Wohl der Sache herumdrücken kann.

Amonah war einer der frühen Außenposten und wurde spätestens 1997 ohne Erlaubnis oder Baugenehmigung auf privatem palästinensischen Land errichtet.[78] Die ersten Siedler waren in Ofra aufgewachsene junge Männer. Im Februar 2003 lebten dort 25 junge Familien in Wohncontainern, die in einer Linie auf einem Bergrücken aufgereiht standen. Der Regionalrat von Mateh Binyamin hatte die Straße von Ofra bis hinauf auf den Berg ausgebaut, erzählte mir eine Bewohnerin. Sie wusste nicht genau, wer die starken Scheinwerfer bezahlt hatte, die aus Sicherheitsgründen um den Außenposten herum aufgestellt waren. Für noch mehr Sicherheit sorgten Soldaten der israelischen Armee, die in Amonah stationiert waren. Am Südende des Kamms war ein Sockel in den Fels geschnitten, um Parzellen für eine Häuserzeile zu schaffen.[79] 2005 berichtete Sasson, das Wohnungsministerium habe etwa eine halbe Million Dollar für die Infrastruktur von Amonah ausgegeben. Zu dieser Zeit standen die Betonrohbauten von neun Häusern am Ende des Kamms.[80]

2001 – das Jahr, in dem Scharon Premierminister wurde und Natan Sharansky, den politischen Führer der Einwanderer, zum Wohnungsbauminister ernannte – schuf das Wohnungsbauministerium »einen speziellen Etatposten mit der Bezeichnung ›Allgemeine Entwicklung Verm.[ischtes]‹ und nutzte ihn zur Finanzierung nicht autorisierter Außenposten«, schrieb Sasson. Auf ihre Anfragen gab das Ministerium zu, zwischen 2000 und 2004 16 Millionen Dollar für die Außenposten ausgegeben zu haben – allerdings gewann Sasson den Eindruck, dass »die tatsächliche Summe erheblich höher war« als angegeben. Das Ministerium kaufte auch Hunderte von Mobilhäusern für die Regionalräte von Siedlungen in der Westbank und umging damit bewusst staatliche Beschaffungsbestimmungen. Viele der Behausungen wurden in Außenposten aufgestellt, fünf davon in Amonah. Die Entscheidung habe, wie Sasson vom Ministerium erfuhr, Wohnungsbauminister Effi Eidam gefällt, Sharanskys Nachfolger und Führer der Nationalreligiösen Partei.[81]

Die Gesetzesbrüche gingen noch weiter. Die israelischen Streitkräfte versäumten es, die Verletzung von Eigentumsrechten zu verhindern. Die sogenannte Zivilverwaltung genehmigte illegal den Anschluss von Außenposten an das israelische Elektrizitätsnetz. Die Siedlungsbauabteilung vergab rechtswidrig staatliches Land an Außenposten.[82] Dies ist eine sehr lückenhafte Liste aus dem 343 Seiten starken Bericht, den Sasson als »Zwischenbericht« betitelte, weil sie ihr Abgabedatum überschritten hatte und bei weitem noch kein vollständiges Bild vom Angriff des Staates auf seine eigenen Gesetze gewonnen hatte.[83]

Dass ein Kabinettsminister wie Eitam in Sassons Bericht namentlich Erwähnung findet, ist ungewöhnlich. Angesichts ihrer begrenzten Zeit, ihres beschränkten Mandats und der mauernden Bürokraten, denen sie sich gegenübersah, konnte sie der Aktenspur nur selten bis hinauf zu einem Minister folgen – obwohl ein hochrangiger Offizieller des Wohnungsbauministeriums bekräftigte, dass ein Wohnungsbauminister nach dem anderen »dabei half, ungenehmigte Außenposten zu errichten«.[84] Wenn die Verteidigungsminister, einschließlich Barak und Mofaz, nichts von der staatlichen Verstrickung in den Bau der Außenposten ahnten, taten sie ihr Möglichstes, um sich dumm zu stellen.

Sasson fand keine direkten Beweise, die Ariel Scharon belasteten.[85] Sie erklärte ihn jedoch auch nicht für unschuldig. Die Unterstützung des Premierministers für die Außenposten war ja seit seinem Aufruf nach dem Wye-Gipfel aktenkundig. 2003 berichtete die Tageszeitung *Ha'aretz*, dass sich Scharon täglich mit dem Direktor der Siedlungsbauorganisation Amana, Ze'ev Hever, traf, um Karten zu studieren.[86] Adi Mintz, ein ehemaliger Generaldirektor des Siedlungsrats, sprach von fortlaufenden Gesprächen zwischen Siedlern und Scharon zu dessen Zeit als Premierminister über die besten Standorte zur Errichtung von Außenposten.[87]

Die Lage der Außenposten passte perfekt zu Scharons Ansatz: hoch gelegene Positionen zu besetzen und mit ihnen Siedlungsschneisen zu bilden, um palästinensische Gemeinden voneinander zu trennen. So verbindet zum Beispiel eine Kette von Außenposten die extremistische Siedlung von Itamar nahe Nablus mit Siedlungen an Hängen im Osten, die auf den Jordan blicken.[88] Die Innovation nach Oslo war, dass eine winzige Zahl von Leuten Anspruch auf große Landflächen erheben konnte. 2009 wohnten in den Außenposten nur etwa 4000 Menschen.[89]

Selbst innerhalb dieses kleinen Kreises gibt es soziale Gräben. In Amonah bestand die Gemeinde, wie mir eine Siedlerin 2003 erzählte, aus zwei Lagern, die sich halb im Ernst »die Grauen« und »die Grünen« nannten. Die Grauen hofften, dass der Außenposten wachsen und die Gestalt Ofras annehmen würde, mit Vorstadthäusern entlang ruhiger Straßen. Die Siedlerin identifizierte sich mit den Grauen, die, wie sie sagte, die westliche Kultur akzeptierten; sie selbst hatte einen Universitätsabschluss. Den Grünen missfiele, dass die Straße nach Amonah den Berg verschandele; sie träumten von Häusern, die sich nahtlos in die Falten der Berge fügten. Mit der westlichen Kultur wollten sie nichts zu tun haben.[90]

Schematisch beschrieb sie damit die zwei Gesichter der Bevölkerung in den Außenposten insgesamt. Jene, die man in Amonah die Grünen nennt, sind die besser bekannte Seite. Von Anfang an zogen einige Außenposten junge Burschen an, die mit den langen Stunden religiöser Studien in den Talmudoberschulen überfordert waren. Die Außenposten boten der »Bergjugend« eine Gelegenheit zu rebellieren, indem sie für sich in Anspruch nahm, bessere Siedler zu sein als ihre Eltern. Viele übernahmen die ultraorthodoxe Sitte, sich lange Schläfenlocken wachsen zu lassen, um ihre Frömmigkeit zur Schau zu stellen und zu demonstrieren, dass sie kein Interesse hegten, Mitglieder der israelischen Mainstream-Gesellschaft zu sein. In Ginsburg und ähnlich denkenden Rabbinern fanden sie ihre geistigen Führer. Politisch, schrieb ein Forscher, »identifizierte sich ein Großteil der Bergjugend mit dem … Weg von [Meir] Kahane«, dem in den USA geborenen Rabbiner, nach dessen Doktrin alle Araber aus dem Land Israel vertrieben werden sollten. Einige dieser jungen Leute sind in den Außenposten aufgewachsen, haben dort jung geheiratet und Familien gegründet.[91] Die jungen Extremisten der Berge waren die Blumenkinder der radikalen Rechten, Suchende nach spiritueller Erleuchtung und dem Land anderer Leute. Ihr Lebensstil wurde zum Vorbild für andere Bergsiedler. Häufig werden Anschuldigungen laut, dass Siedler der Außenposten Gewalttaten gegen benachbarte Palästinenser begehen. Verurteilungen sind, wenig überraschend, selten.[92]

Durch die Förderung der Außenposten nährten Regierungsvertreter von Scharon abwärts das Wachstum einer theologisch motivierten rechten Bewegung, die den Staat und sogar die etablierte Führung der Siedlungen als illegitim betrachtete.

Im Juli 2005 versuchte die Friedensinitiative Schalom Achschaw, mit einer Klage vor dem Obersten Gerichtshof die Zivilverwaltung der besetzten Gebiete zu zwingen, die neun noch unbewohnten Häuser in Amonah einzureißen. Im Jahr zuvor hatte die Zivilverwaltung so getan, als wolle sie dem Gesetz Geltung verschaffen, und den Befehl zum Abbruch gegeben, dann jedoch in der Sache nichts weiter unternommen. In Reaktion auf die Klage versprach der Staat, die Häuser zu beseitigen, sobald der Rückzug aus Gaza abgeschlossen wäre.[93]

Nach wiederholten Verzögerungen wurde die Operation für den 1. Februar 2006 angesetzt. Der Siedlungsrat rief Gesinnungsgenossen nach Amonah, um den Abbruch der Häuser zu verhindern. Mehrere Tausend strenggläubige junge Leute folgten dem Aufruf, verbarrikadierten sich in und auf den Häusern und bildeten Menschenketten um sie herum, entschlossen, die Schande von Kfar Maimon und des Rückzugs aus Gaza zu tilgen. Über 7000 Polizisten und Soldaten wurden gegen sie in Stellung gebracht. In letzter Minute griff der Siedlungsrat zu einem juristischen Schachzug und ersuchte den Obersten Gerichtshof, ihm zu erlauben, die Häuser auf staatliches Land umzusetzen. Als das Gericht das Ersuchen abwies, rückte die Polizei vor. Als »Nazis« beschimpft und mit Steinen, Glühbirnen und Betonklötzen bombardiert, kämpften sie sich, teils beritten, ihren Weg zu den Häusern mit Schlagstöcken frei. Über 200 Polizisten und Demonstranten wurden verletzt, bevor der Abbruch der Häuser begann.[94] In der folgenden Woche veranstaltete der Rat eine Protestkundgebung in der Jerusalemer Innenstadt. Die Menge war wieder sehr jung und von den Organisatoren nicht begeistert. Als jüngstes Vergehen der älteren Siedleranführer galt ihnen, dass diese dem Obersten Gericht vor dem Abriss der Häuser einen Kompromissvorschlag unterbreitet hatten. Der Rat ist auf Hebräisch als »Yesha« bekannt, ein Kürzel für Judäa, Samaria und Gaza, ein Wort, das zufällig auch »Erlösung« bedeutet. Junge Mädchen hielten handgeschriebene Plakate hoch, auf denen zu lesen war: »Weg mit dem Pesha-Rat« – *pesha* ist das hebräische Wort für »Verbrechen«. Dasselbe Wortspiel erschien in einer Schlagzeile auf Flugblättern, das Jugendliche an die Passanten verteilten. Teenager trugen T-Shirts mit der Aufschrift »Rückzug vom Staat – Anschluss an die Tora«.[95]

Nach Amonah setzte Stillstand ein. Der Sasson-Report, zwei vernichtende Berichte vom Rechnungshof, eine Warnung von Generalstaatsanwalt Meni Mazuz, dass jeder, der »staatliche Mittel für illegale Zwecke vergibt«, verfolgt werden könne, sowie eine Klagewelle von Menschenrechtsgruppen, all das trug dazu bei, den Feuereifer des Staatsapparats für die Außenposten abzukühlen.[96] Seit 2005 ist die Errichtung neuer Außenposten praktisch zum Erliegen gekommen, der Ausbau der vorhandenen hat sich verlangsamt. Der Siedler Itai Zar aus Gilads Farm sagt, er könne »wegen Ariel Scharon, wegen des Sasson-Reports« keine Genehmigung für eine Stromleitung erhalten. Die Siedlerin Cheftziba Skali glaubt, dass der Bau von Außenposten »jetzt versandet« sei. In Migron, dem größten Außenposten mit über 300 Siedlern, sagt der Sicherheitskoordinator der Gemeinde, dass die Entwicklung seit 2005 stillstehe. Sporadisch haben israelische Polizei und Armee neue Gebäude in Außenposten abgerissen.[97]

Dennoch bewog der Sasson-Bericht die Regierung nicht dazu, die vorhandenen Außenposten zu beseitigen. Auch hat sie ihre Verpflichtung gemäß der Roadmap nicht erfüllt, jene Außenposten zu räumen, die nach dem März 2001 errichtet wurden. Vier

Jahre nachdem sie den Bericht eingereicht hatte, äußerte sich Sasson frustriert über ihre Empfehlung strafrechtlicher Ermittlungen gegen belastete Offizielle. »Eine Untersuchung wurde eingeleitet, aber was ist aus ihr geworden? Das haben wir nie erfahren«, beklagt sie sich.[98]

In Reaktion auf die Klagen von Menschenrechtsgruppen und Friedensaktivisten vor dem Obersten Gerichtshof gegen die illegale Errichtung von Außenposten und älteren Siedlungen hat sich die Regierung Gründe für ihre Untätigkeit zurechtgelegt.[99] Migron ist ein klassisches Beispiel dafür. Itay Harel hatte den Außenposten 1999 auf erhöhter Stelle errichtet, mit Blick auf die Umgehungsstraße von Jerusalem zu den Siedlungen im Norden Ramallahs. Die Siedler dort könnte man zu den »Grauen« rechnen: junge Berufstätige und Universitätsstudenten, keine rechten Hippies. Harel, der in Ofra aufwuchs, ist Sozialarbeiter. Er ist der Sohn von Yisrael Harel, dem Gründer des Siedlungsrates und der immer noch treibenden Kraft in Migron. Das Land gehört Palästinensern, allerdings behaupten die Siedler, dass eine Firma im Besitz des Regionalrats von Mateh Binyamin 2004 einen Teil davon von einem Palästinenser namens Sumarin erworben habe. Die Behauptung stützt sich auf ein Dokument, das der Alteigentümer angeblich in Kalifornien unterzeichnet hatte, beglaubigt von einem Notar – über 40 Jahre nach seinem Tod.[100]

2006 begehrten die palästinensischen Landeigentümer mit Unterstützung von Schalom Achschaw (Frieden jetzt) beim Obersten Gericht eine Verfügung gegen die Streitkräfte, Migron zu räumen.[101] In seiner Erwiderung bestätigte der Staat, dass der Außenposten auf gestohlenem Land stand. Der Verteidigungsminister hoffte, mit den Siedlern eine Einigung über einen friedlichen Abzug zu erreichen, schrieb der Justiziar der Regierung.[102] Zwei Jahre später, im Februar 2009, berichtete das Verteidigungsministerium dem Gericht, dass es sich mit dem Siedlungsrat auf einen freiwilligen Abzug der Bewohner von Migron geeinigt habe, sobald in der nahen Siedlung Adam Wohnhäuser für sie errichtet worden wären.[103] Der kleine Haken des Plans: Die Siedler hegten gar keine Absicht, die vom Rat getroffene Abmachung zu erfüllen, und hielten damit auch nicht hinter dem Berg.[104] Selbst unter den »Grauen« haben die alten Kanäle der Zusammenarbeit zwischen Staat und Siedlern keinen Einfluss. Dennoch berichtete das Verteidigungsministerium dem Gericht weiter über das Scheinabkommen, während Migron an Ort und Stelle blieb.[105]

Die Richter des Obersten Gerichts sind sich schmerzlich bewusst, dass die Verfahren in Siedlungsfällen zu einer Farce verkommen sind. Im September 2009 beraumte das Gericht eine Anhörung an, nachdem die Menschenrechtsgruppe Yesh Din (»Es gibt Recht«) auf Durchsetzung einer Abrissanordnung gegen fünf Wohngebäude auf gestohlenem palästinensischen Land in der Nähe der Siedlung Beit El geklagt hatte. Der Vertreter des Staates erwiderte dem Gericht, was mittlerweile zur Standardantwort geworden ist: Die Regierung müsse bei der Durchsetzung von Abrissanordnungen im Westjordanland Prioritäten setzen, in die sich das Gericht nicht einmischen solle. »Wir haben von vielen Fällen wie diesem gehört«, antwortete Richterin Dorit Beinisch aufgebracht, »und trotz aller Erklärungen über Prioritäten bei der Durchsetzung der Gesetze haben wir in keinem Fall erlebt, dass die Anordnungen ausgeführt wurden. Es gibt gar keine Prioritäten, weil nichts je unternommen wird.«[106]

Beinischs Bemerkung war ein Verdikt über ein Land mit gespaltener Persönlichkeit, ein Staat, der mit sich selbst im Zwist liegt. Die Zivilgesellschaft gedeiht. Die Justiz war bereit, der Exekutive auf die Finger zu schauen. Der Staat verurteilt die Rechtsbrüche in der Westbank. Doch er reicht den Verursachern dieser Gesetzesverstöße häufig die Hand und beendet sein geheimes Einverständnis mit den Siedlern nicht. So wird aus den Anhörungen des Obersten Gerichts bloßes Theater, das mit der realen Welt nichts mehr zu tun hat. Da die Exekutive kein Interesse an der Durchsetzung von Recht und Gesetz an den Tag legt und Gerichtsurteile nicht umsetzt, hat die Judikative keine Macht, die Menschenrechte zu schützen.[107]

Aber hier ist noch mehr im Spiel als eine siedlungsfreundliche Politik oder die Sorge, dass die jeweils herrschende Koalition auseinanderbrechen wird, falls sie Siedlungen räumen lässt. Es gibt eine andere Furcht. »Sie flüstern es nur, wie ein Geheimnis: Es könnte der Armee das Rückgrat brechen«, sagt Talia Sasson. »Ein großer Teil der Kampftruppen besteht heute aus Unterstützern der Siedlungen. Sie sind das Rückgrat der Armee.«[108] Die Furcht ist begründet. Die Armee hat sich verändert, und dieser Wandel ist ein weiterer Teil der Geschichte eines Landes, das sich selbst auseinandernimmt.

Kapitel 5

Dienstpflichtverwirrung

Hauptmann Moshe Botavia sagte nein.[1] Es war der 18. August
2005. Botavia war Kompaniekommandeur im Korps der Kampf-
pioniere der israelischen Streitkräfte, stationiert im Norden des
Westjordanlands, das in hebräischer Amtssprache Samaria genannt wird. An jenem Tag vertrieben Polizei und Armee Siedler,
die sich geweigert hatten, Neveh Dekalim und Kfar Darom zu verlassen, zwei der größten israelischen Gemeinden im Siedlungsblock Katif im Gazastreifen. Fernsehen und Radio in Israel be-
richteten unablässig über die Ereignisse in Gaza.

Botavia, ein Karriereoffizier, war in Kiryat Arba im Westjordanland aufgewachsen. Seine Einheit war dazu eingeteilt, zwei
der vier kleinen Westbanksiedlungen zu räumen, die zusammen
mit einem nahe gelegenen Armeestützpunkt vom Teilrückzugs-
plan betroffen waren. Die Siedlungen, Ganim und Kadim am
Rand der palästinensischen Stadt Jenin, waren bereits Geister-
städte. Viele Bewohner, die eher die Aussicht auf einen ange-
nehmen Wohnort hierher gezogen hatte als ideologischer Eifer,
hatten sich während des Wütens der Zweiten Intifada in Sicherheit gebracht. Die Übrigen folgten den Weisungen der Regierung und rückten bis August 2005 ab. Was immer die Pionier-
einheit von Hauptmann Botavia hier also beseitigen oder abrei-
ßen sollte, es wohnte niemand mehr dort. Trotzdem brachte es
Botavia nicht über sich, daran teilzunehmen. Er hoffte auf ein
Wunder in letzter Minute, um sich die Ausübung seiner Pflicht
zu ersparen. Als sich keines einstellen wollte, teilte er seinem

Kommandeur mit, dass er seine Soldaten nicht ins Feld führen könne.

Botavia kam für drei Wochen in Arrest und wurde dann bis zum Gerichtsverfahren aus dem Gefängnis und dem aktiven Dienst entlassen. Zur Sache befragt, sagte er aus, er habe den Befehl unter dem »Druck seiner Familie« verweigert. Im Gefängnis schrieb er einen Brief, in dem er seine Reue zum Ausdruck brachte. Kurz vor seinem Prozess jedoch, als die Siedlerzeitung *Besheva* ihn und andere Soldaten und Polizisten, die sich geweigert hatten, am Rückzug teilzunehmen, interviewte, gab er stolz zum Besten, was er seinem Kommandanten entgegnet habe: »Ich kann nicht morgens aufstehen ... und für die Ganzheit des Landes und seine Heiligkeit beten und am Nachmittag etwas tun, was dem völlig zuwiderläuft.« Seine soldatische Laufbahn zu opfern sei nicht leicht, sagte er, »aber jeder hat Grenzen, Werte, mit denen er aufgewachsen ist«.[2]

Das Militärgericht verurteilte Botavia zu einer Gefängnisstrafe, die mit der Untersuchungshaft abgegolten war, und ließ ihm für den Dienst in der Reserve seinen Rang. Ihre Milde begründeten die Richter mit seinem »extremen und tragischen Dilemma ... zwischen seiner Hingabe an seine Ideologie ... und seinem Eifer für die Streitkräfte«. Nachdem die Staatsanwaltschaft Berufung eingelegt hatte, wurde Botavia von einem höheren Militärgericht zwar zum Leutnant degradiert, durfte damit aber immerhin Offizier bleiben. Die Urteilsbegründung des Berufungsgerichts ist ein Durcheinander widersprüchlicher Loyalitäten. Mit Bezug auf ein Urteil des Obersten Gerichtshofs von 2002 über linke Reservisten, die sich geweigert hatten, in den besetzten Gebieten zu dienen, bezeichnete das Berufungsgericht Befehlsverweigerung aus politischen Gründen als »besonders schweren Verstoß«. Ein paar Sätze weiter, bei der Auflistung der mildernden Umstände, porträtiert es Botavia als Sohn einer vorbildlichen Familie, deren »Liebe und Hingabe für die Heimat« sie dazu veranlasst habe, in Kiryat Arba zu siedeln. Befehlsverweigerung aus ultranationalistischen Gründen war also gut und schlecht zugleich.

In der letzten Runde des Falles wies Richterin Dorit Beinisch vom Obersten Gerichtshof eine weitere Berufung, mit der die Staatsanwaltschaft die unehrenhafte Entlassung Botavias anstrebte, ab. In ihrer kurzen Begründung erklärte Beinisch, die vorherige Instanz habe sich darin geirrt, Botavias Ideologie als Milderungsgrund zu behandeln. Doch Berufungen der Staatsanwaltschaft, obwohl unter israelischem Recht zulässig, müssten, so urteilte sie, auf ein Minimum beschränkt bleiben. Beinisch schloss mit der Hoffnung des Obersten Gerichts, dass es künftig nicht notwendig werden würde, klarere Richtlinien für Kommandeure zu erlassen, die aus politischen Gründen den Befehl verweigerten – mit anderen Worten, dass es nicht wieder zu solchen Gehorsamsverweigerungen kommen würde.

Beinischs Hoffnung steht auf wackeligen Füßen. In den letzten beiden Jahrzehnten hat das israelische Militär seine Kampfsoldaten und Kommandeure immer stärker aus zwei sich überschneidenden Gruppen rekrutiert: den religiösen Rechten und den Siedlern. Viele kommen zur Armee direkt aus religiösen Institutionen, wo Rabbiner lehren, dass sowohl der Militärdienst als auch Großisrael Grundpfeiler des Judentums seien. Die Armee heißt sie als Ersatz für die Söhne der säkularen Elite, die einst ihre Rolle an der Front verlässlich erfüllten, willkommen. Doch indem sie das tut, nimmt sie auch den Einfluss eines politisierten Klerus auf die Truppe und die Dominanz der religiösen Rechten in wichtigen Einheiten in Kauf. Die Autorität der gewählten Regierung über das Militär wird so beständig unterhöhlt.

Formell gilt in Israel seit seiner Gründung die allgemeine Wehrpflicht. Der Historiker Motti Golani argumentiert, dass sich kulturell die Kombination aus Holocaust und dem Sieg von 1948 die traditionelle jüdische Zurückhaltung gegenüber dem Einsatz von Gewalt umgekehrt habe. Der Holocaust rechtfertigte militärische Gewalt als moralisch notwendig; der Krieg von 1948 zeigte, dass jüdische Waffen wirkungsvoll waren. Wie israelisch man war, »bemaß sich von nun an daran, wie gut man kämpfen konnte«, erklärt Golani.[3]

In Wirklichkeit war die Armee nie ein so großer Gleichmacher, wie es der israelische Mythos glauben machen will. Nur kleine Gruppen unter den israelischen Arabern, Minderheiten innerhalb der Minderheit, unterlagen der Wehrpflicht. Der Aufschub der Einziehung für ein paar Hundert Talmudstudenten entwickelte sich beinahe zu einer Generalbefreiung für die Ultraorthodoxen. Strenggläubige Frauen konnten sich dem Dienst entziehen. Die jährliche Rückkehr in die Armee zum Reservedienst war ein Ritual, das – für jüdische Männer – bis ins Alter von über 50 währte. Klassenunterschiede im zivilen Leben bildeten sich im Militär ab. Säkulare Juden europäischer Abstammung – besonders aus Kibbuzim und Genossenschaften – dienten eher in den angesehensten Kampfeinheiten und dem Offizierskorps, während Juden aus dem Nahen Osten Hilfsdienste erledigten. Kampfeinsätze waren bis vor kurzem Frauen gänzlich verschlossen. Wenn Wehrdienst und Opferbereitschaft ein Kriterium der Staatsbürgerschaft waren, so waren einige Israelis authentischere Bürger als andere. Zudem stand ihnen ein Weg des Fortkommens offen, der anderen verschlossen blieb. In den frühen Jahren Israels wurde die Wirtschaft weitgehend von Politikern kontrolliert, und die Gründergeneration der Politiker hielt resolut an der Macht fest. Für einen Mann mit dem richtigen Hintergrund war eine Armeekarriere ein Weg, den steilen Pfad zu Führungspositionen und Prominenz zu erklimmen.[4]

In den 80er Jahren begann sich ein Wandel abzuzeichnen. Israels Invasion im Libanon 1982 trat eine beispiellose öffentliche Debatte über die Verwendung des Militärs durch die Regierung los. Eine angeblich begrenzte Operation entwickelte sich zu einem Marsch auf Beirut, der auf eine Erneuerung des libanesischen Regimes abzielte – ein selbstgewählter, kein Verteidigungskrieg. Die Vertrauenskrise war am größten bei jenen Israelis, die sich am stärksten mit dem Militär identifiziert hatten: säkulare Juden aus Kibbuzim und der städtischen Mittelklasse. Zum ersten Mal verweigerten Reservisten den Einzugsbefehl aus Gründen, die man entweder als politische Opposition gegen den Krieg oder als Gewissensentscheidung gegen den unmoralischen Einsatz von Gewalt beschreiben könnte. Laut der Verweigerungsgruppe Yesh Gvul (»Es gibt eine Grenze«) kamen 168 »refuseniks« (Verweigerer) ins Gefängnis, weil sie nicht im Libanon dienen wollten, wobei die Armee im Stillen von der Verfolgung vieler anderer absah. Eine unbekannte Zahl von Soldaten wählte die »graue Verweigerung«, indem sie zum Beispiel Krankheiten vorschützten, um den Dienst im Libanon zu umgehen. Der Ausbruch der Ersten Intifada Ende 1987 löste eine neue Welle der Verweigerung des Kriegsdienstes im Westjordanland und dem Gazastreifen aus, ebenso wie die Zweite Intifada im Jahr 2000. Einige jener, die lieber ins Gefängnis gingen als in die besetzten Territorien, waren Offiziere der kämpfenden Truppe, Aushängeschilder für die alte Ethik der Selbstaufopferung.[5]

In der Zwischenzeit expandierte die israelische Wirtschaft. Sie wurde zunehmend privatisiert und technologisch versierter. Es gab neue Wege zum Erfolg. Nichts davon bedeutete, dass säkular erzogene Jungen aufhörten, von einer Karriere als Pilot oder Kommandoführer zu träumen. Doch als Quelle für die kämpfenden Offiziere und Mannschaften war die alte Elite nicht länger verlässlich – weder was die Zahl der Soldaten anging, die sie stellen konnte, noch im Hinblick auf die fraglose Identifizierung mit ihrer Mission.

Unter den Strenggläubigen ging der Wandel in die entgegengesetzte Richtung. Seit der Unabhängigkeit schätzten die religiösen Zionisten den Militärdienst, fürchteten aber auch den zersetzenden Einfluss der Armee auf junge Seelen. Religiöse Soldaten, besonders in Kampfanzügen, waren einem starken sozialen Druck ausgesetzt: nicht dreimal am Tag zu beten, nicht den Sabbat einzuhalten, nicht wegen ihrer Strenggläubigkeit aufzufallen. Eine Schreibtischtätigkeit oder ein Platz im Rabbinat der Armee erlaubten es, glatter durch die Militärzeit zu kommen.

In den 6oer Jahren stimmten die Streitkräfte einem neuen Programm für orthodoxe Männer zu, das als »Arrangement« für Talmudschulen bezeichnet wurde: *hesder yeshivah*.[6] Das Programm orientierte sich am Modell der Nachal-Brigade, deren Soldaten zwischen dem aktiven Waffendienst und dem paramilitärischen Dienst in landwirtschaftlichen Außenposten wechselten. Statt Ackerbau zu treiben, studierten die Hesder-Soldaten den Talmud. Ihren aktiven Dienst leisteten sie in getrennten Kompanien ab, später in separaten Zügen. Während sie in der Talmudschule studierten, waren sie in Mobilisierungsbereitschaft. Hesder-Soldaten mussten sich zwar für einen längen Zeitraum verpflichten, verbrachten aber weniger Monate im aktiven Dienst als andere Wehrpflichtige.

Vor dem Sechstagekrieg gab es nur eine Hesder-Talmudschule. Später, inmitten des messianischen Eifers, in dem sich Nationalismus mit religiöser Erneuerung mischte, wollten mehr orthodoxe Männer den Wehrdienst mit religiösen Studien verbinden. Der Staat hatte einen praktischen Grund, dabei Hilfestellung zu leisten: Wie ein Außenposten der Nachal-Brigade, so waren auch Hesder-Talmudschulen ein Weg, um in einem frisch eroberten Territorium eine Präsenz aufzubauen. Eine solche Schule wurde in der Nähe von Kfar Etzion errichtet, eine weitere in Kiryat Arba. Als der Likud an die Macht kam, wurden weitere Hesder-Talmudschulen in den neuen religiösen Siedlungen eingerichtet. Sie zogen Rabbiner an, die in der Aneignung des »ganzen Landes Israel« ein Etappenziel auf dem Weg zur Erlösung sahen. Die Armee erschloss sich auf diese Weise eine neue Quelle von Kämpfern mit hoher Moral. Die Hesder-Talmudschulen bildeten Lehrer für orthodoxe Schulen aus, die mit der Theologie des Nationalismus durchtränkt waren, und neue Rekruten für ideologische Siedlungen. Dieses »Arrangement« zwischen Armee und Talmudschulen zum Austausch ihrer Zöglinge war ein weiterer Weg, auf dem der Staat, in einem Anfall von Geistesabwesenheit, den religiösen Radikalismus förderte.[7]

Doch das Hesder-Programm übte nur eine begrenzte Anziehungskraft aus. Ein junger Mann, der nach Abschluss der orthodoxen Oberschule daran teilnahm, musste sich für mehrere weitere Jahre dem Talmudstudium widmen. Die prestigeträchtigsten Einheiten nahmen keine Hesder-Soldaten an, die eine zu kurze Zeit dienten, um die Investition in eine lange Ausbildung zu rechtfertigen. In der Gesellschaft standen die Hesder-Soldaten in der Kritik, sich durch die geringere Zeit im aktiven Dienst vor ihrem angemessenen Teil der militärischen Last zu drücken.

Eine neue Art religiöser Institution, die vormilitärische Lehranstalt, bot eine Alternative. Die erste dieser Lehranstalten, Bnei David, wurde 1987 in der Siedlung Eli an der Straße von Ramallah nach Nablus eröffnet. Einer der beiden Gründerväter, Rabbi Eli Sadan, war Schüler von Tzvi Yehudah Kook; der andere war ein ehemaliger Oberst, Yigal Levinstein, der zur rechtsgerichteten Religion fand, nachdem er die Uniform an den Nagel gehängt hatte. Ihr Ziel war es, strenggläubige Rekruten darauf vorzubereiten, Dienst in denselben Einheiten wie säkulare Soldaten zu tun, ohne dem Druck zur Preisgabe ihrer Religion zu erliegen. Sie war ferner bestrebt, ihre Absolventen zu ermutigen, sich freiwillig zu Eliteeinheiten zu melden und durch die Ränge aufzusteigen. Die Studenten erhielten eine einjährige Rückstellung von der Einberufung, um sich einzuschreiben. Die Lehranstalt legte auf das Talmudstudium weniger Gewicht als eine übliche Talmudschule. Stattdessen bot sie einen großen Anteil von »Glaubensstudien«, Kurse, die den Glauben der Studenten stärken und sie mit der heiligen Bedeutung ihres Dienstes als jüdische Soldaten erfüllen sollten. Zum Programm gehörte Sport, um die Absolventen besser für die Aufnahme in führende Kampfeinheiten zu qualifizieren.[8]

Levinstein zufolge gab ein Gespräch mit General Amram Mitzna, damals Befehlshaber des Zentralkommandos, den Anstoß zur Gründung seiner Lehranstalt. Der säkulare Mitzna, geboren in einem Kibbuz, war der klassische israelische General. (Jahre später bewarb er sich als gemäßigte Alternative der Arbeiterpartei zu Ariel Scharon erfolglos um das Amt des Premierministers.) Der General habe gesagt, die israelische Gesellschaft befinde sich in einer »Wertekrise«, die auf die Armee übergreifen könne; da die orthodoxe Gemeinde sich an »tiefen Werten« orientiere, solle sie »einen qualitätvolleren Beitrag zur Armee leisten«.

Nach Levinsteins Darstellung reichte Mitzna die Fackel des Militärdienstes von der säkularen Gesellschaft an die Strenggläubigen weiter.[9]

Bnei David gedieh und lud zur Nachahmung ein. Weitere Lehranstalten wurden gegründet, schließlich kamen auch nichtreligiöse hinzu, jede mit ihrer eigenen Formel zur Vorbereitung motivierter Soldaten.[10] Im Jahr 2000 gab es 15 vormilitärische Lehranstalten; 2010 waren es 36.[11] Die orthodoxen Institutionen zogen mehr Studenten an, besonders proportional zur Größe ihrer Gemeinschaft, da pro Jahr nur 14 Prozent der männlichen Wehrpflichtigen Absolventen religiöser Schulen waren.[12] Parallel dazu vermehrten sich auch die Hesder-Talmudschulen.

Durch die Einführung der vormilitärischen Lehranstalten konnte die religiöse Gemeinde für sich in Anspruch nehmen, einen Trend gesetzt zu haben. Bei der Verwandlung des Militärdienstes in einen höchsten Wert war sie dagegen ein Nachzügler, genau wie sie es gewesen war, als sie nach 1967 das Ideal des Siedlungsbaus für sich entdeckte – und damit einen Wert eben in dem Augenblick besetzte, als er in der breiteren Gesellschaft obsolet zu werden begann.

Wie vorherzusehen, wurde der säkulare Wert als ein religiöser wiedergeboren – oder als ein von jeher religiöser Wert wiederentdeckt. Eine Lobrede auf den gefallenen Unteroffizier Yossi Weinstock, ein Hesder-Soldat, der 1995 im Südlibanon ums Leben gekommen war, illustriert die Ideen, von denen die religiös-zionistische Gemeinde durchdrungen war. Es sei wahr, sagte ein Freund von Weinstocks Vater, dass orthodoxe Juden bei der Verteidigung des jüdischen Volkes lange unterrepräsentiert waren, wenngleich sich dies nun ändere. Doch, fuhr er fort, was die säkularen Gründer der Kibbuzim zusammen mit den säkularen »Fallschirmjägern, Infanteristen ... und Piloten« tatsächlich motiviert hätte, sei die religiöse Leidenschaft der Juden, die sie von ihren Vorvätern geerbt hätten. »Diese Leidenschaft lässt nach, während sich jede Generation weiter von den [religiösen] Quellen entfernt.« Das sei der Grund für die Bereitschaft der Säkularen, Teile des Landes Israel »momentaner Zweckdienlichkeiten« wegen aufzugeben, gab sich der Lobredner überzeugt. Im Gegensatz dazu gebe es Männer wie Unteroffizier Weinstock. Sie stellten unter Beweis, dass sie »den Herrn von ganzer Seele lieben«, indem »sie ihr Leben für das [jüdische] Volk und das Land hingeben«.[13] Dies waren verbreitete Themen. Ernsthafte Schüler in religiösen Oberschulen lernten, die gefallenen Soldaten als nachahmungswürdige »Märtyrer« zu verehren.[14]

In solchen Darstellungen, so ist zu betonen, verteidigte ein Soldat genau genommen nicht sein Land, sondern das jüdische Volk und das Land Israel – eine ethnische Gruppe und ihr (historisches) Territorium –, deren Wohlergehen als praktisch identisch hingestellt wurden.

Welche Wirkung die vormilitärischen Lehranstalten hatten, zeigt die Statistik. Beinahe alle Offiziere der israelischen Streitkräfte beginnen den Dienst als Gefreite. Jene, die sich hervortun, erhalten die Chance, sich freiwillig für die Offiziersausbildung zu melden, was bedeutet, sich länger zu verpflichten. 1990 waren einer internen Studie der Armee zufolge nur 2,5 Prozent der Soldaten, die die Ausbildung zum Infanterieoffizier beendeten, Absolventen von orthodoxen Oberschulen. 2007 waren beinahe ein Drittel der neuen Infanterieoffiziere Strenggläubige. Das Vordringen in höhere Ränge dauerte länger. 2010 waren sechs von acht hochrangigen Kommandeuren der Golani-Brigade, eine der Hauptinfanterieeinheiten der Armee, Orthodoxe im Rang von Obersten oder Oberstleutnants.[15] Mindestens fünf oder sechs waren Studenten von Talmudschulen, die für ihren messianischen Nationalismus bekannt waren, oder der vormilitärischen Lehranstalt Bnei David.[16]

Wie viele orthodoxe Offiziere zugleich Siedler sind, ist nicht genau bekannt. Doch der Anteil der Letzteren ist ebenfalls gestiegen. Das Armeemagazin *Bamahaneh* berichtete 2010, dass 12,5 Prozent aller Kompaniekommandeure der Bodentruppen Siedlungsbewohner waren, obwohl Siedler nur fünf Prozent der jüdischen Bevölkerung Israels ausmachen.[17]

Ähnliche Veränderungen haben in den unteren Rängen stattgefunden. Alumni von vormilitärischen Lehranstalten finden sich in hoher Zahl in den Kampfeinheiten, besonders in solchen mit einem strengeren Auswahlverfahren wie die Kommandoeinheiten. Die Zahl der religiösen Zionisten unter den Infanteristen, die während der Zweiten Intifada getötet wurden, wird auf das Doppelte ihres Anteils an den männlichen jüdischen Israelis geschätzt.[18]

Die Streitkräfte sind nicht nur eine Organisation geworden, der immer mehr Strenggläubige angehören. In den Fronttruppen und den Offiziersrängen nimmt die Rolle der Männer, deren Identität im Schmelztiegel des theologischen Nationalismus geformt wurde, weiter zu. Als der Wandel begann, konnten die Streitkräfte annehmen, eine Lösung für ein Problem gefunden zu haben. Sie bekamen Soldaten, die keine Fragen zum Dienst in besetzten Gebieten stellten. Sie würden keine Befehle aus politischen Gründen verweigern.

Das war, bevor die Armee Befehle erhielt, die den Militärdienst und die Heiligung des Landes in Widerspruch zueinander brachten.

Hier ist ein kurzer Exkurs erforderlich. Das klassische israelische Ideal des Militärdienstes verdient eine sorgsame, respektvoll zwiespältige Beurteilung. Das Gleiche gilt für die selektive Verweigerung militärischer Befehle.

Der hohe Stellenwert der Unterordnung des eigenen Lebens unter eine kollektive Notwendigkeit ist in der israelischen Geschichte tief verwurzelt. In Amerika ruft das Wort »Pionier« zuerst das Bild eines einsamen Trappers oder Grenzbewohners herauf. Das hebräische Äquivalent gemahnt dagegen an einen frühen Kibbuznik, dessen auch noch letztes Hemd der Gemeinschaft gehört. Eine Freundin von mir, die in den 40er Jahren in einem Kibbuz geboren wurde, erhielt ihren Namen nicht von ihren Eltern, sondern per Abstimmung von der Generalversammlung des Kibbuz. Das symbolisierte eine Ära: Selbstlosigkeit, das Leben für die Sache, konnte einem Einzelnen viel Sinn geben, aber nicht viel Spielraum, ein Individuum zu sein.

Nach der Unabhängigkeit wurde die Armee die letzte große gemeinschaftliche Anstrengung, an der vermeintlich jeder teilnehmen konnte. In den Hochzeiten der Wehrpflicht, so sagte mir Mitte der 90er Jahre der frühere leitende Psychologe der Armee, Reuven Gal, zog Israel über 90 Prozent der tauglichen Männer ein, mehr als jedes andere Land im 20. Jahrhundert. Aber die Zahl ist irreführend: Araber waren nicht tauglich. Der Egalitarismus der allgemeinen Wehrpflicht war eine Fassade für eine ethnische Definition des Israelischseins.

Seit den späten 90er Jahren nahm jedenfalls auch unter den Juden die Ableistung des allgemeinen Militärdienstes ab. Die Armee brauchte noch immer so viele kluge und fitte Kämpfer, wie sie bekommen konnte, aber eine wachsende Bevölkerung lieferte zu viele Wehrpflichtige, die für andere Aufgaben tauglich waren. Da die Politiker Angst hatten, die Wehrpflicht infrage zu stellen, mussten die Streitkräfte improvisieren. Sie befreiten mehr 18-Jährige aus physischen oder psychologischen Gründen und entließen rasch solche Soldaten, die sich nicht einpassten. Für die Rechte, besonders die religiöse Rechte, ist die verminderte Ableistung der Wehrpflicht nur ein weiterer Beweis dafür, dass Israel seine innersten Werte aus den Augen verliert. Tatsächlich ist das Beharren der Rechten darauf, dass der Siedlungsbau und der Militärdienst Israels innerste Werte bleiben müssen, anachronistisch.

Politisch hatten die allgemeine Wehrpflicht und der erweiterte Reservedienst widersprüchliche Auswirkungen. Sie können Bürger ermutigen, wie Soldaten zu denken, sich mit Generälen zu identifizieren und auf jede Bedrohung militärische Antworten zu erwarten. Doch Reservisten haben die Zivilgesellschaft auch immer wieder darüber aufgeklärt, wenn im eigenständigen Universum der Armee etwas falsch lief. Reservisten offenbarten 1972, dass die Streitkräfte im besetzten Sinai auf Befehl Ariel Scharons Tausende von Beduinen aus ihren Wohnstätten vertrieben hatten. Reservisten, die 1973 gegen die mangelnden Vorbereitungen auf den Jom-Kippur-Krieg protestierten, sich auf den Krieg vorzubereiten, trieben Premierministerin Golda Meir und Verteidigungsminister Mosche Dajan aus dem Amt. Der Protest gegen die Libanoninvasion von 1982 nahm zu, als Reservisten von der Front heimkehrten. Eine Bürgerarmee kann, im Guten wie im Schlechten, nicht völlig von der Politik ferngehalten werden.

Die deutlichste Stellungnahme eines Bürgersoldaten ist die selektive Befehlsverweigerung. Das israelische Recht verlangt von einem Soldaten, einen Befehl zu verweigern, der »die schwarze Fahne der Illegalität trägt«. Dieses Prinzip wurde nach dem Massaker von Kafr Qasim im Oktober 1956 eingeführt, bei dem Soldaten den Befehl befolgt hatten, jeden, der erst nach Anbruch der Ausgangssperre in ein arabisches Dorf zurückkehrte, zu erschießen. 48 arabische Israelis wurden damals ermordet. Das wird allerdings, wie mir ein großer, hagerer Reservist namens Itai Haviv 2002 erklärte, dann zum Problem, wenn kein einzelner Befehl geradewegs unmoralisch ist, sehr wohl aber ihre Summe. Haviv, ein Hauptmann im Artilleriekorps, hatte sich geweigert, in den besetzten Gebieten zu dienen. »Man erhält Befehl, ein Haus abzureißen, weil es eine Straße überblickt und sie [palästinensische Heckenschützen] daraus geschossen haben. Militärisch ist es das absolut Richtige ..., aber wenn das [seit 1967] 35 Jahre so weitergeht, wird es zu einer schwarzen Fahne.«[19]

Ein Großteil der israelischen Linken lehnt diese Position ab, weil sie die Politik ins Militär trage und die Regeln der Demokratie verletze. Im Urteil des Obersten Gerichtshofs von 2002 gegen Reservisten, die sich geweigert hatten, in besetzten Gebieten zu dienen, schrieb Richter Aharon Barak: »Die Linie zwischen der Gegnerschaft zur einen oder anderen Politik und der Verweigerung aus Gewissensgründen ist dünn, manchmal mehr als dünn.« Wäre selektive Befehlsverweigerung erlaubt, würde die Armee in eine Ansammlung getrennter Einheiten zerfallen, von der jede gegen bestimmte Aufgaben meutern würde, sagte er. »Heute verweigert man den Dienst in Judäa und Samaria. Morgen lehnt man die Räumung von Außenposten ab.«[20]

Barak hatte Recht – insbesondere, was die Schwierigkeit anbelangt, zwischen der Befehlsverweigerung aus politischen und der aus Gewissensgründen zu unterscheiden. In einer unvollkommenen Welt müssen Staaten sich selbst verteidigen, und eine Armee braucht Disziplin. Entscheidungen darüber, wie das Militär eingesetzt wird, müssen von einer gewählten Regierung getroffen werden und sind nicht Sache eines jeden einzelnen Soldaten.

Wenn wir uns jedoch nicht vollständig dem Relativismus ergeben wollen, sind Augenblicke zugestanden, in denen ein Mensch ein moralisches Prinzip statt einem demokratisch durchgesetzten Gesetz oder einer demokratisch legitimierten Politik befolgen muss. Als mein Sohn klein war, las ich ihm aus einem Kinderbuch über eine fromme christliche Familie aus dem Amerika vor dem Bürgerkrieg vor, die mithilfe eines geheimen Fluchthelfernetzwerks Sklaven in die Freiheit brachte. Der Vater in dem Buch erklärte seinem Sohn, dass er an die Gesetzestreue glaube, aber kein Gesetz befolgen könne, das von ihm verlange, entlaufene Sklaven auszuhändigen.[21]

Wenn wir uns nicht völlig dem Relativismus ergeben wollen, spielt es auch eine Rolle, welches Prinzip ein Soldat als Grund für die Verweigerung eines Befehls einer gewählten Regierung anführt. Barak hatte Recht damit, dass selektive Befehlsverweigerung aus Gewissensgründen zugleich die Disziplin und die Demokratie aufweicht. Dennoch ist es ein Unterschied, ob jemand einen Befehl verweigert, weil er glaubt, dieser nötige ihn, die Heiligkeit des menschlichen Lebens und der menschlichen Würde zu verletzen, oder weil er glaubt, dieser Befehl bedeute, Land aufzugeben, das er für das heilige Land seiner Nation hält – für »unser« Land. Mir scheint, dass der Unterschied zwischen beiden keine dünne Linie ist. Es handelt sich vielmehr um eine Kluft zwischen ethischen Bedenken und nationalem Egoismus.

Im Vorfeld des Rückzugs aus dem Gazastreifen wurde die Drohung, religiöse Soldaten könnten den Befehl verweigern, zum nationalen Politikum.[22] Im Oktober 2004 äußerte sich dazu der ehemalige Oberrabbiner Avraham Shapira, damals in der religiösen Rechten eine führende Autorität der jüdischen Gesetzesauslegung. Er erklärte, religiöse Soldaten sollten ihren Kommandeuren sagen, sie würden einem Befehl zur Vertreibung von Siedlern genauso wenig Folge leisten wie einem Befehl, Schweinefleisch zu essen. »Der Himmel will das nicht«, bekräftigte Shapira in einem in der Siedlerzeitung *Beheva* veröffentlichten Interview, felsenfest davon überzeugt, den göttlichen Willen zu kennen.[23] Am folgenden Tag veröffentlichten 60 Rabbiner – darunter mehrere prominente Leiter von Talmudschulen im Hesder-Programm – eine Erklärung, in der es hieß: »Es ist jedem Juden verboten, am Abriss von Siedlungen teilzunehmen oder ihn zu unterstützen.«[24]

Am Ende der Räumungen gab der Stabschef der Streitkräfte, Dan Halutz, bekannt, dass 63 Soldaten wegen Befehlsverweigerung verurteilt worden seien, darunter 24 Hesder-Soldaten.[25] Die Zahl war klein genug, um den Eindruck zu erwecken, dass sich die militärische Disziplin und die Loyalität der religiösen Zionisten zur gemeinsamen »Volksarmee« als mehr oder weniger tragfähig erwiesen hatten. Optimistische Beobachter merkten an, dass viele bekannte Rabbiner öffentlich dem Aufruf zur Befehlsverweigerung widersprochen hatten. Außerdem, so wurde argumentiert, fragten strenggläubige Soldaten ihre Rabbiner üblicherweise um Rat, wie sie in der Armee einen religiösen Lebensstil bewahren könnten oder an welche ethischen Grundsätze sie sich im Kampf halten sollten; eher selten dagegen erbaten sie Unterweisung, wie sie sich zum Rückzug stellen sollten.[26]

Tatsächlich ist die offizielle Zahl der disziplinierten Soldaten ein schlechter Indikator dafür, was im Sommer 2005 wirklich geschah. Es wäre ein Fehler, anhand dieser Angaben das Risiko künftiger Befehlsverweigerungen oder Meutereien gering zu achten. Was vor und während des Rückzugs geschah, sollte eher als Vorzeichen einer wachsenden Gefahr verstanden werden.

Es stimmt, dass die Gemeinde der religiösen Zionisten beileibe kein monolithischer Block ist. Nicht alle orthodoxen Soldaten stehen rechts, und nicht alle Rechten kleiden ihre Politik in theologische Begriffe. Es ist ebenfalls richtig, dass einige Rabbiner der religiösen Zionisten sich am Aufruf an die strenggläubigen

Soldaten beteiligten, »die Autorität der Regierung und die Entscheidungen der Knesset anzuerkennen« und ihren Befehlen zu gehorchen. Sie riefen damit in Erinnerung – wie es traurigerweise zu diesem Zeitpunkt notwendig war –, dass orthodoxes Judentum und Demokratie miteinander vereinbar sind. Einige der bestbekannten unter ihnen waren jedoch aus Sicht der religiösen Rechten bereits mit dem Makel behaftet, bei weitem zu gemäßigt zu sein – etwa Männer wie Rabbi Yehudah Amital, Vorsteher der Hesder-Talmudschule Har Etzion, der sich seit den 80er Jahren mit der Idee angefreundet hatte, Land für Frieden aufzugeben.[27]

Einige Rabbiner der Strömung der *mamlakhti* oder Etatisten in der theologischen Rechten riefen die Soldaten ebenfalls dazu auf, ihren Befehlen zu gehorchen – damit der heilige Staat nicht gefährdet und die Chance zur Überwindung seines säkularen Charakters nicht verspielt werden würden. Rabbi Avihai Ronski, Leiter der Hesder-Talmudschule Itamar, brachte diese Ansicht zum Ausdruck. Ronski, zugleich auch Oberst der Reserve, war besorgt, dass eine politisch motivierte Befehlsverweigerung die Armee schwächen würde. Doch darüber hinaus argumentierte er: »Unsere Söhne und Studenten haben sich ... zu den besten Einheiten gemeldet und steigen langsam die Leiter der Ränge und Verantwortung hinauf.« (Mit »unsere« meinte er die orthodoxen Siedler und ihre ideologischen Unterstützer.) Wenn sich jeder herausnähme, zu entscheiden, welche Befehle befolgt werden könnten und welche nicht, sagte er, würde dies den Fortschritten auf dem Weg zum angestrebten Wandel – nämlich »die Führer des Landes und die Befehlshaber der Armee im Zelt der Tora zu verwurzeln« – einen »tödlichen Stoß« versetzen.[28] Die Investition in die Schaffung eines vollkommen anderen Israels wäre vergeudet.

Ein einflussreicherer Einspruch kam von Shlomo Aviner, Rabbiner der Siedlung Beit El und, wie Shapira, eine hoch angesehene Autorität zu Fragen der religiösen Gesetzesauslegung unter den Siedlern und ihren Unterstützern. Aviner ging es darum, eisern an der Heiligkeit des Staates und des Landes Israel festzuhalten. Ein Soldat könne nicht zur Vernichtung der Armee beitragen, indem er ausdrücklich einen Befehl verweigerte, schrieb er. Doch die Aufgabe der Armee war der Schutz des Landes, nicht seine Preisgabe. Daher sei es undenkbar, dass ein Soldat zur Ausführung solcher Befehle fähig wäre.[29] Als der Rückzug näher kam, schrieb Aviner einen Artikel, in dem er behauptete, dass jeder, der Juden »vertreibt« – eine Anspielung auf die Vertreibung der Juden aus verschiedenen Ländern im Laufe ihrer Geschichte –, neun der zehn Gebote verletze.[30] Aviner gab zu, noch keinen Weg gefunden zu haben, um in der Vertreibung von Siedlern auch noch den Tatbestand des Ehebruchs erfüllt zu sehen.

Mit seinem widersprüchlichen Rat empfahl Aviner tatsächlich eine »graue Verweigerung«, die Suche nach einem stillen Weg, um sich vor dem Räumungsdienst zu drücken. Damit stand er nicht allein.

Der Verband vormilitärischer (religiöser und säkularer) Lehranstalten gab ebenfalls eine Erklärung gegen die Befehlsverweigerung ab. Es ergab Sinn, dass die Vorsteher der orthodoxen Lehranstalten ihre Zustimmung gaben. Ihre Arbeit war ja eine ideologische Investition in das Militär und das Fortkommen religiöser Soldaten, die durch massenhafte Befehlsverweigerung unterhöhlt werden würde. Verbandsvorsitzender war Rabbi Moshe Hagar, Vorsteher der Lehranstalt Beit Yatir und Oberst der Reserve. Hagar schilderte mir später ein Gespräch, das er vor dem Rückzug mit seinen Studenten hatte. Er habe sie angewiesen, den Befehl nicht zu verweigern, aber ihnen auch gesagt: »Ich wäre nicht fähig, diesen Auftrag auszuführen.«[31] Rabbi Yitzhak Nissim, Leiter der Lehranstalt von Elisha, vermittelte eine ähnliche Botschaft: »Ich sagte meinen Studenten: ›Es ist unmöglich, zur Verweigerung aufzurufen, weil das Meuterei wäre. Aber niemand sollte solche Befehle befolgen.‹«[32] Das Ergebnis war, dass »von meinen Studenten, die dort waren, niemand verweigerte und niemand die Befehle befolgte«. Kurz, was immer sie in ihrer öffentlichen Erklärung geäußert hatten, sie waren mit Aviner einer Meinung.

Es liegt in der Natur dieser Grauzone der Befehlsverweigerung, dass es darüber keine genauen Zahlen gibt. Die Siedlerzeitung

Besheva zog die Armeestatistik über die Zahl der deswegen disziplinierten Soldaten in Zweifel und berichtete, dass laut ihren Recherchen über 100 Soldaten vor ein Kriegsgericht gekommen waren. Es gab viele weitere Fälle, bekräftigte das Blatt, in denen Kommandeure, wenn Soldaten Befehle verweigerten oder ihre Ausführung umgingen, »es vorzogen ..., die Affäre stillschweigend zu übergehen«.[33] *Besheva* war klar bestrebt, das Problem aufzubauschen. Andererseits hatte die Armee ein institutionelles Interesse, zu zeigen, dass in der »Volksarmee« alles zum Besten stand, und gab das volle Ausmaß des Widerstands in ihren Rängen nicht zu.

Darüber hinaus wählten Regierung und Oberkommando der Armee sorgsam aus, wer die Rückzugsbefehle ausführen sollte, um einen breiteren Dissens zu vermeiden. Für die Operation wurden 10 000 Polizisten abgestellt – mehr als ein Drittel der gesamten Polizeikräfte Israels.[34] Das Kontingent der Streitkräfte zählte 15 000 Soldaten.[35] Einheiten wie die Brigaden Golani und Givati mit ihrer großen Zahl strenggläubiger Soldaten wurden nicht zur Räumung von Zivilisten eingeteilt. Zur Unterstützung der Polizei bei der Entfernung der Siedler stellte die Armee temporäre Einheiten aus Karriereoffizieren von Unterstützungseinheiten, Kommandoposten und Kadetten in der Piloten- oder Marineoffiziersausbildung zusammen. Wie die Polizisten strebten sie eine Karriere in Uniform an, so konnte man darauf zählen, dass sie ihre Befehle befolgen würden, wie der israelische Politikwissenschaftler Yagil Levy später schrieb. Die Streitkräfte stellten auch eine große Zahl Soldatinnen auf, die mit geringerer Wahrscheinlichkeit zur religiösen Rechten gehörten, da sich viele orthodoxe Frauen gegen den Kriegsdienst entscheiden.[36]

All diese Maßnahmen waren erforderlich, um 9000 Siedler zu entfernen, beinahe alle aus dem Gazastreifen, dessen Zugänge die Armee relativ leicht überwachen konnte. Die nationale Polizei reizte ihre Kräfte bis zum Äußersten aus und benötigte den Rückhalt von Militärtruppen ausgewählter Soldaten aus einem begrenzten Reservoir. Trotz der Bemühungen der Streitkräfte,

Einheiten einzusetzen, in denen Verweigerung unwahrscheinlich war, kam es zu Widerstand in ihren Reihen – etwas davon sichtbar, das meiste unter der Oberfläche.

Ein Rückzug aus der Westbank wäre eine Herausforderung ganz anderer Größenordnung. Bei dem unrealistischen Minimum, das häufig in Israel diskutiert wird – ein Friedensabkommen auf Grundlage eines Rückzugs bis zum Sicherheitszaun –, müssten über 65 000 Siedler ins israelische Hoheitsgebiet zurückkehren.[37] Jede realistischere Karte von Israels Grenzen mit einem Palästinenserstaat würde eine größere Evakuierung bedeuten. Die ideologische Siedlerbewegung würde keinen Rückschlag, sondern die endgültige Zerschlagung ihrer Vision der Erlösung durch Großisrael erleben. Ihre Kerngemeinden – Kiryat Arba, Ofra, Elon Moreh, Yitzhar und viele andere – stünden vor der Räumung. Die Armee würde einer jungen Siedlergeneration gegenübertreten, die sich entschlossen gegen eine Wiederholung der »Schande« von Gaza zur Wehr setzen würde. Sie müsste in einem größeren Gebiet operieren, in dem sich ihre Gegner weit leichter bewegen können.

Zudem hat sich seit 2005 die Abhängigkeit der Armee von Soldaten, die aus orthodoxen Lehranstalten, dem Hesder-Programm und anderen mit der theologischen Rechten verbündeten Talmudschulen kommen, noch verstärkt. Absolventen solcher Institute nehmen im Offizierskorps einen breiteren Raum ein, sind in höhere Ränge vorgerückt und haben das Kommando über größere Einheiten erlangt. Durch die Verharmlosung der Ereignisse um die Gazaräumung 2005 haben es Staat und Armee zugelassen, dass die Bedrohung der demokratischen Kontrolle des Militärs zugenommen hat.

Nach dem Rückzug unternahm Stabschef Halutz allerdings einen Schritt, um die Siedlungsbefürworter unter den Soldaten zu überzeugen, ihren Befehlen zu gehorchen. 2006 ernannte er Rabbi Avihai Ronski von der Talmudschule Itamar zum neuen Obersten Rabbiner der Streitkräfte. Ronski war Feldkommandeur gewesen. Er war Mitgründer von Itamar, eine der extremistischen Siedlungen, die Nablus umringen. Er hatte an der Talmudschule Ateret Kohanim von Rabbi Aviner studiert, die provokativ im Moslemviertel der Jerusalemer Altstadt liegt. Er war außerdem, was Halutz wohl nicht wusste, Mitbegründer der rechtsextremen Talmudschule Od Yosef Hai.[38] Wie im Sasson-Bericht aufgeführt, lag Ronskis Talmudschule in einem illegalen Außenposten außerhalb von Itamar, ein Detail, das Halutz entweder nicht kannte oder für unwichtig hielt.[39] Doch Ronski hatte sich dafür ausgesprochen, Befehle zur Räumung von Siedlungen zu befolgen. Er glaubte an den Gehorsam gegenüber dem Kommandeur, weil er ein Spartaner im ursprünglichen Sinn war: Er war ein Militarist. Halutz' Ziel war durchsichtig: Soldaten der extremen Rechten konnten in Ronski eine geistliche Autorität sehen – und sich hoffentlich von seinen Ansichten zur Armeedisziplin überzeugen lassen.

Ronski hatte jedoch auch zu anderen Fragen sehr eigene Ansichten. Er hatte einem Arzt der Armee geschrieben, dass die Einhaltung des Sabbats Vorrang habe gegenüber der Rettung des Lebens eines Ungläubigen. Der Arzt dürfe einen verwundeten arabischen Gefangenen am siebten Tag nur behandeln, weil dies notwendig sei, um Hass gegen Juden zu vermeiden und den Gefangenen zu verhören, erläuterte er. Von einem führenden Vertreter des moderaten orthodoxen Lagers herausgefordert, fügte Ronski hinzu, dass bei jedem Zusammenstoß zwischen religiösem Gesetz und dem Ethikkodex der Armee das religiöse Gesetz Vorrang habe.[40] Im Kontext deutete er damit an, dass das religiöse Gesetz weniger Sorge um das Leben von Nichtjuden verlangte – eine Ansicht, die ich nur als Besudelung des Judentums bezeichnen kann.

Einmal im Amt, zeigte Ronski rasch, dass es ihm nicht genügte, sich um die religiösen Bedürfnisse der Soldaten zu kümmern. Er wollte das Rabbinat, um die Aufgabe der Erziehung der Armee zu übernehmen und ihren Willen durch die Lehren seines militanten Judentums zu stählen.[41] Während der Operation »Gegossenes Blei«, den Luftangriffen und der Invasion der israelischen Streitkräfte in Gaza um den Jahreswechsel 2008/2009 verteilte das Rabbinat eine Schrift mit einer Auswahl von Lehren Shlomo Aviners an die Soldaten. Darin predigte Aviner, die Tora verbiete es, auch nur »einen Millimeter« des Landes Israel an die Ungläubigen preiszugeben, nicht einmal, indem man den Palästinensern eine Autonomieverwaltung erlaube. Den Juden sei befohlen, Krieg zur Eroberung des Landes zu führen, behauptete Aviner. Dabei wies er ausdrücklich die Idee zurück, die Rettung von jüdischem Leben könne wichtiger sein als Land.

Das Leben von Ungläubigen ist aus Aviners Sicht jedoch noch weniger wert. Jeden Unterschied zwischen feindlichen Kombattanten und Zivilisten negierend, riet er zum Fernkampf mit Luft- und Artillerieangriffen, um Verluste bei der israelischen Truppe zu vermeiden, und betonte: »Grausamkeit ist eine schlechte Eigenschaft, aber es kommt ganz darauf an, wann.« Aviner lieferte noch einen weiteren Kriegsgrund, indem er verkündete, dass jede Demütigung der jüdischen Nation »eine Entweihung des Namens Gottes« sei, die ein Jude unter Einsatz seines Lebens zu verhindern habe.[42]

Das Traktat in Taschenformat belegt, wie sich die religiöse Rechte das Programm der säkular-zionistischen Rechten der 30er und 40er Jahre – Militarismus, Nationalstolz, Großisrael – zu eigen gemacht und in ein theologisches Mäntelchen gekleidet hat. Aviners Kommentare über Grausamkeit stehen in klarem Widerspruch zum offiziellen Ethikkodex der Streitkräfte, der von den Soldaten verlangt, »alles in ihrer Macht Stehende zu unternehmen, um Schaden [von Nichtkombattanten] abzuwenden«.[43] Seine Auffassung von der »Entweihung des Namen Gottes« stellt die klassische jüdische Vorstellung auf den Kopf. Aus traditioneller Sicht heiligt ein Jude Gott – das heißt er zeigt die Reinheit seiner Religion und Gottes –, wenn er zutiefst aufrichtig ist oder Wut vermeidet. Wenn er grob, unehrlich oder grausam ist, »entheiligt er den Namen [Gottes]«. Nach Aviners Darstellung hängt die Reputation Gottes in der Welt davon ab, ob die Juden ein starkes oder schwaches Bild von sich abgeben.

Als ein politisch gemäßigter orthodoxer Soldat – entsetzt darüber, dass dies »die offizielle Stimme des Judentums in den Streitkräften« sein sollte – das Heftlein an die Organisation Schovrim Schtika (»Das Schweigen brechen«) übergab, eine Gruppe, die Zeugnisse von in den besetzten Territorien dienenden Soldaten veröffentlicht, behauptete Ronski, er habe es nicht gesehen. Unterdessen veröffentlichte Ronskis Rabbinat in seinem wöchentlichen Sabbatheft für Soldaten einen Artikel, in dem es hieß, der Krieg im Gazastreifen zerschmettere die »materialistische Kultur und die Verwischung der Werte«, unter denen die israelische Gesellschaft leide.[44] In einer Vorlesung an einer Hesder-Talmudschule im Herbst 2009 erklärte Ronski, dass ein Soldat »verflucht« sei, der »sein Schwert vor Blut bewahrt« und »dem Feind Gnade erweist, wo er es nicht sollte«. Er fügte hinzu, dass bei der Operation Gegossenes Blei »eine der großen Neuerungen« darin bestanden habe, dass sich die Armee endlich so verhielt, als wäre sie wirklich im Krieg.[45]

Das Verhalten der Streitkräfte in Gaza, besonders gegenüber palästinensischen Zivilisten, war extrem umstritten – nicht nur im Ausland, sondern auch innerhalb Israels. Ein halbes Jahr nach dem Krieg veröffentlichte Schovrim Schtika Augenzeugenberichte von 26 Soldaten, die in Gaza gekämpft hatten. Sie gaben an, dass die Armee zur Vermeidung eigener Verluste ihre Feuerkraft mit weniger Zurückhaltung als in der Vergangenheit eingesetzt hatte, ohne Rücksicht auf den Blutzoll unter feindlichen Zivilisten.[46] Wenn diese Aussagen stimmen, war Ronskis »erzieherische« Aktivität sicher nicht der Hauptgrund für die Veränderung. Doch er verlieh, von einer Position innerhalb des Militärs aus, Ideen Legitimation, die extrem von der offiziellen Haltung der Streitkräfte abwichen – und die einige Offiziere bereits von ihren Rabbinern in vormilitärischen Lehranstalten und Talmudschulen gehört hatten. Auf der religiösen Rechten, sollte ich hinzufügen, ist die übliche Kritik am Verhalten der Armee in Gaza, dass sie sich insgesamt zu sehr um das Wohl palästinensischer Zivilisten sorgte.

Ronski diente bei den Streitkräften vier Jahre als Oberrabbiner – ein Jahr länger, als es seine ursprüngliche Amtsdauer vorsah. Sein Nachfolger ist der Vorsteher einer vormilitärischen Lehranstalt. Mit ihrem Versuch, rechtsgerichtete Rabbiner einzubinden, um die Disziplin zu stärken, legitimiert das Militär stattdessen die antihumanistischen Haltungen der religiösen Rechten und ihren Anspruch, die Stimme des Judentums zu sein. Damit trägt die Armee zur Aufweichung ihrer eigenen Verhaltensnormen bei und demonstriert auf ihre Weise die alte jüdische Weisheit, dass eine Sünde die andere nach sich zieht.[47]

Bei Gilads Farm an einer Landstraße durch die Berge des Westjordanlands las ich zwei junge Männer auf, die eine Mitfahrgelegenheit suchten. Beide trugen lange, volle Schläfenlocken und besonders große Kippas, wie sie unter den Siedlern der Außenposten beliebt sind. Es war ein Herbsttag 2009. Vier Jahre waren seit dem Teilrückzug vergangen, weniger als ein Jahr seit der Operation Gegossenes Blei. Einer meiner Mitfahrer lebte in dem Außenposten und studierte an der Talmudschule in Yitzhar, der nahe gelegenen rechtsextremen Siedlung. Er war 19, frisch verheiratet und hatte vor, den Dienst in einer Armee, die »Juden verletzt« und »gegen die Gesetze der Tora verstößt«, zu umgehen. Dieser Vorwurf bezog sich auf das Vorgehen der Streitkräfte in Gaza im vorangegangenen Winter. Die Armee »will keine Araber töten, um vor der Welt nett auszusehen«, behauptete er. Sie würde dadurch das Leben ihrer eigenen Soldaten gefährden. Der andere Tramper, Sohn eines prominenten Jüngers von Meir Kahane aus Kiryat Arba, lebte ebenfalls auf Gilads Farm. Er hatte seinen ersten Einrufungsbescheid missachtet, war zwangsweise in die Armee gesteckt und nach drei Monaten als »untauglich« entlassen worden, ein Ergebnis, das ihm aus denselben Gründen, die sein Freund angeführt hatte, nur recht war.

Zuvor hatte mir der Siedler Itai Zar im Wohnzimmer seines Wohncontainers im Außenposten auseinandergesetzt, dass »die Streitkräfte das Volk betrogen haben«, womit er das jüdische Volk

meinte. Er war Reservist der Givati-Brigade. Als er nach dem Teilrückzug eine Aufforderung für eine Übung erhielt, hatte er seinem Kommandeur geantwortet: »Ich gehe nicht zu einer Armee,
die Juden vertreibt.« Der Offizier, der über seine Disziplinierung
zu urteilen hatte, habe ihm »keinen reinwürgen« wollen und daher
geschrieben, »dass ich krank war oder so was«, statt ihn zu bestra-
fen. Der ehemalige Sprecher der Gazasiedlungen, Eren Sternberg,
ein ehemaliger Mitschüler von Zar, begann nach dem Rückzug,
strenggläubige Jugendliche zu drängen, nicht in den Streitkräften
zu dienen, die er »die Armee der Zerstörung« nannte – mit dem
überlieferten hebräischen Wort für die Zerstörung des alten Tem-
pels in Jerusalem durch die Römer.[48]

Als Zar 2006 und 2009 zu den Waffengängen in Libanon und
Gaza einberufen wurde, beschloss er, sich zum Dienst zu melden,
weil »ich meine Kumpels [bei der Einheit] mag«. In Gaza war er
aber »aufgebracht«, wie sehr sich die Armee um palästinensische
Zivilisten sorgte. Im Kommandoposten »war ein Offizier aus unserer Armee, der mit den Arabern in Gaza in Verbindung stand und
sich um die Wahrung ihrer Rechte Sorgen machte«, erzählte er, vor
Ungläubigkeit baff. »Er befahl, ein Viertel nicht anzugreifen, weil
die ihre Verletzten evakuierten. Und wir ließen die Krankenwagen
sie da rausholen. Jetzt sagen Sie mal, soll das etwa ein Krieg sein?
Die sind verrückt! ... In den letzten fünf, zehn Jahren hat sich die
Armee in ein Wohlfahrtsamt für Palästinenser verwandelt.«[49]

Nach dem Rückzug aus Gaza waren Zweifel an der Vergötte-
rung der Streitkräfte zu erwarten. Tatsächlich ist die Umgehung
der Wehrpflicht durch junge Leute, die gegen den Ethikkodex der
Armee und ihre Verpflichtung auf die Ausführung demokratischer Entscheidungen sind, für die Streitkräfte ein Gewinn, kein
Verlust.

Doch die Hügel um Nablus sind die Heimat einer radikalen
Randgruppe, und die offene Wehrdienstverweigerung war nicht
die übliche Antwort auf die »Entwurzelung« der Gazasiedler. Die
geläufigere Reaktion ist, noch glühender denn je daran zu glauben, dass der Dienst in der Armee heilig, und zugleich, dass der

Befehl zum Abriss von Siedlungen eine Sünde sei – bestenfalls eine Sünde, die hinzunehmen ist.

Ein Porträt dieses Zwiespalts liefert eine Studie über religiös-zionistische Jugendliche im wehrpflichtigen Alter. Keren Levi, die damit ihr Studium an der Universität Bar-Ilan abschloss, verteilte eine Reihe von Fragebögen über religiöse Identität und Werte an die Schüler von Talmudoberschulen, den angesehensten und am stärksten ideologisierten der orthodox-zionistischen Schulen. Die Testgruppe setzte sich je zur Hälfte aus Teenagern zusammen, die in Israel und in Siedlungen außerhalb des Landes lebten.

Die Ergebnisse zeigten, dass beide Gruppen die Armee als heilig ansehen. Der Unterschied ist, dass junge Siedler noch eifriger als die orthodoxen Jugendlichen innerhalb der Grünen Linie danach streben, in Kampfeinheiten Dienst zu tun und Offiziere zu werden. Gleichzeitig würde beinahe ein Drittel der Siedlerjugendlichen Befehle verweigern, wenn die nationale Politik mit religiösen Forderungen in Konflikt geriete. Über die Hälfte ist sich unsicher, was sie tun würde.[50]

Der Unterschied zwischen den beiden Gruppen ist, kurz gesagt, dass die jungen Siedler sich noch stärker mit den Streitkräften identifizieren – solange sie erfüllen, was sie als ihren gottgegebenen Zweck betrachten. Wenn die Regierung die Entscheidung träfe, die Armee anders einzusetzen, wenn die Streitkräfte nicht mehr das ganze Land Israel für die Juden behüteten, wüssten sie nicht, warum sie noch Befehle befolgen sollen.

Dennoch, der Abstand zwischen den beiden Gruppen ist nicht so groß. Religiös-zionistischen Jugendlichen auf beiden Seiten der Grünen Linie ist beigebracht worden, den Staat als etwas Heiliges zu betrachten, weil er den Juden Macht verleiht, weil er das historische Land Israel eroberte und dadurch das Werk der Erlösung voranbrachte. Die Idee eines Staates als menschlicher Institution, die der Zustimmung des von ihm regierten Volkes unterliegt, dessen Bedürfnissen er, innerhalb moralischer und gesetzlicher Grenzen, dient, nimmt, sofern überhaupt, in ihrem Lehrplan nur wenig Raum ein.

Levis Studie befasste sich mit Jungen, die sich noch nicht in vormilitärische Lehranstalten und Hesder-Talmudschulen eingeschrieben hatten, wie es gewiss viele von ihnen noch tun würden. Dort würden sie Rabbinern begegnen, deren Rede über Befehlsverweigerung seit dem Rückzug aus Gaza nur noch schärfer geworden ist. Doch selbst unter Erziehern, die zum etatistischen Lager der religiösen Rechten zählen, wo noch Gewicht auf die Identifizierung mit dem Staat gelegt wird, kann die Botschaft zwiespältig ausfallen.

Einer der bekanntesten Rabbiner dieses Lagers ist Eli Sadan, Vorsteher von Bnei David, der ältesten und größten der vormilitärischen Lehranstalten. Bnei David ist stolz darauf, dass über die Hälfte seiner Zöglinge Offiziere geworden sind.[51] Im Frühjahr 2006 veröffentlichte Sadan ein leidenschaftliches Plädoyer an strenggläubige Jugendliche, sich nicht »vom Staat zu lösen«. Er verurteilte Aufrufe zur Gewalt, um jede künftige »Vertreibung« aus Siedlungen zu verhindern, und warnte davor, dass ein Bürgerkrieg Israel zerstören würde. Ja, der Staat habe die Siedler verraten, aber der Prozess der Erlösung gehe weiter. Schließlich versprach er, dass die Gazasiedlungen doch wiederaufgebaut würden.

Sadan nahm die Ehre der religiösen Soldaten, die im Sommer 2005 ihre Befehle befolgt hatten, in Schutz: weil ihre Einheiten ja gar nicht aufgefordert worden waren, sich unmittelbar an der Entfernung der Siedler zu beteiligen. Von der Vergangenheit sprechend, offenbarte Sadan nicht, was religiöse Soldaten denn in Zukunft tun sollten, falls sie den Befehl zur Räumung von Siedlungen erhielten. In seinem »Brief an die Jugend« fehlt eine Position zu dieser Frage auffallend.[52]

Andere Lehrer ließen keinen Raum für Zweifel. In seiner Kolumne über das »Jüdische Gesetz« in der Siedlerzeitung *Besheva* rief Rabbi Eliezer Melamed wiederholt dazu auf, sich nicht an der Räumung von Siedlungen zu beteiligen. Melamed war Leiter der Hesder-Talmudschule in Har Brakhah, einer weiteren der Siedlungen, die Nablus umzingeln. 2003 erläuterte er, dass Rabbiner in der Vergangenheit nur die Zusammenarbeit mit säkularen Zionisten erlaubt hätten, um das Gebot zur Besiedlung des Landes Israel zu erfüllen. Diese Partnerschaft erstrecke sich nicht auf »Handlungen, um dieses große Gebot auf den Kopf zu stellen«, etwa durch die Beseitigung von Außenposten. In einer Kolumne ein Jahr nach dem Teilrückzug bekräftigte Melamed, dass orthodoxe Männer in den Streitkräften dienen sollten, »um die gewaltige Verpflichtung zu erfüllen, das [jüdische] Volk und das Land zu verteidigen« – jedoch nur, wenn sie ihren Kommandeuren die Stirn bieten und sich weigern würden, sich an »Vertreibungen« zu beteiligen. Massenhafte Befehlsverweigerung würde nicht zum Zusammenbruch der Armee führen, behauptete er, denn, »wenn sich viele weigern, wird ein solcher Befehl nicht erteilt«.[53]

Melameds Ansichten fanden auch außerhalb der Siedler-Medien Beachtung, nachdem es zu zwei Vorfällen unter Beteiligung von Hesder-Soldaten der Kfir-Brigade gekommen war, einer Einheit, die zur Aufrechterhaltung der Ordnung in der Westbank aufgestellt wurde.[54] Im Oktober 2009 veranstaltete das Shimshon-Bataillon der Brigade ihre Gelöbnisfeier für Rekruten nach dem Ende der Grundausbildung. Mehrfach in den Wochen zuvor hatte die Brigade Siedler vertrieben, die zu dem Ort Homesh zurückgekehrt waren, einer von vier Siedlungen im Westjordanland, die im Rahmen des israelischen Teilabzugs geräumt worden waren. Während der Feier hielten zwei Soldaten ein Schild hoch mit der Aufschrift: »Shimshon wird Homesh nicht räumen.« Für diesen beispiellosen politischen Protest bei einer Armeezeremonie kamen die beiden Männer 20 Tage ins Militärgefängnis.[55]

Im folgenden Monat entrollten sechs Soldaten des Nahshon-Bataillons, ebenfalls Teil der Kfir-Brigade, ein Transparent auf ihrem Stützpunkt, auf dem stand: »Auch Nahshon wird niemanden vertreiben.« An jenem Tag hatte die Polizei zwei Gebäude in einem illegalen Außenposten abgerissen; Soldaten des Nahshon-Bataillons hatten die Operation im Umfeld gesichert. Auch die Protestler von Nahshon erhielten nur kurze Haftstrafen. Die beiden Rädelsführer wurden degradiert und aus dem Dienst in der kämpfenden Truppe entfernt.[56]

In der Kette von Ereignissen nach den Protesten strich Verteidigungsminister Ehud Barak die Talmudschule von Melamed aus dem Hesder-Programm.[57] Rabbi Haim Druckman – eine zentrale Gestalt in der orthodoxen Siedlerbewegung seit ihren Anfängen, der ebenfalls eine Hesder-Talmudschule leitet und der Knesset angehörte – glaubt, dass Melameds Schriften über Befehlsverweigerung und seine Weigerung, einen Brief gegen Demonstrationen innerhalb der Armee zu unterzeichnen, ausschlaggebend für diese Entscheidung waren.

Auf den ersten Blick hatte Barak endlich Stellung bezogen. Doch die Sanktion gegen Melamed übertüncht das Stillschweigen des Staates, während Kleriker der theologischen Rechten fortfahren, das Militär zu politisieren. Keinerlei Maßnahmen wurden gegen andere Rabbiner von Hesder-Schulen ergriffen, die zur Befehlsverweigerung aufgerufen hatten. Zur Melamed-Affäre befragt, sagte Druckman selbst: Wenn ein Soldat den Befehl erhalte, »etwas Verbotenes zu tun – wie die Räumung von Siedlungen, um sie dem Feind zu übergeben, wie beim Siedlungsblock von Katif [im Gazastreifen] –, *dann sollte er es auf keinen Fall tun*«.[58]

In Wirklichkeit ist es ein Teufelskreis. Israel fährt mit der Besetzung der Westbank und der Ausweitung der Siedlungen fort. Die polizeiliche Überwachung des Besatzungsgebiets und der militärische Schutz der Siedler sind Sicherheitslasten, die den Bedarf an Kampfsoldaten und Offizieren, denen die Besetzung keine Skrupel bereitet, erhöhen. Um diesen Bedarf zu decken, hängt die Armee immer stärker von Rekruten der religiösen Rechten ab. Doch das erhöht die Gefahr einer Spaltung des Militärs, wenn eine israelische Regierung endlich den Entschluss fällen sollte, sich aus dem Westjordanland zurückzuziehen.

Für Politiker ist das ein weiterer Grund, diese schwierige, aber notwendige Entscheidung aufzuschieben. Je länger sie jedoch warten, desto größer wird das Risiko. Das Problem ist nicht ein einzelner Verweigerer aus Gewissensgründen. Es gibt bereits ganze Einheiten, deren Einsatz die Streitkräfte fürchten. Während

Männer, die an die unverletzliche Heiligkeit Großisraels glauben, die Kommandoleiter emporklimmen, zeichnen sich bedrohliche Möglichkeiten ab, die schlimmer als Verweigerung sind: offene Meuterei, sogar Entscheidungen hochrangiger Offiziere, sich mit ihren Einheiten einem Rückzug in den Weg zu stellen.

Diesen Prozess zu beobachten ist so, als würde man sich einen Film über die *Altalena*-Affäre rückwärts ansehen: Der Qualm verschwindet vom Schiff, die Granate kehrt in ihr Rohr zurück. Die Opposition entlädt ihre Waffen am Strand von Kfar Vitkin. Israel entwickelt sich zurück, kehrt zu dem Ausgangspunkt eines zerbrechlichen Staatswesens zurück und sieht sich einer bewaffneten Fraktion gegenüber, die sich ihren Macht- und Expansionsfantasien hingibt.

Kapitel 6

Die Arbeit der Gerechten verrichten andere

Ich stehe im Kerem-Avraham-Viertel in Jerusalem. Auf der gegenüberliegenden Straßenseite erhebt sich das steinerne Gebäude, in dem der israelische Romancier Amos Oz in einer kleinen Wohnung im Erdgeschoss aufwuchs.

Damals, in den 40er Jahren, lebten in Kerem Avraham »kleine Angestellte, Händler, Kassierer bei der Bank oder im Kino, Schul- oder Privatlehrer«, wie Oz in seinen Lebenserinnerungen *Eine Geschichte von Liebe und Finsternis* schreibt.[1] Sie befolgten die letzten Reste jüdischen Brauchtums – Anzünden der Sabbatkerzen am Freitagabend, Teilnahme am Gottesdienst an Jom Kippur – und diskutierten eifrig die Feinheiten der säkular-zionistischen Ideologie.

Während ich auf der Straße stehe, kommt eine Schar junger Mädchen vorbei, alle mit dem blassen Teint eines häuslichen Lebens. Die Mädchen tragen blaue, bis zum Hals zugeknöpfte Blusen, Faltenröcke und Kniestrümpfe, damit außer ihren Gesichtern und Händen keine Haut zu sehen ist. Kleine Jungen – im Alter von Amos Oz, als sein säkularer Vater für den Sohnemann eine orthodox-zionistische Schule aussuchte, weil die Religion ja sowieso vor ihrem Ableben stand – sind auf dem Heimweg, beladen mit schweren Büchertaschen voller religiöser Schriften. Eine Familie kommt vorbei, der Ehemann mit einem runden, oben flachen schwarzen Hut. Seine Frau schiebt einen Kinderwagen, drei weitere Kinder unter sechs laufen neben ihnen her. Die Mutter trägt eine Perücke, die übliche Methode unter den verheirateten

Frauen der »Gottesfürchtigen«, der Charedim, sittsam ihr eigenes Haar zu verhüllen.

Doch dieser Brauch ist nun Gegenstand einer schrillen Kontroverse, wie ein Plakat an einer Hauswand der Straße bezeugt. Es verkündet den Frauen, die Perücken statt Kopftücher tragen, dass sie sich wegen dieser Unzüchtigkeit, die den Eindruck erweckt, als trügen sie ihr eigenes nacktes Haar offen, vor dem himmlischen Gericht dereinst werden verantworten müssen. In einer Querstraße komme ich an einer »Kollel« vorbei – einer Talmudhochschule, wo verheiratete Männer eine bescheidene Vergütung erhalten, um sich dem Vollzeitstudium widmen zu können. Das Gebäude der Schule, auf die Oz ging, steht noch immer, doch nun beherbergt sie eine ultraorthodoxe Jungenschule.

Das heutige Kerem Avraham ist ein Viertel im charedischen Gürtel Nordjerusalems, ein Land voller Wandplakate, auf denen das Fernsehen, das Internet und rivalisierende religiöse Splittergruppen angeklagt werden; ein Ort des lebenslangen Torastudiums für Männer und zahlloser Schwangerschaften für Frauen, mit Schulen, die nur eine dürftige Vorbereitung auf den Broterwerb bieten und überhaupt keine auf die Beteiligung an einer demokratischen Gesellschaft. Das Viertel begann sich in den 50er Jahren zu wandeln, als der rebellische junge Oz schon in ein Kibbuz gezogen war, das er viele Jahre später wieder verließ.[2] Der Sozialismus, nicht die Religion ist in Israel nun eine historische Reminiszenz.

Anderthalb Kilometer vom Kindheitshaus Amos Oz' entfernt steht ein Apartmentblock, der vor mehreren Jahren für wohlhabendere Charedim errichtet wurde. Die neunstöckigen Gebäude umringen einen Hof mit einem Spielplatz, der am Spätnachmittag von Kindern wimmelt. Unter den Gebäuden befindet sich eine dreigeschossige Tiefgarage mit kleinen Kellerräumen an den Seiten der halbbeleuchteten Betonbuchten. Diese Stauräume, ein übliches Zubehör israelischer Wohnungen, gehören den Bewohnern, die in den oberirdischen Etagen leben. Doch einige der kleinen Räume haben Türklingeln, Namen an den Türen, Wasserzähler und hohe Fenster, die sich zur dunklen Garage hin öffnen. Ich höre die Stimmen eines Paares im Inneren eines der Räume und das Schreien eines Babys. Vor einem anderen steht ein Metallregal, auf dem Wäsche trocknet. Diese Stauräume wurden als Wohnungen an junge charedische Familien vermietet, die sich nichts anderes leisten können.

Das oberirdische Bild zeigt eine blühende Gemeinschaft. Unter der Oberfläche kann man einen Teil des Preises sehen, der von den Charedim selbst und vom Land als Ganzem für die eigentümliche Entwicklung der jüdischen Strenggläubigkeit in Israel zu entrichten ist.

Die Charedim von heute sind dafür bekannt, früh zu heiraten und viele Kinder zu bekommen, wobei die Männer einen Großteil oder ihr gesamtes Erwachsenenleben mit dem Studium des Talmuds verbringen statt zu arbeiten. Als der Staat gegründet wurde, waren die Charedim »völlig anders«, sagt der Soziologe Menachem Friedman. »Sie waren eine normale arbeitstätige Gesellschaft«, ähnlich der übrigen jüdischen Bevölkerung. Die Fruchtbarkeitsrate war etwa gleich. Dasselbe galt für das Heiratsalter, obwohl charedische Männer manchmal relativ spät heirateten, wenn sie ihre religiösen Studien vertiefen wollten. Um zu heiraten, musste ein Mann erst die Talmudschule verlassen und sich Arbeit suchen.[3]

Die heute in Israel verbreitete Spielart der Strenggläubigkeit ist, anders als viele Israelis und Besucher glauben, kein Schaukästchen des traditionellen jüdischen Lebens in Osteuropa vor dem Holocaust, sondern ein Geschöpf des jüdischen Staates. Politische Maßnahmen mit unerwarteten Folgen haben diese neue Form eines zugleich weltabgewandten und militanten Judentums genährt, ebenso wie erfolgreiche Bestrebungen charedischer Führer zur Wiederbelebung einer Gemeinschaft, die erst durch den Einbruch der Moderne geschrumpft und dann vom Holocaust verwüstet worden war.

Es gab zwar nach dem Zweiten Weltkrieg auch in den Vereinigten Staaten und anderen westlichen Ländern eine Wiederbelebung charedischer Gemeinden, doch war ihre Abhängigkeit von staatlicher Finanzierung dort nicht so groß.[4] Deshalb können sich erwachsene Männer dort auch nicht in einem solchen Ausmaß dem religiösen Vollzeitstudium widmen, statt arbeiten zu gehen. Der Unterschied wurde im Jahr 2000 augenfällig, als die Tageszeitung *Ha'aretz* eine Reihe von Bildern des Fotografen Alex Levac veröffentlichte, die strenggläubige Männer in New York bei der Arbeit zeigten.[5] Für das israelische Publikum waren Fotos erwerbstätiger charedischer Männer – ein Privatdetektiv, ein Lastwagenfahrer, ein Techniker, ein Bauunternehmer, ein Schweißer – eine unerhörte Neuigkeit vom Kaliber »Mann beißt Elefant«.

Wirtschaftlich gesehen ist das Wiederaufleben der charedischen Gemeinschaft in Israel ein Desaster. Israels strenggläubige Gemeinde wird immer abhängiger vom Staat und, durch ihn, abhängig von anderer Leute Arbeit. Durch die Ausbeutung politischer Patronage haben ultraorthodoxe Kleriker die religiöse Bürokratie des Staates weitgehend übernommen und anderen Juden extreme Auslegungen des jüdischen Gesetzes aufgezwungen. Indem er die Ultraorthodoxen vom Erfordernis einer grundlegenden Allgemeinbildung ausnimmt, hat der demokratische Staat eine anschwellende Gruppe in der Gesellschaft hochgepäppelt, in der demokratische Werte weder verstanden noch geschätzt werden. Und um ihre eigenen wachsenden Siedlungen zu schützen, sind charedische Parteien nun entscheidende Partner in den siedlungsfreundlichen Koalitionen der Rechten.

Dies ist eine Geschichte voller Ironie. Hier ist die Erste: Der wesentliche, aber verkannte Katalysator der Umwandlung der ultraorthodoxen Gesellschaft in Israel war ein Gesetz von 1949, das die unentgeltliche Schulpflicht einführte.

Im Palästina unter britischem Mandat gab es nur wenige, verstreute und finanziell kärglich ausgestattete strenggläubige Schulen. Nach der Unabhängigkeit kamen die meisten davon unter das Dach eines Schulsystems der Agudat Yisrael (»Vereinigung Israel«), einer orthodox-jüdischen Partei. In einer Sitzung des Erziehungsausschusses der Knesset im Juni 1949 erwähnte ein Regierungsoffizieller beiläufig, dass es drei mit Parteien verbundene Schulsysteme gegeben habe, es nun aber, einschließlich des ultraorthodoxen, vier seien. Die Hinzufügung klingt wie eine Belanglosigkeit, zu der es beinahe zufällig kam. In den Beratungen des Erziehungsausschusses zum Schulpflichtgesetz war die Tatsache, dass der Staat nun Budgets für ultraorthodoxe Schulen bereitstellen würde, kaum einer Erwähnung wert. Schließlich stand die Strenggläubigkeit vermeintlich ja kurz vor ihrem Untergang.[6]

Stattdessen geschah das Gegenteil. Die staatliche Finanzierung ermöglichte es, neue ultraorthodoxe Schulen zu öffnen und regelmäßige Gehälter zu zahlen. Junge charedische Frauen konnten ihre Lehrerausbildung in Kursen von Agudat Yisraels Mädchenschule Beit Ya'akov im Alter von 18 oder 19 abschließen und Stellen in Grundschulen einnehmen. Unterdessen bekamen die charedischen Schulen einigen Zulauf durch Kinder von Juden, die aus der islamischen Welt nach Israel strömten, sodass weitere Lehrerstellen entstanden. Die absoluten Zahlen waren klein, aber die Wachstumsrate war erstaunlich: In den ersten vier Jahren nach der Staatsgründung stieg die Zahl der Schüler in den Grundschulen von Agudat Yisrael von 7000 auf 24 000.[7]

1953, als die Knesset beschloss, Schulen in der Trägerschaft der Parteien abzuschaffen und ein nationales Erziehungssystem zu schaffen, ließ sie Schlupflöcher im Schulrecht offen, die es den Bildungsanstalten von Agudat Yisrael erlaubten, ihren Betrieb fortzuführen und dafür staatliche Gelder zu erhalten.[8] In dem Maße, in dem sich die israelische Wirtschaft modernisierte, wurde die höhere Bildung zur Norm. Der Staat half bei der Finanzierung von ultraorthodoxen Sekundar- und anderen Schulen, doch die höheren Lehranstalten für charedische Jungen waren Talmudschulen, die gänzlich der religiösen Unterweisung gewidmet waren. Die meisten waren Internate, wo die Schüler von morgens bis abends die Tora studierten und die Rabbiner die Eltern ersetzten.[9] Von hier aus wechselten die jungen Männer – nicht nur, wie in Osteuropa vor dem Holocaust, die wenigen Hochbegabten, sondern die breite Masse – auf höhere Talmudschulen.

Die führende charedische Persönlichkeit in Israel, Rabbi Avraham Yeshayahu Karelitz, nutzte diese veränderten Bedingungen, um im Namen eines extremen Konservatismus einen Wandel in die Wege zu leiten: Charedische Männer und Frauen sollten jung heiraten, die Männer auch nach der Heirat weiter in Talmudschulen die Tora studieren, unterstützt von ihren in Grundschulen unterrichtenden Frauen. Zuwendungen sollten sie auch von ihren arbeitenden Eltern erhalten. Die Mittel, um solchen Kollel-Studenten kleine Stipendien zu zahlen, kamen von Juden aus westlichen Ländern. Die Spender waren nicht unbedingt orthodox. Eher betrachteten sie ihre Gaben als Ehrung der zerstörten jüdischen Welt Osteuropas, die sie durch den Zerrspiegel von Verlust und Nostalgie sahen. Junge Charedim lehnten die israelische Gesellschaft ab, akzeptierten aber ihre Forderung nach idealistischer Aufopferung. Durch ein ganz dem Torastudium gewidmetes Leben überflügelten sie ihre bürgerlichen Eltern und ihre säkularen Rivalen.[10]

Ironischerweise wurde dieser Wandel durch die zentrale Stellung der Armee im israelischen Leben befördert, eben weil die charedische Gesellschaft ihre jungen Männer, wie sie es sah, vor den Fängen der säkularen Zwangsrekruteure der Streitkräfte bewahren wollte. Das Vollzeitstudium der Tora erlaubte es einem Mann, sich der Uniform zu entziehen. Nach und nach erlaubte der Staat die Anhebung der Rückstellungsquote von Talmudstudenten. 1948 waren es 400, 1953 schon 1200 und 1968 schließlich 4700.[11]

Die Rückstellung half dabei, junge Männer zu Gefangenen des Lebensstils von Talmudstudenten zu machen. Dafür sorgte außerdem die »charedische Bildungslücke«: Obwohl ultraorthodoxe Männer viele Jahre studierten, waren sie durch ihre Schulbildung in keiner Weise auf Jobs in einer modernen Wirtschaft vorbereitet. Seit ihren jungen Jahren hatten weder Mathematik, Naturwissenschaften, Fremdsprachen noch andere allgemeine Studien auf ihrem Lehrplan gestanden.[12]

So nahm die »Gesellschaft der Studierenden« – wie Friedman sie taufte – Gestalt an. Ältere charedische Männer, die vor dem Wandel erwachsen geworden waren, arbeiteten für ihren Lebensunterhalt. Eine wachsende Anzahl junger Männer blieb dagegen auch nach der Heirat in der Talmudschule, häufig ein Jahrzehnt und länger. Der Vater war Zimmermann, Ladenbesitzer oder Schneider; der Sohn Vollzeitstudent.[13] In einer Welt arrangierter Heiraten waren Torastudierende die begehrtesten Bräutigame. Das Heiratsalter sowohl der Männer als auch der Frauen sank: Zwischen 1952 und 1981 fiel das durchschnittliche Heiratsalter ultraorthodoxer Männer von 27,5 auf 21,5 Jahre. Zu Beginn dieser Periode war der typische charedische Bräutigam etwas älter als der israelische jüdische Durchschnitt. Unter charedischen Frauen wurde die Heirat vor dem 20. Lebensjahr üblich.[14] Ultraorthodoxe Paare bekamen früh ein Kind und hatten häufig weitere. Auch das erschwerte es Frauen ebenso wie Männern, die charedische Gesellschaft zu verlassen.

In den 40er Jahren hatten ultraorthodoxe Erzieher und Eltern den Eindruck gehabt, dass sich junge Leute durch nichts davon abhalten ließen, die Religion aufzugeben. Nun hörte der Exodus auf. Der Graben zwischen der Gesellschaft der Studierenden und der säkularen Welt wurde für eine Überquerung zu breit. Rabbiner bemerkten mit Befriedigung, dass Kinder ihre Eltern an Frömmigkeit überflügelten. »Die Söhne sind vollkommener als die Väter«, frohlockte Moshe Scheinfeld, ein charedischer Ideologe, 1954 in einer Zeitschrift von Agudat Yisrael. »Dies ist die Quelle von ›Tragödien‹, die in vielen Familien stattfinden, wo die Eltern das Gefühl haben, dass ihre Söhne, die in der Talmudschule studieren, und ihre Töchter, die in … Seminaren ausgebildet werden, in ihrem Herzen gegen sie rebellieren und von ihnen, offen oder verdeckt, größere Vollkommenheit, ein größeres Opfer, eine größere Beständigkeit in der [religiösen] Praxis und im Glauben verlangen.«[15]

In einer Gesellschaft, die sich für unveränderlich hielt, standen diese Worte für eine Revolution. Junge charedische Israelis sahen die vorangehende Generation als ungenügend religiös an – ein Paradox in einer Gemeinschaft, in der Religion und Tradition Synonyme sind. Um zu beweisen, dass sie keinen Kompromiss mit der Moderne eingingen, bemühten sich junge Charedim, das jüdische Gesetz in der strengsten Art und Weise zu beachten. Sie schufen auf diese Weise eine neue Interpretation der jüdischen Praxis, eine enge Auslegung, die selbst ein Produkt der Moderne war.[16] Dies ist die Gemeinsamkeit fundamentalistischer Bewegungen: Sie sind Schöpfungen der Gegenwart, die sich als Religion aus alter Zeit ausgeben.[17]

Karelitz – bekannt unter dem Namen seines wichtigsten religiösen Werks, des *Chazon Ish* (»Visionär«) – lieferte die Theologie der strengen Auslegung. Aus seiner Sicht förderte Genauigkeit bei der Befolgung der religiösen Gesetze (Halacha) die Überwindung der natürlichen Triebe und die Reinigung der Seele. Mühsal, Belastung waren der Besen, der die Schlacke hinwegfegte. Dazu versah er die strenge Observanz mit präzisen Angaben. Ein Beispiel: Im jüdischen Gesetz werden verschiedene Maße erwähnt, etwa das Mindestmaß an Wein, das für den Segen zu Beginn des Sabbatmals erforderlich ist, oder das Minimum an ungesäuertem Brot, das am Sederabend verzehrt werden soll. Die Mengenangaben sind alt und ungenau, wie das Volumen eines Eis oder einer Olive. Dies sind Erfordernisse, wie sie in einem Buch stehen. Im realen Leben lernten jüdische Kinder von jeher die Ausübung ihrer Religion von ihren Eltern, ohne Bechermaße oder Lineale zu benutzen. Karelitz ist berühmt dafür, maximale Mengen als Minima zu deuten, als hätte es zu den Zeiten der alten Rabbiner, als sie diese Mengen festlegten, größere Eier und Oliven gegeben und als seien sie seither degeneriert, genau wie die Weisheit der Alten über die Zeitalter hinweg verblasste. Man musste für ein ausreichend großes Weinglas sorgen, um dem neuen Erfordernis zu genügen, das sich als ein altes ausgab; es war darauf zu achten, eine ausreichende Menge ungesäuertes Brot zu essen. »Daraus folgt«, wie der Historiker Lawrence Kaplan über die Wirkung des Weisen schrieb, »dass sich der Chazon Ish zwar gegen Neuerungen der

Halacha [des jüdischen Gesetzes] aussprach, er selbst aber einer der großen Gesetzesneuerer des [seines] Jahrhunderts war.«[18]

Nicht nur im Hinblick auf den Glauben, sondern auch auf die Wissenschaft machte sich Karelitz diese innovative Ablehnung der Innovation zu eigen. Die Wissenschaft der antiken und mittelalterlichen jüdischen Weisen, behauptete er, überträfe die der modernen Wissenschaftler und sei vorbehaltlos anzuerkennen.[19] Ironischerweise hatten einige dieser mittelalterlichen Gelehrten die Erlernung der Wissenschaft ihrer eigenen Zeit als religiösen Wert betrachtet, an erster Stelle der überragende Rabbiner, Philosoph und Arzt Moses Maimonides, der im 12. Jahrhundert lehrte, dass die Kenntnis der natürlichen Welt der Pfad zur Gottesliebe sei. Als Reaktionär des 20. Jahrhunderts ehrte Karelitz die Hülle der mittelalterlichen jüdischen Gelehrsamkeit, während er ihren Kern negierte. Die sehr praktische Auswirkung war, dass säkulare Studien bestenfalls als eine Verschwendung von Zeit betrachtet wurden, die besser auf das Studium der Tora verwandt werden sollte, schlimmstenfalls als intellektueller Sirenengesang, der junge Menschen zu den Felsen lockte, an denen ihr Glaube Schiffbruch erleiden würde.

Mit seinen Verdikten und Doktrinen akzeptierten die Studenten der Talmudschulen und Kollels auch den Vorrang der schriftlichen Überlieferung über die gelebte Tradition. Zum Teil war dies eine Folge des Holocaust und der massenhaften Migration von Juden nach Israel und in den Westen: Die gelebte Tradition war tot, begraben unter den Trümmern Osteuropas.[20] Junge Charedim versuchten, eine verlorene Welt wiedererstehen zu lassen; tragischerweise konnten sie nur eine Karikatur davon erschaffen.

Doch hier ging es um mehr als nur um einen historischen Bruch. Ultraorthodoxe Männer, die in Israel aufgewachsen waren, verbrachten viele Jahre in Talmudschulen – abgeschiedenen und hierarchischen religiösen Gemeinschaften. Sie lernten aus Büchern. Sie lernten, dass die Grundlage der Frömmigkeit darin bestünde, in allen Aspekten des Lebens den Rabbinern Gehorsam zu erweisen, ihr eigenes Urteil auszublenden und sich dem Urteil der großen Gelehrten der Zeit zu beugen. Die Rabbiner selbst mussten, anders als ihre Vorväter, das jüdische Gesetz nicht einer arbeitstätigen Laienschaft zuliebe pragmatisch und gemäßigt auslegen.[21] Die Schar der arbeitenden Laien schrumpfte. Jede strenge Regel konnte schließlich zur Norm werden und selbst wiederum nach einer strengeren Interpretation verlangen, sodass der Prozess der Radikalisierung voranrollte. Statt danach zu streben, das Leben in der modernen Welt zu heiligen, versuchte die Ultraorthodoxie, sich ein heiliges, von der modernen Gesellschaft abgesondertes Reservat zu errichten. All dies fand paradoxerweise dank der Finanzierung einer sich rapide modernisierenden und wunderbar kakophonischen Demokratie statt.

In einer Demokratie, so ist zu betonen, hat eine religiöse Subkultur das Recht zu einer solchen Wahl. Ihre Mitgläubigen haben das Recht – wie ich es tue – dagegenzuhalten, dass diese Belagerungsmentalität auf einer falschen Deutung der Glaubensgrundsätze beruht. Doch es ist nicht die legitime Aufgabe einer Demokratie, einzugreifen und eine religiöse Subkultur zu finanzieren. Auch sollte eine Demokratie keine Art von Erziehung fördern, die ihre Zöglinge wirtschaftlich zu Gefangenen ihrer Gemeinschaft macht.

Die ultraorthodoxe Wirtschaft war ein Pyramidensystem, auch wenn es von niemandem als solches geplant war. Am Anfang konnte jede junge charedische Frau nach Abschluss der Oberschule eine Stelle als Grundschullehrerin finden. Der Lehrernachschub war gering und das Schulsystem von Agudat Yisrael neu und noch im Aufbau befindlich. Doch die Mädchen aus diesen charedischen Grundschulen schlossen ihrerseits die Oberstufe ab und waren über kurz oder lang zu zahlreich für die verfügbaren Lehrerstellen. Sie waren die Investoren, die zu spät ins Spiel kamen. Um einen Ehemann zu unterstützen, der Talmudstudent war, mussten sich einige andere Jobs in der Wirtschaft oder im öffentlichen Dienst suchen, manchmal außerhalb der charedischen Gemeinschaft.

Männer steckten in einer kniffligeren Lage. Sie hofften nach Abschluss des Kollels auf eine »Torastelle«. Ursprünglich konnten sie in den expandierenden charedischen Talmudschulen oder in neuen Talmudoberschulen der religiösen Zionisten unterkommen, in deren Lehrplänen, neben den Kanonfächern, viele Stunden Talmudunterricht vorgesehen waren. Oder sie konnten eine Stelle in der religiösen Staatsbürokratie finden – zum Beispiel bei der Überwachung der koscheren Nahrungszubereitung in Fabriken und Restaurants, die sich mit dem Genehmigungssiegel des Oberrabbinats schmücken wollten. Dies war ein weiteres Paradox: Ihr Lebensunterhalt hing von der Gesellschaft außerhalb ab, von der sie sich absondern wollten.

Aber die orthodox-zionistischen Talmudschulen fingen an, ihre eigenen Religionslehrer auszubilden. Die Rabbinatsbürokratie expandierte nicht so schnell wie die charedische Bevölkerung. Über das Kollel in einen Torajob zu kommen, wurde nach und nach schwerer. In der ersten Generation konnten darüber hinaus arbeitstätige charedische Eltern helfen, Wohnungen für ihre zwei, drei oder vier Kinder zu kaufen, die Talmudstudenten oder Studentenehefrauen waren. In der folgenden Generation hatten die Eltern fünf, sieben oder neun Kinder, und einige Väter blieben ihr Leben lang Studenten. Die Pfeiler, auf denen die Gesellschaft der Studenten ruhte, waren schwach.[22]

Doch sie expandierte, und die Wahl von 1977 verschaffte ihr die Mittel dazu. Zum ersten Mal gewann Menachem Begins Likud eine schmale Mehrheit im Parlament. Wie in Israel üblich, musste Begin ein Bündnis mit anderen Parteien zimmern, um regieren zu können. Und zum ersten Mal seit 1953 trat Agudat Yisrael in die herrschende Koalition ein.

Die charedische Partei hatte ideologische Gründe für die Zusammenarbeit mit Begin. Anders als die zionistische Linke präsentierte sich die Rechte nicht als Religionsersatz. Begin, obwohl nicht strenggläubig, würzte seine Reden mit Anspielungen auf Gott. Er fühlte sich in einer Synagoge wohl. Wie die amerikanischen Spender der Talmudschulen verspürte er eine schmerzliche Sehnsucht nach dem jüdischen Leben Osteuropas.[23]

Aber der wahre Anstoß war praktischer Art: Begin brauchte

Koalitionspartner und war bereit, sie gut zu entlohnen. Die ultraorthodoxe Gemeinde hatte Bedürfnisse und Wünsche, die nur die
Regierung befriedigen konnte. Die Koalitionsvereinbarung von
1977 war eine lange Liste von Versprechen an Agudat Yisrael im
Hinblick auf Religions- und Budgetierungsfragen.[24] Die Vereinbarung nach den Wahlen von 1981, in denen der Likud die Arbeiterpartei hauchdünn geschlagen hatte, versprach sogar noch mehr.
Zu den Verpflichtungen gehörte eine Aufstockung der Mittel für
Schulen von Agudat Yisrael, ohne die Autonomie des charedischen Systems anzutasten, das zu unterrichten – oder nicht zu
unterrichten –, was es wollte, und die »besondere Berücksichti-
gung« anderer ultraorthodoxer Erziehungseinrichtungen.[25]

Nicht alle Versprechen ließen sich halten, doch viele wurden erfüllt. Die Regierung Begin erschwerte es Unternehmen, Arbeits-
erlaubnisse für Samstage zu erhalten, dem gesetzlichen Ruhetag.
Bei der Novellierung des recht liberalen Abtreibungsgesetzes
strich die Knesset »schwierige Familien- oder soziale Verhältnisse« als Grund für den Eingriff. Die Regierung löste den Ausschuss zur Prüfung von Frauen auf, die sich aus Gründen ihrer
Strenggläubigkeit von der Wehrpflicht befreien lassen wollten.
Stattdessen genügte es, wenn eine Frau im wehrfähigen Alter einfach eine Erklärung unterschrieb, dass sie religiös sei. Der Wandel
ermutigte nichtorthodoxe Frauen zu falschen Erklärungen, aber
Agudat Yisrael glaubte sowieso, dass Soldatinnen zur allgemeinen Zügellosigkeit in der Armee beitragen und der Wehrdienst
die Ehre der jüdischen Frauen verletzen würde.[26]

Diese Maßnamen sollten die breitere Gesellschaft so umfor-
men, dass sie mit charedischen Auffassungen vereinbar war. Andere politische Zugeständnisse schützten die charedische Subkultur. Die Armee hob die Obergrenze für Rückstellungen von der
Wehrpflicht für Talmudstudenten auf. Als Folge stieg die Zahl der
Rückstellungen von 8000 im Jahr 1977 auf 16 000 acht Jahre später und überschritt 2005 schließlich die Marke von 40 000.[27] Der
Vorsitz des Finanzausschusses der Knesset wurde zum Vorrecht
von Agudat Yisrael, in Begins Zeit und danach, was der kleinen

Partei einen unverhältnismäßig großen Einfluss auf den Haushalt der Nation verschaffte. Die Aufwendungen für ultraorthodoxe Schulen, Talmudschulen und Religionsunterricht für Erwachsene stiegen.

Das Wohlfahrtssystem des Staates bot einen weiteren Finanzierungskanal. Statt Eltern Steuererleichterungen zu gewähren, zahlt Israel für jedes Kind ein Kindergeld, sodass Familien mit einem Einkommen unterhalb des Steuerfreibetrags ebenfalls Unterstützung erhalten. In den 80er Jahren legte die Regierung neue Zumessungskriterien fest, sodass Kleinfamilien wenig oder kein Kindergeld erhielten. Für die ultraorthodoxe Gemeinde mit ihren niedrigen Einkommen und hoher Geburtenrate bedeutete das eine Geldinfusion.[28]

Die Politik erlaubte es Männern, sich vom Erwerbsleben fernzuhalten, und schrieb die Abhängigkeit der Ultraorthodoxen vom Staat fest. Laut Arye Naor, der in der Regierung Begin als Kabinettssekretär diente, waren die Veränderungen das Ergebnis unmittelbarer Koalitionserfordernisse und einer »wechselseitigen Abhängigkeit« zwischen Likud und den Ultraorthodoxen. Niemand habe die langfristigen Auswirkungen bedacht.[29]

1984 kam eine neue ultraorthodoxe Partei ins Parlament, eine Abspaltung von Agudat Yisrael. Bekannt als Shas-Partei, wurde sie von Juden aus Ländern des Nahen Ostens geführt, die in ultraorthodoxen israelischen Talmudschulen erzogen worden waren. Doch die Shas-Partei dehnte ihre Anziehungskraft auch über die Charedim hinaus auf die größere, aus Nahost stammende jüdische Unterschicht in Israel aus, indem sie die sozialen Probleme der Gemeinschaft als Symptome eines Verlustes der religiösen Tradition hinstellte. Mit ihrer Mischung aus Glauben sowie ethnischen und ökonomischen Ressentiments zog die Shas-Partei ehemalige Wähler des Likud und der Nationalreligiösen Partei an. Wie bei Agudat Yisrael befolgten ihre Knessetmitglieder die Anordnungen einer rabbinischen Führung. Mit ihrer geschickten Wählermobilisierung war die Shas-Partei von außen eine demokratische Erfolgsgeschichte und nach innen eine Theokratie. Die

Vertretung der Charedim in der 120 Mitglieder zählenden Knesset stieg von vier Sitzen 1981 auf elf 1988 bis zu einem Spitzenwert von 22 im Jahr 1999. Die Shas-Partei gründete ihr eigenes Schulsystem, vom Staat großzügig finanziert, aber kaum beaufsichtigt.[30]

Je länger ein Pyramidensystem währt, desto mehr Menschen werden darin verwickelt, desto schwieriger wird es, das Spiel aufrechtzuerhalten, und desto katastrophaler werden die Folgen seines drohenden Zusammenbruchs. Für die Ultraorthodoxen selbst und für Israel insgesamt ist das die wirtschaftliche Bedeutung der ewigen Talmudstudenten.

Ein statistisches Bild der charedischen Gesellschaft lässt sich nur in groben Zügen zeichnen, da die Definition, wer ultraorthodox ist, Statistiker in Verwirrung bringt. Doch was sich aus diesem groben Bild ergibt, ist verblüffend. 2004 gab es in Israel nach einer Zählung 470 000 Charedim, etwa sieben Prozent der Bevölkerung des Landes oder neun Prozent der israelischen Juden.[31] Ihr Anteil wuchs, weil die Fruchtbarkeit unter Ultraorthodoxen über dreimal höher ist als unter den übrigen Juden Israels. 2002 gebar die durchschnittliche charedische Frau im Laufe ihres Lebens über sieben Kinder.[32]

2003, während der Zweiten Intifada, bildete Premierminister Scharon eine Koalition ohne ultraorthodoxe Parteien. Sie war ein Produkt seltener Umstände: Bei den Wahlen jenes Jahres fürchtete ein beträchtlicher Teil des Wahlvolks Scharon, hatte jedoch den Glauben an die Arbeiterpartei verloren und wählte die liberale Shinui (»Partei des Wechsels«), die von einer starken säkularen Gegenbewegung getragen wurde. Scharons Finanzminister Benjamin Netanjahu machte sich daran, das Kindergeld für große Familien zu kürzen.[33] Dieser Schlag gegen die Haushaltskasse charedischer Familien führte nur zu einer geringfügigen Abnahme der Schwangerschaften.[34] Die Wirtschaftspolitik kann die Kultur verändern, aber nicht sofort. Davon abgesehen glichen Spenden der Diaspora an Talmudschulen zum Teil die Kürzungen staatlicher Zuschüsse aus, erklärt Rabbi Bezalel Cohen, ein kritischer ehemaliger Kollel-Student, der sich heute dafür stark macht, dass sich die Charedim Arbeit suchen. Die Finanzkrise von 2008 schmälerte auch diese Spenden, wodurch sich die soziale Krise noch vertieft hat, erläutert er.[35]

Noch einmal: Eine Kultur ändert ihre Richtung nicht so leicht, und die Richtung der ultraorthodoxen Kultur war Jahrzehnte zuvor bestimmt worden. 1979, während der Regierung Begin, gingen nur etwas über 20 Prozent der ultraorthodoxen Männer im Alter von 35 bis 54 keiner Beschäftigung nach. Im Jahr 2000 nahmen 63 Prozent der charedischen Männer in dieser Altersgruppe nicht am Erwerbsleben teil, und ihre Zahl stieg bis 2008 auf 65 Prozent.[36] Bis dahin waren mindestens 55 000 Männer in Israel Kollel-Studenten – also Studenten an einer Talmudhochschule –, was bedeutete, dass das Vollzeitstudium des Talmuds die häufigste Beschäftigung unter erwachsenen charedischen Männern war.[37] Trotz des Ideals, dass Frauen ihre studierenden Ehemänner unterstützen sollen, war auch unter ultraorthodoxen Frauen die Beschäftigungsquote gering.[38] Das Nationale Versicherungsinstitut, eine staatliche Behörde, berichtete, dass ein Fünftel aller israelischen Familien in jenem Jahr unterhalb der Armutsgrenze lebte – und etwa zwei Drittel der ultraorthodoxen Familien.[39]

In den letzten Jahren diskutierte die charedische Gesellschaft vermehrt über die Notwendigkeit, einer Erwerbstätigkeit nachzugehen. Doch es gibt zwei Barrieren, die dem Verlassen eines Kollels im Weg stehen. Einerseits sind Jobs, die ein Thorastudium voraussetzen, trotz des Bevölkerungswachstums dünn gesät. Die Talmudschulen haben ihre Klassen vergrößert, erklärt Cohen. In einigen Instituten werden die Lehrer schwarz bezahlt, ohne Sozialleistungen und Rentenbeiträge. Daher »unterrichten die Lehrer weiter, bis sie 90 sind«, sagt Cohen, statt jüngeren Kräften Platz zu machen. Andererseits vermittelt die charedische Erziehung ihren Absolventen keine grundlegenden Fertigkeiten für ein Universitätsstudium oder eine Beschäftigung in einer postindustriellen Wirtschaft.

Und viele weitere Kinder wachsen in die Reihen der Erwerbs-untüchtigen hinein. Über ein Fünftel der israelischen Charedim ist vier Jahre oder jünger.[40] Ein Viertel aller Kinder in Israel besuchte 2009 ultraorthodoxe Kindergärten und Vorschulen.[41] Falls diese Kinder keine andere Erziehung erhalten, als ihre Eltern und Erzieher für sie vorsehen, werden auch sie lebenslang abhängig bleiben von der schrumpfenden Zahl israelischer Erwerbstätiger. Das Pyramidensystem wird Israel in den Bankrott treiben und die Charedim hungrig zurücklassen.

Dieses breite Bild setzt sich aus vielen einzelnen Menschen zusammen, deren Welt aus dem Gleichgewicht geraten ist. In der Generation seines Vaters, erzählte mir ein teilzeitbeschäftigter Charedim, war es normal, das Kollel mit 13 Jahren zu verlassen, während heute Männer im Alter von 40 oder 50 noch immer studieren. Er selbst ging auf die 40 zu, mit einer relativ kleinen Familie von nur fünf Kindern, und gab hier und da gegen Bezahlung ein bisschen Unterricht. Wir saßen im Wohnzimmer seiner Wohnung in einem gänzlich ultraorthodoxen Viertel jenseits der Grünen Linie. Im Geheimen, bei sich selbst, war er gesellschafts-kritisch. Er sprach langsam, als müsse jedes Wort erst zwischen Hunderten widerstreitender Gedanken ausgehandelt werden. Seine Frau hatte Arbeit, deshalb kam seine Familie zurecht, doch aus dem »Torajob«, den er sich von Jugend auf erhofft hatte, war nie etwas geworden. »Stück für Stück wurde eine Situation geschaffen, in der jeder im Kollel studiert und die Zahl der Torastel-len sinkt«, klagte er.

Aufgrund der wirtschaftlichen Lage hätten »die Leute dauernd ein flaues Gefühl im Magen. Ein Kollel-Student arrangiert die Heirat seiner Tochter und verpflichtet sich zu Beträgen [für das junge Paar], die er nie im Leben gesehen hat.« Die übliche Reaktion der Gesellschaft besteht darin, den Glauben zu betonen. »Sie sind nicht gerne realistisch. Sie reden lieber religiös. Sie sagen Dinge wie: ›Bevor du nach der Zukunft fragst, blick zurück: Vor 30 Jahren haben die Leute schon gesagt, dass es nicht so weitergehen kann, und schau nur: Es geschehen Zeichen und Wunder!«. Eine Woche zuvor hatte ein berühmter Rabbiner in seinem Viertel einen Vortrag gehalten über das Thema »Vertrauen in den Himmel setzen und mit wenig zufrieden sein«.

Das Leben der Charedim, fuhr er fort, baue auf das, was die Rabbiner sagen. »Das geht weit über die Ehrung von Toragelehrten hinaus, wie es in früheren Generationen der Fall war: Es ist das Vertrauen, dass sie mehr wissen, mehr verstehen« von den praktischen und politischen Dingen, nicht nur von der Religion. Damit anzufangen, seine eigenen Schlussfolgerungen zu ziehen, sei ein langsamer und gefährlicher Prozess, denn: »Wenn jemand anfängt, am Wort seiner Rabbiner zu zweifeln, ist es schwer, eine Grenze zu ziehen.« Da könnte ja das ganze Glaubensgebäude einstürzen. Vertrauen in die Rabbiner, sagte er, »ist die Erziehung, die sie meinen Kindern eintrichtern«. Doch er gab zu, dass er die Entwicklung zu einer beschränkteren Erziehung hingenommen hatte. Sein Vater war noch auf eine Schule gegangen, die Toraunterricht mit einem akademischen Curriculum verband und aus deren Schülern später nicht nur Rabbiner, sondern auch Professoren und Ärzte wurden. Er selbst hatte eine Grundschule von Agudat Yisrael besucht, wo Geschichte, Mathe und sprachlicher Ausdruck in der Muttersprache unterrichtet wurden, aber kein Englisch – ein wesentliches Fach im israelischen Bildungskanon. Seine Sekundarschule war eine Talmudschule ohne säkulare Fächer gewesen. Seine Söhne gingen auf sogenannte *talmudei Torah*, Schulen außerhalb des Agudat-Yisrael-Systems, jedoch überwiegend staatlich finanziert, wo für Kanonfächer pro Tag 45 Minuten vorgesehen waren. So sieht in der Welt der israelischen Strenggläubigen der normale Fortgang durch die Generationen aus. Der Mann, der mir gegenüber am Tisch saß, hatte sich einer stillen Rebellion angeschlossen und schickte seinen ältesten Sohn abends in den privaten Englischunterricht, um ihm so die Möglichkeit eines späteren Studiums an der Universität zu eröffnen.

Die Frau meines Gastgebers blieb während unseres Gesprächs in einem anderen Zimmer. Bevor ich ging, rief sie ihn zu einer dringenden Unterredung. Er kam zurück und bat mich unbehaglich um eine schriftliche Versicherung, dass ich nichts schreiben würde, wodurch man ihn identifizieren könnte. In ein paar Jahren würden sie für ihre Töchter Hochzeiten arrangieren müssen. Da konnten sie es nicht riskieren, als Kritiker oder Häretiker bekannt zu werden.

Die Auswirkungen der Verbindung des Staates mit der Ultraorthodoxie beginnen im Geschäftswesen, aber sie gehen weit darüber hinaus. Zwei Beschäftigungsquellen für charedische Männer waren zum Beispiel das staatliche Rabbinat und die rabbinischen Gerichte. Das Rabbinat hält die exklusive Zuständigkeit für die Heirat unter Juden innerhalb Israels inne. Die Hauptfunktion der rabbinischen Gerichte ist die Scheidung, ebenfalls ein religiöses Monopol. Für heiratswillige gemischte Paare oder Juden, die nichts mit einer klerikalen Bürokratie zu tun haben wollen, besteht die einzige Alternative zum Rabbinat darin, für eine zivile Zeremonie ins Ausland zu gehen. Bei Scheidungen gibt es keine Alternative.[42]

Formal werden die Richter rabbinischer Gerichte aufgrund ihrer Qualifikation ernannt. In der Praxis werden die Stellen in den Gerichten und beim Rabbinat in Patronage verteilt. Die wachsende Macht der charedischen Parteien seit 1977 hat es ihnen ermöglicht, mehr von diesen Stellen mit ihren Kandidaten zu besetzen.[43]

Die Behandlung von Frauen durch rabbinische Gerichte ist besonders schändlich. Unter jüdischem Gesetz gewährt der Ehemann seiner Frau die Scheidung. Rabbinische Richter haben störrischen Ehemännern immer wieder erlaubt, ihren Frauen jahrelang die Scheidung zu verweigern oder ihren Vorteil zu nutzen, um die Konditionen für Unterhalt und Sorgerecht zu diktieren. Religionsgelehrte, die sich um die Rechte der Frauen sorgen, haben innovative Deutungen des jüdischen Gesetzes vorgeschlagen, um das Problem zu lösen.[44] An derlei Neuerungen zeigen die rabbinischen Richter indes kein Interesse.

Im Namen der Tradition hat das rabbinische Establishment in Staatsdiensten jedoch alarmierende Veränderungen ins Judentum eingeführt, insbesondere im Hinblick auf die Frage, wer Jude ist. In der klassischen jüdischen Sichtweise sind Juden eine »große, weitläufige Familie«, die einen Bund mit Gott geschlossen hat – um die Wendung des Rechtsprofessors Zvi Zohar von der Bar-Illan-Universität zu benutzen. Das Kind einer jüdischen Mutter ist Mitglied des Clans; ein Konvertit ist ein Adoptivkind und bleibt wie jeder, der in die Familie geboren wird, lebenslang jüdisch, ob sie oder er nun die Regeln des Bundes einhält oder nicht. Das ist ein Selbstverständnis, das nur schlecht in die europäischen Kategorien von »Nation« und »Religion« passt, doch sowohl der Zionismus als auch die Ultraorthodoxie haben versucht, das Judentum in diese Korsetts zu zwingen.[45]

Das staatliche Rabbinat hat nichtorthodoxe Übertritte nie anerkannt. In den letzten Jahren steht es orthodoxen Konversionen zunehmend skeptisch gegenüber, außer jenen, die von einer auserwählten Gruppe von Rabbinern vollzogen werden. Mehr noch, eine radikale These hat sich unter den Richtern rabbinischer Gerichte festgesetzt: Damit ein Übertritt zum Judentum gültig ist, muss ein Konvertit sich aufrichtig auf die Einhaltung des jüdischen Gesetzes verpflichtet haben – und seine Aufrichtigkeit im Augenblick der Konversion lässt sich noch Jahre später an seinem Verhalten ablesen. Wenn ein Konvertit unkoscheres Essen zu sich nimmt, am Sabbat arbeitet oder womöglich, wenn es eine Frau ist, das Haar nach der Heirat nicht bedeckt, kann ein Gericht die Konversion annullieren.[46]

Das staatliche rabbinische Berufungsgericht äußerte diese Auffassung 2008, als es das Urteil eines rabbinischen Richters in einem Scheidungsfall einer aus Dänemark gebürtigen Konvertitin bestätigte. Da sie keinen streng orthodoxen Lebensstil gepflegt hatte, bekräftigte das Berufungsgericht, dass ihre 17 Jahre zuvor erfolgte Konversion ungültig sei. Statt eine Scheidung auszusprechen, annullierte der Richter ihre Heirat. Das Urteil bedeutete, dass sie keinen Juden mehr heiraten konnte, es sei denn, sie ginge ins Ausland. Ihre Kinder, aufgewachsen als Juden, hatten einfach ihre Identität verloren und wurden ebenfalls auf die schwarze Liste der rabbinischen Gerichte für Menschen gesetzt, die in Israel keine Juden heiraten dürfen.

In religiöser Hinsicht war dieses Urteil ein Skandal. Es beseitigte das jüdische Prinzip, dass ein Konvertit einem von Geburt an jüdischen Menschen gleichgestellt ist. Der größte Skandal ist jedoch, dass der Staat eine bestimmte Gruppe von Rabbinern ermächtigt hat, ihre Ansichten anderen Juden aufzuzwingen, und es ihnen erlaubt hat, einem Bürger das Recht auf Heirat zu verweigern.

Der Oberste Gerichtshof verwies den Fall in der Folge an ein anderes rabbinisches Gericht, das die Frau dreimalig zu ihrer Befolgung des religiösen Gesetzes befragte und schließlich zu dem Urteil kam, dass sie tatsächlich ordentlich konvertiert war.[47] Dieses Urteil brachte ihren Fall zwar zu einem glücklichen Ende, es beruhte aber wiederum auf der Anmaßung, der Übertritt zum Judentum stünde unter Vorbehalt und könne von einem religiösen Gericht des Staates annulliert werden. Dass hier erst das Oberste Gericht einschreiten musste, unterstreicht die Verstrickung von Staat und Religion. Abhilfe würde offensichtlich die Einführung der Zivilheirat in Israel und die Auflösung der rabbinischen Gerichte schaffen. Es ist ebenso offenkundig, dass die Knesset, solange säkulare Parteien ultraorthodoxe zum Regieren brauchen, keine solche Abhilfe beschließen wird.

In der politischen Diskussion in Israel lautet die übliche Erklärung für die Macht der ultraorthodoxen Parteien, dass sie im Parlament das Zünglein an der Waage spielen: Da sie in der Lage sind, ihre Unterstützung an eine Koalition der Linken oder der Rechten zu verhökern, können sie den Preis bei beiden nach oben treiben. Diese Darstellung ist irreführend. Die charedischen Parteien haben beharrlich rechte Regierungen bevorzugt. Doch selbst als 1992 die Arbeiterpartei und 2006 Ehud Olmerts zentristische Kadima-Partei (»Vorwärts«) die Wahlen gewannen, suchten diese Bündnisse mit den Ultraorthodoxen.[48] Die wahre Grundlage der Stärke der Charedim liegt anderswo: Im Ausschluss jener Parteien von der Macht, die ihren Rückhalt in der arabischen Bevölkerung haben.

1992, als Rabin gewählt wurde, gewannen zwei Parteien, die hauptsächlich von palästinensischen Bürgern Israels gewählt wurden, insgesamt fünf Sitze im Parlament.[49] 2006 errangen drei von Arabern unterstützte Parteien insgesamt zehn Sitze. Die Bedeutung des Wahlsiegs der Arbeiterpartei von 1992 war, dass sie *zusammen mit den arabischen Parteien* und einer anderen linken Partei eine Mehrheit in der Knesset bekam. Dasselbe galt für den Sieg der Kadima.

Doch seit Ben-Gurion die Kommunisten ausschloss, lautet die eiserne Regel, dass Parteien mit arabischer Unterstützung keine Kandidaten für Koalitionen und das Kabinett sind. Die höflichste Erklärung dafür ist, dass man, solange der israelisch-arabische Konflikt fortdauert, den von Arabern unterstützten Parteien nicht zutrauen könne, Verantwortung für die nationale Sicherheit mitzuübernehmen. Die weniger höfliche Erklärung ist, dass ein großer Teil der jüdischen Mehrheit eine Regierung, die sich zum Teil auf arabische Stimmen stützt, nicht als legitim ansieht.

Koalitionsbildungen sind wie Einkäufe: Die große Partei muss ihre kleineren Partner in politischer Münze entlohnen. Gibt es mehrere mögliche Partner, muss jeder einen niedrigeren Preis für seine Unterstützung veranschlagen. Weil die arabischen Parteien ausgeschaltet werden, können die ultraorthodoxen mehr verlangen.[50]

Es ist Rabin anzurechnen, dass er die Grenze der arabischen Beteiligung weiter vorgeschoben hat als jeder andere israelische Ministerpräsident vor und nach ihm. Ohne die von den Arabern unterstützten Parteien formal in seine Koalition aufzunehmen, einigte er sich so weit mit ihnen, dass sie ihn im Parlament unterstützten. Im Gegenzug stellte die Regierung Mittel bereit, um die lange Vernachlässigung arabischer Gemeinden auszugleichen. Wie mir ein kommunistisches Knessetmitglied damals sagte, behandelte Rabin die Kommunistische Partei wie eine öffentlich anerkannte Mätresse, was gegenüber der Vergangenheit schon eine Verbesserung darstellte, aber noch nicht genügte.[51] Als die Shas-Partei die Koalition verließ, blieb Rabin mithilfe der arabischen Parteien an der Macht, was die Wut der Rechten gegen ihn noch weiter aufpeitschte. Seit seiner Ermordung hat kein anderer Politiker mehr den Mut aufgebracht, seinem Beispiel zu folgen oder gar noch weiter zu gehen.

Die Verbindung zwischen der Macht der Charedim und dem Ausschluss der Araber ist nicht der einzige Grund, warum sich die Leiden der israelischen Demokratie wechselseitig verschlimmern. Eines der drängendsten sozialen Probleme innerhalb der charedischen Gemeinde ist die Wohnungsnot. Junge Paare, bei denen die Ehefrau und der Ehemann aus großen, minderbemittelten Familien stammen, suchen verzweifelt nach günstigem Wohnraum. Die Gemeinschaft erwartet, dass ihre gewählten Vertreter staatliche Hilfe mobilisieren. Ende der 8oer Jahre begann die Regierung, diesen Hunger nach Wohnungen auszunutzen, um Charedim in die Siedlungen zu locken.[52]

1990 wurden die ersten Häuser in Beitar Illit im Südwesten von Jerusalem fertiggestellt, in die 350 ultraorthodoxe Siedler einzogen. Die ersten Wohnungen kosteten 60 000 Dollar, wobei die Regierung eine zinslose Hypothek von 50 000 Dollar bereitstellte.[53] Vier Jahre später trafen die ersten Bewohner der späteren Stadt Modi'in Illit östlich von Tel Aviv ein. Die beiden Gemeinden wuchsen schneller als jede andere Siedlung in der Westbank. Ende 2009 waren sie die beiden größten Siedlungen mit zusammen insgesamt 81 000 Einwohnern, einem Viertel der gesamten Siedlungsbevölkerung außerhalb Ostjerusalems.[54] Neben dem ständigen Zustrom von Neuankömmlingen war auch das innere Wachstum dieser Gemeinden erstaunlich. Beinahe 30 Prozent der Menschen in Modi'in Illit war vier Jahre oder jünger.[55] In jeder Wohnung einer dieser beiden Städte konnten zehn und mehr Menschen leben. Die Regierung förderte in anderen Siedlungen des Westjordanlands weitere Bauprojekte, um Charedim anzulocken.

Praktisch jede größere charedische Familie in Israel hat nun Mitglieder, die jenseits der Grünen Linie leben, bemerkt der Geograf Joseph Shilhav, der seit langem die Welt der Ultraorthodoxen erforscht. »Jeder Haushalt hat ein ureigenes Interesse an den besetzten Gebieten«, sagt er. »Die israelischen Regierungen, die die Charedim über die Jahre in diese Orte lockten, haben sie nach rechts gedrängt. ... Nachdem sie [die Charedim] gesehen haben, was mit den Siedlungen im Gazastreifen passiert ist, haben sie noch mehr Angst ..., und das treibt sie weiter und weiter ins Extrem.«[5]

So hat die Kombination aus selbstgewählter Armut und Abhängigkeit vom Staat die ultraorthodoxe Gemeinde zu einem festen Bestandteil des Bündnisses für Siedlungspolitik und Besatzung gemacht. Die charedische Gemeinschaft lässt sich zudem bei Wahlen vollständig mobilisieren. Der hohe Wert, den das Vertrauen auf die Worte der führenden Rabbiner dieser Generation genießt, und der soziale Druck gegen öffentlichen Widerspruch stellen sicher, dass sie als Block wählen. Diese Faktoren verstärken die Repräsentation der Gemeinschaft und ihre Verhandlungsmacht. Doch die Teilhabe am demokratischen System ist reines Mittel zum Zweck – und, von außen betrachtet, defensiv. Die Stimmung in der Gemeinschaft ist eine merkwürdige Mischung aus dem Gefühl, von der säkularen Gesellschaft verfolgt zu werden, und Freude, über sie zu triumphieren.

Zur Mittagszeit lernt eine dritte Klasse in der Grundschule Nitei Meir in Beitar Illit die Einzelheiten des religiösen Gesetzes über das rituelle Händewaschen vor den Mahlzeiten. Die zwei Dutzend Jungen lesen den Text im Chor auf Hebräisch mit jiddischem Akzent. Es gibt keine Mädchen; für sie gibt es getrennte Schulen. Die Kindergartenlehrer in Nitei Meir sind Frauen. Ihre Klassenräume befinden sich im Keller, damit sie durch eine getrennte Tür eintreten können und nicht von den männlichen Lehrern gesehen werden. Die Wände der Kindergartenräume sind mit den Bildern großer rabbinischer Gelehrter geschmückt.

Um die Jungen beim Rechnen oder hebräischer Grammatik zu sehen, müsste ich später am Tag wiederkommen. In Nitei Meir haben die Erst- bis Sechsklässler von 8.30 bis 14.30 Uhr Religionsunterricht und dann zwei Stunden Kanonfächer. In der siebten und achten Klasse dauert der Religionsunterricht bis 16.00 Uhr. Zum Kanonlehrplan gehöre auch »ein bisschen Geschichte«, erklärt Rabbi Yosef Rozovsky, der erzieherische Leiter, und »Naturkunde«, eine abgeschwächte Version der naturwissenschaftlichen Fächer. Englischunterricht kommt nicht infrage. Ende des 19. Jahrhunderts sprach Rabbi Yehoshua Leib Diskin, ein Führer der orthodoxen Jerusalemer Gemeinde, einen Bann gegen das Erlernen von Fremdsprachen aus, um jüdische Kinder davon abzuhalten, auf die europäischen Schulen zu gehen, die in der Stadt gegründet wurden, erläutert mir Rozovsky, und der Direktor von Nitei Meir, Rabbi Eran Ben-Porat, fügt hinzu: »In dem Moment, wo ein Junge Englisch lernt, ist er der weiten Welt stärker ausgesetzt, er verlässt natürlich die Religion und geht vielleicht sogar eine Mischehe ein, wie in Amerika.«

Auch Geografie und Sport stehen nicht auf dem Lehrplan. »Und Bürgerkunde?«, frage ich. Nein, antwortet Rozovsky. Stattdessen studieren die Jungen ein Werk aus dem 18. Jahrhundert über ethische Selbstvervollkommnung, die *Lebensführung der Redlichen* (*Mesilat Yesharim*). (Ich muss wohl nicht eigens betonen, dass die *Lebensführung der Redlichen* zwar die moralische Besserung befördern mag, aber nichts über den Grund von Wahlen oder den Wert der Meinungsfreiheit verrät.) Der Zweck der Schule sei es, die Persönlichkeit des Kindes zu formen, argumentiert Rozovsky. Die säkulare Erziehung sei daran gescheitert, während die charedische Erziehung darin erfolgreich sei.[57] Er erwähnt nicht die Unfähigkeit der ultraorthodoxen Gemeinschaft, mit den *shebab* fertigzuwerden. Das ist ein arabisches Wort für Jugendliche, mit dem ursprünglich die Steine werfenden palästinensischen Jugendlichen der Ersten Intifada gemeint waren. Das Wort *shebab* wird heute für junge Charedim benutzt, die nicht mehr an den ultraorthodoxen Lebensstil glauben, aber durch mangelnde Berufsqualifizierung und fehlende Kenntnisse über die israelische Mehrheitsgesellschaft in der Gemeinschaft gefangen bleiben. In Beitar Illit erzählte mir ein Einwohner, dass die *shebab* an Freitagabenden ruhelos auf den Bürgersteigen herumlungern oder das Sabbatmahl mit ihrer Familie einnehmen, um dann auf die Hauptstraße zu gehen, nach Jerusalem zu trampen und durch die Bars zu ziehen.

»Jede Gesellschaft ist selektiv. Leute, die nicht hineinpassen, gehen fort«, sagt Shlomo Tikochinski, ein Bewohner von Beitar Illit und eine Seltenheit, ein charedischer Israeli, der vor kurzem einen Doktor in Geschichte gemacht hat. Die ultraorthodoxe Gesellschaft, erklärt er, hat »keinen Abfluss. Die Charedim haben sie hermetisch abgeschlossen.« Es gibt zwar noch immer Aussteiger, aber die kommen nicht heraus.[58]

Tatsächlich ist es unmöglich, eine Gesellschaft nach außen völlig abzuriegeln. Trotz der rabbinischen Verdammung des Internets kann man junge charedische Männer im Christenviertel der Jerusalemer Altstadt in Internetcafés finden oder in der Nationalbibliothek des Givat-Ram-Campus der Hebräischen Universität, wo sie die Katalogcomputer benutzen, um im Netz zu surfen. Sie nehmen an, dort nicht von anderen Charedim gesehen zu werden. Zu den Online-Versuchungen gehören charedische Diskussionsforen, wo sie anonym Ideen erörtern können, deren öffentliches Eingeständnis sie fürchten.

Und trotz der Appelle der Rabbiner, auf den Himmel zu vertrauen, treibt die wirtschaftliche Verzweiflung immer mehr Männer dazu, über eine Erwerbstätigkeit nachzudenken. Vielfach wurden Berufsausbildungs- und akademische Programme angestoßen, um Charedim eben dabei zu helfen.[59] Der Wandel erfordert eine völlige Umkehrung des eigenen Selbstbilds. Der ehemalige Kollel-Student Bezalel Cohen, der jetzt ein Jobprogramm für Ultraorthodoxe leitet, bemerkt, dass viele charedische Männer »in all ihren Gedanken und Zukunftsplänen« nie realistisch erwogen haben, sich einen ganz normalen Job zu suchen.[60] Ein Kollel-Student, der einen Beruf erlernen will, muss auch praktische Hindernisse überwinden. Um eine College-Ausbildung zu erhalten, muss er die Bildungslücken seiner Grund- und Oberschulbildung füllen. Finanziell in die Bredouille geraten laut Cohen am ehesten Männer über 40 mit einer großen Familie. Doch sich an der Uni einzuschreiben oder eine Berufsausbildung zu beginnen, bedeutet, das magere Auskommen als Kollel-Student aufzugeben.[61]

Diese Herausforderungen für Erwachsene lassen nur umso deutlicher hervortreten, welche Absurdität darin liegt, noch eine weitere, zahlreichere Generation heranzuziehen, die nur auf »die Wirtschaft der nächsten Welt« vorbereitet ist, um Menachem Friedmans Wort zu benutzen.[62] Zweimal im letzten Jahrzehnt urteilte der Oberste Gerichtshof, dass der Staat zur Wahrung der staatlichen Schulgesetze und des Gleichheitsprinzips einen Kernlehrplan für Oberschulen festlegen und aufhören müsse, charedische Talmudschulen zu finanzieren, die ihn ablehnen. Das zweite Urteil war notwendig geworden, weil die Regierung das erste ignoriert hatte.[63] Mit ihrer letzten Entscheidung kamen die Richter jedoch ein paar Tage zu spät. Während sie sich noch darauf vorbereiteten, es im Juli 2008 zu verkünden, verabschiedete die Knesset ein präventives Gesetz, das es dem Erziehungsministerium erlaubt, Sekundarschulen zu finanzieren, die »einzigartigen kulturellen Gruppen« dienen – ausdrücklich eingeschlossen charedische Schulen, die nur religiöse Fächer unterrichten.[54]

In diesem juristischen Drama kam ein altbekanntes israelisches Stück zur Aufführung: Das Oberste Gericht bekräftigte, dass in der Demokratie die Grundrechte zu wahren sind; die Ultraorthodoxen sahen das Urteil als Angriff auf das Judentum an und nutzten ihre Macht in der Knesset, um es außer Kraft zu setzen. Die kleine Variation bestand diesmal darin, dass man sich der liberal klingenden Sprache des Multikulturalismus bediente, um die Finanzierung einer illiberaler Erziehung zu schützen.

Die Demokratie ist jedoch kein Synonym für grenzenlosen

Multikulturalismus. Eine ältere Demokratie als die israelische wurde auf dem philosophischen und theologischen Grundsatz gegründet, »dass alle Menschen gleich geboren, dass sie von ihrem Schöpfer mit gewissen unveräußerlichen Rechten begabt sind«. Dies ist keine kulturell neutrale Aussage. Es ist die Proklamation einer moralischen Wahrheit, die manchmal Vorrang gegenüber dem kulturellen Erbe hat.

In einer demokratischen Gesellschaft ist es vernünftig, das Recht der Eltern zu schützen, ihre Werte und ihren Glauben an ihre Kinder weiterzugeben. Doch dieses Recht muss abgewogen werden gegen das Eigenrecht der Kinder, die Menschen und keine Sachen sind, und gegen die Rechte anderer Bürger.

Wenn es zu den religiösen Werten der Eltern gehört, jugendliche Töchter in polygame Ehen zu zwingen, ist der Staat verpflichtet, einzuschreiten. Die Religionsfreiheit deckt keinen Kindesmissbrauch. Wenn ein Erziehungssystem jungen Menschen das Wissen vorenthält, das sie als Erwachsene zum Erwerb ihres Lebensunterhalts brauchen werden, um ihnen auf diese Weise die freie Entscheidung zu rauben, ob sie in einer sektiererischen Gemeinschaft bleiben oder sie verlassen wollen, ist das eine Form des Kindesmissbrauchs. Wenn der Staat diesen Missbrauch duldet, verletzt er seine Pflichten. Wenn er eine solche Erziehung finanziert, ist das gewissenlos. Indem er solche Kinder zwingt, als Erwachsene zu Mündeln der Öffentlichkeit zu werden, verletzt der Staat die Rechte der übrigen Bürger, die sie unterstützen müssen.

Das Problem des charedischen Schulsystems ist jedoch nicht nur ein wirtschaftliches und wird nicht allein gelöst, wenn der Lehrplan durch berufsvorbereitende Fächer ergänzt wird. In ihrer gegenwärtig eingeengten Form verwehrt die ultraorthodoxe Erziehung, in der Geistes- und Naturwissenschaften nahezu gänzlich fehlen, jungen Menschen die Chance, Meinungen zu äußern und infrage zu stellen, Sachverhalte von vielen Seiten zu betrachten, die Welt mit den Augen anderer Menschen zu sehen und die menschliche Komplexität zu begreifen.[65] Sie versäumt es, die Mechanismen und die moralische Grundlage der Demokratie zu vermitteln. Sie unterlässt es, jungen Menschen die grundlegenden wissenschaftlichen Kenntnisse beizubringen, die sie brauchen, um den Rat eines Arztes oder eine Diskussion über die globale Erwärmung zu verstehen. Auch dies ist Missbrauch. Nicht nur müssen Kinder lernen, frei zu denken, sie haben die Pflicht dazu, denn die freie Erwägung von Ideen ist wesentlich für das Funktionieren einer Demokratie. Die übrigen Israelis haben das Recht auf Mitbürger, die ohne Angst über Themen debattieren und ihre Stimme als Individuen abgeben können.

Der »weiten Welt ausgesetzt zu sein« führt nicht »natürlich« zur Aufgabe der Religion. Eine religiöse Erziehung und eine liberale Erziehung sollten sich wechselseitig ergänzen. Der Talmud, der Inbegriff der jüdischen Erziehung, ist im Grunde das Transkript jahrhundertelanger Debatten. Er kann, wie der amerikanisch-jüdische Erzieher Joshua Gutoff bekräftigt, im Unterricht dazu dienen, die »moralische Vorstellungskraft« zu wecken, die Fähigkeit, die moralische Komplexität des alltäglichen Lebens zu erkennen.[66]

Der Staat Israel darf das Recht orthodoxer Eltern respektieren, ihren Kindern eine religiöse Erziehung angedeihen zu lassen. Aber indem er religiösen Schulen erlaubt, Kindern eine Allgemeinbildung zu verwehren, lässt er diese Kinder im Stich und gefährdet seine eigene Zukunft als Demokratie.

Der gepanzerte Personentransporter hält im trockenen Flussbett. Soldaten springen auf den steinigen Boden, schwärmen, beladen mit Gewehren, Helmen und Kampfwesten, in einer Reihe aus, stürmen bergauf und werfen sich bäuchlings an den Hang. Eine zweite Reihe Männer rückt vor, überholt die erste und wirft sich dann zu Boden, um Feuerschutz zu geben, während die erste wieder auf- und an ihnen vorbeispringt. Ihnen gegenüber stehen, über den Hang verstreut, Pappkameraden, Darstellungen behelmter Männer mit Gewehren, die nun vom Feuer der vorrückenden Soldaten durchlöchert werden. Eine unwirkliche Ruhe verströmend, gehen Offiziere ohne Helm aufrecht hinter dem Trupp her und beobachten seine Leistung. In ein paar Minuten haben die Männer von Netzah Yehudah, dem charedischen Bataillon der israelischen Streitkräfte, zwei Wüstenhügel eingenommen. Der Kompaniekommandeur, ein glattrasierter Offizier, aufgewachsen in einer religiös-zionistischen Siedlung auf den Golanhöhen, ist zufrieden. Die Übung lief »wie am Schnürchen«, sagt er. Er musste nie eingreifen.

Netzah Yehudah ist eine ungewöhnliche Einheit. Die Soldaten müssen Kippas tragen, dreimal täglich beten, den Sabbat einhalten und jeden Tag am Torastudium mit den Rabbinern der Einheit teilnehmen. Auf dem isolierten Stützpunkt des Bataillons werden auch die üblicherweise mit Frauen besetzten Positionen – die Erziehungsoffizierin, die Unteroffizierin für soziale Belange – von Männern eingenommen. Frauen kommen nicht durchs Tor.

Netzah Yehudah zog seine ersten Rekruten 1999 ein. Die Einheit war ein Gemeinschaftsprojekt der Personalabteilung der Streitkräfte und eines Verbands charedischer Rabbiner, die sich um junge, für das Talmudstudium ungeeignete Männer sorgten. Um eine legale Beschäftigung aufzunehmen, mussten sie offiziell von der Talmudschule abgehen, was wiederum bedeutete, dass sie ihren Wehrdienst bei der Armee ableisten mussten. Die Rabbiner waren einverstanden, mit der Armee zusammenzuarbeiten, wenn die Einheit einen charedischen Lebensstil durchsetzte. Soldaten, die sich melden, bekommen einen Bonus: Sie verbringen ihr letztes Dienstjahr entweder mit dem Erwerb des Oberschulabschlusses oder einer Berufsausbildung.

Netzah Yehudah begann mit 30 Rekruten. Als die Einheit ihren zehnten Geburtstag beging, hatte sie 700 Mann im Waffendienst in vier Kompanien und expandierte weiter. Die israelischen Streitkräfte betrachten die Einheit als Erfolg. In der ultraorthodoxen Welt hingegen wettern bedeutende Rabbiner gegen Netzah Yehudah, damit sich bloß keine echten Talmudstudenten zu ihr melden.[67]

Die Soldaten sind nicht alle aus einem Guss. Etwa ein Drittel sind religiös-zionistische Soldaten, die eine strenggläubigere

Atmosphäre wünschen, als sie anderswo in der Armee herrscht. Ihre Präsenz hat Forderungen der Soldaten aus dem Hesder-Programm nach eigenen Einheiten laut werden lassen. Einige der Soldaten sind nur äußerlich Charedim. Ein zu der Einheit befragter Militärrabbiner erzählt von »einem jungen Mann, der zu mir kam, mit Bart und Schläfenlocken, bitter und wütend, dass man ihm verboten hatte, am Sabbat zu telefonieren ... Er verstand nicht, warum die Armee ... ihn zwang, die religiösen Gebote einzuhalten.«[68]

Die Einheit wird in enger Abstimmung mit dem rabbinischen Verband geführt. »Die Kommandeure tun nichts, ohne die Rabbiner zu konsultieren«, sagt Ze'ev Drori, ein Militärexperte und Oberst der Reserve, der über Netzah Yehudah geforscht hat. Der Bataillonskommandeur zur Zeit meines Besuchs, ein religiös-zionistischer Offizier, glaubte, dass es noch dauern würde, bis ein ultraorthodoxer Soldat bis hinauf zum Kommando der Einheit aufsteigen würde, doch der Tag würde kommen. »Wir legen das Gewicht auf die Verteidigung des jüdischen Volkes« statt auf die des Staates, sagte er, um die Moral zu heben.[69] Die meisten Soldaten identifizieren sich nicht mit dem säkularen Staat und seinen Bürgern.

Der Militärrabbiner des Bataillons, Leutnant Ariel Eliahu, ist der Enkel des früheren Oberrabbiners Mordechai Eliahu und Sohn von Shmuel, dem umstrittenen rechtsextremistischen Rabbiner der galiläischen Stadt Safed. Leutnant Eliahu hält häufig den täglichen Unterricht für die Soldaten ab, über Themen, die vom Talmud bis »zur Gerechtigkeit unserer Sache« reichen, inklusive der »Wahrheit, dass ... das Land Israel durch historisches und göttliches Urteil uns gehört«.[70] Drori merkt an, dass ein Rabbiner, der in einer Unterrichtsstunde vor Soldaten »die Liebe zum Land und zum Judentum im Vergleich zum Arabischsein einfließen lässt«, sein »persönliches und politisches Credo« vermittle.[71] Religionsunterricht wird zu politischer Indoktrination.

Netzah Yehudah ist Teil der Kfir-Brigade, deren Hauptaufgabe die polizeiliche Kontrolle des Westjordanlands ist. Das Bataillon nimmt Razzien zur Verhaftung von Palästinensern vor, die des Terrorismus verdächtig sind, und besetzt Checkpoints, die die Palästinenser ständig passieren müssen. Netzah Yehudah war nicht zur Sicherung des Abzugs aus Gaza eingeteilt. Es erschien nicht als sinnvoll, die Soldaten in diese Zwickmühle zu bringen.[72]

Die charedische Einheit liefert ein weiteres Beispiel dafür, wie die Belastungen der israelischen Demokratie einander verstärken. Das Bataillon soll die Selbstabschottung der Charedim überwinden, doch es setzt auf Segregation innerhalb der Armee. Es ist eine Einheit, die an eine bestimmte politische Gemeinschaft gebunden ist, mit zwei Kommandohierarchien, einer militärischen und einer ideologischen – eine Einheit, deren Korpsgeist auf der Verteidigung der Juden und ihres historischen Heimatlandes aufbaut, nicht auf der Verteidigung Israels. Es ist diese Art von Einheit, die Ben-Gurion in seiner Armee wohlweislich nicht haben wollte.

Durch Netzah Yehudah und die charedischen Siedlungen wird ein Problem der israelischen Gesellschaft in die besetzten Gebiete exportiert. Es gibt aber noch eine größere Gefahr: Je länger die Besatzung dauert, desto stärker werden ihre Übel auf Israel selbst zurückfallen. Sie lassen sich nicht hinter der fehlenden Grenze abriegeln. Sie bilden Metastasen.

Kapitel 7

Die Revolution kommt heim

»Hier herrscht eindeutig Krieg, manchmal schlimmer als in Samaria«, sagte der Student. »Es ist kein Krieg mit Gewehren. Es ist ein Krieg des Lichts gegen die Dunkelheit.« Aus diesem Grund habe er sich klare Grenzen gesteckt und halte sich von jeglichem Kontakt mit Arabern fern, selbst wenn sie Tür an Tür mit ihm wohnten.

Wir sitzen in einem Nebenzimmer der Hesder-Talmudschule in Akkon – oder Akka, wie Angehörige der arabischen Minderheit in der israelischen Küstenstadt sie nennen, oder Acre, wie sie manchmal auf englischen Karten heißt. Der Student wuchs in einer Siedlung in Samaria in der nördlichen Westbank auf. In Samaria hatte es eine klare Trennlinie zwischen Juden und Arabern gegeben, das war ihm lieber. Er war Anfang 20, frisch verheiratet und nach Beendigung seines Waffendienstes in der Armee zurück in der Talmudschule. Jahre zuvor, erzählte er, hätten die Araber angefangen, sich von der im Südwesten gelegenen Altstadt Akkons aus »breit zu machen«. Die Trennlinie bildeten nun die Bahngleise – überwiegend Araber auf der Westseite, überwiegend Juden im Osten. Doch nun versuchten die Araber, auch auf die Ostseite vorzudringen. Die Schlacht um Akkon, sagte er, werde »psychologisch und offen« geführt. Es gehe darum, »wer hier sein wird, wer hier herrschen wird«.

Die Talmudschule liegt auf der Westseite, im Wolfson-Viertel, in einer Synagoge, die von Wohnblocks im Sowjetstil aus den frühen Jahren Israels umgeben ist: lange, vierstöckige, stuckverzierte

Karrees mit mehreren Eingängen, von denen Treppenaufgänge zu kleinen Wohnungen führen. Die meisten Namen an den Briefkästen sind arabisch, ein paar jüdisch. Auf der Hauptstraße steht ein Restaurant in arabischem Besitz neben einem Geschäft mit leerem Schaufenster, vormals eine Zahnklinik mit Schriftzügen in Hebräisch und Russisch, eine Erinnerung an die Einwanderungswelle, die in den 90er Jahren aus der Sowjetunion nach Israel schwappte. In der Nähe der Talmudschule wurde ein Eckkiosk zu einer winzigen Polizeiwache umgebaut – eine unterschwellige Erinnerung daran, dass es hier 2006 zu Händeln zwischen den Talmudstudenten und ihren Nachbarn kam, ein Vorgeschmack auf die ethnischen Krawalle von 2008.

Akkon war die letzte Hauptstadt der Kreuzfahrer im Heiligen Land. Im Hinblick auf die lange, bis ins Altertum zurückreichende Stadtgeschichte ist das die jüngere Vergangenheit. In noch viel jüngerer Vergangenheit war Akka eine der Hauptstädte von Arabisch-Palästina – und der Hafen, von dem aus 1948 viele Palästinenser auf Schiffen gen Norden nach Beirut flüchteten. Doch als Soldaten der Hagana die Stadt am vierten Tag der israelischen Unabhängigkeit eroberten, blieben einige palästinensische Bewohner zusammen mit Arabern aus den umliegenden Dörfern, die hier Zuflucht gefunden hatten, dort. Ihre Zahl war klein genug, dass der israelische Staat ihre Umsetzung aus dem modernen, aus der Zeit der Briten stammenden Teil in die ummauerte Altstadt anordnen konnte, wobei innerhalb der Mauern noch Platz für jüdische Einwanderer blieb, die sich ihnen zugesellten.[1] Akkon war nun eine von Israels »gemischten Städten«, überwiegend jüdisch, zum Teil arabisch.

Die Sieger bestimmten die Straßennamen. Entlang des Strandes verläuft die Hagana-Straße. Die arabische Gesamtschule gleich außerhalb der Altstadt liegt an der »Straße der beiden Eliahus«, benannt nach Eliahu Hakim und Eliahu Bet Zouri, Mitglieder der Lechi-Terrorgruppe, die 1944 den britischen Nahostbeauftragten in Kairo, Staatsminister Lord Moyne, ermordeten. Sie wurden gehängt und zu Märtyrern der israelischen Rechten.[2] Jene, die diesen Straßennamen wählten, bedachten sicher nicht die Lehre, die arabische Oberschüler daraus ziehen könnten. Die Glut ethnischer Konflikte macht die Menschen blind dafür, wie ihre Taten auf die andere Seite wirken könnten.

In den 60er Jahren zogen Juden aus der Altstadt in die modernen Wohnquartiere des Wolfson-Viertels. Später, als auch Araber Häuser in der Nachbarschaft fanden, zogen die Juden weiter, in neuere Stadtteile oder in die nahe gelegene rein jüdische Stadt Nahariyah.[3] In Akkon gingen die Moslems zum Beten in die Altstadt; die Regierung verweigerte die Erlaubnis, die vor 1948 errichtete Moschee außerhalb der Stadtmauern wieder zu öffnen.[4] Unterdessen leerte sich nach und nach die große Synagoge im Wolfson-Viertel. Palästinensische Bürger Israels zogen aus nahe gelegenen Dörfern Galiläas nach Akkon, wo die wachsende Bevölkerung mit einer Politik ins Gehege kam, die sowohl Land als auch Baugenehmigungen zu einem knappen Gut machte. In den 90er Jahren trafen Russisch sprechende Immigranten ein. Insgesamt blieben die Juden die große Mehrheit in der Stadt.[5]

Hier betreten zwei weitere ultranationalistische Eliahus die Bühne: der ehemalige Oberrabbiner Mordechai Eliahu und sein Sohn, Rabbi Shmuel Eliahu. Ende der 90er Jahre begannen sie ein Projekt zur Ansiedlung von Gruppen ihrer Anhänger in israelischen Städten, um unter den Armen tätig zu werden und Juden von ihrer Version des »erlösenden« Judentums zu überzeugen. Auf der Agenda dieser städtischen »Siedlungsgruppen« standen zwar religiöse Erziehung und soziale Projekte, die erste Stadt, die Mordechai Eliahu ins Visier nahm, war jedoch Akkon, das, wie er meinte, von den Juden im Stich gelassen wurde. Sein Sohn erkor Nachshon Cohen, einen Rabbiner, der auf die Talmudschule in Hebron gegangen war, zum geistigen Führer der Gruppe. Cohen erinnerte sich später, dass er drei der ersten Familien der Gruppe aus jüdischen Siedlern in Hebron rekrutierte. Der Verwalter des Projekts, Yishai Rubin, stammte gebürtig aus der Siedlung Elon Moreh in der Westbank.[6]

Sie zogen zurück nach Israel. Aber sie ließen nicht den sektiererischen Nationalismus hinter sich, den sie in den Bergen des

Westjordanlands ausgebrütet hatten. Sie trugen diese Weltsicht, die Botschaft des ethnischen Kampfes um jeden Morgen Land, heim nach Israel. Und indem sie das taten, wurden sie zur Verkörperung der Langzeitfolgen der Siedlungspolitik auf die innerisraelische Gesellschaft.

2009 gehörten über 80 Familien zur religiösen Siedlungsgruppe in Akkon.[7] Mitglieder der Gruppe und ihre Unterstützer beschreiben die Lage in der Stadt häufig wie einen Krieg, in dem zwei Armeen auf dem Schlachtfeld des Immobilienmarkts Vorstöße unternehmen und Verteidigungsstellungen aufbauen. Die Araber in Akkon »haben die Kontrolle der Viertel im Norden und Osten übernommen«, berichtete die Siedlerzeitung *Besheva* gleich nach den Krawallen 2008. Weil die Siedlungsgruppe aber in die östlichen Viertel gezogen sei, habe sie »den arabischen Übergriff gestoppt«.[8] Es gibt »einen nationalistischen Vorstoß junger arabischer Familien, die in Galiläa leben, zur Invasion Akkons«, behauptet Sara Paparin, Entwicklungsleiterin der Hesder-Talmudschule.[9] Dass die arabische Migration in die Stadt eine organisierte Kampagne sei, habe ich in Akkon immer wieder gehört. Die Grundlage dieser Behauptung scheint psychologischer Art zu sein: Damit projizieren jüdische Nationalisten ihr eigenes Tun auf die Handlungen derer, die sie als Feinde wahrnehmen. Der Feind sollte seinen Platz kennen. »Wir werden sie sicher nicht vertreiben«, sagt Nachshon Cohen über die arabischen Bewohner der Stadt, aber »die Frage ist, ob ... sie nicht nur hinnehmen können, dass wir hier sind, sondern dass Akkon eine jüdische Stadt ist.«[10]

Akkons Hesder-Talmudschule öffnete 2003 ihre Türen. Die Idee stammte aus der Siedlungsgruppe. Die Website der Talmudschule erklärt, wie wichtig es sei, Juden in die Stadt zu bringen: »Das heutige Akkon ist die Frontlinie ... Das Risiko, [hier] die jüdische Mehrheit und die zionistische Identität der Stadt zu verlieren, ist das höchste im ganzen Land.«[11] Anfangs erklärte die Website auch, dass die Studenten »bei allem, was die jüdische Zukunft der

Stadt angeht, Macht, Entschlossenheit und Zuversicht beweisen«, wenngleich sich die Sprache seither gemäßigt hat.[12] Eine Art des Machtbeweises war, ob beabsichtigt oder nicht, für die arabischen Nachbarn der Talmudschule besonders beunruhigend: Studenten in der Armee, die Ausgang hatten und die Schule besuchten, brachten ihre Sturmgewehre mit. Selbst wenn es sich um Studenten aus Israel handelte, passte die Kombination von Kippas und Gewehren zum Bild der Westbanksiedler in den Abendnachrichten.

2006, während des moslemischen Fastenmonats Ramadan, kam jemand im Wolfson-Viertel auf die Idee, das Fehlen einer Moschee mit Minarett wettzumachen, indem er einen Lautsprecher auf ein Wohnhausdach stellte, um den Gesang zu übertragen, der zum täglichen Fastenbrechen ruft. Die Talmudstudenten betrachteten das als Verletzung des religiösen Status quo. In jenem Jahr fiel der jüdische Feiertag Simchat Torah – an dem traditionell mit Torarollen getanzt wird – in den Ramadan. Die Prozession tanzender Talmudstudenten zog aus dem Studiensaal auf die Straße und in »private arabische Bereiche«, wie es im Knesset-Bericht heißt. Der Bericht vermeidet jede Feststellung, ob die Studenten oder die arabischen Zuschauer das sich anschließende Handgemenge anfingen. Diese Zweideutigkeit ist weise, wenn man bedenkt, wie sich eine Schlägerei von Gebrüll über Schubser bis hin zu Schlägen hochschaukelt. Die Schüsse in die Luft kamen jedoch eindeutig aus dem Armeegewehr eines Studenten. Die Polizei verhaftete den Studenten und löste das Handgemenge auf. Daraufhin wurde an der Ecke eine Polizeiwache eingerichtet, um im Wolfson-Viertel für Ruhe und Ordnung zu sorgen.[13]

Die Reaktion war nicht ausreichend. Zwei Jahre später, wieder an einem religiösen Feiertag, brannte die Stadt. In den jüdischen Gebieten Israels sind die Straßen an Jom Kippur, dem heiligsten Tag des jüdischen Kalenders, autofrei. Es ist Sitte, dass niemand Auto fährt. Gegen Mitternacht des Jom-Kippur-Festes 2008 fuhr ein arabischer Einwohner des Wolfson-Viertels in den Ostteil der Stadt, um seine Tochter aus der Wohnung eines Verwandten abzuholen. Junge Männer, die müßig auf der Straße standen – jene Art von gelangweilten Schlägertypen, denen es nicht einfällt, an einem heiligen Festtag zu fasten, die aber nur darauf warten, die jüdische Ehre zu verteidigen –, fingen an, den Wagen mit Steinen zu bewerfen. Der Fahrer und seine beiden Passagiere suchten in der Wohnung seines Verwandten Zuflucht, die bald von einer wütenden Menge umringt war. In der Altstadt machte das Gerücht die Runde, dass die Juden jemanden getötet hatten. Junge Araber versuchten, zu der belagerten Wohnung vorzudringen, stießen mit den Juden zusammen und schlugen auf dem Weg nach Hause die Scheiben von Autos und Geschäften ein. Araber im Osten und Norden der Stadt flohen aus ihren Häusern, von denen mehrere angezündet wurden; jüdische Randalierer warfen Steine auf Araber und Polizisten und skandierten: »Tod den Arabern!« Die Gewaltausbrüche dauerten vier Tage.

Dieses Mal standen weder die Talmudschule noch die Siedlungsgruppe im Zentrum des Sturms, auch wenn jemand im Wolfson-Viertel anderer Meinung war und ein kleines Feuer verursachte, indem er einen Molotowcocktail durch das Bürofenster der Schule warf. Arabische Aktivisten sahen die Anwesenheit der Talmudschule und der Siedlungsgruppe als Menetekel des Gewaltausbruchs. »Das ist die Tendenz hier in den letzten Jahren: Die extreme Rechte sickert in Akkon ein. Sie haben alles auf den Kopf gestellt«, sagte ein arabischer Bewohner des Wolfson-Viertels einem Reporter.

Hinterher »übernahm sie [die Siedlungsgruppe] die Führung mit der Erklärung, dass dies eine jüdische Stadt ist und uns gehört«, brüstete sich der Verwaltungsleiter der Gruppe, Yishai Rubin, gegenüber dem Siedlermagazin *Nekuda*. An Simchat Torah, anderthalb Wochen nach Jom Kippur, hatte die Gruppe 600 junge orthodoxe Juden von außerhalb bei sich zu Gast, »die auf die Straßen von Akkon strömten und die Moral hoben«, fuhr Rubin fort.[14] Wieder war das Ritual religiös, aber die Aussage nationalistisch. Die Krawalle waren vorüber. Der »Psychokrieg« nicht.

Akkon ist nur eine der gemischt jüdisch-arabischen Städte in Israel, deren »Rettung« durch Import des Siedlungsmodells sich die religiösen Nationalisten auf die Fahnen geschrieben haben. Zwei Familien aus der Westbanksiedlung Beit El bildeten 1995 in Lod südöstlich von Tel Aviv einen ersten Brückenkopf. Bis 2009 war die Lod-Gruppe auf 250 Familien angewachsen und baute einen Wohnkomplex am »Saum« zwischen hauptsächlich jüdischen und überwiegend arabischen Wohngebieten. Das war die Defensivtaktik, mit der ein Wall zur Blockade arabischer Migration errichtet werden sollte. »Wir leiten klar einen Prozess ein, mit dem wir zeigen, dass wir das Gebiet nicht aufgeben und dass wir es judaisieren werden«, sagte der Leiter der Gruppe dem Magazin *Nekuda*.

Einer der Lod-Siedler, Ariel Ben-David, half beim Aufbau einer ähnlichen Gruppe in der Nachbarstadt Ramla. »Ich bin als Siedler aufgewachsen«, erzählte er dem Magazin. »Es ist mir schwergefallen, wegzugehen, und es war wichtig für mich, an einem Ort zu leben, wo es auch einen nationalen Kampf gibt« – will sagen: einen Kampf zwischen Juden und Palästinensern. Viele der Ramla-Siedler kamen aus ultranationalistischen Gemeinden wie Beit El, Elon Moreh und Yitzhar.[15]

Eine andere Siedlungsgruppe ist nach Jaffa gezogen. Bis 1948 war die Stadt das Handelszentrum von Arabisch-Palästina. Seither ist es das Südende von Tel Aviv, der einzige Teil der Metropole mit gemischt jüdisch-arabischer Bevölkerung. Eine Hesder-Talmudschule folgte der Siedlungsgruppe. Ihr Vorsteher, Rabbi Eliyahu Mali, zog von Beit El nach Jaffa. Mali, ein außerordentlich argwöhnischer Gesprächspartner, sagte mir: »Araber interessieren uns nicht.«[16] Sein Ziel, behauptete er, sei es, die örtlichen Juden anzusprechen. Die Talmudschule liegt jedoch in Ajami, dem mehrheitlich von Arabern bewohnten Teil Jaffas.

Ein paar Blocks entfernt davon befindet sich ein staatliches Grundstück, für das die Firma Bemuna die Entwicklungsrechte erworben hat. Bemuna bedeutet »Im Glauben«; die Firma baut für »die religiös-zionistische Öffentlichkeit« und gab bekannt, dass sie die Wohnungen ausschließlich an orthodoxe Juden veräußern will. Zu den anderen Projekten des Unternehmens gehört eines in der Siedlung Pnei Hever im Westjordanland, ein weiteres in Arab a-Sawahra, einem palästinensischen Viertel von Ostjerusalem. Der Vorstand des Unternehmens warb auf einer orthodoxen Nachrichten-Website damit, dass eine der Attraktionen des Jaffa-Projekts in seinem »zusätzlichen ideologischen Wert« für religiöse Paare bestehe. Der wohlwollende Bericht der Website spricht unverblümt davon, dass die Käufer in Jaffa »siedeln«.[17]

»Akkon ist kein Einzelfall«, schrieb der Knesset-Abgeordnete Uri Ariel von der extrem rechten Listenverbindung Nationale Union nach den Krawallen von 2008. Araber, so behauptete er, drückten gezielt den Wohnwert israelischer Stadtviertel. Nachdem sie die Juden herausgedrängt hätten, würden die Viertel zu »Treibhäusern des Verbrechens, von Drogen und Prostitution«, so Ariel weiter. »In israelischen Städten findet eine schleichende arabische Eroberung statt.« Religiöse Siedlungsgruppen waren nach seiner Auslegung die erste Verteidigungslinie, die »in vielen Städten die Lage stabilisiert und eine jüdische Flucht verhindert«. Doch auf landesweiter Ebene bestünde die Lösung darin, »Araber zur Auswanderung zu ermutigen«.[18] Ariel, ein Veteran der Siedlungsbewegung in der Westbank, beschrieb nicht näher, wie denn die Araber solchermaßen »ermutigt« werden sollten. Sein Artikel macht allerdings klar, dass aus der Sicht der Siedlungen die Grüne Linie tatsächlich ausradiert worden war.

Die israelischen Städte und die Berge der Westbank sind zu Fronten in ein und demselben Krieg geworden.

In Sholem Aschs klassischem jiddischen Theaterstück *Der Gott der Rache* betreibt der Protagonist in einer ungenannten osteuropäischen Stadt vor einem Jahrhundert ein Kellerbordell, während er im Stockwerk darüber seine Tochter als keusches jüdisches Mädchen zu erziehen versucht. Um ihre Reinheit zu schützen, bewahrt er eine Torarolle in seinem Haus. Er beauftragt einen Heiratsvermittler damit, einen frommen Bräutigam für sie zu finden. Sein Plan scheitert. Ein hölzerner Fußboden kann die beiden Reiche in seinem Leben nicht voreinander abschotten. Die Verehrung einer heiligen Rolle kann die Korruption nicht fernhalten, wenn die Menschen die Worte ignorieren, die in ihr geschrieben stehen.[19]

Wir sollten Aschs Drama als Allegorie darauf lesen, was geschieht, wenn eine fragile Demokratie versucht, in einem angrenzenden Besatzungsgebiet ein undemokratisches Regime aufrechtzuerhalten. Eine Grenze, insbesondere eine, die auf Karten nicht einmal eingetragen ist, kann die Fäulnis nicht abhalten. Noch vermögen dies die Beteuerungen von Politikern, freiheitliche Werte hochzuhalten.

In den letzten Jahren sind die zersetzenden Auswirkungen der Besatzung auf Israel grell zutage getreten, insbesondere in den lautstarken, schamlosen Anstrengungen der politischen Rechten, israelische Araber wie Staatsfeinde statt wie Mitbürger zu behandeln. Der »Siedlungsbau« in israelischen Städten ist nur ein Symptom dieser Krankheit. Ungehemmt hat sich die Offensive gegen die Demokratie ausgeweitet. Die politische Rechte wirft den Kritikern der Besatzungspolitik Verrat vor und strebt nach Gesetzen, um abweichende Meinungen in Schranken zu halten, die Rechte arabischer Bürger zu beschneiden und den Obersten Gerichtshof zu umgehen.

Offenkundig ist die Besatzung nur ein Faktor in der Ungleichheit der palästinensischen Bürger Israels, die auf die Anfänge des Staates zurückgeht. Die Abschaffung der nominellen Militärverwaltung über die israelischen Araber 1966 beendete nicht auf Anhieb die Diskriminierung oder die Vorstellungen, auf denen sie basiert.

Ein Beispiel: Mit dem unnatürlichen Fortbestand der Jewish Agency und des Jüdischen Nationalfonds tat Israel kund, dass es noch nicht gelernt hatte, sich als Staat statt als nationale Bewegung zu sehen. Beide Institutionen waren gegründet worden, um den Juden in ihrem Kampf um Selbstbestimmung zu dienen. Die

Unabhängigkeit machte sie obsolet, doch sie wurden nicht aufgelöst. Stattdessen wurde ihre Beziehung zum Staat gesetzlich geregelt, und sie stellten an seiner Stelle Dienstleistungen bereit. Die Jewish Agency sorgte für die Infrastruktureinrichtungen jüdischer Landkommunen; arabische Gemeinden blieben in ihrer Entwicklung zurück. Der Jüdische Nationalfonds besaß Land, das ausschließlich für die Nutzung durch Juden vorgesehen war. Zu großen Teilen war das »Eigentum Abwesender« – von arabischen Flüchtlingen hinterlassenes Land, das der Staat beschlagnahmt und an den Jüdischen Nationalfonds verkauft hatte.[20]

Die Rolle des Jüdischen Nationalfonds, die bis heute fortdauert, ist nur ein Beispiel für eine Planungs- und Raumnutzungspolitik, die reflexhaft den Juden statt den Bürgern insgesamt dient. Eine Welle von Zwangsräumungen unter Jaffas Palästinensern illustriert das Problem. Nach 1948 wurden Araber, die in Israel geblieben waren, gezwungen, in einen kleinen Bezirk der Stadt zu ziehen. Viele zogen in Gebäude, die andere Araber verlassen hatten, und wurden zu Mietern des Staates in Wohnraum, der offiziell »Eigentum Abwesender« war. Jaffa als Ganzes wurde annektiert und der Kommune von Tel Aviv zugeschlagen. Als die Stadt in den 90er Jahren einen neuen Bebauungsplan für Jaffa erließ, enthielt dieser Bestimmungen, die faktisch auf eine Gentrifizierung hinausliefen. Bei vertragsbrüchigen arabischen Mietern können die Behörden eine Zwangsräumung anordnen und das Eigentum zum neuen, hohen Marktwert an Entwicklungsgesellschaften veräußern, die Wohnungen an wohlhabende Juden verkaufen.[21]

Die Raumnutzungspolitik fügt sich dabei in ein breiteres Bild. 2008 machten palästinensische Bürger 17 Prozent der israelischen Bevölkerung aus, aber nur sechs Prozent der Staatsbediensteten.[22] Die Klassen in arabischen Grundschulen sind beinahe um ein Fünftel größer als in jüdischen.[23] Der Anteil junger, an israelischen Universitäten eingeschriebener Juden ist beinahe dreimal so hoch wie der junger Araber.[24] Dies ist nur ein kleiner Ausschnitt der Auswirkungen jahrelanger institutioneller und informeller Diskriminierung.

Es ist ebenfalls wahr, dass die Abschaffung der Militärverwaltung ein Meilenstein in einem langsamen Emanzipationsprozess der arabischen Bürger war. Der Zugang zu höherer Bildung ebnete den Weg für den Aufstieg einer neuen Generation in Israel geborener arabischer Intellektueller, von denen einige einen politischen Wandel einleiteten.[25] Die alte Patronage-Klientel-Beziehung mit den jüdisch beherrschten Parteien verblasste; die Zahl der Parteien, die israelische Palästinenser repräsentieren, wuchs, ebenso wie ihre absolute Vertretung in der Knesset.[26] Zusammen mit dem Wachstum der Zivilgesellschaft fingen Organisationen, die sich für den Schutz der Rechte der Araber stark machten, an, vor den Gerichten gegen Diskriminierung zu klagen.

Die Auswirkung der Besatzung auf diese Entwicklungen ist komplex. In mancher Hinsicht schien sie sogar die israelisch-arabische Emanzipation zu bestärken. Letztlich jedoch sabotiert sie den Prozess.

Nach dem Juni 1967 konnten Araber innerhalb der Grünen Linie wieder Verbindung zu den Palästinensern in der Westbank und dem Gazastreifen und zu ihrer eigenen Identität aufnehmen. Doch es geschah noch etwas anderes, das weniger gut in die politische Rhetorik passte: Sie bemerkten, dass sie anders waren als die Palästinenser jenseits der unsichtbaren Grenze. Die hebräischen Fremdwörter in ihrem Arabisch kennzeichneten sie als Israelis. Sie waren zwar Bürger zweiter Klasse, aber anders als die Palästinenser, die im besetzten Gebiet lebten, waren sie Bürger. Die neue Realität machte sie gleichzeitig palästinensischer und israelischer.

Die erste Planungsphase der israelischen Sperranlagen 2002 warf ein Schlaglicht auf den Unterschied in Status und Selbstvertrauen zwischen Palästinensern aus Israel und dem Westjordanland. Ein Großteil der Mauer verlief durch die Westbank. An einer Stelle jedoch durchschnitt sie israelisches Territorium: am Rand der israelisch-arabischen Stadt Umm al-Fahm, wodurch rund 100 Hektar Land von örtlichen Bauern auf die Seite der Westbank gerieten. Die Armeeplaner zogen die Topografie dieser Route vor. Ob sie dieselbe Linie über die Hügel gezogen hätten, wenn diese das Eigentum israelischer Bauern gewesen wären, steht auf einem anderen Blatt. Ein Komitee, zu dem der Bürgermeister und ein ortsansässiger Menschenrechtsanwalt, Tawfiq Jabareen, gehörten, traf sich daraufhin mit Vertretern des Verteidigungsministeriums und gaben zu bedenken, dass die Bürger der Stadt die Arbeiten mit Blockaden vereiteln würden. Ein Knessetmitglied, Hashem Mahameed, kontaktierte Premierminister Scharon und bat um Änderung der Route.

»Sie haben eingesehen, dass Umm-al Fahm, wie die Siedler, sehr stark ist ... und politisch reif«, sagte mir Jabareen hinterher. Der Verteidigungsminister schickte Unterhändler, und innerhalb eines Monats stimmte die Regierung einer Route zu, für die nur fünf Hektar städtischen Landes preisgegeben werden mussten. Im Übrigen verlief die Barriere knapp auf der Seite der Westbank, auf Land, das dortigen Palästinenserdörfern weggenommen wurde. Im Prinzip, so Jabareen, sei er gegen jeden Zaun, »aber wir müssen realistisch sein. Wir können nicht das ganze palästinensische Volk verteidigen.« Die Kampagne war ebenso pragmatisch wie energisch und wurde von Leuten geführt, die ihrem eigenen Gefühl nach mehr als nur halb zum System gehörten.[27] Dorfbewohner der Westbank, die ihr Land an die Grenzbefestigung verloren hatten, konnten von solchen Verhandlungen oder gar Erfolgen nur träumen.

Doch die Strategie, die Psychologie der Besatzung vom israelischen Hoheitsgebiet fernzuhalten, gelang mit dem Stacheldraht dieser Barriere nicht besser als mit der ausradierten Grünen Linie. Aus der Warte dieser Geisteshaltung ist das gesamte Gebiet vom Jordan bis zum Mittelmeer eine Arena, in der Juden und Araber um Hegemonie kämpfen. Es ist eine vorstaatliche Haltung, doch sie leitet die Handlungen des Staates. Aus dieser Perspektive sind israelische Palästinenser keine Bürger zweiter Klasse; sie sind bestenfalls übrig gebliebene Einwohner des ersten Besatzungsrings, schlimmstenfalls eine fünfte Kolonne.

Ein solches Denken hat die staatliche Politik geprägt. Die Regierung des Likud, die 1977 an die Macht kam, benutzte das Modell der »Gemeinschaftssiedlung«, wie es in Ofra entwickelt wurde, um Siedler ins Westjordanland zu locken. Aber sie begann auch damit, dieselbe Art von Exklusivgemeinschaft innerhalb Israels zu schaffen, insbesondere war sie bestrebt, »Galiläa zu judaisieren«: Juden nach Nordisrael mit seiner großen arabischen Bevölkerung zu ziehen.

Wie in der Westbank wurden hier private Wohnhäuser auf Hügelkuppen zwischen arabische Gemeinden gesetzt. Um dort Wohnraum zu erwerben, mussten Interessenten zuerst die Genehmigung des Zulassungskomitees der Gemeinschaft erlangen. Diese Methode, so ist hinzuzufügen, ermöglichte es auch, aus dem Nahen Osten stammende Juden, Alleinerziehende oder Menschen mit der falschen Religionszugehörigkeit je nach Laune des Komitees auszuschließen. Die beständigste Auswirkung war jedoch der Ausschluss der Araber.[28]

Doch innerhalb Israels geriet die Geisteshaltung der Besatzung mit demokratischen Einstellungen und Institutionen ins Gehege. 1995 versuchten Aadel und Imam Ka'adan, ein Ehepaar aus der israelisch-arabischen Stadt Baqa al-Gharbiyah, ein Grundstück in der benachbarten Gemeinschaftssiedlung Katzir zu kaufen. Als junge, gut ausgebildete Berufstätige, die großen Wert auf einen Wohnort mit guten Schulen legten, damit ihre Töchter auf die richtigen Universitäten gehen konnten, passten sie ins Profil von Katzir. Als Araber wurde ihnen gesagt, dass es sinnlos sei, sich auch nur darum zu bewerben. Der Staat hatte das Land der Jewish Agency zugeteilt, um eine Siedlung im Grünen zu bauen, und die Jewish Agency errichtete solche Gemeinden nur für Juden. Als Bürger einer Demokratie wandten sich die Ka'adans an die Vereinigung für Bürgerrechte in Israel, die vor dem Obersten Gerichtshof Klage einreichte.[29]

In seinem Urteil fünf Jahre später entschied das Gericht unter Bezugnahme auf Quellen, die von der Genesis bis zum Urteil im US-amerikanischen Prozess Brown versus Board of Education reichte[30], dass »Gleichheit eines der Gründungsprinzipien des Staates Israel ist« und der Staat arabische Bürger bei der Landvergabe nicht diskriminieren dürfe. Auch dürfe er die Jewish Agency nicht als diskriminierenden Mittler benutzen, denn »was der Staat nicht selbst tun darf, das darf er auch nicht indirekt tun«.[31] Nach vielen Verzögerungen nahm sich das Zulassungskomitee von Katzir des Antrags der Ka'adans abermals an. Es kam zu dem Schluss, dass sie »ungeeignet« seien, sich »sozial einzupassen«, und lehnte ihren Antrag ab.

Wieder klagten die Anwälte des Paares vor dem Obersten Gerichtshof. Zu den Beweisstücken, die sie vorlegten, gehörte ein internes Grundsatzpapier der Jewish Agency, das in Reaktion auf das Urteil des Gerichts aus dem Jahr 2000 verfasst worden war. Es empfahl, »kein großes Geschrei zu machen ... und weiterhin zu tun, was wir getan haben« – mit anderen Worten, weiterhin zu diskriminieren. Schließlich, nach einer Anhörung, in der die wütenden Kommentare der Richter schon erahnen ließen, dass der Staat unterliegen würde, durften die Ka'adans ein Grundstück in Katzir kaufen.[32] 2007 konnten sie mit dem Bau ihres Hauses beginnen.[33] Kurz darauf stellte eine Koalition israelischer Menschenrechtsorganisationen – die Araber, Homosexuelle und Juden mit nahöstlichem Hintergrund vertraten – vor dem Obersten Gericht den Antrag, die ganze Prozedur der Zulassungskomitees zu verbieten. Zur Zeit der Abfassung dieses Buches ist dieses Verfahren noch in der Schwebe.[34]

Bis zu diesem Punkt illustriert die Geschichte den charakteristischen Widerspruch der israelischen Geschichte, den internen Zusammenstoß von Chauvinismus und Liberalismus, von Ethnokratie und Demokratie. Mehr noch, sie zeigt den Fortschritt zum Besseren in einem Land, das an der Last der Vergangenheit zu tragen hat, doch nach seinen Idealen strebt – ein zwar schmerzlich langsamer, aber realer Fortschritt.

In der Politik führen die meisten Handlungen jedoch häufig zu ungleichartigen Reaktionen. Besonders ein Politiker ist in den letzten Jahren am stärksten zur Verkörperung der Reaktion geworden: Avigdor Lieberman, derzeit Außenminister im Kabinett

Netanjahu und einer der führenden rechtsnationalistischen Bannerträger. Liebermans Lieblingsthemen sind eine kriegerische Außenpolitik, die Notwendigkeit eines Regimes unter einem mächtigen, keinen Beschränkungen unterworfenen Regierungschef und – vor allem – die Gefahr interner Feinde.[35]

Die Liste dieser Feinde beginnt mit den arabischen Bürgern. »An jedem Ort der Welt, wo es zwei Völker gibt – zwei Religionen, zwei Sprachen –, gibt es Reibung und Konflikt«, sagte mir Lieberman einmal in einem Interview in seinem Knessetbüro. Die Lösung, so bekräftigte er, sei totale politische Trennung, womit er meinte, dass Israel seine arabische Minderheit loswerden müsse.[36]

Er sprach auch von seiner Bewunderung für Winston Churchill und Peter den Großen, den russischen Autokraten des frühen 18. Jahrhunderts, der den Anschluss seines Riesenreichs an das moderne Europa forcierte. Er sah beide als Vorbilder für das Festhalten an der eigenen Vision gegenüber allen Anfeindungen und allem Spott. Lieberman sagte, sein Lieblingsbuch, das er »mindestens 300-mal« gelesen habe, sei der historische Roman *Peter der Erste*. Geschrieben während der Herrschaft Stalins von Alexej Tolstoi, einem entfernten Verwandten des Autors von *Krieg und Frieden*, porträtiert es den Zar, und unausgesprochen auch Stalin, voller Sympathie. Seine Mission erkennt Peter der Große darin, die Russen nach seinen Vorstellungen zu formen, sie aus ihrer ewigen Lethargie zu reißen und ihnen den Fortschritt, wenn es sein muss, mit Gewalt einzubläuen. Mit einer Revolte konfrontiert, greift er durch: »Die Kerker füllten sich, und weitere Tausende von Leichen schaukelten im Schneesturm an den Mauern Moskaus.« Peter selbst beteiligt sich an der Folter von Verschwörern. Lieberman verriet mir, dass er das Buch aufschlage und darin lese, wann immer er etwas brauche, um sich zu beruhigen.[37]

Lieberman wurde 1958 im sowjetischen Moldawien geboren und kam im Alter von 20 Jahren nach Israel. Nachdem er die Hebräische Universität absolviert hatte, wurde er Likud-Funktionär und zog in die kleine Westbanksiedlung Nokdim in den Bergen südöstlich von Bethlehem. Als Benjamin Netanjahu 1996 erstmals zum Premierminister gewählt wurde, machte er Lieberman zu seinem Bürodirektor, eine Position vergleichbar mit der des Stabschefs im Weißen Haus in den USA. Lieberman erwarb sich im Likud den Ruf eines Einpeitschers – und war im folgenden Jahr zum Rücktritt gezwungen, um die zerrütteten Beziehungen des Premierministers zu seinen Parteigenossen zu kitten.[38]

Bei den Wahlen von 1999 trat Lieberman auf seiner eigenen Liste an und stellte seine Einwandereridentität und die radikal rechte Gesinnung seiner Plattform heraus. Beinahe eine Million Immigranten waren im Jahrzehnt zuvor aus der ehemaligen Sowjetunion ins Land geströmt. Die Zahl der Ingenieure in Israel vervierfachte sich; die Zahl der Ärzte schwoll auf die doppelte Größe an. Enttäuschte Hochqualifizierte mussten Jobs als angelernte Arbeiter übernehmen, manchmal in Konkurrenz zur arabischen Unterklasse. Der Name, den Lieberman seiner Partei gab – Yisrael Beitenu (»Unser Haus Israel«) – war eine lautstarke Ankündigung jener, die dort noch nicht ganz daheim waren. Mit der Betonung auf »unser« gelesen, schwang darin auch mit, dass es andere Leute im Land gab, die als Fremde betrachtet werden sollten.

Die Psychologie des Antisemiten erklärte Jean-Paul Sartre so: »Wenn ich den Juden als minderwertiges, schädliches Wesen behandle, so fühle ich mich im gleichen Augenblick zu einer Elite gehörig.« Was soll aber der Mensch, der die Mitgliedschaft in einer Aristokratie anstrebt, tun, wenn er gar keine Juden erkennen kann, die ihm Schaden zufügen? »Wenn es keinen Juden gäbe, der Antisemit würde ihn erfinden«, antwortete Sartre.[39] Liebermans Botschaft wies den Arabern die Stelle der verhassten Außenseiter zu, die es anderen ermöglichte, sich zugehörig zu fühlen.

Die Liste »Unser Haus Israel« gewann bei ihrer ersten Wahl vier Sitze. Bei den Wahlen von 2009 waren es 15 Mandate, und Lieberman führte die drittgrößte Partei der Knesset. In diesem Zeitraum machten Liebermans Ansichten über die Palästinenser eine Entwicklung durch. Ursprünglich schloss er sich der extrem rechten Nationalen Einheitspartei an, die für einen »freiwilligen Transfer« der Palästinenser aus der Westbank und dem Gazastreifen eintrat, um das ganze biblische Land Israel zu behalten. 2004 erklärte er jedoch plötzlich, dass er eine Teilung des Landes zwischen Juden und Palästinensern favorisiere. Das passte zu einem Trend: Zu dieser Zeit schien ein ganzer Teil der Rechten das Argument der Linken zu akzeptieren, dass Israel kein jüdisches und demokratisches Land bleiben könne, wenn es alle besetzten Gebiete behielte. Der stellvertretende Premierminister Ehud Olmert, der sein Leben lang für Großisrael eingetreten war, schlug vor, sich aus einem Großteil der Westbank zurückzuziehen. Premierminister Scharon verkündete seinen Plan, aus Gaza »abzuziehen«.

Doch Liebermans Vorschlag hatte seinen eigenen Drall: Israel sollte seine größten Siedlungen im Westjordanland behalten und dafür etwas von dem Land nahe der Grenze zur Westbank abtreten, Gebiete, die von Arabern – israelische Staatsbürger und Wähler – bevölkert sind. Am Rednerpult der Knesset trat er dafür ein, arabische Bürger aus anderen Teilen Israels in den neuen Palästinenserstaat auszuweisen.[40]

Vor der Wahl von 2006, möglicherweise, um zu verhindern, dass seine Partei wegen Rassismus von den Wahlen ausgeschlossen wurde, hörte er auf, von Zwangsumsiedlung zu sprechen. Stattdessen forderte seine Plattform, die Staatsbürgerschaft abhängig zu machen von einem Treueschwur auf Staat, Flagge und Nationalhymne. Jeder Israeli, der den Schwur verweigere, behalte das Bleiberecht, dürfe aber nicht mehr wählen. Israels Nationalfahne, die einen jüdischen Stern zeigt, und seine Hymne, in der die »jüdische Seele« besungen wird, wecken seit langem die Opposition arabischer Bürger, die sich von diesen Symbolen ausgeschlossen fühlen. Liebermans Plan machte sich diese Gegnerschaft zunutze, um ihnen mangelnde Loyalität vorzuwerfen und das Wahlrecht zu entziehen. »Ein solches Gesetz ist in fortschrittlichen westlichen Ländern, an erster Stelle den Vereinigten Staaten von Amerika, üblich«, hieß es im Wahlprogramm seiner Yisrael Beitenu.[41] Tatsächlich scheint der Vorschlag dem Gesetz nachgebildet worden zu sein, das im postsowjetischen Estland dazu dient, Nichtesten die Staatsbürgerschaft zu verweigern.[42]

Liebermans Gesinnungswandel erklärt sich damit, dass er das Ziel wechselte: Statt sich hauptsächlich auf die Palästinenser in den besetzten Gebieten zu konzentrieren, stellte er nun Israels eigene palästinensische Bürger als Hauptfeind hin.

Der Erfolg seiner Partei bei den Wahlen 2009 zeigte, dass seine ressentimentgeladene Rhetorik auch über die Immigrantengemeinde hinaus Resonanz fand. Doch dieser Erfolg war nur eine Facette des Aufstiegs der radikalen Rechten. Der gemäßigte Flügel des Likud hatte drei Jahre zuvor mit der Gründung der neuen Zentrumspartei Kadima, die nun anstelle der Arbeiterpartei weitgehend die israelische Mittelklasse vertrat, das Weite gesucht. Danach wurde der Likud von einer Gruppe namens »Jüdische Führung«, die sich auf ultraradikale Siedler stützte, noch weiter nach rechts getrieben. Die Website der Gruppe verkündete, dass sie, falls sie an die Macht käme, sofort den Austritt Israels aus den Vereinten Nationen erklären, die nichttödlichen Waffen der Streitkräfte zur Kontrolle von Menschenansammlungen ausmustern und in der Knesset ein ausschließlich jüdisches Oberhaus einrichten würde.[43]

Unterstützer der »Jüdischen Führung« traten dem Likud bei. Als das Zentralkomitee des Likud 2009 seine Knessetkandidaten wählte, stimmten die Vertreter der Gruppe im Block ab und halfen so den Falken, die Wahlliste zu füllen.[44] Nach einem Kopf-an-Kopf-Rennen zwischen Likud und Kadima bei den nationalen Wahlen weigerte sich der Likud-Führer Benjamin Netanjahu, mit der Kadima die Macht zu teilen, unter anderem deshalb, weil Tzipi Livni, die Vorsitzende der Zentrumspartei, verlangte, dass die neue Regierung Frieden mit den Palästinensern auf Basis einer Zwei-Staaten-Lösung anstreben solle.[45] Stattdessen bildete er eine Koalition mit Lieberman, den religiösen Parteien und den richtungslosen Überresten der Arbeiterpartei. Lieberman wurde zum Außenminister ernannt. Ein Abgeordneter seiner Partei, der Westbanksiedler David Rotem, wurde Vorsitzender des einflussreichen Rechtsausschusses der Knesset, und auch der neue Justizminister, Yaakov Neeman, gehört »Unserem Haus Israel« an.

Was folgte, waren intensive Anstrengungen, die Macht des Parlaments zu nutzen, um grundlegende demokratische Prinzipien auszuhebeln. Diese Offensive stieß, wie ich betonen muss, innerhalb der Knesset und in der breiten Öffentlichkeit auf Widerstand. Dennoch war die Flut von eingebrachten Gesetzen gegen die arabische Minderheit, Menschenrechtsaktivisten und Besatzungskritiker beispiellos.

Dem Programm seiner Partei folgend, brachte der Rechtsausschussvorsitzende Rotem ein Gesetz ein, um die Staatsbürgerschaft von einer Erklärung der Loyalität gegenüber Israel als »jüdischem und zionistischem Staat« sowie »der Staatsflagge und der Nationalhymne« abhängig zu machen. Als für eine so radikale Maßnahme die Unterstützung nicht reichte, brachten Yisrael Beitenu und seine rechtsgerichteten Verbündeten eine abgeschwächte Fassung ein. Ein Gesetzentwurf aus Liebermans Partei schlug vor, dass Staatsbedienstete ihre Loyalität gegenüber »dem jüdischen und demokratischen Staat Israel« erklären sollten. Der klare Zweck war offenkundig, die Araber aus dem Staatsdienst zu drängen. Ein weiteres Gesetz, bei dem die radikal rechte Nationale Einheitspartei Pate stand, zielte darauf, der Filmindustrie des Landes Fesseln anzulegen. Jüngere israelische Filme hatten internationalen Beifall für ihren Realismus und ihre schneidende Analyse der israelischen Gesellschaft erhalten, doch die Renaissance des Films hing von staatlichen Subventionen ab. Nach dem Gesetz sollten, bevor eine Produktion staatliche Zuschüsse erhielt, erst alle Mitarbeiter ihre Treue »zum Staat Israel, seinen Symbolen und seinen jüdischen und demokratischen Werten« erklären.

Einer von Liebermans Gesetzentwürfen wurde von Netanjahu energisch unterstützt. Im Oktober 2010 stimmte das Kabinett für eine Novellierung des israelischen Staatsbürgerschaftsgesetzes. Statt einfach seine Loyalität zu Israel zu erklären, um eingebürgert zu werden, muss ein Immigrant nun seine Treue zu Israel als einem »jüdischen und demokratischen Staat« bekräftigen.[46] Die vorgeschlagene Novellierung galt nicht für Immigranten, die im Zuge des Rückkehrgesetzes nach Israel einwanderten. Das heißt, nur Nichtjuden müssen fortan ihre Treue zu Israel und dem »jüdischen Staat« erklären. In der Kabinettssitzung machte Lieberman klar, dass er das Gesetz als Schritt auf dem Weg zur Verwirklichung eines breiter gefassten Programms ansah, von jedem Menschen im Land ein Treuegelöbnis zu verlangen.[47] Die gänzlich unverhüllte Botschaft war, dass palästinensische Bürger illoyal seien und daher aus dem Gemeinwesen entfernt werden müssten.

An ihrer zweiten Front, im Parlament wie außerhalb, kämpfte die Rechte gegen Dissens im eigenen Land. Eine Organisation namens Im Tirtzu (»Wenn ihr es wollt«) startete Anfang 2010 eine Offensive mit einer Studie, die den Vorwurf erhob, israelische Menschenrechtsgruppen seien Teil einer Verschwörung zur Verunglimpfung der Armee und »Untergrabung der Kampfbereitschaft der Soldaten und Kommandeure der israelischen Streitkräfte«. Zu den Tentakeln dieser vermeintlichen Konspiration gehörten angeblich die Vereinigung für Bürgerrechte in Israel, Yesh Din (»Es gibt Recht«), Schovrim Schtika (»Das Schweigen brechen«) und B'Tselem (»Ebenbild«), eine Gruppe, die Menschenrechtsverletzungen in den besetzten Gebieten dokumentiert. Im Zentrum des Komplotts stand, dieser Studie zufolge, der New Israel Fund (NIF), eine philanthropische Gesellschaft, die im Ausland Spenden zur Unterstützung einer ganzen Bandbreite israelischer Gruppen sammelt, die sich für die Wahrung der Menschenrechte, wirtschaftliche Gleichheit und andere liberale Ziele einsetzen.[48] Mit manipulierten Zahlen unterstellte Im Tirtzu, dass vom New Israel Fund unterstützte Organisationen einen Großteil des negativen Materials für den äußerst kritischen Goldstone-Bericht der Vereinten Nationen über die Invasion der israelischen Streitkräfte im Gazastreifen 2009 geliefert hätten.[49]

Im Tirtzu legte eine persönliche Kampagne gegen Naomi Chazan nach, die Präsidentin des New Israel Fund und ehemalige Knessetabgeordnete der linken Meretz-Partei. Demonstranten vor ihrem Haus hielten Schilder hoch, auf denen sie mit einem Horn auf der Stirn abgebildet war – eine Anspielung darauf, dass das hebräische Wort für »Fonds« auch »Horn« bedeutet, aber auch ein Echo des antisemitischen Gruselmärchens, dass Juden Hörner tragen. Im Gespräch mit mir bekräftigte Ronen Shoval, der Vorsitzende von Im Tirtzu, dass die verschiedenen Menschenrechtsgruppen »in Wirklichkeit die verschiedenen Arme« des New Israel Fund seien, »der sie zur Aufwieglung gegen Soldaten der Streitkräfte und Israel anspornt und steuert«. Als wollte er bewusst den Geist von Joseph McCarthy heraufbeschwören, beschuldigte er vom New Israel Fund unterstützte Gruppen auch einer »kommunistischen Interessen« dienenden Rhetorik.[50]

Danach griff die Kampagne auf das Parlament über, wo rechtsgerichtete Knessetmitglieder Gesetze und Untersuchungen androhten, um die Geldquellen der Menschenrechtsorganisationen aufzudecken. Anfang 2011 zum Beispiel verwies das Plenum der Knesset zwei Resolutionen an die Ausschüsse. Eine, eingebracht von »Unser Haus Israel«, forderte einen parlamentarischen Ausschuss zur Untersuchung »ausländischer Stiftungen und Staaten«, die angeblich israelische Organisationen finanzierten, um sich an einer »Delegitimationskampagne gegen Soldaten der Streitkräfte« zu beteiligen. Die zweite, eingereicht von Likud-Mitglied Danny Danon, verlangte eine Knessetuntersuchung der Rolle »ausländischer Organisationen und Staaten bei der Finanzierung antistaatlicher Aktivitäten und organisierter Versuche, staatliches Land zu erwerben«.[51] Als die Abstimmung heftige öffentliche Kritik auslöste, reagierte Lieberman mit dem Vorwurf: »Wir reden von Gruppen, die nichts anderes als Kollaborateure des Terrors sind und deren einziger Zweck die Schwächung der Streitkräfte ist.«[52]

Das israelische Gesetz verlangte von gemeinnützigen Organisationen bereits detaillierte Finanzberichte an das staatliche Registeramt, das diese Berichte öffentlich zugänglich macht. Daher waren die parlamentarischen Anstrengungen zur »Aufdeckung« ihrer Finanzierungsquellen reines Theater. Das Ziel bestand darin, die Zivilgesellschaft, den lebhaftesten Teil der israelischen Demokratie, zu attackieren und kritische Meinungsäußerungen über die Regierungspolitik in Gaza und der Westbank als subversiv hinzustellen.

Danons Unterstellung, dass Terrorgruppen israelisches Land kaufen könnten, verwies auf die dritte Stroßrichtung der Rechten: arabische Bürger daran zu hindern, Wohnungen und Häuser überall dort im Land, wo sie es wünschten, kaufen oder mieten zu können.[53] Außerhalb des Parlaments war der lautstärkste Verfechter dieser Kampagne Shmuel Eliahu, der Oberrabbiner der galiläischen Stadt Safed. Das örtliche College zog viele Studenten der umliegenden arabischen Gemeinden an, die während des Studiums Unterkünfte in der Stadt suchten. Ende 2010 veröffentlichte Eliahu ein Manifest, in dem er behauptete, das religiöse Gesetz der Juden verbiete es, Wohneigentum oder Grundstücke irgendwo im Land Israel an Nichtjuden zu verkaufen.

»Ihre Lebensart ist anders als die unsrige, sie verachten und drangsalieren uns bis hin zur Gefährdung von Menschenleben«, wetterte Eliahu. Jeder, der an einen Nichtjuden verkaufe, füge seinem Nachbarn finanziellen Schaden zu, weil er dadurch die Immobilienpreise drücke. Um dies zu verhindern, sollten die Leute den Übeltäter öffentlich ächten: »Haltet euch von ihm fern, vermeidet Geschäfte mit ihm ..., bis er den großen Schaden, den er der Öffentlichkeit zugefügt hat, wiedergutmacht.« Anfänglich waren die Mitunterzeichner des Manifests hauptsächlich Rabbiner aus Safed; als Eliahu öffentlich unter Beschuss geriet, sammelte er die Unterschriften von staatlich bediensteten Rabbinern aus Dutzenden anderer Städte und Siedlungen für seine rassistische Interpretation des Judentums.[54]

Unterdessen verabschiedete die Knesset ein Gesetz mit dem Ziel, die restriktiven Zulassungskomitees von Gemeinschaftssiedlungen zu erhalten, bevor das Oberste Gericht ein Urteil über sie fällen konnte. Eingebracht von Mitgliedern aus vier Parteien – einschließlich der Zentrumspartei Kadima –, schützt das Gesetz die Befugnis solcher Komitees, Kandidaten zurückzuweisen, die »nicht in das sozio-kulturelle Gefüge« einer Gemeinschaft passen.[55] Wie sich am Fall Ka'adan gezeigt hat, reicht das, um die Rassentrennung in Gemeinschaftssiedlungen festzuschreiben. Tatsächlich besteht der Zweck des Gesetzes darin, ein neues

Ende der Ka'adan-Geschichte zu schreiben, ein Finale, in dem der Chauvinismus den Liberalismus niederringt, in dem die Vergangenheit des Landes über seine Ideale triumphiert.

Der Artikel erschien im Sommer 2010 in *Olam Katan* (Kleine Welt), einer kostenlosen Wochenzeitung, die am Sabbat in Synagogen verteilt wird. Er gab ein neues Rekrutierungsprogramm der israelischen Polizei bekannt, das Männer ansprechen sollte, die in orthodoxen vormilitärischen Lehranstalten studiert und dann als Armeeoffiziere gedient hatten. Dieses Programm bot ihnen eine dreieinhalbjährige Ausbildung mit einem Bachelorabschluss und einen polizeilichen Rang an, der dem eines Militäroffiziers entsprach. Einen Teil dieser Zeit würden sie mit dem religiösen Studium verbringen – in der Lehranstalt Elisha im Westjordanland. Das heißt, sie würden sich auf eine Karriere als Gesetzeshüter in einem Außenposten vorbereiten, dessen Errichtung einen Gesetzesbruch darstellte.

Yehonatan Chetboun, Vorsitzender der Raananim-Bewegung, die mit der Polizei an diesem Projekt arbeitete, erklärte dem Blatt *Olam Katan*, wie er jungen religiösen Zionisten die Bedeutung des Polizeidienstes veranschaulichen wollte: »Ich werde sie auf eine nächtliche Patrouille mit mir und dem Stationskommandeur in Lod oder Ramla einladen, damit sie begreifen, dass die zentralen Schwierigkeiten, denen die israelische Polizei gegenübersteht, die bedeutsamsten nationalen Probleme sind.«[56] Lod und Ramla sind natürlich israelische Städte, in denen palästinensische Bürger Israels einen großen Teil der Bevölkerung ausmachen. Der beste Weg, um das Interesse von Armeeveteranen für die Polizeiarbeit innerhalb Israels zu wecken, war nach Chetbouns Erklärung also, ihnen vor Augen zu führen, dass sie eine nahtlose Fortsetzung des ethnischen Konflikts in den besetzten Gebieten ist. Für die Polizeikräfte hätte das den Vorteil, wie ein hochrangiger Polizeioffizier sagte, »Leute mit einem sehr hohen Niveau« einzustellen.[57]

Das Programm fing bescheiden an, mit 35 Rekruten.[58] Es war eine weitere kaum merkliche Veränderung, in die Wege geleitet von einer staatlichen Behörde zur Bewältigung eines unmittelbaren praktischen Erfordernisses, ohne den Folgen große Aufmerksamkeit zu schenken. So schlug die Besatzungspolitik in wieder einer weiteren Weise auf die Heimat durch.

Nichts von alledem geschah ohne Widerstand. Es ist vielmehr Teil des Kreislaufs von Aktion, Reaktion und Gegenreaktion. Der Angriff auf die Zivilgesellschaft belegt, dass Israelis in ehrenamtlichem Engagement entschlossen den Machtmissbrauch in den besetzten Gebieten und in Israel dokumentieren und Widerspruch dagegen erheben. An den Bestrebungen, palästinensischen Bürgern das Wahlrecht zu entziehen, lässt sich ablesen, dass diese in gemeinschaftlicher Anstrengung auf Gleichheit und Identität pochen. Umgekehrt haben die Versuche, parlamentarische Hexenjagden zu veranstalten, Kritik nicht nur von der Linken, sondern auch von altgedienten Likud-Politikern provoziert.

Es hat sich jedoch als unmöglich erwiesen, in den besetzten Gebieten ein Regime aufrechtzuerhalten, in dem für Palästinenser und Juden unterschiedliche oder überhaupt keine Gesetze gelten, ohne damit zugleich die Rechtsordnung und Demokratie innerhalb Israels selbst zu untergraben. Indem Israel jenseits der Grünen Linie wie eine Bewegung agiert und nicht wie ein demokratischer Staat, hat seine Staatlichkeit auf seinem eigenen Territorium abgenommen.

Nur wenige Monate, nachdem Israel das Westjordanland erobert hatte, erhob der Philosoph und Dissident Yeshayahu Leibowitz seine mahnende Stimme, eine fortdauernde Besetzung würde »das Gesellschaftsgefüge untergraben, das wir geschaffen haben, und Einzelne, Juden wie Araber, korrumpieren«.[59] Leibowitz' Warnung hat sich als nur allzu prophetisch erwiesen. Einer der Gründe für eine Zwei-Staaten-Lösung besteht darin, Frieden zu schaffen. Ein anderer, mindestens ebenso wichtiger, ist der, die Selbstheilung Israels auf den Weg zu bringen.

Kapitel 8

Die Neugründung Israels

Ich schreibe aus einem Israel mit gespaltener Seele. Es wird durch seine Widersprüche nicht nur definiert; es läuft Gefahr, von ihnen zerrissen zu werden. Es ist ein Land mit unsicheren Grenzen und einem Staat, der seine eigenen Gesetze ignoriert. Seine demokratischen Ideale, so sehr sie mithalfen, die Geschichte des Landes zu prägen, stehen kurz davor, wie die Ideologien des 20. Jahrhunderts als falsche politische Versprechen in die Erinnerung einzugehen.

Was wird aus Israel in fünf oder zwanzig Jahren? Wird es die Zweite Israelische Republik gründen, eine blühende Demokratie innerhalb engerer Grenzen? Oder wird es ein Pariastaat sein, wo eine ethnische Gruppe über eine andere herrscht? Oder wird es gar ein auf der Karte markiertes Territorium zwischen dem Jordan und dem Mittelmeer sein, wo der Staat durch zwei sich bekriegende Volksgruppen ersetzt worden ist? Wird Israel das Zentrum der jüdischen Welt sein oder ein Ort, an den die meisten Juden im Ausland lieber nicht denken? Die Antworten hängen davon ab, was Israel nun tut.

Damit sich das Land als freiheitliche Demokratie neu gründen kann, muss es drei Veränderungen bewerkstelligen. Erstens muss Israel den Siedlungsbau einstellen, die Besatzung beenden und einen friedlichen Weg finden, um das Land zwischen dem Fluss und dem Meer aufzuteilen. Zweitens muss es Staat und Synagoge trennen: den Staat vom Klerikalismus und die Religion vom Staat befreien. Drittens und am grundlegendsten muss es von einer ethnischen Bewegung zu einem demokratischen Staat heranreifen, in dem alle Bürger Gleichheit genießen.

Wer diese Änderungen vorschlägt, provoziert innerhalb Israels und darüber hinaus mehrere reflexhafte Einwände. Erstens übersetzen viele israelische Juden den Ruf nach voller Gleichheit aller Bürger in die Forderung, Israel solle aufhören, ein jüdischer Staat zu sein.[1] Diese angebliche Wahl ist irrig. Israel kann eine freiheitliche Demokratie sein und trotzdem den gerechtfertigten Wunsch der Juden nach Selbstbestimmung als einer nationalen Ethnie erfüllen.

Die liberale Bedeutung der Selbstbestimmung beginnt mit den Rechten von *Individuen*. Sie bringt, wie der israelische Politikwissenschaftler Chaim Gans argumentiert, den gerechtfertigten Wunsch der Mitglieder einer ethnischen Gruppe zum Ausdruck, einen grundlegenden Aspekt ihres Menschseins und ihrer persönlichen Identität zu bewahren: ihre Kultur. Um in ihrer Kultur zu leben und sie zu erhalten, brauchen sie einen Ort, wo diese Kultur die öffentliche Sphäre prägt. Der natürliche und legitimste Ort dafür ist ihre Heimat oder ein Teil von ihr.[2]

Doch im Gegensatz zu Utopien prallen in der realen Welt individuelle Rechte aufeinander.[3] Die klassische Metapher dafür ist der Mann, der in einem überfüllten Theater grundlos »Feuer!« ruft: Dogmatisch auf sein Recht auf freie Meinungsäußerung pochend, nimmt er in Kauf, dass andere durch grundlose Panik zu Schaden kommen, er nimmt anderen also das Recht auf körperliche Unversehrtheit. Nationalstaaten können liberale Demokratien sein, doch ein jeder steht vor der ständigen Herausforderung, das Recht auf Selbstbestimmung gegen andere Rechte abzuwägen.

Israel muss nicht darauf verzichten, ein jüdischer Staat zu sein. Es muss allerdings ein ganz anderes Gleichgewicht von Rechten herstellen. In einem Land mit einer großen jüdischen Mehrheit ist es vernünftig, dass die übliche Sprache in der öffentlichen Sphäre Hebräisch ist. Es ist einleuchtend, dass Arbeitsstätten an jüdischen Feiertagen schließen, weil die meisten Menschen an solchen Tagen sowieso nicht zur Arbeit kommen würden. Es ist ferner vernünftig, dass Küchen in staatlichen Einrichtungen – wie bei der Armee – koscher sind, da so das Recht von Juden gewahrt bleibt, die sich an die religiösen Speisegesetze halten, sich in vollem Umfang an der Gesellschaft zu beteiligen. Nicht hinnehmbar ist dagegen, dass der Staat bei der Vergabe von Arbeitsplätzen und Grundstücken oder beim Bau von Schulgebäuden Juden bevorzugt oder Moslems daran hindert, in einem gemischt jüdisch-arabischen Viertel eine Moschee zu unterhalten. Auch ist es nicht akzeptabel, dass der Staat die Rechte von Nichtjuden davon abhängig macht, ob sie ihre Loyalität zu dieser bestimmten Balance von Rechten geloben.

Ein zweiter Einwand lautet, dass die Schaffung und Erhaltung zweier Staaten zwischen dem Fluss und dem Meer gar nicht mehr möglich sei. Die Siedlungen seien schon zu groß, Israel und die besetzten Gebiete zu eng miteinander verwoben, der Kipppunkt sei überschritten. Alles jetzt noch Mögliche sei eine Einstaatenlösung. Insbesondere außerhalb Israels verbirgt sich hinter diesem praktischen Argument häufig eine psychologische Neigung: Selbst Progressive kämpfen manchmal die letzte Schlacht, besonders wenn es um einen heroischen Kampf geht, für den sie zu spät geboren wurden.[4] In Südafrika, so sagen sie, lautete die Antwort »Eine Person, eine Stimme«; deshalb sei das auch für Israel die Lösung.

In Wirklichkeit wäre mit einem einzelnen Staat wenig gewonnen, doch vieles schlimmer. Man stelle sich vor, morgen würden Israel, die Westbank und Gaza zur »Ostmittelmeerrepublik« vereint und Wahlen abgehalten. Bei der gegenwärtigen Bevölkerung würde das Parlament beinahe gleichmäßig zwischen Juden und Palästinensern aufgeteilt. Eines der ersten Probleme, denen sich Parlament und Gerichte gegenübersähen, wären die Siedlungen, die Israel auf privatem palästinensischen Grund errichtet hat, ob dieses Land nun konfisziert, gestohlen oder trotz palästinensischer Einsprüche zu Staatseigentum erklärt wurde. Palästinenser würden die Rückgabe ihres Eigentums einklagen. Das Problem der Räumung der Siedlungen wird nicht verschwinden, sondern vielmehr den neuen Staat entlang der Grenzen der beiden Volksgruppen spalten.

Desgleichen die Flüchtlingsfrage. Palästinensische Abgeordnete werden verlangen, Israels Rückkehrgesetz auf die Palästinenser auszudehnen, die in ihre Heimat zurückkommen möchten. Die jüdischen Politiker würden gegen diese Maßnahme, die aus ihrer Gemeinschaft eine bedrohte Minderheit machen würde, Sturm laufen. Die Palästinenser werden die Rückgabe von Eigentum verlangen, das sie 1948 verloren hatten, und womöglich auf dem Wiederaufbau zerstörter Dörfer beharren. Bis auf die Festlegung des Grenzverlaufs wird praktisch jede Frage, die sich belastend auf israelisch-palästinensische Friedensverhandlungen auswirkt, zu einem innenpolitischen Sprengsatz des neuen politischen Gemeinwesens werden.

Auch Probleme, die gegenwärtig nicht im Zentrum der Diplomatie stehen, werden die beiden Volksgruppen gegeneinander aufbringen. Israel hat eine postindustrielle westliche Wirtschaft; die Westbank und Gaza sind unterentwickelt. Die Finanzierung von Entwicklung in den überwiegend von Palästinensern bewohnten Gebieten und die Ausdehnung des israelischen Sozialnetzes auf die Palästinenser würden den Juden höhere Steuern abverlangen oder sie zwingen, sich mit geringeren Leistungen zufriedenzugeben. Doch der Motor der israelischen Wirtschaft ist Hightech, eine gänzlich mobile Industrie. Sowohl Einzelne als auch Unternehmen würden abwandern und dadurch die neue gemeinsame Wirtschaft lahmlegen. In der Zwischenzeit würden zwei Nationalitäten, die verzweifelt nach einem politischen Rahmen für ihre kulturelle und gesellschaftliche Unabhängigkeit gestrebt haben, um die Kontrolle der Sprache, Kunst, Straßennamen und Schulen ringen. Psychologisch wäre es ein Land mit zwei verbitterten Minderheiten und keiner Mehrheit.

Selbst im besten Fall wäre das Ergebnis der Fortbestand getrennter jüdischer und palästinensischer Parteien. Und selbst die liberaleren politischen Parteien jeder Volksgruppe hätten ihre Not, die Kluft zu überbrücken und stabile Koalitionen zustande zu bringen. Israel würde ein zweites Belgien, ewig unfähig zur Bildung einer stabilen Regierung. Im wahrscheinlicheren Fall würden sich die politischen Spannungen in Gewalt entladen. Der Übergang zu einem einzigen Staat würde eine neue Phase des Konflikts markieren. Palästinenser und Juden brauchen, wenn sie sich ein drastisches Beispiel für das mögliche Schwanken zwischen Pattsituationen und Bürgerkrieg vor Augen führen wollen, den Blick nur nordwärts nach Libanon zu richten.

Ein einziger Staat wäre keine Lösung – oder auch nur ein praktikables Arrangement, also das, was Politiker normalerweise anstelle von Lösungen anbieten. Es wäre ein Albtraum: ein weiterer Ort auf dem Globus, wo zwei oder mehr Volksgruppen gegeneinander kämpfen, während die Leute mit der besten Bildung oder den besten Beziehungen anderswo Zuflucht suchen.

Ein dritter Einwand gegen eine Zweistaatenlösung von der israelischen Rechten und ihren Unterstützern in Übersee ist, dass sie von Israel zu große Opfer für den Frieden abverlange. Darin spiegelt sich eine alte Denkgewohnheit, nach der Land die Münze sei, die Israel widerwillig für ein Friedensabkommen zu zahlen habe.

Es ist wahr, dass Frieden ein Selbstzweck von entscheidender Bedeutung ist. Doch Israel muss auch Land aufgeben, um sich als ein Staat und als eine Demokratie neu zu konstituieren. Es muss auf der Landkarte wieder eine Grenze einzeichnen. Innerhalb dieser Grenze muss die Regierung mit der Zustimmung der Regierten herrschen. Es muss die Rechtsstaatlichkeit wiederherstellen und den ethnischen Konflikt beenden.

Frieden mit den Palästinensern ist ein *Mittel* zur Erreichung dieser Ziele. Er bietet Israel einen Weg, die Umklammerung des Gazastreifens zu lösen und sicher aus dem Westjordanland abzurücken. Trag zu viel, und du wirst nichts halten, lautet eine talmudische Weisheit. Wenn der Staat Israel weiter am Westjordanland festzuhalten versucht, wird es keinen Staat mehr geben.

Politisch ist die Beendigung der Besatzung auch eine Vorbedingung für die Trennung von Staat und Religion und die Gleichstellung der arabischen Minderheit. Seit 1967 hat sich die israelische Politik am Thema des Territoriums festgebissen. Einst, während der Ersten Israelischen Republik, hatten »links« und »rechts« dieselbe Bedeutung wie in Europa. Die Linken waren Sozialisten, die Rechten Kapitalisten. Nach 1967 verschoben sich die Bedeutungen. Links zu sein bedeutete nun die Bereitschaft, Land aufzugeben; rechts zu sein hieß dagegen, zwanghaft daran festzuhalten. Eine Koalition um andere Themen herum zu bilden ist nahezu unmöglich geworden. Der Konflikt mit den Palästinensern dient als Legitimation für den Ausschluss der von Arabern unterstützten Parteien aus Koalitionen. Die Rechte kann nicht ohne die ultraorthodoxen Parteien regieren, aber auch die Linke kann keine Koalitionen ohne Einbeziehung der Strenggläubigen schmieden. So ist eine Regierung, die für die Gleichheit der Bürger sorgt und Religion und Staat trennt, nicht zu erreichen.

Die Koalitionsarithmetik reflektiert lediglich nationale Denkgewohnheiten: Solange Juden und Palästinenser um die Kontrolle derselben Heimat ringen, fällt es sowohl jüdischen als auch arabischen Israelis schwerer, sich eine gemeinsame staatsbürgerliche Identität vorzustellen. Unterdessen stellen sich die Siedler, insbesondere die religiösen Siedler, als die engagiertesten Zionisten hin, und dieser Anspruch findet in einem Großteil der jüdischen Öffentlichkeit Widerhall. In Wirklichkeit stammen die Methoden ihres Zionismus aus der vorstaatlichen Ära. Die wahre zionistische Aufgabe ist in diesem Augenblick, die Siedlungspolitik aufzugeben, damit sich Israel all den Themen zuwenden kann, die es hintangestellt hat.

Diese Aufgabe ist der Schlüssel zu Israels Zukunft. Ich gebe nicht vor, die genauen Umstände angeben zu können, unter denen es dazu kommen wird – ob als Folge internationalen Drucks und der Anerkennung des palästinensischen Staates, ob durch ein freiwillig angenommenes Abkommen einer israelischen Regierung, die nicht so engstirnig ist wie diejenige, die gerade an der Macht ist, während ich dies schreibe, oder aufgrund irgendeiner Kombination dieser Faktoren.

Doch der innenpolitische Aufruhr wird leichter zu handhaben, das Risiko gewaltsamer Opposition besser zu begrenzen sein, wenn sich Israels gewählte Politiker das Ziel zu eigen machen, die Siedler heimzuholen. Zu Recht werden sie dies der Öffentlichkeit als das nächste nationale Projekt vermitteln können, das Israel in Angriff nehmen muss. Sie können zu den Siedlern selbst sprechen – zumindest zu den gemäßigteren, die für diese Botschaft vielleicht aufnahmebereit sind. Sie können anerkennen, dass die Westbanksiedler in dem Glauben handelten, ihrem Land zu dienen, und sie bitten, ihm nun einen Dienst zu erweisen, indem sie friedlich nach Israel heimkehren.

Statt Räumung der Siedlungen werden häufig zwei Gegenvorschläge vorgebracht. Der erste lautet, den jüdischen Siedlern zu erlauben, Bürger eines palästinensischen Staates zu bleiben. Zur Erlangung ihrer Selbstbestimmung müsse das Land der Palästinenser ja nicht homogen palästinensisch sein, genauso wenig wie Israel rein jüdisch sein muss. Statt Polizei und Armee zur Zwangsräumung der Siedler in Marsch zu setzen oder Beamte des Finanzministeriums, die mit ihnen Zahlungen für den Umzug aushandeln, könnte die Regierung bekanntgeben, dass Israel zu einem bestimmten Zeitpunkt die Kontrolle des Landes den Palästinensern übergebe. Die Siedler könnten dann selbst entscheiden, ob sie bleiben oder nach Israel zurückkehren möchten, wie es Siedler früher auch anderswo beim Rückzug von Imperien taten.

So weit die Theorie. In der Realität hätten die Bewohner in den großen, näher an der Grünen Linie gelegenen Siedlungen keine Neigung, in einem palästinensischen Staat zu leben. Sie sind in der Erwartung in ihre subventionierten Vorstädte gezogen, Mitglieder der jüdischen Mehrheit in Israel zu bleiben und ihren Lebensstandard zu verbessern. Durch ihr Bleiben würden sie zu einer Minderheit in einem Land mit einem Zehntel des israelischen Pro-Kopf-Einkommens.[5] Der einzige Wert einer staatlichen

Versicherung, in ihren gegenwärtigen Häusern bleiben zu dürfen, läge darin, ihre Fähigkeit zu mindern, dem Staat exorbitante Kompensationen für ihren Umzug abzunötigen.

Das mag eine lohnende Verhandlungstaktik sein, aber ein solches Angebot lässt sich nicht den Bewohnern der kleinen ideologischen Siedlungen unterbreiten, die es aus den schlimmsten Gründen annehmen könnten, in der Hoffnung nämlich, eine »rhodesische Option« zu verwirklichen – das heißt der palästinensischen Mehrheit gewaltsam eine Minderheitsherrschaft aufzuzwingen oder den neuen Staat zumindest zu destabilisieren.

Der zweite Ansatz zur Verringerung der Zahl der Evakuierten besteht in der israelischen Annexion der Westbankgebiete mit den bevölkerungsreichsten »Siedlungsblocks«, wofür der palästinensische Staat mit Land innerhalb der Grünen Linie kompensiert werden könnte. Um das Ausmaß des Landtauschs zu vermindern, haben Experten des diplomatischen Dienstes Karten der israelisch-palästinensischen Grenze vorgeschlagen, die aussehen wie Karikaturen manipulierter amerikanischer Kongresswahlkreise im 19. Jahrhundert. Eine gemäßigte Version legte die Genfer Initiative 2003 vor, ein von israelischen und palästinensischen Friedensbefürwortern ausgehandelter Vorschlag, der als Vorlage für ein offizielles Abkommen dienen sollte. Die Grenzkarte der Vereinbarung zeigt israelische Territorien, die sich als schmale, gewundene Triebe in die Westbank erstrecken, sodass große Siedlungen wie Ma'aleh Adumim in israelischer Hand bleiben können.[6]

Anfänglich könnten solche Grenzen die Kosten einer Umsiedlung vermindern. Doch Israel müsste noch immer die Siedler evakuieren, die sich am erbittertsten dagegen sträuben – jene in den von der Grünen Linie weit entfernten Siedlungen. Nach dem Friedensabkommen wären die Vororte, die Israel behalten hat, isoliert und eingezwängt, unfähig zu wachsen. Eine vernünftige Politik würden ihnen keine Subventionen mehr gewähren. Diese territorialen Triebe würden an ihren Rebstöcken verdorren. In fünf oder zwanzig Jahren würden ihre Bewohner von der Regierung verlangen, ins alte Israel umgesiedelt zu werden. So wird der Staat für sie doppelt zahlen: erst mit Land, dann mit Kompensationen für die Umsiedler. Die Alternative des Landtauschs ist eigentlich nur praktisch für Siedlungen, die direkt an der Grünen Linie liegen, sowie im annektierten Ostjerusalem, wo beinahe 200 000 Israelis in kompakten Vierteln nahe der alten Grenze leben.

Damit Israel also voranschreiten kann, müssen die meisten Siedler heimkommen. Eine gescheite Politik besteht nicht nur darin, den Siedlungsbau zu stoppen, sondern sofort mit dem Prozess der Räumung zu beginnen, ohne auf die Unterzeichnung eines Friedensabkommens zu warten. Wenn eine Einigung unterzeichnet wird, sollte sie eine Übergangsphase von mehreren Jahren vorsehen, um eine schrittweise Evakuierung der Siedler zu ermöglichen.

Als logischen ersten Schritt der Räumung muss der Staat die jahrelang vermiedene Haushaltstransparenz herstellen. Er muss seinen Etat nach Anreizen für das Siedlerleben durchforsten und die kumulativen Kosten des Siedlungsbaus von 1967 bis heute veröffentlichen, damit die Öffentlichkeit die Aussichtslosigkeit des Unterfangens begreift und die Subventionen eingestellt werden können. Anstelle dieser Subventionen sollte der Staat umzugswillige Siedler dabei unterstützen, annehmbares Wohneigentum innerhalb Israels zu erwerben, sowie den Bediensteten der aufgeblähten Bürokratie und Erziehungseinrichtungen der Siedlungen Umschulungen und Beratungen zur Erleichterung der Umstellung anbieten. Dabei sollte die Politik klar zu verstehen geben, dass die zu Beginn angebotene finanzielle Hilfe die Obergrenze dessen ist, was später zu erwarten steht, um Zögerlichkeit teuer, nicht profitabel zu machen.

Selbst in einer Siedlung von Gläubigen gibt es wahrscheinlich das eine oder andere Paar, das an einer gedeihlichen Zukunft zweifelt und gerne wegziehen möchte, auch wenn weder Ehemann noch Ehefrau dies gegenüber ihren Nachbarn laut zu äußern wagen. Gegenwärtig tragen praktische Überlegungen wie der geringe Marktwert ihres Hauses dazu bei, dass sie bleiben, wo sie sind. Wenn es dieser einen Familie möglich ist, zu gehen, werden drei weitere anfangen, diese häretische Möglichkeit in Erwägung zu ziehen. Genau deshalb haben sich die Anführer der Siedler und ihre Verbündeten in der Vergangenheit gegen Vorschläge gesträubt, abziehwilligen Siedlern finanzielle Kompensationen zu zahlen.

Ein Anreiz sollte jedoch nicht auf den Tisch kommen: eine ganze Gemeinschaft oder einen Teil von ihr geschlossen an einen neuen Ort innerhalb Israels zu verlegen. Auch sollten die Siedler nicht ermutigt werden, Galiläa oder die Negevwüste zu »judaisieren«. Solche Arrangements könnten auf den ersten Blick die Eingliederung erleichtern, weil sie die Gemeinschaften zusammenlassen und die Siedler vor einer schweren Sinnkrise bewahren. Doch auch hier werden die Kosten später zu hoch sein. Der Zweck der Siedlungsräumung ist es, den ethnischen Konflikt zu beenden, nicht, ihn zu importieren. Das Siedlerethos muss nicht innerhalb Israels, ein weiteres Mal, künstlich wiederbelebt werden. Es macht im Israel des 21. Jahrhunderts so wenig Sinn wie Siedlertrecks im heutigen Amerika.

In wiedererrichteten Siedlungen werden die Umgesiedelten wohl gegenseitig ihre Wut aufstacheln und einander in der Weigerung bestärken, die neue Wirklichkeit anzunehmen. Es ist schwerer, nach vorn zu schauen, wenn alle um einen herum im Zorn zurückblicken. Neben bürokratischer Stümperei ist dies einer der Gründe, warum den Umsiedlern aus Gaza die Wiedereingliederung so schwerfiel.

Das Ziel der Regierung sollte es sein, die Siedler in die israelische Gesellschaft zu reintegrieren. Das könnte den weiteren Vorteil haben, dass die Siedler eher die Vorstellung überwinden, sich in einem »Prozess der Erlösung« zu befinden. In aktuelle Ereignisse das Wirken des Messias hineinzulesen ist viel leichter, wenn alle um einen herum diese Fehldeutung teilen. Innerhalb der breiten israelischen Gesellschaft mag es leichter fallen, zu akzeptieren, dass der Staat nichts anderes als ein solcher ist, ein politisches Mittel, um praktische Ergebnisse zu erzielen, und keine heilige

Institution, deren Existenz das Ende der Geschichte signalisiert. Die halluzinatorischen Hoffnungen, die den orthodoxen Zionismus verzerrt haben, könnten langsam verblassen.

Friede ist ein notwendiges Mittel zur vollständigen Beendigung der Besatzung. Anders als die Franzosen in Algerien kann Israel nicht einfach die Westbank ihrem Schicksal überlassen. Anders als die Palästinenser beanspruchten die algerischen Nationalisten nicht Frankreich als Teil ihres Geburtsrechts. Ein Meer trennte Frankreich von allem, was in seiner ehemaligen Kolonie geschah. Damit Israel die militärische Kontrolle des Westjordanlands sicher beenden kann, braucht es ein Friedensabkommen mit einer stabilen – und hoffentlich demokratischen – palästinensischen Republik.

Und was, wenn der Frieden verhindert wird, zum Beispiel durch die Kluft zwischen rivalisierenden Palästinenserfraktionen, durch die Instabilität des palästinensischen Staates, durch die allgemeine Unbeständigkeit der arabischen Politik oder schlicht, weil die israelischen und palästinensischen Verhandlungsführer trotz bester Vorsätze unfähig sind, sich zu einigen?

Selbst in diesem Fall liegt es in Israels vitalem Interesse, die Siedlungen zu räumen, die Grenzen wiederherzustellen und die Besatzung auf ihr bloßes Gerippe, auf das militärische Minimum zu reduzieren.

In diplomatischer Hinsicht ist die Vorstellung, die Siedlungen seien ein Verhandlungstrumpf, eine Illusion. Die Siedlungen stärken Israels Verhandlungsposition nicht, sondern zerstören im Gegenteil seine Glaubwürdigkeit und ketten es an die besetzten Gebiete. Werden sie nicht beseitigt, werden sie wachsen, und die Ketten werden noch schwerer lasten. Unterdessen zersetzt die Anstrengung, sie zu erhalten, den Staat und macht den Albtraum einer Einstaatenlösung wahrscheinlicher. Ihre Beseitigung wäre eine öffentliche Erklärung, dass Israel sobald als möglich bereitwillig die militärische Kontrolle aufgeben wird.

Die Militärpräsenz in der Westbank ist bereits ein ausreichender Verhandlungstrumpf. Ihr einziger Zweck sollte es sein, Angriffe auf Israel selbst zu verhindern, die öffentliche Ordnung aufrechtzuerhalten und es – wenn nötig – internationalen Akteuren zu erlauben, beim Auf- oder Wiederaufbau staatlicher Institutionen der Palästinenser zu helfen.

Selbst unter den günstigsten Bedingungen werden im letzten Akt des Siedlungsdramas wohl Israelis in Uniform jene Siedler, die sich weigern, ihr bisheriges Leben aufzugeben, unter Zwang räumen müssen. Ihre Zahl könnte gering sein, aber sich auch auf einige Zehntausend belaufen. Mindestens 65 000 Israelis leben in ausschließlich orthodox-zionistischen Siedlungen, wo die Opposition gegen einen Abzug am größten sein wird.[7]

Niemand kann das Ausmaß des Widerstands vorhersagen. Doch es droht ein Gewaltpotenzial, das über das beim Abzug aus Gaza erlebte Maß hinausgeht. Siedler werden ihre Vision – oder Illusion – verteidigen, auf der sie zwei Generationen lang ihr Leben aufgebaut haben. »Vielleicht bringe ich mich um, vielleicht auch nicht. Ich weiß es nicht«, sagte mir die in einem Außenposten lebende Siedlerin Cheftziba Skali für den Fall, dass es zu einem Rückzug kommt.[8] Yisrael Ariel, ein Siedler in Yitzhar in der Nähe von Nablus und Gründer der Talmudschule Od Yosef Hai, glaubt nicht, dass die Siedler ein »Blutvergießen« anzetteln würden, aber sie würden zu »jeder anderen Stufe« des Widerstands bereit sein.[9] Diese Einschätzung macht ihn womöglich zu einem Gemäßigten. Vor der Ermordung Jitzchak Rabins machte Nachum Rabinovitch, Vorsteher einer Hesder-Talmudschule, den Vorschlag, dass die Siedler »auf dem gesamten Gebiet ihrer Siedlungen Sprengladungen legen« sollten, um die Soldaten daran zu hindern, sie zu evakuieren. Er rechtfertigte das damit, dass israelische Soldaten, die Räumungsbefehle ausführten, »wirklich böse« seien, und fügte hinzu: »Wir erinnern uns, dass auch die deutschen Soldaten Befehlen gehorchten.«[10]

Angesicht des Potenzials physischen Widerstands muss sich die Regierung bei der Ausführung ihrer Politik auf die Armee verlassen können. Dazu muss sie die vorhandenen Einheiten mit religiöser Orientierung abschaffen, der schleichenden Herausbildung eines Offizierskorps, das eher den Befehlen eines radikalen Klerus als denen der Regierung gehorchen könnte, Einhalt gebieten und das Beziehungsgeflecht zwischen Militär und religiöser Rechter auflösen.

Als ersten Schritt in diesem Prozess sollten die Streitkräfte sofort das Hesder-Programm beenden, angefangen bei den Institutionen, deren Vorsteher Soldaten zur Befehlsverweigerung aus politischen Gründen aufgefordert haben. Das ist keine Frage der Meinungs- oder Religionsfreiheit. Rabbiner haben das Recht, gegen die Preisgabe von Land oder die Räumung von Siedlungen zu opponieren. Aber die Hesder-Talmudschulen arbeiten, vom Staat finanziert, mit dem Militär zusammen. Die Zeit, die ihre Zöglinge beim Studium verbringen, ersetzt teilweise ihre Zeit in Uniform. Es ist absurd, dass mit der Armee zusammenarbeitende Institutionen Soldaten instruieren, die politische Agenda Großisraels über ihre Befehle zu stellen. Die Tatsache, dass diese politische Agenda mit religiösen Glaubensüberzeugungen durchsetzt ist, kann diese Absurdität nicht rechtfertigen.

Längerfristig sollte das Hesder-Programm im Rahmen der Trennung von Religion und Staat gänzlich aufgelöst werden. Genauso sollte die staatliche Finanzierung rein orthodoxer, auf religiöse Studien ausgerichteter vormilitärischer Lehranstalten auslaufen. Das charedische Bataillon Netzah Yehudah sollte aufgelöst werden. Das Prinzip der Gleichheit verlangt zwar in der Tat, dass auch die Charedim zum Wehrdienst herangezogen werden, doch das Prinzip, keine ideologischen Kampfeinheiten zuzulassen, die dem Klerus verpflichtet sind, wiegt schwerer. Das Militärrabbinat sollte als Seelsorgerkorps neu konstituiert werden, mit der alleinigen Verantwortung, sich um die religiösen Bedürfnisse der Soldaten zu kümmern. Einerseits sollten zu dem neuen Korps Geistliche gehören, die sich um die nichtjüdische Minderheit unter den Soldaten kümmern. Andererseits sollten uniformierte Rabbiner die Soldaten nicht über die Heiligkeit von Land oder der jüdischen

Macht »belehren«, das heißt unter dem Deckmantel des Judentums eine kaum verhüllte politische Botschaft verbreiten.

Sobald eine politische Entscheidung zur Beseitigung der Siedlungen fällt, sollten orthodoxe Laufbahnoffiziere und Soldaten zurück nach Israel verlegt werden. Wenn sie lieber gegen die Umsiedlung politisch agitieren, sollten sie das dürfen – als Zivilisten. Insbesondere Offiziere müssen eine einfache Botschaft vernehmen: »Wenn Sie nicht gewillt sind, Ihre Soldaten bei der Räumung zu führen, sollten Sie Ihren Dienst quittieren und die Armee ehrenhaft verlassen, statt Ihre Karriere vor einem Kriegsgericht zu beenden, degradiert und möglicherweise inhaftiert zu werden.«

Es ist wahr, dass die Armee einige talentierte Kommandeure verlieren könnte. Dieser Preis verblasst jedoch im Vergleich zu dem Risiko, dass sich die Streitkräfte entlang ideologischer Fronten spalten könnten. Bevor es zu einer zweiten *Altalena*-Affäre kommt, müssen die Lehren aus der ersten gezogen und beherzigt werden: Das Land hat eine einzige Armee, verantwortlich der gewählten Regierung. Wieder liefert der Libanon eine blutige Warnung, welche Gefahr bewaffnete Gruppen darstellen, die mit politischen Fraktionen verbunden sind. Die Entpolitisierung der Armee ist nicht nur entscheidend, um die besondere Aufgabe der Siedlungsräumung auszuführen, sondern auch, um die israelische Demokratie wiederherzustellen und die Stabilität des Staates zu gewährleisten.

Sobald wieder Grenzen in die Karten eingezeichnet worden sind, kann Israel endlich seine lange aufgeschobene Wandlung von einer nationalen Befreiungsbewegung hin zu einem liberalen Nationalstaat vollziehen. Das Ringen zwischen Juden und Palästinensern um die Kontrolle des gesamten Landes vom Jordan bis zum Mittelmeer kann der Vergangenheit angehören, wo es hingehört. Innerhalb seines engeren und klar definierten Territoriums wird Israel ein Land mit einer jüdischen Mehrheit von vier Fünfteln und einer palästinensischen Minderheit, die gleiche Bürgerrechte genießen muss.[11]

Natürlich wird es unter den Juden keine Einigung darüber geben, was es heißt, jüdisch zu sein oder in einem Land zu leben, wo die öffentliche Sphäre überwältigend jüdisch ist. Das ist vielleicht die beste Definition eines jüdischen Staates: ein Ort, wo Juden mit der größten Unbefangenheit in breitester Öffentlichkeit darüber debattieren können, was es bedeutet, ein Jude zu sein.

Als Beitrag zu diesem Streit biete ich eine einfache Definition an, was das Land nicht bloß in seiner ethnischen Zusammensetzung, sondern in seinen Werten jüdisch machen wird. Die elementarste jüdische Erinnerung ist die, dass »wir Fremde waren«. Wir waren eine Minderheit und wurden schlecht behandelt. In säkularer Hinsicht entstammt diese Erinnerung einer langen historischen Erfahrung. In religiöser Hinsicht ist sie in der Gründungsschrift des Judentums festgehalten. Der grundlegendste jüdische Anspruch sollte sein, es als Mehrheit besser zu machen, wenn wir die Gelegenheit dazu haben. Wenn Israel keine nichtjüdische Minderheit hätte, wäre es geradezu notwendig, eine zu importieren, um diesen Anspruch zu erfüllen.

Da die Minderheit zum Glück bereits da ist, sollten alle Formen der Diskriminierung gegen sie beendet werden. In einigen Bereichen ist positive Diskriminierung vonnöten, um vergangene Ungerechtigkeiten wiedergutzumachen. Die Nation als Ganze braucht verzweifelt massive Investitionen in die Bildung, aber arabischsprachige Schulen müssen proportional höhere Mittel erhalten, um Jahre der Vernachlässigung auszugleichen. Universitäten sollten aktiv arabische Studenten anwerben; der öffentliche Dienst muss arabische Mitarbeiter einstellen und sich aktiv für ihr Fortkommen in der Hierarchie einsetzen.

Israels System staatlichen Grundeigentums ist äußerst sinnvoll, wo es dazu dient, die Konzentration von Eigentum in einigen wenigen privaten Händen zu vermeiden. Doch staatliches Land muss allen Bürgern gleichermaßen zur Verfügung stehen. Zulassungskomitees und andere Methoden der Diskriminierung von Arabern beim Erwerb oder der Miete von Wohnraum sollten nur noch in den Geschichtsbüchern auftauchen. Das noch im Eigentum des

Jüdischen Nationalfonds befindliche Land muss wirklich der Nation gehören, das heißt in Staatseigentum überführt werden. Vertreter des Jüdischen Nationalfonds sollten nicht in staatlichen Gremien sitzen, die über Landnutzung und -vergabe entscheiden.

Dies ist nur ein Teil der notwendigen Trennung des Staates von den anachronistischen »nationalen Institutionen« Jüdischer Nationalfonds, Jewish Agency und Zionistische Weltorganisation. Wenn philanthropisch gesonnene Juden aus der Diaspora Israel durch eine einzige große gemeinnützige Organisation unterstützen möchten, sollte diese vom Staat gänzlich unabhängig sein.

Die Gleichheit der Bürger bedeutet nicht, dass kulturelle Unterschiede und ethnische Identitäten verschwinden. Der Staat muss eine gemeinsame staatsbürgerliche Identität fördern, die Unterschiede der Volksgruppen aber respektieren. Eltern müssen unter Schulen auswählen können, in denen die Hauptunterrichtssprache Hebräisch oder Arabisch ist. In beiden Schultypen sollte die jeweils andere Sprache von der ersten Klasse an unterrichtet werden mit dem Ziel der Vermittlung einer flüssigen Sprachbeherrschung am Ende der Sekundarstufe.

Die heute manchmal in der religiösen Rechten geäußerte Angst, dass die Vertrautheit mit der arabischen Kultur zur »Assimilation« führe, ist eines der vielen Anzeichen, dass sich die Rechte noch von Ängsten der Diaspora befreien und sich vor Augen führen muss, dass Juden heute ihr eigenes Land haben. Assimilation ist eine legitime Sorge von Minderheiten, nicht von einer Mehrheit. Nebenbei bemerkt werden religiöse Juden etwas besonders Wertvolles gewinnen, wenn sie Arabisch lernen. Ein großer Teil der klassischen jüdischen Literatur wurde von jüdischen Gelehrten verfasst, die in der islamischen Welt lebten – und zwar auf Arabisch oder in einem arabisch beeinflussten Hebräisch.[12] Die Sprache ist der Schlüssel, um die Schätze aus jener Epoche jüdisch-islamischer Koexistenz zu heben.

Gleichzeitig muss es der Staat vermeiden, die Bürger in ethnische Kategorien zu stecken. Einige arabische Politiker werden wohl autonome Institutionen für ihre Gemeinschaft als Teil des

Regierungssystems fordern. Diese Forderung dient den betreffenden Politikern mehr als ihren Wählern, und man sollte ihr widerstehen. Sie macht ethnische Identität zu einem rechtlichen und politischen Faktum statt zu etwas, das ein Mensch frei für sich selbst definieren kann – eine Freiheit, die gerade für eine Minderheit besonders wichtig ist. Arabische Bürger sollten nach freiem Ermessen repräsentative Organisationen schaffen können, die Zugehörigkeit zu ihnen sollte indes freiwillig sein.

Ein Bereich, in dem weder die jüdischen noch die arabischen Bürger die sofortige Integration verlangen werden, ist das Militär. Der Schmerz und die Angst, die ein Konflikt hervorbringt, werden sich nicht am Tag nach Unterzeichnung eines Abkommens in Luft auflösen. Auch wird angesichts der Instabilität des Nahen Ostens das Risiko nicht verschwinden, dass wieder ein Krieg mit einem arabischen Staat ausbricht. Die überwältigende Mehrheit von Israels palästinensischen Bürgern betrachtet die Streitkräfte als eine jüdische Armee, die gegen Araber kämpft, und würde sich höchst unwohl fühlen, in ihr zu dienen. Und wie Chaim Gans schreibt, besteht für Juden eine grundlegende Rechtfertigung eines eigenen Staates darin, sich selbst eine sichere Zuflucht zu geben – nicht nur ihrer Kultur, sondern ihrer schieren Existenz. Da »die Juden eine Minderheit in der Region sind«, schreibt Gans, müssen sie »sich auf ihre Stärke verlassen«. Sie sehen zu Recht in den Streitkräften nicht nur ein Mittel zum Schutz des Staates, sondern zum Schutz der Juden vor der Vernichtung.[13]

Für die absehbare Zukunft ist es daher vernünftig, die Araber von der Wehrpflicht auszunehmen und die Armee unter jüdischer Hegemonie zu belassen. Ein einheitlicher Wehrdienst könnte schließlich das Ergebnis der Herausbildung einer gemeinsamen israelischen Identität sein. Er kann keine Vorbedingung für Gleichheit sein. Ob junge Araber einen zivilen Dienst leisten sollten, hängt davon ab, ob von Juden dasselbe verlangt wird, wenn sie nicht eingezogen werden. Was sich aber wirklich verändern muss – und sich beinahe sicher verändern wird, sobald der Frieden kommt –, ist die Haltung, den Militärdienst damit gleichzusetzen, ein echter Israeli oder ein echter Jude in Israel zu sein.

Die Beseitigung der Siedlungen und die Wiederherstellung der israelischen Grenzen wird jene Frage begraben, die bis heute wenig Raum für eine normale politische Agenda gelassen hat. Die Parteien werden dann zu der marktliberalen Politik, die einen großen Teil des Reichtums des Landes den Händen einiger weniger Familien zugespielt hat, zur Finanzierung von Schulen und der Gesundheitsversorgung, zu Geschlechterfragen und vielen Fragen mehr klar Stellung beziehen müssen – oder sie werden bedeutungslos.

Die Neuausrichtung der Parteien dürfte neue Bündnisse ermöglichen, die klerikalen Parteien schwächen und den Weg für lange aufgeschobene Reformen frei machen. Endlich kann eine umfassende Grundrechtecharta erlassen werden, und das Normenkontrollrecht des Obersten Gerichtshofs kann in einem eigenen »Grundgesetz« verankert werden, sodass es Verfassungsrang bekommt.[14] Die Trennung von Staat und Synagoge kann endlich beginnen.

Nicht allein der Schutz der Rechte säkularer Israelis ist der Zweck dieser Trennung. Sie dient auch dazu, religiöse Israelis von einer klerikalen Bürokratie zu befreien. Nichts entfremdet Juden in Israel mehr vom Judentum als die Begegnungen mit einer staatlicherseits »unterstützten« Religion: die Erfahrung von Heirat und Scheidung durch das Rabbinat, die chauvinistischen Äußerungen einiger Vorsteher staatlich finanzierter Talmudschulen, die stetig steigenden Kosten der Leistungen für die charedische Gesellschaft. »Es gibt keine größere Herabsetzung der Religion als die Erhaltung ihrer Institutionen durch einen säkularen Staat«, schrieb Yeshayahu Leibowitz, wie oben zitiert, im Jahr 1959, und wieder erweisen sich seine Worte als prophetisch.[15]

Hier muss ein Vergleich zu Amerika gezogen werden. Konstitutionell sind die USA das säkularste Land des Westens. Doch als Gesellschaft sind die Amerikaner erstaunlich religiös. Beinahe zwei Drittel geben an, dass Religion in ihrem Leben wichtig ist, verglichen mit durchschnittlich 38 Prozent in den übrigen Industrieländern.[16] Das ist kein Widerspruch. Brenda Brasher, eine amerikanische Religionssoziologin, argumentiert, dass die Vereinigten Staaten gerade wegen der scharfen Trennung von Kirche und Staat das religiöseste Land des Westens seien: Da religiöse Institutionen dort nur überleben können, indem sie Menschen dazu bewegen, durch ihre Türen zu treten, sind die USA zu einem Treibhaus religiöser Neuerung und Vielfalt geworden.[17] Sobald der Staat in Israel aufhört, bestimmte Spielarten der Religion zu finanzieren und zu sanktionieren, wird das Judentum wahrscheinlich aufblühen, ein breiteres Interesse wecken und neue Formen annehmen.

Wie Leibowitz vor einem halben Jahrhundert schrieb, sollten religiöse Gemeinschaften ihre Bedürfnisse selbst finanzieren, angefangen bei ihrem Klerus.[18] Rabbiner von den Steuerzahlern entlohnen zu lassen, schürt verständliches Ressentiment unter den nichtreligiösen Bürgern. Es schafft außerdem eine aufgeblähte Klasse von Klerikern mit wenig Verbindung zu den Gemeinschaften, denen sie angeblich dienen. Die Bewohner meines Viertels in Jerusalem zum Beispiel reichen von säkular bis modern orthodox; der angestellte Rabbiner des Viertels ist ultraorthodox. Wenn ich alles, was ich über das Judentum wüsste, seinen Predigten verdankte, würde ich den Glauben aufgeben.

Das bedeutet nicht, dass Israel dem amerikanischen Modell haargenau folgen sollte. In den USA sind Geistliche von Staats wegen zur Eheschließung befugt. Israel, wo von jeher der Staat darüber entscheidet, wer als Rabbiner qualifiziert ist, würde ein sauberer Bruch besser bekommen: Die Eheschließung für rechtliche Zwecke sollte eine rein zivile Prozedur sein. Paare, die in einer religiösen Feier getraut werden möchten, können sich dafür an eine Person ihrer Wahl wenden.[19] Wenn sie eine religiöse Scheidung wünschen, können sie sich einen Rabbiner aussuchen, der diesen Dienst anbietet.

In der Erziehung sollte die Trennung andererseits weniger scharf sein. Israels ethnische und religiöse Spaltungen und die zentrale Bedeutung des religiösen Studiums im praktizierten Judentum machen das amerikanische Modell eines einzigen staatlichen Schulsystems nicht praktikabel. Wenn der Staat in allen Schulen einen gemeinsamen Kernlehrplan verlangte, käme das einer gesellschaftlichen Revolution gleich, die für sich schon schwierig genug zu bewältigen sein würde. Der Staat sollte diesen Lehrplan, und nur diesen, in jeder Schule finanzieren. Er sollte es den Eltern erlauben, Schulen mit zusätzlichem Religionsunterricht ins Leben zu rufen, für den sie selbst aufkommen. So kommen die Achtung kultureller Vielfalt, die Notwendigkeit einer Trennung von Staat und Religion und das Erfordernis der Vermittlung einer gemeinsamen Grundlage der Identität gleichermaßen zu ihrem Recht.[20]

Zum Kanon müssen Fächer gehören, die die Kinder eines Tages brauchen werden, um in einer postindustriellen Gesellschaft ihren Lebensunterhalt zu verdienen – und Fächer wie Geschichte, Bürgerkunde, Literatur und Kunst, die ihnen helfen, andere Mitglieder ihrer Gesellschaft zu verstehen und zu mitdenkenden Teilnehmern demokratischer Debatten zu werden.

Diese Veränderungen werden die nächste Generation von Charedim darauf vorbereiten, ihren Lebensunterhalt selbst zu bestreiten. Unterdessen muss der Staat aber die finanzielle Unterstützung orthodoxer Männer für ein lebenslanges Studium auslaufen lassen. Das wird ein langsamer Wandel, dem viel Widerstand entgegenschlagen dürfte. Möglich ist er nur, wenn der Staat eine Brücke von der »Gesellschaft der Studenten« zur Arbeitsgesellschaft baut. Er wird den Männern die erforderliche berufliche oder akademische Bildung anbieten müssen, damit sie Jobs finden können; er wird ihnen Stipendien zahlen müssen, um währenddessen ihre Familien zu ernähren. Er muss ihnen eine Berufsberatung zukommen lassen, ihnen helfen, kleine Unternehmen zu gründen, und er sollte bei Arbeitgebern dafür werben, Charedim einzustellen. Solange Israel eine allgemeine Wehrpflicht hat, muss eine Lösung gefunden werden für den Wehrdienst Ultraorthodoxer, aber sie kann nicht auf getrennten Kampfeinheiten beruhen. Charedische Männer müssen entweder in der Armee zusammen mit anderen Israelis dienen oder einen Zivildienst ableisten.

Für das Land als Ganzes sind die Kosten dieses Wandels eine Investition in Wirtschaftswachstum. Den Charedim selbst wird es die Sorge abnehmen, dass die eigenen Kinder einmal in den Stauräumen unterirdischer Parkhäuser wohnen müssen. Dieser Wandel verheißt auch das Ende der Heuchelei, von den Zwangsabgaben anderer Leute zu leben, die nicht die eigenen Werte teilen. Eine produktive charedische Gemeinschaft kann, wenn sie es will, selbst Stipendien finanzieren, um jungen Männern für ein oder zwei Jahre ein Vollzeitstudium und der geistigen Elite weiterführende Studien zu ermöglichen. So heftig ultraorthodoxe Politiker und Rabbiner diese Veränderungen verurteilen werden, die charedische Gemeinschaft wird durch sie viel lebenstüchtiger werden.

Ein Bereich, bei dem der Staat weiterhin zwischen Juden und Nichtjuden unterscheiden sollte, ist die Einwanderung. Aus diesem Grund gestaltet sich hier die vollständige Trennung von Staat und Religion auch schwierig. Es gibt für dieses Problem keine perfekte Lösung, doch es gibt viel Spielraum für Verbesserungen der gegenwärtigen Situation.

Mit der Staatsgründung hatte die zionistische Bewegung, wie oben ausgeführt, die meisten ihrer Ziele erreicht und sich selbst überflüssig gemacht. Die Juden hatten in ihrer historischen Heimat politische Unabhängigkeit erlangt. Die Unabhängigkeit rechtfertigte sich aus der Notwendigkeit, den Juden eine Zuflucht vor Verfolgung zu geben und einen Ort zu schaffen, an dem sie ihre Kultur in der umfänglichsten Weise zum Ausdruck bringen konnten. Damit diese Rechtfertigungen ihre Gültigkeit behielten, musste Israel Juden die freie Einwanderung ermöglichen. In jeder anderen Hinsicht galt die Verantwortung des Staates seinen Bürgern ungeachtet ihrer ethnischen Identität. Die Einwanderungspolitik hatte Juden gegenüber eine besondere Verpflichtung.[21]

Das bleibt wahr, doch die Bedingungen haben sich seit 1948 dramatisch geändert. Die jüdische Bevölkerung Israels hat um das Zehnfache zugenommen. Die meisten anderen Juden auf der Welt leben in demokratischen westlichen Ländern. Gegenwärtig ist Rettung vor Antisemitismus nur ein sehr marginaler Einwanderungsgrund, auch wenn sich das infolge einer unerwarteten Krise irgendwo auf der Welt ändern könnte. Israel hat immer noch die Verpflichtung, Juden einwandern zu lassen, die einfach in einem Land leben möchten, in dem Juden in der Mehrheit sind. Unterdessen ist etwas eingetreten, was sich die Staatsgründer nicht hätten träumen lassen: Israel ist sicher und wohlhabend genug geworden, um auch Flüchtlinge und Wirtschaftsmigranten anzuziehen, die keine Juden sind. Flüchtlinge aus Darfur durchqueren die ägyptische Sinai-Halbinsel, um einen sicheren Hafen in Israel zu suchen; Menschen von den Philippinen, die mit Arbeitsvisa kommen, um alte Israelis zu pflegen, entschließen sich, im Land zu bleiben.

Beinahe ebenso unvorstellbar für viele heutige Israelis, die immer noch glauben, »Assimilation« beziehe sich auf Juden, die sich einer nichtjüdischen Kultur anpassen, assimilieren sich diese nichtjüdischen Immigranten an die israelisch-jüdische Gesellschaft. Ihre Kinder wachsen mit der hebräischen Sprache auf und gehen in Schulen, wo sie jüdische Geschichte durchnehmen. Israel braucht dringend eine Einwanderungspolitik, zu der die Rückführung der Juden in ihre Heimat gehört, die sich aber nicht nur darauf beschränkt.

Ich gebe nicht vor, eine vollständige politische Konzeption im Kopf zu haben. Ich glaube allerdings, dass es die jüdische Geschichte und die elementare Menschlichkeit gebieten, den Darfurflüchtling dem Wirtschaftsimmigranten vorzuziehen. An einer Wand in Yad Vashem, dem Holocaustmuseum in Jerusalem, steht das Zitat eines australischen Offiziellen, das die Gleichgültigkeit der Welt gegenüber den jüdischen Flüchtlingen am Vorabend des Völkermords zum Ausdruck bringt: »Australien kann nicht mehr tun ... Da wir kein Rassenproblem haben, sind wir nicht begierig, eines zu importieren.« Die jüdische Erinnerung verlangt, dass wir eine solche Gefühllosigkeit nicht wiederholen.

Was die jüdische Repatriierung angeht, so sollten hier zwei sich überschneidende Gruppen Vorrang erhalten: Juden und Menschen, die als Juden verfolgt werden. In letzterer Gruppe ist es denkbar, dass mit einem jüdischen Großelternteil und ohne besonderes jüdisches Identitätsgefühl jemand irgendwo auf der Welt dennoch Diskriminierung erfährt oder von radikal antisemitischen Nachbarn sogar mit dem Tod bedroht wird. Eine solche Person sollte aufgenommen werden, selbst wenn die Bedrohung geringer ist als für die Gewährung von Asyl üblich. Wenn aber so eine Person nur deshalb von Aserbaidschan nach Israel ziehen möchte, um ihren Lebensstandard zu erhöhen, sollte sie sich in eine Reihe mit den anderen Wirtschaftsimmigranten stellen. Diese Unterscheidung verlangt nach einer Novellierung des Rückkehrgesetzes, das in seiner jetzigen Form jedem Menschen mit einem jüdischen Großelternteil automatisch Einlass gewährt.

Das schwierigere Problem ist, wer als Jude gilt. Hier kann der Staat religiöse Fragen nicht umgehen. Die meisten säkularen Juden haben das Gefühl bewahrt, dass zum »Jüdischsein« sowohl eine religiöse als auch eine ethnische Identität gehört. Die meisten religiösen Juden betrachten die Juden noch immer als einen Stamm, nicht als Glaubensgemeinschaft.

Ein klassischer Fall vor dem Obersten Gericht Israels demonstriert, wie komplex die Sache ist. 1962 begehrte ein katholischer Mönch namens Bruder Daniel – dessen Geburtsname Oswald Rufeisen lautete –, gemäß dem Rückkehrgesetz anerkannt zu werden. Rufeisen war als Jude in Polen geboren. Während des Holocaust wurde er in einem Kloster versteckt, fing an, das Neue Testament zu lesen, trat zum Katholizismus über und wurde schließlich Mönch. Später kam er nach Israel und stellte einen Antrag auf Erteilung der Staatsbürgerschaft als Jude. Nach dem religiösen Gesetz (Halacha) hatte er einen Anspruch darauf: Nach der Halacha bleibt jemand, der als Jude geboren wurde, ein Mitglied des Stammes; einen anderen Glauben anzunehmen ist eine Sünde, aber diese löscht nicht das Jüdischsein aus.

Das Gericht entschied jedoch, dass es sich beim Rückkehrgesetz um ein ziviles Gesetz handelt und das Wort »Jude« darin in der alltäglichen Bedeutung verstanden werden müsse, so wie Israelis es benutzen (womit die Richter eindeutig Hebräisch sprechende Israelis meinten, also Juden). Und selbst für den säkularsten, postreligiösesten Israeli hörte jemand, der aktiv zu einer anderen Religion übergetreten war, auf, ein Jude zu sein. Daher war Bruder Daniel kein Jude. Man beachte die Ironie: Das Gericht ließ das religiöse Gesetz außer Acht und insistierte auf einer zivilen Definition. Doch die zivile Definition der jüdischen Volkzugehörigkeit enthielt ein religiöses Element.[22]

In ähnlicher Weise umfasst im Hebräischen die alltägliche Bedeutung des Wortes »Jude« Menschen, die zum Judentum konvertiert sind und als Mitglieder der Volksgruppe adoptiert wurden. Das heißt sicher nicht, dass der Israeli auf der Straße das gegenwärtige staatliche Rabbinat als Schiedsrichter gültiger Konversionen ansieht – oder für sich selbst sorgfältig ausformuliert hat, was ein Übertritt beinhaltet. Der gemeinsame Nenner ungenauer Antworten wäre wahrscheinlich, dass jemand als Jude anzuerkennen ist, der seinen alten Glauben aufgibt, in irgendeiner Weise das Judentum praktiziert und – wenn sie oder er außerhalb Israels lebt – einer Art jüdischer Gemeinschaft angehört. Eine Konversion kann nicht nur deshalb unternommen werden, um aus wirtschaftlichen Gründen nach Israel einwandern zu können. Die israelische Einwanderungspolitik sollte auf einer klareren Definition gründen und die Angelegenheit nicht dem Ermessen argwöhnischer Beamter und ganz gewiss nicht staatlich bestallten Klerikern überlassen. Zu dieser Definition müssen religiöse Elemente gehören, was bedeutet, dass der Staat gelegentlich Entscheidungen über die religiöse Identität von Antragstellern treffen muss. Das ist vertrackt, widersprüchlich und unvermeidlich und sollte die äußerste Einmischung des Staates in die Religion sein.

Wenn andererseits ein nichtjüdischer israelischer Bürger beschließt, zum Judentum überzutreten, gibt es keinen Grund, warum es den Staat etwas angehen sollte. Die Unterscheidung zwischen Juden und Nichtjuden mag, allgemeiner gesprochen, ein Faktor bei der Einwanderungspolitik sein, aber von dem Augenblick an, in dem ein Einwanderungsvisum erteilt wird, sollte sie keine Rolle mehr spielen. Es sollte ein einziges Einbürgerungsverfahren geben, das gleichermaßen auf Juden, Wirtschaftsimmigranten und nichtisraelische Ehepartner von Bürgern angewendet wird, einschließlich eines in Nablus geborenen Ehemanns einer arabischen Bürgerin Israels.

Wie steht es mit der Rückkehr von Palästinensern? Die Logik einer Zweistaatenlösung ist, dass Juden ihre Selbstbestimmung in einem jüdischen Staat verwirklichen und das Recht auf Einwanderung in diesen besitzen; gleichermaßen müssen ethnische Palästinenser das Recht auf Einwanderung in einen neuen palästinensischen Staat bekommen – nicht nach Israel.

Das beseitigt nicht die Notwendigkeit, dass Israel – um der Gerechtigkeit und Versöhnung willen – anerkennt, dass seine Gründung für die Palästinenser eine Katastrophe war. Die Handlungen von Israelis waren ein Hauptgrund dieser Katastrophe, selbst wenn sie in einem Krieg geschahen, der Israel aufgezwungen worden war. Als Teil eines Friedensabkommens könnte Israel sehr wohl der symbolischen Rückkehr einer kleinen Zahl von Flüchtlingsnachkommen zustimmen. Vor allem sollte es die Ansiedlung von Palästinensern in ihrem neuen Staat unterstützen. Aber ein Recht auf Rückkehr von Millionen von Palästinensern in ihre vor 1948 bewohnten Häuser würde dieselben desaströsen Folgen heraufbeschwören, die ich bei der Einstaatenlösung beschrieben habe. Es würde ferner Millionen heutiger Juden vertreiben, die keine Rolle bei den Ereignissen der Nabka, der palästinensischen Katastrophe, gespielt haben.

Ein letztes Wort zur Repatriierung: Israel sollte jüdische Immigranten aufnehmen, doch das nationale Projekt der Suche nach Immigranten ist ein weiteres Beispiel für die fortdauernde Verfolgung überholter Ziele und Werte. Die frühe zionistische »Negierung der Diaspora« hat ihr Verfallsdatum überschritten. Die Diaspora verschwindet nicht, Israel ist nicht unterbevölkert, und die demografische Sorge um die Bewahrung der jüdischen Mehrheit sollte verblassen, sobald Israels Grenzen wiederhergestellt sind.

Dies ist nur Teil eines überfälligen Überdenkens der israelischen Beziehung zur Diaspora, besonders zum amerikanischen Judentum. In der Vergangenheit galt Israel vielen amerikanischen Juden als Ersatz für das verlorene »alte Land« Osteuropa – weshalb sie es sich als ein Schtetl in der Größe eines Landes vorstellten, verarmt und kurz davor, von islamischen Kosaken überwältigt zu werden. Dieses Image war für Spendenwerber und rechte israelische Politiker hilfreich, um in der Diaspora Unterstützung zu mobilisieren, aber es ist zutiefst ahistorisch. Es ignoriert Israels Verwandlung in ein Industrieland, seine militärische Stärke und seine Möglichkeiten, Frieden zu machen – von denen einige ergriffen, andere vergeudet wurden.

Eine realistische und fruchtbare Beziehung zwischen Israel und den Juden der Diaspora sollte nicht auf der Angst vor der physischen Auslöschung gründen. Was Israel, besonders ein neu gegründetes Israel, der Diaspora bietet, ist ein Ort, wo die öffentliche Arena weitgehend jüdisch ist: wo die Sprache der Zeitungen, von ausgefallenen experimentellen Romanen und Nachtklubs Hebräisch ist; wo jeder an jüdischen Feiertagen frei bekommt und sich nicht deplatziert fühlt, sie zu begehen; wo sich die Standards körperlicher Schönheit danach bemessen, wie Juden aussehen; wo das Wort »Assimilation« angemessen ist für ghanaische Immigranten, die sonntags zur Kirche gehen; und wo die Frage, ob jüdisch zu sein etwas mit Religion zu tun hat, ein selbstverständlicher Teil der nationalen Debatte ist.

Was die Juden der Diaspora Israel geben sollten – jetzt, sofort, ohne Zögern –, ist eine Erinnerung daran, dass wir Fremde waren in Ägypten, in Russland und Deutschland, selbst in Amerika. Sie können die Israelis an die Dringlichkeit erinnern, die die Minderheitserfahrung liberalen Werten verleiht. Sie können Organisationen in Israel unterstützen, die sich für Menschenrechte und die Trennung von Kirche und Staat einsetzen. Sie können helfen, Institutionen zu finanzieren, die das Judentum so vermitteln, wie es gelehrt zu werden verdient: als ein Glaube, der die Achtung für jedes menschliche Leben vertieft. Statt so zu tun, als sei Israel das Land, das sie sich wünschen, oder es aufzugeben, weil es diesem Wunsch nicht entspricht, können sie helfen, es dazu werden zu lassen.

Die größte Verantwortung jedoch fällt natürlich den Israelis selbst zu, uns, die wir hier leben.

Die Geschichte ist kein unvermeidlicher Prozess der Erlösung oder des Verfalls. Sie steht nicht im Vorhinein fest. Tatsächlich wird selbst die Vergangenheit ständig umgeschrieben. Die Entscheidungen, die Israel heute trifft, werden bestimmen, ob seine Anfänge als Geburt eines gescheiterten Staates oder einer erfolgreichen Demokratie in Erinnerung behalten werden.

Die Veränderungen, die ich beschrieben habe – die Beendigung der Besatzung, die Garantie voller Gleichheit, die Trennung von Staat und Synagoge –, erfordern eine viel kleinere Revolution als die Gründung des Staates. Sie sind nicht nur möglich, sondern für Israels Zukunft von entscheidender Bedeutung.

Wir können Israel erlauben, mit seiner Selbstdemontage fortzufahren, oder wir können uns dafür entscheiden, es neu zu gründen.

Dank

Die Abfassung dieses Buches war eine Reise mit vielen, die mir den Weg gewiesen haben.

Zu Beginn meiner Quellensuche hatte ich das Glück, Anregungen von Menachem Friedman, Yehudah Mirsky, Kimmy Caplan, Nahum Karlinsky, Avi Raz, Avi Bareli, Paul Scham und Shlomo Fischer zu empfangen, die mir alle großzügig ihre Zeit und Sachkunde schenkten. Zusammen mit seiner Ermutigung und unermüdlichen Energie stellte mir Dror Etkes seine umfassenden Kenntnisse und Dokumente des Siedlungsbaus zu Verfügung. Auch Hagit Ofran vom Team Settlement Watch der israelischen Friedensinitiative Schalom Achschaw und Nir Shalev von Bimkom verschafften mir entscheidende Hintergrundinformationen über Siedlungen, Planungsverfahren und Bodenrecht. Die Rechtsanwälte Michael Sfard und Shlomy Zecharia informierten mich nicht nur über die komplexe rechtliche Situation in der Westbank, sondern verschafften mir auch Zugang zu den Akten wichtiger Prozesse. Busayna Dabit vom Shatil Mixed Cities Project des New Israel Fund lieferte Hintergrundinformationen und Zugang zu Aktivisten in Akkon und Jaffa.

Shira Robinson war so freundlich, mir ihre Dissertation über die israelische Militärregierung in den ersten Jahren des Staates zugänglich zu machen. Miriam Billig half mir mit ihren wissenschaftlichen Artikeln über Siedlungsbau, und Jonathan Fine verschaffte mir zusätzliche Einsichten aus den Forschungen für seine Dissertation über den Übergang von der britischen Herrschaft zu einem unabhängigen Staat 1948.

Ich bin David Kretzmer und Theodor Meron für ihre prägnanten Erklärungen des Völkerrechts zu Dank verpflichtet. Yaron Ezrahi brachte mich mit seiner Kenntnis der israelischen Politik und Kultur wie immer auf neue Fährten. Ze'ev Bauer, Stuart Cohen, Louise Fischer, Daniel Gottlieb, Lev Grinberg, Yehudit Karp, Menachem Klein, Ronald Krebs, Yagil Levy, Michael Melchior, Arye Naor, Moshe Negbi, Gretchen Peters, Joseph Shilhav, Shlomo Tikochinski, Avigail Yinon und andere Wissenschaftler schenkten mir ihre Zeit und ihr Wissen. A. Rashied Omar, Mustafa Abu Sway und David Cook halfen mir bereitwillig mit ihren Kenntnissen islamischer Schriften. Natürlich bin ich allein dafür verantwortlich, wie ich die Ideen und Informationen interpretiert habe, die sie so großzügig mit mir geteilt haben.

Dokumentarische Belege sind das Fundament der historischen Forschung. Dass ich vom Archiv der israelischen Streitkräfte Zugang zu vormals geheimen Unterlagen über die Besiedlung in den besetzten Gebieten erhielt, war das Ergebnis einer Klage vor dem Obersten Gerichtshof, bei der ich von Rechtsanwalt Avner Pinchuk von der Vereinigung für Bürgerrechte in Israel vertreten wurde. Avners unermüdliche Arbeit an dem Fall dauerte sechs Jahre. Ich bin ihm für sein Engagement und die Unterstützung der Vereinigung zutiefst dankbar.

Ich danke ebenso für die Hilfe der Bediensteten beim Israelischen Staatsarchiv, dem Knessetarchiv, den Menachem Begin Heritage Center Archives, der Gedenkbibliothek für gefallene Soldaten der israelischen Streitkräfte, dem Registeramt für gemeinnützige Organisationen (Rasham Ha'amutot) und der Rechtsbibliothek der Hebräischen Universität. In meiner Forschung an diesem Buch und vorangehenden Projekten habe ich von dem Archivmaterial einer Reihe von Siedlungen profitiert, darunter Neveh Tzuf, Ofra, Kfar Etzion und Merom Golan. Einat Hurvitz vom Israel Religious Action Center verschaffte mir Zugang zu dem juristischen Schriftwechsel über die Finanzierung der Talmudschule Od Yosef Hai, und Matti Friedman gab mir Einsicht in die Dokumente, auf die er bei seiner Untersuchung der Landansprüche in Migron gestoßen war. Peter Demants Sammlung früher Dokumente von Gusch Emunim lieferte mir abermals faszinierende Einblicke. Meine Forschungsassistentin Anna Reznikovski leistete unschätzbare Dienste bei der Sichtung publizierter Informationsquellen.

Zusätzlich zu diesem schriftlichen Material befragte ich Menschen, die an den in diesem Buch beschriebenen Ereignissen beteiligt waren, sowie Experten, die sich intensiv mit ihnen beschäftigt haben. Ich habe ferner Interviews verwendet, die ich über viele Jahre als Journalist geführt habe. In einigen Fällen bestand Anlass, die Namen meiner Gesprächspartner zurückzuhalten; andernfalls sind sie in der Bibliografie aufgelistet. Ich bin allen dankbar, die mir ihre Zeit geschenkt haben.

Sharon Ashley und Ronnie Hope, meine ehemaligen Kollegen beim *Jerusalem Report*, lasen das Manuskript und riefen mir mit ihren Kommentaren in Erinnerung, was für eine Freude es war, mit ihnen zusammenzuarbeiten. Manchmal war ich vernünftig genug, ihre Anregungen anzunehmen.

Ich danke meiner Agentin Lisa Bankoff und meinem Lektor Tim Duggan von HarperCollins für ihre so wichtige Unterstützung.

Vor allem aber wäre dieses Buch nicht möglich gewesen ohne die enorme Geduld meiner Kinder Yehonatan, Yasmin und Shir-Raz – und erst recht nicht ohne die Hilfe, Ermutigung, Weisheit und Liebe meiner Frau Myra Noveck.

Jerusalem, Januar 2011

Anmerkungen

1. Die Straße nach Elisha

1 Vgl. Talia Sasson, *Havat Da'at (Beina'im) Benose Ma'ahazim Bilti Murs-him* (Anmerkungen zu ungenehmigten Außenposten), Jerusalem 2005. Details zu Elisha finden sich im Anhang 1:22. Andernorts werden leicht abweichende Angaben zur Zahl der Außenposten genannt, je nachdem, wie sie vom jeweiligen Autor definiert werden und wann der Zeitpunkt des Beginns ihrer Errichtung angesetzt wird.

2 Ya'akov Halevi Filber, *Ayelet Hashahar*, Jerusalem 5728 (1967–1968), S. 33

3 Vgl. »Mekhinot Kdam Tzvai'ot«, www.aka.idf.il/giyus/general/?CatID=23072&DocID=25015, zuletzt besucht am 22. Febr. 2012

4 Vgl. RNPO, Rechnungsberichte von Mekhinah Toranit Kdam Tzvait Elisha. In den Jahren 2003–2007 schwankte der Anteil des Ministeriums am Budget der Lehranstalt zwischen 33 und 64 Prozent.

5 Vgl. B., »Mekomam Shel Hovshei Hakipot Bapikud Hatakti Shel Tzahal«, *Ma'arakhot* 432 (2010), S. 50–57

6 Gespräch mit einem anonymen Studenten

7 Oren Yiftachel, *Ethnocracy. Land and Identity Politics in Israel/Palestine*, Philadelphia 2006, S. 3

8 Vgl. Gershom Gorenberg, *The Accidental Empire. Israel and the Birth of the Settlements, 1967–1977*, New York 2006

9 Vgl. Dror Etkes, »Gidul Ha'ukhlusiah Hayehudit Bagadah Hama'aravit Uretzu'at Azzah«, 11. März 2003, Zusammenfassung von Zahlen des Central Bureau of Statistics (israelisches Statistikamt), »Population of Localities 30.6.2010 (Provisional Data)«, www.cbs.gov.il/population/new_2010/table1.pdf, zuletzt besucht am 22. Febr. 2012

10 Vgl. Dan Ben-David (Hg.), *State of the Nation Report. Society, Economy and Policy 2009*, Jerusalem 2009, S. 160, http://taubcenter.org.il/taubor-gilwp/wp-content/uploads/E2009_Report_Education_System_Domes-tic_Perspective_Chapter.pdf, zuletzt besucht am 22. Febr. 2012

11 Avishai Margalit, *Über Kompromisse – und faule Kompromisse*, Berlin 2011, S. 69

12 Vgl. Gershom Gorenberg, »The War to Begin All Wars«, *New York Review of Books*, 28. Mai 2009; vgl. auch Ilan Pappe, *Die ethnische Säuberung Palästinas*, Frankfurt 2007
13 Mishnah, Sanhedrin 4:5
14 5. Buch Mose (Neue evangelistische Übersetzung), 16: 18–20
15 Yeshayahu Leibowitz, *Judaism, Human Values, and the Jewish State*, Cambridge (Mass.) 1992, S. 176
16 Ebd., S. 212, 225 ff.

2. Die Mahnung der Altalena

1 ISA 7312/27-Alef, Yisrael Galili an David Ben-Gurion. Die Nachricht ist mit »0800 20.6« (8 Uhr, 20. Juni 1948) datiert, aber die beschriebenen Ereignisse passen zum folgenden Morgen. Vgl. Uri Brenner, *Altalena. Me-hkar Medini Utzva'i* (Altalena. Eine politische und militärische Studie), Tel Aviv 1978, S. 134 ff.; ISA Protokolle der provisorischen Regierung (Provisional Government Minutes), 20. Juni 1948, S. 51–58
2 Max Weber, *Wirtschaft und Gesellschaft. Grundriss der verstehenden Soziologie*, besorgt von Johannes Winckelmann, 5. Aufl., Tübingen 1980, S. 29
3 Vgl. Brenner, *Altalena*, S. 124. Brenner schätzt die Zahl der Irgun-Mitglieder und Unterstützer auf 500 bis 600, zitiert aber auch Irgun-Einsatzleiter Amichai Faglin, demzufolge es womöglich Tausende waren.
4 Arye Naor, *Eretz Yisrael Hashlemah. Emunah Umdiniut* (Großisrael. Theologie und Politik), Haifa 2001, S. 71–86
5 Vgl. Yonathan Shapira, *Leshilton Behartanu. Darkah Shel Tnu'at Haherut – Hesber Sotziologi-Politi* (Zum Befehl berufen. Der Weg der Cherut-Partei an die Macht. Eine soziopolitische Deutung), Tel Aviv 1989, S. 9 f.
6 Benny Morris, *1948. A History of the First Arab-Israeli War*, New Haven (Conn.) u. a. 2008, S. 29. Lechi war auch weltweit die letzte Organisation, die sich selbst als »terroristisch« bezeichnete. Vgl. David C. Rapoport, »The Four Waves of Rebel Terror and September 11«, *Anthropoetics* 8,1 (Frühjahr/Sommer 2002)
7 Vgl. Naor, *Eretz Yisrael Hashlemah*, S. 93
8 Vgl. Shlomo Nakdimon, *Altalena*, Jerusalem 1978, S. 54–57; Brenner, *Altalena*, S. 34, 66
9 Vgl. ISA 7312/27-Alef, Galili an Ben-Gurion, 20. Juni 1948; Brenner, *Altalena*, S. 44–48; Nakdimon, *Altalena*, S. 114 f.; Peter Medding, *The Founding of Israeli Democracy, 1948–1967*, New York 1990, S. 19 f.; David Ben-Gurion, *Israel. Die Geschichte eines Staates*, Frankfurt am Main 1969, S. 142 ff.
10 ISA 7312/27-Alef, Galili an Ben-Gurion, 20. Juni 1948
11 Brenner, *Altalena*, S. 105–111; Nakdimon, *Altalena*, S. 158–71, 464; ISA 7312/27-Alef, Galili an Ben-Gurion; ISA Protokolle der provisorischen Regierung (Provisional Government Minutes), 20. Juni 1948, S. 3 f.

12 ISA 7312/27-Alef, Galili an Ben-Gurion; ISA Protokolle der provisorischen Regierung (Provisional Government Minutes), 22. Juni 1948, S. 3 f.

13 ISA Protokolle der provisorischen Regierung (Provisional Government
Minutes), 20. Juni 1948, 51–58

14 Vgl. ISA 7312/27-Alef, Galili an Ben-Gurion, 21. Juni 1948, 8:00 Uhr;
Brenner, *Altalena*, S. 123–128, 134 ff.; Nakdimon, *Altalena*, S. 202. Galili
verfasste das Ultimatum; Dan Evan, Kommandeur der Alexandroni-Bri-
gade, unterzeichnete es.

15 Vgl. Brenner, *Altalena*, S. 146; ISA Protokolle der provisorischen Regierung (Provisional Government Minutes), 20. Juni 1948, S. 54

16 Vgl. Brenner, *Altalena*, S. 149–51, 160–61; ISA 7312/27-Alef, Galili an
Ben-Gurion, 21. Juni 1948, nachmittags

17 Vgl. Nakdimon, *Altalena*, S. 229 f.; Brenner, *Altalena*, S. 163 f.

18 Vgl. Brenner, *Altalena*, S. 165 f., 170 f.

19 Über die Bedeutung der Verlagerung der Konfrontation nach Tel Aviv
vgl. Natan Yanai, *Mashberim Politi'im Biyisrael. Tekufat Ben-Gurion*, Jerusalem 1982, S. 33 f.

20 Vgl. Brenner, *Altalena*, S. 199 ff.

21 Yanai, *Mashberim Politi'im Biyisrael*, S. 39 f.; vgl. Anita Shapira, *Yigal Allon.
Aviv Heldo* (Yigal Allon. Frühling seines Lebens), Tel Aviv 2004, S. 220

22 Vgl. Brenner, *Altalena*, S. 216–230; Shapira, *Yigal Allon*, S. 344 ff.

23 *Hamashkif*, 24. Juni 1948, S. 1; zur Zahl der Todesopfer vgl. Brenner,
Altalena, S. 240

24 Vgl. Medding, *Founding of Israeli Democracy*, S. 22; Ben-Gurion, *Israel*,
S. 285

25 Vgl. Ilana Tsur (Regisseurin), *Altalena*, Dokumentarfilm, Israel 1994, 53
Min.

26 Vgl. Yoav Gelber, *Lamah Perku Et Ha palmah*, Tel Aviv 1986; Yanai, *Mashberim Politi'im Biyisrael*, S. 38–46

27 Vgl. Ze'ev Drori, *Bein Emunah Letzava. Gedud Hanahal Haharedi – Sik-
kuim Vesikkunim* (Zwischen Glaube und Militärdienst. Das Bataillon Haredi Nachal), Jerusalem 2005, S. 12

28 *Hamashkif*, 24. Juni 1948, S. 1

29 Vgl. Shapira, *Yigal Allon*, S. 348 f. Benjamin Netanjahu hält an dieser Darstellung fest und hat die *Altalena*-Affaire als »dramatische Ausnahme im
Ausbleiben politischer Morde unter Juden« bezeichnet. Benjamin Netanjahu, *A Place Among the Nations. Israel and the World*, New York 1993,
S. 444, FN 29

30 Vgl. Yanai, *Mashberim Politi'im Biyisrael*, S. 25

31 Vgl. Lev Luis Grinberg, *Politics and Violence in Israel/Palestine. Democracy
Versus Military Rule*, New York 2010, S. 15. Gegen von Clausewitz und
andere ist Gewalt für Grinberg nicht die Fortsetzung der Politik mit anderen Mitteln, sondern ihr Gegenteil.

32 Vgl. Tony Judt, *Geschichte Europas von 1945 bis zur Gegenwart*, München
2006, S. 50–54

33 Weber, *Wirtschaft und Gesellschaft*, S. 822; Hervorhebung vom Autor

34 Vgl. Grinberg, *Politics and Violence*, S. 1

35 Vgl. Yoel Marcus, »Boker Tov, Ehud«, *Ha'aretz*, 5. Dez. 2003, www.haaretz.co.il/hasite/spages/368874.html, zuletzt besucht am 9. Okt. 2010

36 Hok Hama'avar, 1949; Medding, *Founding of Israeli Democracy*, S. 32 ff.

37 Vgl. »Haknesset Harishonah«, www.knesset.gov.il/his tory/heb/heb_histı_s.htm, zuletzt besucht am 10. Okt. 2010

38 Vgl. Medding, *Founding of Israeli Democracy*, S. 44–53, 82 ff.; Tom Segev, *Die ersten Israelis*, München 2008, S. 327; Shapira, *Yigal Allon*, S. 464

39 »Der Premierminsiter will den Einfluss der Parteien auf die Armee beseitigen und nur den Einfluss seiner eigenen Partei übrig lassen.« Menachem Begin, DK, 7. Febr. 1950, S. 738; Vgl. Medding, *Founding of Israeli Democracy*, S. 47, 134 ff.; Lev Luis Grinberg, *Hahistadrut Me'al Lakol* (Histadrut über alles) Jerusalem 1993, S. 94

40 Vgl. Eliezer Don Yehiya, *Mashber Utmurah Bemedinah Hadashah: Hinukh, Dat Upolitikah Bama'avak Al Ha'aliyah Hagdolah* (Krise und Wandel in einem neuen Staat. Erziehung, Religion and Politik im Kampf über die Absorption von Masseneinwanderung nach Israel), Jerusalem 2008, S. 57

41 Vgl. Hok Limmud Hovah, 1949

42 Diese Diskussion des *Kol Ha'am*-Falles stützt sich auf HCF 53/73, 53/87; Pnina Lahav, *Judgment in Jerusalem. Chief Justice Simon Agranat and the Zionist Century*, Berkeley 1997, S. 107–112; David Kretzmer, *The Occupation of Justice. The Supreme Court of Israel and the Occupied Territories*, Albany 2002; Gespräch des Autors mit Moshe Negbi

43 Vgl. Medding, *Founding of Israeli Democracy*, S. 3 f.

44 Vgl. Amir Oren, »Mehkar Betzahal. Sharon Dibber Im Rabin Be-'67 Al ›Tfisat Hashilton Bidei Hatzava Kedei Lekabel Hahlatah‹ Letzet Lemilhamah«, *Ha'aretz*, 16. November 2004, S. 1

45 Jacob Katz, »Orthodoxy in Historical Perspective«, *Studies in Contemporary Judaism* 2 (1986), S. 4; vgl. Michael Silber, »The Emergence of Ultra-Orthodoxy. The Invention of a Tradition«, in: *The Uses of Tradition. Jewish Continuity in the Modern Era*, hrsg. v. Jack Wertheimer, New York 1992, S. 23

46 Vgl. Menachem Friedman, *Hahevrah Haharedit. Mekorot, Megamot Vetahalikhim*, Jerusalem 1991, S. 1 ff.; Katz, »Orthodoxy in Historical Perspective«, S. 3–7; Silber, »Emergence of Ultra-Orthodoxy«, S. 24 f.

47 Vgl. Katz, »Orthodoxy in Historical Perspective«, S. 5 ff.; Friedman, *Hahevrah*, S. 6–10

48 Vgl. Binyamin Baron, »Ve'ein Shi'ur Rak HaTora Hazot«, *Eretz Aheret* 39 (September–Oktober 2007), S. 57 f.

49 Katz, »Orthodoxy in Historical Perspective«, S. 9 ff.; Friedman, *Hahevrah*, S. 6 ff., 26 ff.

50 Friedman, *Hahevrah*, S. 2; Gespräch des Autors mit Menachem Friedman

51 Vgl. Menachem Friedman, »The Structural Foundations for Religio-Po-

litical Accommodation in Israel. Fallacy and Reality« in: *Israel. The First Decade of Independence*, hrsg. v. S. Ilan Troen und Noah Lucas, Albany 1995, S. 67ff.

52 Hok Hinukh Mamlakhti, 1953

53 Vgl. Don Yehiya, *Mashber Utmurah*, S. 463f.; Gespräch des Autors mit Menachem Friedman

54 Medding, *Founding of Israeli Democracy*, S. 90f.

55 Leibowitz, *Judaism*, S. 115

56 Amos Oz, *Eine Geschichte von Liebe und Finsternis*, Frankfurt 2004, S. 417

57 DK, 7. Febr. 1950, S. 738

58 DK, 7. Febr. 1950, S. 734

59 Im Original deutsch, A. d. Ü.

60 Vgl. DK, 7. Febr. 1950, S. 744; Medding, *Founding of Israeli Democracy*, S. 40

61 Menachem Friedman, »›Al Hanissim‹–Prihato Shel ›Olam HaTora‹ (Hayeshivot Vehakollelim) Biyisrael«, in: *Yeshivot Uvatei Midrashot*, hrsg. v. Emanuel Etkes, Jerusalem 2006, S. 431–442

62 DK, 14. Febr. 1950, S. 796ff.

63 DK, 20. Febr. 1950, S. 816ff.

64 DK, 14. Febr. 1950, S. 796ff.

65 Verfassung der Vereinigten Staaten von Amerika, Art. IV, Abschnitt 2

66 DK, 7. Febr. 1950, S. 735

67 DK, 7. Febr. 1950, S. 739

68 Vgl. Morris, *1948*, S. 52f.; Benny Morris, *The Birth of the Palestinian Refugee Problem Revisited*, Cambridge 2004, S. 13

69 Rashid Khalidi, *The Iron Cage. The Story of the Palestinian Struggle for Statehood*, Boston 2007, S. 126

70 Vgl. Uzi Benziman, Atallah Mansour, *Daya-rei Mishneh* (Untermieter), Jerusalem 1992, S. 14

71 United Nations Special Committee on Palestine, Report to the General Assembly, 3. Sept. 1947, Kap. VI, http://unispal.un.org/unispal.nsf/0/071 75de9fa2de563852568d3006e10f3, zuletzt besucht am 12. März 2012

72 »M. Shertok to D. Ben-Gurion«, 30. Okt. 1947, in: Yehoshua Freundlich und Zvi Ganin, *Political Documents of the Jewish Agency: January–November 1947*, Jerusalem: Hasifriya Hazionit 1966, Dok. 441

73 Vgl. Morris, *Birth Revisited*, S. 47

74 Vgl. Judt, *Geschichte Europas*, S. 44, 39–44

75 Vgl. Morris, *Birth Revisited*, S. 60; anders Pappe, *Die ethnische Säuberung Palästinas*, passim

76 Vgl. Jonathan Fine, *Kakh Noladnu* (Die Geburt eines Staates), Jerusalem 2009, S. 33–58

77 »Memshal Hamedinah Bimdinah Ha'ivrit. Hatza'ah Lemivneh Hamah-lakot, Manginonan Vetaktzivei-hen«, ISA 41/121/19-Gimel, http://www.archives.gov.il/ArchiveGov/itemDetails.aspx?ID=41.0.1.436, zuletzt besucht am 13. März 2012

78 Vgl. Morris, *1948*, S. 116–128

79 Vgl. »Meeting, M. Shertok, E. Epstein – G. Marshall, R. Lovett, D. Rusk«, 8. Mai 1948, in: *Political and Diplomatic Documents*, December 1947–May 1948, hrsg. v. Gedalia Yogev, Jerusalem 1979, Dok. 483; Louise Fischer, *Moshe Sharett. Rosh Hamemshalah Hasheni. Mivhar Te'udot Mepirkei Hayav 1894–1965* (Moshe Sharett. Der Zweite Premierminister. Ausgewählte Dokumente, 1894–1965), Jerusalem 2007, S. 348

80 Vgl. Morris, *1948*, S. 298 ff.; Morris, *Birth Revisited*, S. 588 f.

81 Vgl. Hillel Cohen, *Good Arabs. The Israeli Security Services and the Israeli Arabs, 1948 –1967*, Berkeley 2010, S. 1 f.; Morris, *1948*, S. 407, 411. Benziman, Mansour, *Dayarei Mishneh*, S. 15 f., geben die Zahl der aufgegebenen Dörfer mit 346 an; Morris, *Birth Revisited*, S. xvi–xx, verzeichnet 389.

82 Vgl. Hok Ha'ezrahut, 1952; David Kretzmer, *The Legal Status of Arabs in Israel*, Boulder (Co.) 1990, S. 36–39

83 Vgl. Shira Nomi Robinson, *Occupied Citizens in a Liberal State. Palestinians under Military Rule and the Colonial Formation of Israeli Society, 1948–1966*, Dissertation, Stanford University 2005, S. 53 f.

84 Vgl. Hok Hashvut, 1950

85 Vgl. Kretzmer, *Legal Status*, S. 61

86 Benziman, Mansour, *Dayarei Mishneh*, S. 158; Tom Segev, *Es war einmal ein Palästina. Juden und Araber vor der Staatsgründung Israels*, München 2005, S. 296 ff.

87 Kretzmer, *Legal Status*, S. 49 f., 69; Samuel Fleischacker, *A Cool Hour on the Israel-Palestine Conflict*, Teil 6: »Collective Ownership«, 13. Okt. 2008, http://normblog.typepad.com/normblog/2008/10/a-cool-hour-on-the-israel-palestine-conflict-6-by-samuel-fleischacker.html, zuletzt besucht am 2. Juli 2012

88 Vgl. Hok Nikhsei Nifkadim, 1950

89 Vgl. »Taibe«, ISA 3098/14-Gimel; Gespräch des Autors mit Hussein Jbarah und Abd al-Aziz Abu Isba Maswari

90 Kretzmer, *Legal Status*, S. 57; Cohen, *Good Arabs*, S. 96

91 Kretzmer, *Legal Status*, S. 60–63

92 Vgl. Benziman, Mansour, *Dayarei Mishneh*, S. 33, 43

93 Vgl. Grinberg, *Hahistadrut*, S. 93, 115

94 Cohen, *Good Arabs*, S. 11 ff., 41–45, 61–64, 129 ff., 139 ff.

95 Robinson, *Occupied Citizens*, S. 7

96 Ebd., S. 83

97 Vgl. Grinberg, *Hahistadrut*, S. 93 f.; Cohen, *Good Arabs*, S. 207

98 »Als sie mit Kanonen schossen, habe ich den Befehl gegeben: ›Nein!‹ Heute gebe ich den Befehl: ›Ja!‹ ... Wenn es erforderlich ist, werde ich den Krieg wiederaufnehmen. ... Dies wird ein schwieriger Krieg werden, der

Jahre dauert. Wir werden uns wieder von unseren Kindern und unseren Familien trennen.« Menachem Begin in einer Rede auf einer Demonstration in Jerusalem, 7. Jan. 1952, www.begincenter.org.il/uploads/Shilumim.pdf, zuletzt besucht am 2. Juli 2012

99 Gespräch des Autors mit Hussein Jbarah und Abd al-Aziz Abu Isba Maswari

3. Die Hauptstadt der Gesetzlosigkeit

1 Hauptmann Tzidki Maman an Yehezkel Lein, B'Tselem, 12. Aug. 2007, www.btselem.org/Download/20070812_Letter_from_civil_admi nistration_about_ofra.pdf, zuletzt besucht am 18. Okt. 2009

2 Israelisches Innenministerium, »Sakh Hakol Toshavei Yosh«, Juni 2007, E-Mail vom Sprecher des Ministeriums; Nir Shalev et al., *The Ofra Settlement. An Illegal Outpost*, Jerusalem 2008, S. 13

3 Vgl. Spiegel-Bericht, www.haaretz.co.il/hasite/images/printed/P300 109/ uriib.mht, zuletzt besucht am 30. Apr. 2009 [aktuell nicht mehr zugänglich, A. d. Ü.]. Der informelle Titel des Berichts bezieht sich auf den Namen des Autors, Brigadegeneral d. R. Baruch Spiegel. Für Hintergrundinformationen zum Bericht vgl. Daniel Kurtzer, »Behind the Settlements«, *American Interest*, Frühjahr 2010, S. 7 ff.; Uri Blau, »We came, we saw, we conquered«, *Ha'aretz*, 2. Febr. 2009, http://www.haaretz. com/print-edition/features/we-came-we-saw-we-conquered-1.269268, zuletzt besucht am 2. Juli 2012. Laut dem Herausgeber Dov Alfon (Interview mit dem Autor) erhielt *Ha'aretz* den Bericht als Teil einer großen Menge Materials, das die ehemalige Soldatin Anat Kam an die Zeitung weitergab. Zur Zeit der Abfassung steht Kam unter Hausarrest in Erwartung ihres Prozesses [am 30. Okt. 2011 wurde sie wegen Spionage und Weiterleitung von klassifizierten militärischen Dokumenten zu einer Freiheitsstrafe von 4,5 Jahren verurteilt; A. d. Ü.].

4 Eine ausführliche Schilderung der Gründung Ofras findet sich in Gorenberg, *Accidental Empire*, S. 306, 311–318, 328, 351 f. Zusätzliche Dokumente, die Schimon Peres' Rolle beim Siedlungsbau belegen (der damit die Weisungen von Jitzchak Rabin missachtete und wider seine öffentlichen Äußerungen handelte), finden sich in IDFA 1510/1989/492. Die Geheimhaltung der Dokumente wurde aufgrund meiner Klage gegen das Israelische Staatsarchiv vom Obersten Gerichtshof aufgehoben.

5 Vgl. Gershom Gorenberg, *The End of Days. Fundamentalism and the Struggle for the Temple Mount*, New York 2000, S. 116 ff., 132–137

6 »Bneh Beitkha Be'Ofra«, 29. Apr. 1976, OA. Die Siedler besetzten ursprünglich einen verlassenen Armeestützpunkt der jordanischen Armee und glaubten, dass die Eigentumsrechte an dem Land auf den israelischen Staat übergegangen seien, der ihnen keine Baugenehmigung er-

teilt hatte. Die jordanische Regierung hatte jedoch die Enteignung des Landes nie zu Ende gebracht. Es wurde erst Staatseigentum, als der Militärkommandeur des Areals im November 1977 die Enteignung anordnete, nachdem Menachem Begin den Platz Jitzchak Rabins als Premierminister eingenommen hatte und die Siedlungspolitik änderte. Die Enteignungsverfügung verletzte Israels eigene Auslegung des jordanischen Rechts, das im Westjordanland noch immer in Kraft war. Danach war es nicht statthaft, Privatland für eine israelische Siedlung zu requirieren. Vgl. Shalev et al., *Ofra Settlement*, S. 20 ff.

7   Jared Diamond, *Kollaps. Warum Gesellschaften überleben oder untergehen*, Frankfurt am Main 2011, S. 344

8   Vgl. ebd., S. 266–345, 54–99, 534

9   Vgl. Theodore Herzl, *Altneuland*, Buch 2, http://www.zionismus.info/altneuland/altneuland.htm, zuletzt besucht am 19. März 2012, wo jüdische Kinder in Europa als »bleich, schwach und scheu« bezeichnet werden. (Ebd., http://www.zionismus.info/altneuland/altneuland-2-03.htm) Vgl. Arthur Hertzberg (Hg.), *The Zionist Idea. A Historical Analysis and Reader*, New York 1973, S. 5. In ihren Beschreibungen europäischer Juden wiederholten zionistische Schriftsteller unbewusst antisemitische Stereotype.

10 A. D. Gordon, »People and Labor«, in: Hertzberg, *Zionist Idea*, S. 374

11 Zeev Tsur, *Mipulmus Hahalukah Ad Tokhnit Allon* (Vom Streit über die Teilung bis zum Allon-Plan), Ramat Efal 1982, S. 31; Yehiel Admoni, *Asor Shel Shikul Da'at. Hahityashvut Me'ever Lekav Hayarok, 1967–1977* (Das Jahrzehnt des Gutdünkens. Siedlungspolitik in den Territorien, 1967–1977), [Tel Aviv] 1992, S. 17; Arnon Lammfromm, Hagai Tsoref (Hg.), *Levi Eshkol. Rosh Hamemshalah Hashlishi* (Levi Eschkol. Der dritte Premierminister – Ausgewählte Dokumente 1895–1969), Jerusalem 2002, S. 239 ff.

12 Vgl. Zeev Tsur, *HaKibbuz Hame'uhad Beyishuvah shel Ha'aretz* (HaKibbuz Hameuchad in der Besiedlung von Eretz Israel), Bd. 4, 1960–1980 [Efal] 1986, S. 52; Admoni, *Asor Shel Shikul Da'at*, S. 11, 17 f.

13 Gespräch des Autors mit Arnan Azaryahu. Azaryahu, der 2008 gestorben ist, war jahrzehntelang nur unter seinem Spitznamen Sini (Chinamann) bekannt.

14 Avi Shlaim, *The Iron Wall. Israel and the Arab World*, New York 2001, S. 236

15 Vgl. Shlomo Gazit, *Peta'im Bemalkodet. Shloshim Shnot Mdiniut Yisrael Bashtahim* (In der Falle), Tel Aviv 1999, S. 15; Eitan Haber, *Hayom Tifrotz Milhamah* (Heute wird der Krieg ausbrechen. Die Erinnerungen von Brigadegeneral Israel Lior), Tel Aviv 1987, S. 147; Gespräch des Autors mit Shlomo Lahat

16 Vgl. Shlaim, *Iron Wall*, S. 236–243

17 Vgl. Michael B. Oren, *Six Days of War. June 1967 and the Making of the*

Modern Middle East, New York 2002, S. 259; NARA RG 59 Central Files 1967–69, POL 28 Jerusalem, Tel Aviv Cable 4019

18 Vgl. Lammfromm, Tsoref, *Levi Eshkol*, S. 557 f.; Shlaim, *Iron Wall*, S. 245

19 Vgl. Oren, *Six Days of War*, S. 195, 278–80; Lammfromm, Tsoref, *Levi Eshkol*, S. 559

20 Vgl. YAOH 2:22

21 Gespräch des Autors mit Arnan Azaryahu

22 Vgl. A. Ben-Ami (Hg.), *Hakol. Gvulot Hashalom Shel Eretz Yisrael* (Hakol. Die Friedensgrenzen Israels), Tel Aviv 1967

23 Vgl. United States Department of State, *Foreign relations of the United States, 1952–1954. The Near and Middle East*, in zwei Teilen, http://digicoll. library.wisc.edu/cgi-bin/FRUS/FRUS-idx?type=browse&scope=FRUS. FRUS1, zuletzt besucht am 16. Juni 2012; Lammfromm, Tsoref, *Levi Eshkol*, S. 579

24 Israelische Bevölkerung: Central Bureau of Statistics, *Statistical Abstract of Israel 2003*, www1.cbs.gov.il/shnaton54/sto2_01.pdf, zuletzt besucht am 20. März 2012. Anmerkung: Die Zahlen von 1967 schließen in Ostjerusalem wohnhafte Araber ein, die keine Staatsbürger waren. Israelische Schätzungen der Bevölkerung in den besetzten Gebieten nach dem Krieg gingen von bis zu 1,5 Millionen Arabern aus (vgl. ISA 153.8/7921/2-Alef, Doc. 331). Spätere Erhebungen (vgl. ISA 153.8/7921/3-Alef), darunter die Volkszählung vom Oktober 1967 für die Westbank und Gaza, ergaben eine Zahl von annähernd 1,1 Millionen. Die Diskrepanz erklärt sich zum Teil durch die Flüchtlinge, die nach dem Krieg das Westjordanland verließen.

25 Vgl. David E. Eisenstadt, *Hatmurot Bigvulot Ha'ironiim (Municipaliim) shel Yerushalayim, 1863–1967* (Die Entwicklung von Jerusalems Stadtgrenzen, 1863–1967, Magisterarbeit, Bar-Ilan-Universität 1998, S. 121, 130–151; Gespräch des Autors mit David Eisenstadt

26 Uzi Benziman, *Yerushalayim. Ir Lelo Homah* (Jerusalem. Stadt ohne Mauer), Tel Aviv 1973, S. 203 ff.

27 Rechtlich wurde die Annexion durch Ausdehnung der Grenzen des israelischen Teils von Jerusalem und Anwendung der israelischen Gesetze auf die neuen Stadtgebiete vollzogen. Das Wort »Annexion« wurde dabei vermieden, in der Hoffnung, internationale Proteste gering zu halten. Das amerikanische Außenministerium wies damals den US-Botschafter in Israel an, die israelische Regierung davon in Kenntnis zu setzen, dass das Völkerrecht nicht nur einseitige Annexionen, sondern auch die Änderung der lokalen Gesetze besetzter Gebiete untersage, mit Ausnahme von Veränderungen, die aus militärischen Gründen erforderlich seien (vgl. NARA RG59 Central Files 1967–69, POL27 ARAB-ISR, Cable 218573). Auf einer Sitzung des israelischen Kabinetts vom 10. September 1967

merkte Justizminister Ya'akov Shimshon an:»In Bezug auf Jerusalem sind wir, für dieses eine Mal, mit weit offenen Augen voranmarschiert und haben die Genfer Konventionen in der klarstmöglichen Weise verletzt.« Reuven Pedatzur, *Nitzahon Hemukhah. Mdiniut Memshelet Eshkol Bashta-him Le'ahar Milhemet Sheshet Hayamim* (Triumph der Beschämung. Israel und die besetzten Territorien nach dem Sechstagekrieg), Tel Aviv 1996, S. 195. Ein führender israelischer Völkerrechtsexperte, der Juraprofessor Yoram Dinstein von der Univerität Tel Aviv, argumentierte 1970 in einem klassischen Artikel, dass Israel für die einseitige Annexion Ostjerusalems die völkerrechtliche Grundlage fehle. Dinsteins Artikel folgte indes auf eine Entscheidung des Obersten Gerichtshofs, dass Ostjerusalem 1967 de facto durch israelische Kampfhandlungen annektiert worden war. Das Gericht konterkarierte damit die zu diplomatischen Zwecken vorgeschobene Behauptung, mit der Ausweitung der Stadtgrenzen sei keine Annexion beabsichtigt gewesen. Vgl. Yoram Dinstein,»Tzion Bemishpat Beinle'umi Tipadeh«, *Hapraklit* 27 (1971), S. 5–11.

28 YTA 15 Galili/2/3/115; Pedatzur, *Nitzahon Hemukhah*, S. 55 f.

29 Vgl. ISA 43/7234/7-Alef, Dok. 287

30 ISA 153.8/7920/7-Alef, Eschkols Rede vor dem Ihud Hakvutzot VehaKibbuzim, 22. Nov. 1967

31 ISA Kabinettsprotokolle (Cabinet Minutes), 19. Juni 1967, S. 65

32 Vgl. ebd., S. 41–50; ISA 153.8/7921/2-Alef, Doc. 192; YAOH 7:22

33 Vgl. YAOH 3:20–21

34 ISA Kabinettsprotokolle (Cabinet Minutes), 19. Juni 1967, S. 39 f.

35 Leibowitz, *Judaism*, S. 226

36 LPS, 9. Nov. 1972, S. 33 ff.

37 YTA, 15 Allon/17/4, 30. Okt. 1967

38 Vgl. David Newman,»The Territorial Politics of Exurbanization«, *Israel Affairs* 1.1 (Aug. 1996), S. 74 ff.

39 Vgl. Larisa Fleishman, Ilan Salomon,»Lashe'elah ›Heikhan Hakav Yarok?‹ Hateshuva 'Ma Zeh Hakav Hayarok«, *Alpaim* 29 (2005), S. 26–52

40 Vgl. Yossi Alpher,»Sharon's Coercion, Arafat's Fantasies«, *Bitterlemons*, 2. Dez. 2001, www.bitterlemons.org/previous/bl101201ed4.html, zuletzt besucht am 21. März 2012; Gespräch des Autors mit Yossi Alpher; Jim Hoagland,»Sharon Sees Time Ripe to Regain Defense Post«, *Washington Post*, 7. Nov. 1988, A25. Scharons Ideen von Siedlungsbändern, die das palästinensische Gebiet zerteilen, gehen auf seine Zeit als Befehlshaber des Südkommandos der israelischen Streitkräfte zurück. Vgl. Ariel Scharon, mit David Chanoff, *Warrior. An Autobiography*, New York 2001, S. 251–258; Yair Douer, *Lanu Hamaggal Hu Herev II* (Unsere Sichel ist das Schwert. Nachal-Siedlungen von 1967 bis 1992), [Efal] 1997, S. 220

41 Aluf Benn,»Behitnahaluyot Yesh Element Shel Zmaniut«, *Ha'aretz*, 4. Apr. 2004

42 Admoni, *Asor Shel Shikul Da'at*, S. 23 f.; YAOH 6:11–12; MGA 502–10-01–01, Rafael Ben-Yehudahs Tagebuch; KMA, Mazkirut HaKibbuz Ha-

me'uhad, Box 15, Buch 90; KMA 5/26/1, Mo'etzet HaKibbuz Hame'uhad Entscheidungen, 23.–24. Juni 1967; *Alei Golan* 32, 16. Juli 1968, S. 2 ff.; *Alei Golan* 185, 30 Juni 1972; *Merom Golan. Reshit* ([Kibbuz] Merom Golan 1977), S. 2–10; Yehudah Harel, »Meharamah Hasurit Le-ramat Hagolan«, Manuskript des Autors; Vardina Shnurman, »Esrim Vehamesh Shanim Le'ahar Quneitra«, *Eretz Hagolan*, 15. Mai 1997, 12 ff.; Tsur, *Mipulmus Hahalukah*, S. 85; Naor, *Eretz Yisrael Hashlemah*, S. 43; Gespräche des Autors mit Eytan Sat, Yehudah Harel, Gershon Meinrat und Carmel Bar

43 Gespräch des Autors mit Yehiel Admoni; Peter Robert Demant, *Ploughshares into Swords. Israeli Settlement Policy in the Occupied Territories, 1967–1977*, Diss., Universität von Amsterdam 1988, S. 205

44 Gespräch des Autors mit Hanan Porat. Yehiel Admoni erwähnt in einem Manuskript, dass Zevulun Hammer den Vorfall in der Kabinettssitzung vom 9. Mai 1975 ansprach. Admoni behandelt die Angelegenheit als allseits bekannt und merkt an, dass die Weiterreichung von Waffen der Armee von Kfar Etzion an Hebron »sämtliche Instruktionen und Direktiven hinsichtlich des Gebrauchs der an Siedlungen ausgeteilten Waffen verletzte«.

45 Die erste von der Zustimmung des Kabinetts abhängige Entscheidung zum Siedlungsbau fiel am 1. Oktober 1967, vgl. Pedatzur, *Nitzahon Hemukhah*, S. 201. Sasson, *Havat Da'at (Beina'im) Benose Ma'ahazim Bilti Murshim* (Anmerkungen zu ungenehmigten Außenposten), Jerusalem 2005, S. 55 ff., führt spätere Entscheidungen an, die dieses Erfordernis bekräftigen, und betont seine Rechtsverbindlichkeit.

46 Vgl. IDFA 1510–89–491, 28. April 1975, 29. April 1975; YTA 15 Galili/2/2/52, 29. April 1975

47 Vgl. IDFA 1510–89–491, 22. Mai 1975, 3. Juni 1975, 8. Juni 1975, 19. Juni 1975, 23. Juni 1975, 10. Juli 1975. Aufgrund meiner Klage vor dem Obersten Gerichtshof gegen das Archiv der israelischen Streitkräfte von der Geheimhaltung befreit

48 Vgl. Admoni, Manuskript, 75:23; Moshe Netzer, *Mishore-shav. Sippur Haim* (Lebensgeschichte), Tel Aviv 2002, S. 292

49 Vgl. Gespräch des Autors mit Hanan Porat; Yediot Aharonot, *Ha'aretz* und *Jerusalem Post*, 28. September 1967

50 Vgl. ISA 153.8/7921/2A, Dok. 317; ISA 153.8/7921/3A, Dok. 289–291 mit unnummerierten Anmerkungen auf dem Deckel; ISA 153.8/7920/7A, Doke. 5–69, 8–67; YLE 5/31; Pedatzur, *Nitzahon He-mukhah*, S. 33, 190

51 Vgl. ISA 153.8/7921/3-Alef. Das Gutachten ist als Dok. 289–91 aufgelistet und trägt unnummerierte Anmerkungen auf dem Deckel, die belegen, dass das Memo an Verteidigungsminister Dajan und Justizminister Shapira weitergereicht wurde.

52 Donald Macintyre, »Secret Memo Shows Israel Knew Six Day War Was Illegal«, *Independent on Sunday*, 26. Mai 2007, http://www.nimn.org/articles/whats_new/000650.php, zuletzt besucht am 2. Juli 2012. In einem Interview mit CNN-Korrespondent Christiane Amanpour für die Doku-

mentation *God's Jewish Warriors*, ausgestrahlt am 21. August 2007, betonte Meron abermals, dass man rechtlich gesehen »seine Bevölkerung nicht in besetzten Gebieten ansiedeln darf«. http://transcripts.cnn.com/TRANSCRIPTS/0708/21/cp.01.html, zuletzt besucht am 22. März 2012.

53 Vgl. zur Kabinettsdiskussion: Admoni, *Asor Shel Shikul Da'at*, S. 51 ff.; Pedatzur, *Nitzahon Hemukhah*, S. 186, 193 f.; Lammfromm, Tsoref, *Levi Eshkol*, S. 576 f.; zur Presse: *Davar, Hatzofeh, Ha'aretz, Hayom, Jerusalem Post, Lamerhav, Ma'ariv, Yediot Aharonot*, 28. September 1967; zum diplomatischen Corps: YLE 5/31, Telegramm 676

54 Vgl. IDFA 2845/1997/46/32; von der Geheimhaltung befreit aufgrund meiner Klage beim Obersten Gerichtshof gegen das Archiv der israelischen Streitkräfte. Offiziell war Gazit Koordinator der Regierungsarbeit in den besetzten Gebieten.

55 ISA 153.8/7920/7-Alef, Dok. 60, 15. Okt. 1968

56 Israelisches Außenministerium, »Israel's Settlements – Their Conformity with International Law«, Dez. 1996, http://www.mfa.gov.il/MFA/Archive/Peace%20Process/1996/ISRAEL-S%20SETTLEMENTS%20-%20THEIR%20CONFORMITY%20WITH%20INTER, zuletzt besucht am 23. Mai 2012. Wie nahezu jede juristische Verteidigung der Siedlungen in den letzten 20 Jahren zitiert die Erklärung Eugene Rostows Brief an das *American Journal of International Law* 84 (Juli 1990), S. 717–723. Rostow, der in der Regierung von Lyndon B. Johnson als Staatssekretär für politische Angelegenheiten diente, präsentierte dieselben Argumente in zwei Artikeln in der Zeitschrift *New Republic*, veröffentlicht am 23. April und 21. Oktober 1991. Der häufige Verweis auf Rostow bei Verfechtern der Siedlungen täuscht darüber hinweg, wie ungewöhnlich dessen Position unter Völkerrechtsexperten ist. Als Rostow Staatssekretär war, warnte das amerikanische Außenministerium Israel, dass die Siedlungen die Genfer Konvention verletzten. Vgl. NARA RG 59, Central Files 1967–69, POL 27 ARAB-ISR, CA-7122, »Israeli Settlements in Occupied Territory«

57 Kretzmer, *Occupation of Justice*, S. 77. Vgl. die dortigen Fußnoten hinsichtlich der wichtigsten Quellen zur Legalität der Besiedlung

58 Meir Schamgar, der 1967 Leiter der Militärstaatsanwaltschaft war und später Richter am Obersten Gerichtshof wurde, brachte dieses Argument 1971 vor, als er israelischer Generalstaatsanwalt war. Er selbst berief sich dabei auf Professor Yehudah Blum von der Hebräischen Universität. Vgl. Meir Schamgar, »The Observance of International Law in the Administered Territories«, *Israel Yearbook on Human Rights* 1 (1971), S. 262 ff. Die oben angeführte Stellungnahme des israelischen Außenministeriums (»Israel's Settlements – Their Conformity with International Law«, Dezember 1996) bezieht sich auf diese Position. Kretzmer, *Occupation of Justice*, S. 33 f., legt detailliert dar, wie löcherig diese Argumentation ist.

59 Vgl. Stephen M. Boyd, »The Applicability of International Law to the Occupied Territories«, *Israel Yearbook on Human Rights* 1 (1971), S. 258 ff.

60 Gespräch des Autors mit Theodor Meron. Vgl. Boyd, ebd.

61 Israelisches Außenministerium, »Israel's Settlements«; Yehuda Zvi Blum, »Tzion Bemishpat Beinle'umi Nifdetah«, *Hapraklit* 27 (1971), S. 315–324. Der Oberste Gerichtshof Israels hat zwar, wie anzumerken ist, nie über die Rechtmäßigkeit des Siedlungsbaus als solchen geurteilt, jedoch auf den Status des Völkerbundsmandats in seinem Urteil zur Rechtmäßigkeit der Siedlungsräumung in Gaza Bezug genommen (HCJ 1661/05). Ein Richter, Edmund Levy, verfasste eine abweichende Meinung, wonach das Siedlungsrecht im gesamten Mandatsgebiet in Kraft geblieben sei. Die anderen zehn Richter teilten diese Auffassung nicht. Vgl. http://elyon1.court.gov.il/files/05/610/016/a20/05016610.a20.HTM, zuletzt besucht am 1. Nov. 2010

62 Yuval Ginbar, *On the Way to Annexation. Human Rights Violations Resulting from the Establishment and Expansion of the Ma'aleh Adumim Settlement*, Jerusalem 1999, S. 13 u. FN 44 ebd.

63 Vgl. Hok Leha'arakhat Tokpan shel Takanot Sha'at Herum (Aveirot Bashtahim Hamuhzakim–Shiput Ve'ezrah Mishpatit), 1967

64 Vgl. MER 5:345 ff. 1969 wurden neun Wahllokale für annähernd 1 000 Israelis eingerichtet, die in der Westbank und auf den Golanhöhen lebten. Erst im folgenden Jahr wurde das Wahlrecht formell geändert.

65 Hok Leha'arakhat Tokpan shel Takanot Sha'at Herum (Yehudah Vehashomron Vehevel Aza–Shiput Be'averot Ve'ezrah Mishpatit), 1977, novelliert, www.takdin.co.il/search/NetisUtils/srvrutil_getdoc.aspx?path=/nepsdoc/2L3aqN5HJJ4WmD3WkLL14BcXqRMmo/TSLH048.UPD.html, zuletzt besucht am 5. Jan. 2010 [Link offenbar ungültig, A. d. Ü.]

66 Vgl. Central Bureau of Statistics, *Statistical Abstract of Israel 2010*, Tabelle 2:7

67 Vgl. Hok Leha'arakhat Tokpan shel Takanot Sha'at Herum, 1977, novelliert

68 Vgl. Befehle 783 und 892, in: *Dinei Hamoatzot Hamekomiot Vehamoatzot Ha'eizoriot Be'eizor Yehudah Veshomron*, israelisches Innenministerium 1996

69 Vgl. Ginbar, *On the Way to Annexation*, S. 16, FN 59

70 William B. Quandt, *Peace Process. American Diplomacy and the Arab Israeli Conflict since 1967*, Washington, D. C., 1993, S. 326 ff., 341, 446 ff., 472 f.

71 Eine Ergänzung von 1984 zum Beispiel dehnte verschiedene Gesetze zum Familienstand auf die Siedlungen aus, darunter das gesetzliche Mindestheiratsalter. Die Anordnung führt aus, dass im Fall eines im Westjordanland ansässigen Paares das Gesetz Anwendung findet, »als ob es sich in Israel befände«. *Dinei Hamoatzot Hamekomiot*, S. 281

72 Vgl. Kretzmer, *Occupation of Justice*, S. 27; Gespräch des Autors mit Kretzmer

73 Yehezkel Lein, *Land Grab. Israel's Settlement Policy in the West Bank*, Jerusalem 2002, gibt an, dass bis 1972 Israel 687 Quadratkilometer der

Westbank als Staatseigentum ausgewiesen hatte, bei einer Gesamtfläche von 5640 Quadratkilometern.

74 *Abkommen betreffend die Gesetze und Gebräuche des Landkriegs*, III. Abschnitt:»Militärische Gewalt auf besetztem feindlichen Gebiete«, Art. 55, S. 17, unter: http://www.admin.ch/ch/d/sr/i5/0.515.112.de.pdf, zuletzt besucht am 24. März 2012

75 Shlomo Gazit, der in den ersten Jahren in den besetzten Gebieten als Koordinator der Regierungsmaßnahmen diente, erklärt in seiner 1999 erschienenen Studie der Besatzung, *Peta'im Bemalkodet* (Eingeschlossen), Tel Aviv 1999, S. 245, kurz und bündig:»Der Zweck der israelischen Siedlungen in den Besatzungsgebieten war ohne Zweifel kein vorübergehender.«

76 Vgl. Lein, *Land Grab*, S. 58 f.

77 Vgl. Gershom Gorenberg,»Failure Written in West Bank Stone«, *Washington Post*, 30. Sept. 2008. Nach einem langen Rechtsstreit um die Freigabe von Dokumenten erhielt der israelische Aktivist Dror Etkes von der Zivilverwaltung der Westbank Einzelheiten der Enteignung. Eine Karte des Gebiets kann eingesehen werden unter http://southjerusalem.com/settlement-and-occupation-historical-documents/, zuletzt besucht am 24. März 2012.

78 Im Juli 2008 verzeichnete das israelische Innenministerium in Ma'aleh Adumim 34 989 Einwohner.

79 *Abkommen betreffend die Gesetze und Gebräuche des Landkriegs*, Art. 46, S. 16; vgl. Lein, *Land Grab*, S. 60 f.

80 Vgl. *Abkommen betreffend die Gesetze und Gebräuche des Landkriegs*, Art. 52

81 Vgl. Newman,»Territorial Politics«, S. 66 ff.

82 Vgl. Kretzmer, *Occupation of Justice*, S. 1 f., 19 ff.; Moshe Negbi, *Kevalim Shel Tzedek. Bagatz Mul Hamemshal Hayisraeli Bishtahim* (Die Justiz unter Besatzung. Das Oberste Gericht Israels gegen die Militärverwaltung in den besetzten Gebieten), Jerusalem 1981, S. 12–18

83 Gespräch des Autors mit Meir Schamgar

84 Kretzmer, *Occupation of Justice*, S. 3

85 Vgl. HCJ 390/79; Kretzmer, *Occupation of Justice*, S. 85–89; Negbi, *Kevalim Shel Tzedek*, S. 50–68

86 Die Ausführungen zum Landrecht des Westjordanlands sind nur als knapper Überblick zu verstehen. Als Quellen dienten u. a.: Eyal Zamir, *Admot Medinah Biyehudah Vehashomron. Skirah Mishpatit* (Staatliches Land in Judäa und Samaria. Der rechtliche Status), Jerusalem 1985; Raja Shehadeh, *Occupier's Law. Israel and the West Bank*, Washington, D. C., 1985, S. 15–49; Plia Albeck,»Hashimush Bekarka'ot Biyehudah Uveshomron Letzorekh Hahityashvut Hayehudit«, in: *Ha'aliyah El Hehar. Hahityashvut Hayehudit Hamithadeshet Biyehudah Veshomron* (Aufstieg zu den Bergen. Die Erneuerung der jüdischen Besiedlung in Judäa and Samaria, hrsg. v. Avraham Shvut, Jerusalem 2002, S. 221–231; Lein, *Land Grab*, S. 47–64; Benn,»Behitnahaluyot Yesh Element Shel Zma-

niut«; State Comptroller (israelischer Rechnungshof) Report 56a (2005),
S. 190–195; Gespräch des Autors mit Shlomo Zecharia; Korrespondenz
mit Nir Shalev
87 Vgl. Albeck, »Hashimush«, S. 226
88 Benn, »Behitnahaluyot Yesh Element Shel Zmaniut«
89 Moshe Glick an Plia Albeck, 28. Aug. 1990; Plia Albeck an den Koordinator der staatlichen Maßnahmen in den Territorien, 16. Nov. 1990; Plia Albeck an den Koordinator der staatlichen Maßnahmen in den Territorien,
8. Nov. 1992. Die Korrespondenz wurde aufgrund einer Klage von Einwohnern des palästinensischen Dorfes Bilin gegen den Verlauf des israelischen Sicherheitszauns durch ihr Land vor dem Obersten Gerichtshof
Israels vom Anwalt des »Fonds zur Erlösung des Landes« und von Green
Park, einer kanadischen Entwicklungsgesellschaft, offengelegt (HCJ
8414/05). Der Zaunverlauf sollte die weitere Entwicklung der Siedlung
Modi'in Illit gewährleisten; Green Park war eine der beteiligten Entwick-
lungsfirmen. Green Park und der Fonds behaupteten, Letzterer habe das
Land zur Entwicklung erworben und ein angestammtes Interesse daran.
Vgl. Shaul Arieli, Michael Sfard, *Homah Umehdal. Gader Hahafradah–
Bitahon O Hamdanut* (Der Narrenwall), Tel Aviv 2008, S. 346–352
90 Vgl. Spiegel-Bericht
91 Laut einem Bericht der Siedlungsüberwachung (Settlement Watch) der
israelischen Bürgerinitiative Schalom Achschaw vom 4. Dez. 2004 (»Illegal Construction in the Settlements. The List of Demolition Orders«), der
auf Informationen der Zivilverwaltung basiert, leitete diese im vorangegangenen Jahrzehnt 3449 Verfahren wegen illegaler Bautätigkeit in den
Siedlungen ein. Davon ließ die Zivilverwaltung tatsächlich nur 107 Gebäude einreißen; weitere 171 wurden von den Zuwiderhandelnden selbst
abgerissen. Diese Zahlen enthalten jedoch Bauten, die aus einer Vielzahl
von Gründen illegal waren. Der Bericht führt nicht aus, wie viele der Verfahren gegen Gebäude auf gestohlenem Eigentum angestrengt wurden.
92 Vgl. Yehudit Karp, *Hakirat Hashadot Neged Yehudim Biyehudah Veshomron*, israelisches Justizministerium 1982
93 Vgl. *Ha'aretz*, 2. Mai 1990, 15. Aug. 1990
94 Zur Untergrundaffäre vgl. Gorenberg, *End of Days*, S. 116ff., 132–137
95 Der »Schamgar I«-Bericht über das Massaker von Hebron 1994 listet
zwölf Jahre nach dem Karp-Bericht praktisch dieselben Probleme bei
der Strafverfolgung auf. Vgl. *Vaadat Hahakirah Le'inyan Hatevah Bime'arat Hamakhpelah Behevron. Din Veheshbon*, Jerusalem 1994
96 Interview mit Yehudit Karp
97 Vgl. Menachem Klein, *Bar-Ilan. Akademiah, Dat Vepolitikah* (Die Bar-
Ilan-Universität zwischen Religion und Politik), Jerusalem 1998, S. 139
98 Vgl. Danny Rubinstein, *Mi Lashem Elai. Gush Emunim* (Auf der Seite des
Herrn. Gusch Emunim), Tel Aviv 1982; Gespräch des Autors mit Yisrael
Harel; *Zra'im*, Iyar 5727 (Mai/Juni 1967), S. 9ff.
99 Vgl. Avraham Yitzhak Hacohen Kook, *Orot*, Jerusalem 5753 (1992–93),

S. 9, 83 ff., 102 ff., 121 ff.; Aviezer Ravitzky, *Haketz Hameguleh Umedinat Hayehudim* (Messianismus, Zionismus und der jüdische religiöse Radikalismus, Tel Aviv 1993, Kap. 3

100 Rede von Tzvi Yehudah Kook am Abend des israelischen Unabhängigkeitstages, 14. Mai 1967. Die Niederschrift von Studentenhand wurde verschiedenenorts unter dem Titel »Mizmor Yod-Tet Shel Medinat Yisrael« veröffentlicht, so in Ben-Ami (Hg.), *Hakol*, S. 65–75.

101 Ya'akov Halevi Filber, *Ayelet Hashahar,* Jerusalem 5728 (1967–68), S. 32

102 Ebd.

103 Newman, »Territorial Politics«, S. 65 f.

104 Vgl. David Newman (Hg.), *The Impact of Gush Emunim. Politics and Settlement in the West Bank,* London 1985, S. 20

105 OA 6/5, »Doh Tzevet Hahityashvut Shel Gush Emunim« (Gusch Emunim Siedlungsteambericht), Herbst 1975, S. 12, bezeichnet Ofra noch vor der Gründung anderer Gusch-Emunim-Siedlungen als Gemeinschaftssiedlung (*yishuv kehilati*). Vgl. David Newman, Leviah Applebaum, »Hakfar Vehayishuv Hakehilati Mera'ayon Lemetzi'ut«, in: Shvut, *Ha'aliyah El Hehar*, S. 157 f., geben an, dass das Konzept von dem Planer Uzi Gdor entwickelt wurde.

106 Vgl. OA 6/5, »Doh Tzevet Hahityashvut Shel Gush Emunim«, S. 7–11; DC 145, *Tochnit-Av Lehityashvut Yehudit Biyehudah Veshomron* (Generalplan für jüdische Siedlung in Judäa und Samaria). Ein früher, undatierter Plan von Gusch Emunim für einen ausgedehnten Siedlungsbau in der Westbank übernimmt komplett das Modell Ofra.

107 Vgl. NTA Hakamat Hayishuv 1977, Dok. 29, Hakamat Hayishuv 1978, Dok. 36, Hakamat Hayishuv 1979, Dok. 20. Einem frühen Ofra-Siedler zufolge mussten sich Familien, die der Gemeinschaft beitreten wollten, auf die Einhaltung des Sabbats und die »Reinheit der Familie« verpflichten, also auf die religiösen Regeln, die den Beischlaf während der Menstruation verbieten.

108 Vgl. DC 145 17. Der Plan bekräftigt eine bestehende Tendenz: In Etzion Bloc und Kiryat Arba waren bereits Talmudschulen gegründet worden.

109 Vgl. HCJ 11163/03, Sekt. 20; Eyal Hareuveni, *By Hook and by Crook. Israeli Settlement Policy in the West Bank,* Jerusalem, July 2010, S. 42

110 Vgl. Central Bureau of Statistics, Statistical *Abstract of Israel 2010,* Tabelle 12:14. Die israelische Bevölkerungszahl des Statistischen Amtes spiegelt die Verwischung der Grenzen: Sie besteht aus der Summe aller Menschen, die im Israel in den Grenzen vor 1967 leben, dem annektierten Ostjerusalem, den Golanhöhen sowie den israelischen Siedlern im Westjordanland.

111 Gespräch des Autors mit Lea Sklar

4. Die Kinder der Berge

1 Numeri 13:20
2 Prediger 3:2
3 Flugblatt, gefunden am 28. Okt. 2009. Die fehlende Autorenangabe soll wohl etwaige Ermittlungen der Polizei erschweren.
4 Vgl. Genesis 13:7. Die rabbinische Anmerkung findet sich in *Bereschit Rabba* 40:7 sowie in Raschis Kommentar zur Genesis 13:7.
5 Vgl. Gershom Scholem, *The Messianic Idea in Judaism*, New York 1971, S. 109–114. In *Sabbatai Sevi. The Mystical Messiah*, Princeton, N. J., 1973, S. 387, 669 ff., 880, führt Scholem auch Belege an, dass Schabbtai Zvi selbst seine Frau ermutigte, einen anderen Mann zu verführen und mit einem Jungen sexuell verkehrte, während er einen Gebetsriemen trug.
6 Vgl. Aviezer Ravitzky, *Haketz Hameguleh. Umedinat Hayehudim* (Messianismus, Zionismus und jüdischer religiöser Radikalismus), Tel Aviv 1993, S. 188 ff.
7 »Ha'atar Shel Shvut Ami«, http://svotamy.fav.co.il/index.php, zuletzt besucht am 16. Nov. 2010
8 Vgl. »35 Tree Vandalism Cases in 6 Weeks«, 31. Okt. 2010, gemeinsame Erklärung der Association of Civil Rights in Israel, B'Tselem, Rabbis for Human Rights und Yesh Din
9 Diese Liste entstammt z. T. Roi Sharon, Amir Rappaport, Amit Cohen, »No Man's Land«, *Ma'ariv*, 11. Aug. 2008, S. B8
10 Gespräch des Autors mit Itai Zar. Sasson, *Havat Da'at (Beina'im) Benose Ma'ahazim Bilti Murshim* (Anmerkungen zu ungenehmigten Außenposten), Appendix 1:16, weist das Land als Privateigentum von Einwohnern von Far'ata aus und fügt hinzu, dass der militärische Berufungsausschuss seine Registrierung unter dem Namen Har Vegai genehmigte, eine Firma von Moshe Zar. Dies legt nahe, dass Einwohner von Far'ata den Anspruch Zars erfolglos vor einem israelischen Ausschuss angefochten haben. 2005, als Sasson ihren Bericht schrieb, hatte Zar noch nicht die Ergebnisse der Landvermessung eingereicht, die für den Grundbucheintrag erforderlich waren. 2009 sagte er mir, dass der Eintrag noch zu vervollständigen sei.
11 Nach seinem Schlaganfall 2006 erlangte Scharon nie wieder das Bewusstsein; Hever gewährt seit Jahren keine Interviews mehr. Amana, eingetragen als Kooperative, ist rechtlich nicht verpflichtet, seine Bücher offenzulegen. Der Militärkorrespondent Amos Harel von *Ha'aretz* berichtete: »Offiziere, die sich mit den krummen Wegen, auf denen Außenposten gegründet werden, gut auskannten, glaubten, dass Scharon in der großen Mehrheit der Fälle aktiv an der Formulierung der Pläne, der Wahl des Ortes und des Zeitpunkts beteiligt war.« *Ha'aretz*, 16. Mai 2003, www.haaretz.com/print-edition/news/inquiry-into-dummy-outpost-reveals-a-complex-picture-1.9961, zuletzt besucht am 5. April 2012. Zu Hevers Rolle vgl. Sara Leibovich-Dar, »Ma'ahazei Zambish«, *Ha'aretz*, 10. Juli 2002,

www.haaretz.co.il/hasite/pages/ShArtPE.jhtml?itemNo=185396, zuletzt besucht am 15. Juni 2010

12 Vgl. Sasson, *Havat Da'at*, Appendix 1:16

13 Vgl. Ynet, 20. Okt. 2002, www.ynet.co.il/articles/0,7340,L-2189016,00. html, www.ynet.co.il/articles 0,7340,L-2/191134,00.html, zuletzt besucht am 15. Nov. 2010. Über die Jahre ist es in Gilads Farm zu mehreren weiteren Konfrontationen zwischen Siedlern und Sicherheitskräften gekommen.

14 Gespräch des Autors mit Itai Zar

15 »Israel Declines to Study Rabin Tie to Beatings«, *New York Times*, 12. Juli 1990

16 Gespräch des Autors mit Yaakov Perry

17 Vgl. Nachum L. Rabinovitch, »Generals, Jews and Justice«, *Jerusalem Post*, 27. Dez. 1993. In »Pekudah Bilti Hukit«, *Gilyon Rabbanei Yesha* 18 (25 Iyar 5754 [6. Mai 1994]), verglich Rabinovitch die Räumung von Siedlern mit den Nürnberger Gesetzen der Nationalsozialisten. Rabinovitchs Talmudschule gehörte zum Hesder-Programm, bei dem junge Männer zwischen religiösem Studium und einem verkürzten Militärdienst wechseln (vgl. Kap. 5 unten). Die Talmudschule erhält weiterhin Mittel des Erziehungsministeriums. Vgl. www.tmichot.gov.il, zuletzt besucht am 21. Nov. 2010

18 Vgl. Nachum L. Rabinovitch, *Gilyon Rabbanei Yesha* 28 (Tishrei 5756 [Sept.–Okt. 1995]), S. 2f. Die mittelalterlichen Schriften, so ist anzumerken, sprechen von einer vom Gericht verhängten Strafe, nicht von der Tat eines einzelnen Eiferers. Nach der Ermordung Rabins wurde Rabinovitch unter dem Verdacht der Anstiftung zum Mord verhört, aber nicht angeklagt. Vgl. Yair Sheleg, »Et Hakesher Harabbani Lo Hakru«, *Ha'aretz*, 3. Nov. 2005, www.haaretz.co.il/hasite/pages/ShArtSR. jhtml?itemNo=641407, zuletzt besucht am 21. Nov. 2010

19 Dan Be'eri, »Shuv Ha'Saison' Bapetah«, *Nekuda*, März 1994, S. 22–26

20 Vgl. Gorenberg, *The End of Days*, S. 203–208

21 Vgl. The Jerusalem Report Staff, *Shalom Friend. The Life and Legacy of Yitzhak Rabin*, New York 1996, S. 226

22 Ebd., S. 247

23 Vgl. Deborah Sontag, »Barak's Ministry Outpaces Netanyahu's on New Settlements«, *New York Times*, 28. Sept. 1999, www.nytimes.com/1999/09/28/ world/barak-s-ministry-outpaces-netanyahu-s-on-new-settlements.html, zuletzt besucht am 6. April 2012; Benny Morris, »Camp David and After. An Exchange (1. An Interview with Ehud Barak)«, *New York Review of Books*, 13. Juni 2002, http://www.nybooks.com/articles/archives/2002/ jun/13/camp-david-and-after-an-exchange-1-an-interview-wi/, zuletzt besucht am 6. April 2012. Morris paraphrasiert Ehud Barak mit den Worten, er habe »die Ausweitung der vorhandenen Siedlungen zum Teil erlaubt, um die israelische Rechte zu besänftigen, deren Stillhalten er benötigte, während er eine friedliche Lösung vorantrieb«.

24 Vgl. Dror Etkes, »Gidul Ha'ukhlusiah Hayehudit Bagadah Hama'aravit Uretzu'at Azzah«, 11. März 2003, Zusammenfassung der Zahlen des israelischen Statistikamtes

25 Vgl. Deborah Sontag, »Quest for Mideast Peace. How and Why It Failed«, *New York Times*, 26. Juli 2001; Hussein Agha, Robert Malley, »Camp David. The Tragedy of Errors«, *New York Review of Books*, 9. Aug. 2001

26 Vgl. Central Bureau of Statistics, »Population of Localities 30.06.2010 (Provisional Data)«, www.cbs.gov.il/population/new_2010/table1.pdf, zuletzt besucht am 2. Juli 2012; B'Tselem, »Ha'ukhlusia Bahitnahaluyot Bagadah Hama'aravit Lefi Shanim«, www.btselem.org/Hebrew/Settlements/Settlement_population.xls, zuletzt besucht am 27. Sept. 2010 [Link offenbar ungültig, A. d. Ü.]

27 State Comptroller, Report 54b (2003), S. 309

28 Gershom Gorenberg, »Settlement Flurry«, *Jerusalem Post*, 3. Dez. 1986

29 Vgl. Dror Tzaban, *Omdan Helki Shel Taktzivei Memshalah Hamufnim Lehitnahaluyot Bagadah Hama'aravit Ubiretzu'at Azzah Veshel Tiktzuv Ha'odef Bishnat 2001*, January 2001; Hareuveni, *By Hook and by Crook*, S. 37–47; Gespräch des Autors mit Yehezkel Lein; Gershom Gorenberg, »At What Price«, *Mother Jones*, Juli–August 2003, S. 42–49

30 Vgl. Hok Yesod: Kvod Ha'adam Veheruto, 1992; Hok Yesod: Hofesh Ha'isuk, 1992

31 Vgl. CA 6821/93, *Bank Mizrahi v. Migdal Kfar Shitufi*, www.nevo.co.il/Psika_Word/elyon/PADI-NH-4-221-L.doc, zuletzt besucht am 22. Nov. 2010

32 Vgl. HCJ 116/03; Hareuveni, *By Hook and by Crook*, S. 38 f.; Yehudit Karp, »I-Tziut Hamedinah Lefiskei Shel Batei Hamishpat«, Brief an Generalstaatsanwalt Yehudah Weinstein (undatiert, erhalten von Weinstein am 7. Febr. 2010)

33 Gespräch des Autors mit Dror Tzaban

34 Shlomo Swirski, *The Burden of Occupation. The Cost of the Occupation to Israeli Society, Polity and Economy*, aktualisierte Fassung, Tel Aviv 2008, S. 61

35 Gespräch des Autors mit Ahmad Agbariya, in dem dieser das Hadith zitiert: »Maimuna sprach: ›O Bote Allahs! Gib uns Kunde von Bait Al-Maqdis [Jerusalem]!‹ Er erwiderte: ›Es ist das Land, wo die Menschen versammelt und zu neuem Leben erweckt werden [am Tag des Jüngsten Gerichts]. Geh hin und bete darin, denn ein Gebet dort ist so viel Wert wie tausend Gebete in anderen [Moscheen].‹« (Das Hadith erscheint in den klassischen Sammlungen Abu Dawud, Sunan 467; Ibn Majah, Sunan 147; Ahmad Ibn Hanba, Musnad 6/463; Al-Bayhaqi, Sunan 2/441. Dank an Mustafa Abu Sway, A. Rashied Omar und David Cook für ihre Hinweise auf die Quelle.)

36 Ich hebe bewusst hervor, dass die Todesopfer nach Scharons Besuch eine noch aufpeitschendere Wirkung hatten als der Besuch selbst. Im Oktober 2000 sagte mir ein hochrangiger israelischer Sicherheits-

beamter unter der Bedingung der Anonymität, dass es besser gewesen wäre, Scharons Besuch auf den Anfang der Woche zu legen statt auf einen Donnerstag, um der palästinensischen Wut auf diese Weise Zeit zu geben, sich vor den Freitagsgebeten abzukühlen. Unerwähnt ließ er, dass die Polizei aus vorangegangenen Vorfällen nicht die Lehre gezogen hatte, zur Kontrolle der Menschenmengen auf dem Tempelberg keine tödlichen Kampfmittel einzusetzen.

37 »Wir erhielten keine überzeugenden Beweise«, so heißt es im Mitchell-Bericht von 2001, »dass die Palästinenser die Erhebung geplant hatten.« George J. Mitchell et al., *Sharm El-Sheikh Fact-Finding Committee Report, 30. April 2001*, Washington, D.C., 2001, http://eeas.europa.eu/mepp/docs/mitchell_report_2001_en.pdf, zuletzt besucht am 23. Mai 2012. Die Debatte darum geht weiter.

38 Vgl. B'Tselem, »27 Sept. '10. 10 Years to the Second Intifada–Summary of Data«, http://www.btselem.org/press_releases/20100927, zuletzt besucht am 6. April 2012

39 S. Quellen unter FN 155

40 »Revised Route of the Security Fence According to the Government Decision of April 30, 2006«, http://seamzone.mod.gov.il/Pages/ENG/default.htm, zuletzt besucht am 6. April 2012

41 Yehezkel Lein, *Behind the Barrier. Human Rights Violations as a Result of Israel's Separation Barrier*, Jerusalem 2003, nannte erste Schätzungen von 11700 Palästinensern auf der Westseite der Barriere, 128500 Palästinenser in Enklaven, die vom Zaun eingeschlossen waren, und 72200, die von ihrem Ackerland getrennt wurden und von israelischen Passierscheinen abhingen, um durch die Tore zu gelangen und ihre Felder zu bestellen. Der Zaunverlauf wurde in der Folge durch Entscheidungen des Obersten Gerichtshofs und in Reaktion auf politische Entwicklungen geändert, wodurch sich diese Zahlen noch änderten, nicht jedoch die Probleme.

42 Gespräch des Autors mit Dany Tirza

43 Yuval Yoaz, »Justice Minister: West Bank Fence Is Israel's Future Border«, *Ha'aretz*, 1. Dez. 2005

44 Gespräch des Autors mit Tirza; vgl. www.seamzone.mod.gov.il/Pages/Heb/mivne.htm, zuletzt besucht am 23. Nov. 2010

45 Gespräch des Autors mit Abdulkarim Ayoub Ahmed

46 Ari Shavit, »Beshem Marsho«, *Ha'aretz*, 8. Okt. 2004, www.haaretz.co.il/hasite/pages/ShArtPE.jhtml?itemNo=486151, zuletzt besucht am 24. Aug. 2005

47 Auflistung des Innenministeriums der israelischen Bevölkerung in »Judäa, Samaria und Gaza«, mitgeteilt am 21. Juli 2005

48 Vgl. *Ha'aretz*, 22. April 2005, www.haaretz.co.il/hasite/pages/ShArtPE.jhtml?itemNo=568351, zuletzt besucht am 26. Aug. 2005

49 *Arutz Sheva Hadashot*, 23. Juni 2005, www.inn.co.il/News/News.aspx/115887, zuletzt besucht am 24. Nov. 2010

50 »Keren Ma'amin Vezore'a«, www.group.co.il/donation/katifund/Cre-
ditInput.asp?type=zore, zuletzt besucht am 26. Aug. 2005 [Link offenbar ungültig, A. d. Ü.]; Nadav Shragai, »Hodshayim Lifnei Hahitnatkut,
Alafim Samim Kaspam Al Keren ›Ma'amin Vezore'a‹«, *Ha'aretz*, 17. Juni
2005

51 Vgl. »Disengagement Timeline«, http://www.haaretz.com/news/disen-
gagement-timeline-1.167506, zuletzt besucht am 7. April 2012

52 Vgl. *Ma'ariv, Yediot Aharonot*, 19.–21. Juli 2005

53 William Lloyd Garrison, zit. n. Margalit, *Über Kompromisse – und faule
Kompromisse*, S. 72

54 Vgl. z. B. Hagai Huberman, »Hakhi Rehok She'efshar«, *Eretz Binyamin*, Febr. 2008, http://www.binyamin.org.il/?CategoryID=537&Artic-
leID=1060, zuletzt besucht am 21. Aug. 2008

55 Dies ist eine kurze Zusammenfassung von Interviews und informel-
len Gesprächen über einen Zeitraum von fünf Jahren. Vgl. a. Gershom
Gorenberg, »Religious Zionists Facing Deep Rifts after Evacuation of
Amona Outpost«, *Forward*, 10. Febr. 2006; ders., »Religious Zionists Feel
Anger, Alienation as Israel's Political Map Shifts Leftward«, *Forward*, 5.
Mai 2006; Meron Rapoport, »Me'akhshav Zeh Yehudim Mul Yisraelim«,
Ha'aretz, 6. Jan. 2006; Nahum Barnea, »The Neighbor's Winery«, *Yediot
Aharonot*, 28. Aug. 2009; Nahum Barnea, »Wallerstein: I Was Silent for
Too Long«, *Yediot Aharonot*, 12. Jan. 2010

56 Ursprünglich lag die Talmudschule am Josephsgrab innerhalb von Nablus.

57 Vgl. Eitan Felner, Roly Rozen, *Law Enforcement on Israeli Civilians in the
Occupied Territories*, Jerusalem 1994, S. 17, 62; Gershom Gorenberg,
Myra Noveck, »West Bank Settlers Go on a Rampage«, *Middle East Times*,
6.–12. Juni 1989, S. 1. Der Mord geschah am 29. Mai 1989. Drei Wochen
später, am 20. Juni, eröffnete einer derselben Studenten aus der Talmudschule Od Yosef Hai das Feuer auf palästinensische Arbeiter, die an der
Gehah-Autobahn außerhalb von Tel Aviv auf eine Mitfahrgelegenheit
warteten. Vgl. Gershom Gorenberg, Myra Noveck, »Underground Deter-
mined to Thwart Peace Efforts«, *Middle East Times*, 4.–10. Juli 1989, S. 3;
»Jews at Slain Settler's Funeral Call Shamir ›Traitor‹«, *New York Times*,
21. Juni 1989, http://www.nytimes.com/1989/06/21/world/jews-at-slain-
settler-s-funeral-call-shamir-traitor.html, zuletzt besucht am 7. April
2012

58 Alan Cowell, »An Israeli Mayor Is Under Scrutiny«, *New York Times*, 6.
Juni 1989, http://www.nytimes.com/1989/06/06/world/an-israeli-may-
or-is-under-scrutiny.html, zuletzt besucht am 7. April 2012

59 »Yeshivat Od Yosef Hai Berashut Harav Yitzhak Ginsburg Shlita«, www.
odyosefchai.org.il, zuletzt besucht am 25. Nov. 2010. Die Lobrede wurde
ursprünglich 1994 von Ginsburg als Pamphlet veröffentlicht: *Baruch Hagever. Hamesh Mitzvot Klaliot Shehen Hebetim Pnimi'im Bema'asehu Shel
Hakadosh Rav Baruch Goldstein, Hashem Yikom Damo*, und veröffentlicht

in Michael Ben-Horin (Hg.), *Baruch Hagever. Sefer Zikaron Lekadosh Dr. Baruch Goldstein*, Jerusalem (1994–1995). Vgl. a. Ehud Sprinzak, *Brother against Brother. Violence and Extremism in Israeli Politics from Altalena to the Rabin Assassination*, New York 1999, S. 268 ff.

60 Yitzhak Shapira, Yosef Elitzur, *Torat Hamelekh. Dinei Nefashot Ben Yisrael Le'amim* (Hamakhon Hatorani Sheleyad 5710 (2009), S. 17–27, 158–198

61 Vgl. RNPO, Etats von Beit Hamidrash Od Yosef Hai; »Perut Tmikhot«, via www.tmichot.gov.il, zuletzt besucht am 25. Nov. 2010. Shapira und Elitzur wurden im Sommer 2010 unter dem Verdacht der Aufstachelung zum Rassismus und zur Gewalt verhaftet und verhört, kamen jedoch wieder auf freien Fuß und wurden nicht wegen dieses Werks angeklagt.

62 2010 sah der Etat des Erziehungsministeriums 1 279 318 Schekel (ca. 265 000 Euro) für Od Yosef Hai vor, jedoch wurden davon tatsächlich nur 945 368 Schekel (ca. 196 000 Euro) überwiesen. Das Sozialministerium, das der Talmudschule im Jahr 2009 92 352 Schekel (ca. 19 100 Euro) bereitstellte, gab ihr 2010 überhaupt keinen Etatzuschuss. Vgl. www.tmichot.gov.il, zuletzt besucht am 25. Nov. 2010. Die Schreiben von Rechtsanwalt Einat Hurvitz vom Israel Religious Action Center an die Ministerialdirektoren des Erziehungsministeriums und des Sozialministeriums datieren vom 8. April 2010. Ein Brief vom 8. Aug. 2010 vom Ministerialdirektor des Erziehungsministeriums, Shimshon Shoshani, an das Action Center erklärt, dass die Mittelzuweisung an Od Yosef Hai »aufgrund Ihres Schreibens« überprüft werde (Korrespondenz bereitgestellt vom Israel Religious Action Center). Am 5. Jan. 2011 erklärte der Sprecher des Erziehungsministeriums jedoch in schriftlicher Erwiderung auf meine Fragen, dass die Aussetzung der Zahlungen Folge einer Inspektion sei, die ergeben habe, dass die Talmudschule weniger Studenten habe als angegeben. Das Sozialministerium schrieb am selben Tag, dass die Finanzierung ausgesetzt sei, da »die Ergebnisse einer Buchprüfung ergeben haben, dass eine weitere Prüfung erforderlich ist«.

63 Vgl. Sasson, *Havat Da'at*, Appendix 1:31 (sowie Spiegel-Report, www.haaretz.co.il/hasite/images/printed/P300109/uriib.mht, zuletzt besucht am 30. April 2009 [Link offenbar ungültig, A. d. Ü.]), geben das Gründungsdatum mit Oktober 1998 an. Ende 2009 sagte Skali jedoch, dass sie und ihr Mann dort seit zehn Jahren lebten. Hagit Ofran von der Siedlungsüberwachung der Friedensinitiative Schalom Achschaw gibt das Gründungsdatum mit »Anfang 1999« an. Hagit Ofran, »Outpost List«, E-Mail vom 24. Nov. 2010

64 Vgl. Sasson, *Havat Da'at*, Appendix 1:31; Ofran, »Outpost List«. Sasson gibt die Aufwendungen des Wohnungsbauministeriums für »Infrastruktur« und »öffentliche Gebäude« mit 800 000 Schekel an. Aufgrund der Schwankungen des Umtauschkurses lässt sich dafür nur ein grober Wert von ca. 165 000 Euro angeben.

65 Vgl. Lior Yavne, *A Semblance of Law*, Tel Aviv 2006, S. 117–121

66 Gespräch des Autors mit Ronny Goldschmidt

67 Vgl. Büro des Sprechers des US-Außenministeriums, *A Performance-Based Roadmap to a Permanent Two-State Solution to the Israeli-Palestinian Conflict*, 30. April 2003, wiederveröffentlicht unter: http://www.usip.org/files/file/resources/collections/peace_agreements/roadmap_04302003.pdf

68 Gespräch des Autors mit Talia Sasson

69 Vgl. Sasson, *Havat Da'at*, S. 113f., 139, 149

70 Vgl. ebd., S. 24, 113, 125–130

71 Vgl. ebd., S. 125f., 129f.; »Hityahasut Hahativah Lehityashvut Behistadrut Hatzionit Ha'olamit Lehavat Da'at (Beina'im) Benose Ma'ahazim Bilti Murshim«, 2005, S. 15, bereitgestellt von der Siedlungsbauabteilung der Zionistischen Weltorganisation. Anhang 8 dieses Dokuments ist Avigdor Liebermans Schreiben vom 10. Febr. 1997 an Sallai Meridor, Leiter der Siedlungsbauabteilung. Lieberman geht darin auf »Viertel« existierender Siedlungen ein, die in einiger Entfernung errichtet wurden und ihre eigene Kommunalverwaltung haben, und weist Meridor an, sie als separate Siedlungen zu behandeln. Sasson wertet diesen Brief korrekt als Beweis, dass die Bezeichnung von Außenposten als Viertel vorhandener Siedlungen eine bewusste Täuschung war. Die speziellen »Viertel«, die Lieberman auflistet, waren vor der Welle neuer Außenposten gegründet worden, doch die Anweisung wurde als generelle Regel für solche Ansiedlungen angewendet.

72 Vgl. Sasson, *Havat Da'at*, S. 63ff.

73 Gespräch des Autors mit Talia Sasson

74 Sasson, *Havat Da'at*, Anhang 1, listet mehrere Außenposten auf, die offenbar während Rabins Amtszeit errichtet wurden. Sasson nahm in ihren Bericht auch mehrere Siedlungen auf, die illegal errichtet worden waren, bevor die Regierung Rabin einen Planungsstopp für Siedlungen verfügte – d. h. bevor die Regierung öffentlich einen Siedlungsstopp erklärte.

75 Gespräch des Autors mit Wallerstein; vgl. Nadav Shragai, »Ma'ahaz Ve'od Ma'ahaz-Kakh Yotzrim Bagadah ›Retzef Hityashvut‹ Yehudi«, *Ha'aretz*, 6. Sept. 2004, www.haaretz.co.il/hasite/pages/ShArt.jhtml?itemNo=474206, zuletzt besucht am 2. Nov. 2009

76 Vgl. *Wye River Memorandum*, www.state.gov/www/regions/nea/981023_interim_agmt.html, zuletzt besucht am 16. April 2012

77 »Provocative Words Raise Mideast Tensions«, CNN, www.cnn.com/WORLD/meast/9811/15/mideast.wrap/, zuletzt besucht am 11. März 2003 [Link offenbar ungültig, A. d. Ü.]; »Briefing by Foreign Minister of the State of Israel Ariel Sharon, National Press Club, Washington, D. C., December 7, 1998«, http://www.mfa.gov.il/MFA/Government/Speeches+by+Israeli+leaders/1998/Briefing%20by%20FM%20Sharon%20at%20National%20Press%20Club%20-%20Was, zuletzt besucht am 16. April 2012

78 Laut Sasson, *Havat Da'at*, Appendix 1:43, wurde Amonah 1995 auf paläs-

tinensischem Privatland gegründet. Ofran, »Outpost List«, datiert den Außenposten auf das Jahr 1997.

79 Gespräch des Autors mit Yifat Ehrlich; Beobachtungen des Autors bei einem Besuch vor Ort

80 Vgl. Sasson, *Havat Da'at*, Appendix 1:43. Die Häuser wurden Anfang 2005 wiederholt von Dror Etkes fotografiert, Direktor der Siedlungsüberwachung von Schalom Achschaw.

81 Vgl. Sasson, *Havat Da'at*, S. 139–168. Laut Sasson war die Entscheidung zum Kauf von Mobilhäusern 2002 oder Anfang 2003 getroffen worden, und zwar, wie man ihr sagte, von Eitam. Ich merke an, dass Eitam erst am 3. März 2003 Wohnungsbauminister wurde, es scheint hier also eine Unstimmigkeit bei der Datierung zu geben.

82 Vgl. Sasson, *Havat Da'at*, S. 22, 27–31, 40 f., 161–168

83 Gespräch des Autors mit Talia Sasson

84 Vgl. Sasson, *Havat Da'at*, S. 148

85 Gespräch des Autors mit Talia Sasson; vgl. Uri Glickman, »Sharon Lo Kashur Lehakamat Hama'ahazim«, www.nrg.co.il/online/1/ART/866/799. html, zuletzt besucht am 24. Nov. 2010

86 Amos Harel, »Mofaz Makshiah Et Yahaso Lema'ahazim, Sharon Megabeh Otam«, *Ha'aretz*, 16. Mai 2003, news.walla.co.il/?w=//388380, zuletzt besucht am 27. Mai 2003

87 Vgl. Shragai, »Ma'ahaz Ve'od Ma'ahaz«. Shragai zitiert auch Siedler, die davon erzählten, wie Scharon sie in seiner Zeit als Infrastrukturminister unter Netanjahu verklausuliert dazu aufgefordert habe, einen Außenposten auf einem aus seiner Sicht strategisch wichtigen Berg zu errichten.

88 Vgl. Quellen unter FN 155 oben; »Ma'ahazim Mekashrim Ben Hitnahaluyot Biyehudah Veshomron« (Karte), www.haaretz.co.il/hasite/images/ daily/D0609 04/map_maahazim.jpg, zuletzt besucht am 24. Nov. 2010 [Link offenbar ungültig, A. d. Ü.]; »Degem Hashlitah Haterri-torialit Bagadah Hama'aravit«, Karte von Schalom Achschaw, Jerusalem 2005

89 Vgl. Ofran, »Outpost List«

90 Gespräch des Autors mit Yifat Ehrlich

91 Vgl. Etti Borstein, »Noar Hagva'ot. Ben Hemshekhiut Lemered«, www. articles.co.il/article/4793, zuletzt besucht am 21. Mai 2009; Hanoch Daum, »Dor Hakipot Hagruziniot«, *Nekuda*, Oktober 1999, S. 12 ff.; Interviews des Autors mit Yisrael und Noa Ariel, Skali und Zar; Gespräche mit anonymen Bewohnern der Außenposten

92 Vgl. Yavne, *Semblance*, S. 42, 45, 47, 83, 103 ff., 108 ff., 112–120; Shifra Elbaz-Rivkin, »Haguru. Zakai«, *Hatzofeh*, Jan. 2005, www.hazofe.co.il/ web/katava6.asp?id=41175, zuletzt besucht am 20. Nov. 2010; »Beit Hamishpat Zikah Et Avri Ran«, *Arutz Sheva*, 16. Jan. 2006, www.shechem. org/interact/publish/article_204.shtml, zuletzt besucht am 20. Nov. 2010

93 HCJ 6357/05, »Atirah Letzav Al Tnai Vetzav Benayim«, www.peacenow. org.il/data/SIP_STORAGE/files/1/1151.doc, zuletzt besucht am 8. Feb.

2006 [Link offenbar ungültig, A. d. Ü.]; »Hahahlatah«, 8. Aug. 2005, http://elyon1.court.gov.il/files/05/570/063/R07/05063570.r07.pdf, zuletzt besucht am 8. Feb. 2006

94 Vgl. *Ynet*, 1. Febr. 2006, www.ynetnews.com/articles/1,7340,L-3209 023,00.html, www.ynet.co.il/articles/0,7340,L-3209281,00.html, zuletzt besucht am 20. April 2006; Berichterstattung im israelischen Radio, 1. Febr. 2006

95 Gershom Gorenberg, »Religious Zionists Facing Deep Rifts after Evacuation of Amona Outpost«, *Forward*, 10. Febr. 2006

96 Vgl. State Comptroller, Report 54b, S. 305–374, und Report 56a, S. 187–199; Schreiben von M. Mazuz an Kabinettsmitglieder, 30. Mai 2006

97 So wurde z. B. im Außenposten Negohot im Nov. 2009 ein Haus abgerissen. Vgl. Efrat Weiss, »Soldiers Again Protest Settlement Evacuation«, *Ynet*, 16. Nov. 2009, http://www.ynetnews.com/articles/ 0,7340,L-3805871,00.html, zuletzt besucht am 19. April 2009

98 Gespräch des Autors mit Talia Sasson

99 Z. B. HCG 9051/05, Klage von Schalom Achschaw auf Abriss der illegalen Häuser in den Außenposten von Hayovel und Hareshah, http:// elyon1.court.gov.il/files/05/510/090/32n/05090510.32n.htm;   HCG 3008/06, Klage von Schalom Achschaw gegen die Außenposten Ramat Gilad, Givat Asaf, Ma'aleh Rehavam, Mitzpeh Lakhish und Givat Haro'eh,   http://elyon1.court.gov.il/files/06/080/030/P09/06030080.p09. pdf; HCJ 8887/06; HCJ 9060/08

100 Vgl. Matti Friedman, »West Bank Land Deal Leads to California«, Associated Press, 19. Dec. 2008. Laut dem notariell beglaubigten Dokument – eine Kopie befindet sich in meinem Besitz – unterzeichnete »Abdel-Latif Hassaan Sumarin« es am 12. Febr. 2004. Die angebliche Unterschrift des Notars D. K. Shaw ähnelt überhaupt nicht derjenigen auf einem Dokument in der Registratur von Orange County, Kalifornien. Ein Dokument des Sharia-Gerichts der Palästinensischen Autonomiebehörde von 1998 – ebenfalls in meinem Besitz – bescheinigt, dass Abdel Latif Sumarin im Jahr 1961 verstarb.

101 Vgl. HCJ 8887/06, »Atirah Lematan Tzav al Tnai«, www.peacenow. org.il/data/SIP_STORAGE/files/0/2510.doc, zuletzt besucht am 16. März 2009 [Link offenbar ungültig, A. d. Ü.]

102 Vgl. HCJ 8887/06, »Teguvah Mikdamit Mita'am Hameshivim 1–4«, 17. Dez. 2006, www.peacenow.org.il/data/SIP_STORAGE/files/8/2638.pdf, zuletzt besucht am 16. März 2009 [Link offenbar ungültig, A. d. Ü.]

103 Vgl. HCJ 8887/06, »Tatzhir Teshuvah Mita'am Hameshivim 1–4«, 1. Febr. 2009, www.peacenow.org.il/data/SIP_STORAGE/files/0/3990.pdf, zuletzt besucht am 16. März 2009 [Link offenbar ungültig, A. d. Ü.]

104 Gespräch des Autors mit Roni Genad

105 Vgl. HCJ 8887/06, »Hahahlatah«, 15. März 2010, elyon1.court.gov.il/ files/06/870/088/n38/06088870.n38.pdf, zuletzt besucht am 10. Nov. 2010

106 *Ynet*, 15. Sept. 2010, www.ynet.co.il/articles/0,7340,L-3954705,00.html, zuletzt besucht am 11. Nov. 2010. Der betreffende Fall ist HCJ9060/08, elyon1.court.gov.il/files/08/600/090/n13/08090600.n13.pdf, zuletzt besucht am 24. Nov. 2010

107 In einem Brief vom Februar 2010 an Generalstaatsanwalt Yehudah Weinstein listete die ehemalige Stellvertretende Generalstaatsanwältin Yehudit Karp eine Reihe von Urteilen des Supreme Court auf, die von der Regierung nicht umgesetzt wurden. Vgl. Karp, »I-Tziut Hamedinah«

108 Gespräch des Autors mit Talia Sasson

5. Dienstpflichtverwirrung

1 Einzelheiten des Botavia-Falls stammen hauptsächlich aus dem Urteil des militärischen Appellationsgerichts, A144/06, und dem Urteil des Obersten Gerichts, PCA 5716/08. Botavia verweigerte ein Interview.

2 Hagit Rotenberg, »Ga'avat Yehidah«, *Besheva*, 22. Dez. 2005, www.inn. co.il/Besheva/Article.aspx/5220, zuletzt besucht 14. Nov. 2010

3 Gespräch des Autors mit Motti Golani

4 Vgl. Yagil Levy, »The Case of the al-Aqsa Intifada. The Linkage between Israel's Military Policies and the Military's Social Composition«, *American Behavioral Scientist* 51.11 (2008), S. 1578; Yonathan Shapiro, *Illit Lelo Mamshikhim* (Eine Elite ohne Nachfolger. Generationen politischer Führer in Israel), Tel Aviv 1984, S. 128–144; Yagil Levy, *Mitzava Ha'am Letzava Haperiferiot* (Von der »Volksarmee« zur »Armee der Peripherien«), Jerusalem 2007, S. 39–45

5 Vgl. Yaron Ungar, *Gvulot Hatziut Vehasarbanut Lapekudah Hatzva'it*, Jerusalem 2010; Yesh Gvul, www.yeshgvul.org/about_e.asp, zuletzt besucht am 12. Juni 2002; Gershom Gorenberg, »The Thin Green Line«, *Mother Jones*, Sept.–Okt. 2002

6 Vgl. Drori, *Bein Emunah Letzava* (Zwischen Glaube und Militärdienst. Das Haredi-Nachal-Bataillon), Jerusalem 2005, S. 14 f.; Yagil Levy, »Yeshivot Bli Hesder«, *Ynet*, 14. Juli 2005, http://www.ynet.co.il/articles/ 0,7340,L-3112445,00.html, zuletzt besucht am 15. Aug. 2010; Menachem Klein, *Bar-Ilan. Akademiah, Dat Vpolitikah* (Bar-Ilan. Universität zwischen Religion und Politik), Jerusalem 1998, S. 141 ff. Die erste Talmudschule, die einen solchen Wechsel zwischen Studium und militärischem Dienst vorsah, Kerem Beyavneh, wurde in den 50er Jahren gegründet, eine erste Vereinbarung mit der Armee begann 1959 im Rahmen von Nachal. Der formale Beginn des alternierenden Militärdienstes und Torastudiums als eigenständiges Programm erfolgte jedoch erst 1965.

7 Vgl. Drori, *Bein Emunah Letzava*, S. 14 f.; Stuart A. Cohen, »Dilemmas of Military Service in Israel. The Religious Dimension«, *Tora u-Madda Jour-*

nal 12 (2004), 9; Klein, *Bar-Ilan*, S. 141 ff.; B., »Mekomam Shel Hovshei Hakipot Bapikud Hatakti Shel Tzahal«, *Ma'arakhot* 432 (2010), S. 50–57; Eliezer Don Yehiya, »The Book and the Sword. The Nationalist Yeshivot and Political Radicalism in Israel«, in: *Accounting for Fundamentalisms. The Dynamic Character of Movements*, hrsg. v. Martin E. Marty und R. Scott Appleby, Chicago 1994, S. 271–290; Moshe Moskovic Privatarchiv, Brief vom 7. Juli 1968 von Oberst Dan Hiram an den Gebietskommandeur von Judäa und Samaria sowie die Briefe vom 11. Nov. 1968 an Studenten und Eltern von Har Etzion Yeshivah; ISA 153.8/7920/7A, Dok. 216–217; YLE 5/31, 3. Sept. 1968; Gespräch des Autors mit Moshe Moskovic; M. Menahem, »Hayeshivah El Mul Hakotel«, *Zra'im*, Nisan 5728 (März-April 1968), S. 6 f.

8 »Toldot Hamekhinah«, www.bneidavid.org/show_item.asp?levelId=62596; »Mekhinah Kdam Tzva'it«, www.bneidavid.org/show_item.asp?levelId=62601&itemId=9, zuletzt besucht am 1. Dez. 2010

9 Vgl. Hagai Huberman, »Kumtah Srugah«, *Besheva*, 8. Juli 2004, www.inn.co.il/Besheva/Article.aspx/3010, zuletzt besucht am 7. Dez. 2010

10 Vgl. Matti Friedman, »The Thirteenth Year«, *Jerusalem Report*, 15. Dez. 2003, S. 18

11 Vgl. »Mekhinot Kdam Tzva'iot«, http://cms.education.gov.il/EducationCMS/Units/Mechinot_Kdam/Odot/skira.htm, zuletzt besucht am 1. Dez. 2010

12 Gespräch des Autors mit Stuart A. Cohen; B., »Mekomam«, S. 50–57

13 *Yossi*, privat veröffentlichtes Gedenkbuch für Unteroffizier Yosef Weinstock, S. 142 f., »Sgt. Yosef Weinstock«, www.izkor.gov.il/HalalView.aspx?id=514375, zuletzt besucht am 11. Aug. 2010

14 Vgl. z. B. *Or Hame'ir*, privat veröffentlichte Gedenkschrift für Unteroffizier Meir Shenwald, S. 2 f.; »First Sgt. Meir Shenwald«, www.izkor.gov.il/HalalView.aspx?id=514285, zuletzt besucht am 11. Aug. 2010

15 B., »Mekomam«, S. 50–57. Da die Armee nicht darüber Buch führt, wie viele Rekruten orthodox sind, benutzt der Autor des Artikels Statistiken über Absolventen orthodoxer Oberschulen als besten verfügbaren Ersatz.

16 Vgl. Lilach Shoval, »Golani Hoveshet Kippah«, *Yisrael Hayom*, 6. Jan. 2010, S. 11

17 Vgl. *Bamahaneh*, 1. Okt. 2010, S. 8, 51 ff.; Central Bureau of Statistics [Israelisches Amt für Statistik], *Statistical Abstract of Israel 2010*, Tabelle 2:7

18 Vgl. Stuart A. Cohen, »Tensions between Military Service and Jewish Orthodoxy in Israel. Implications Imagined and Real«, *Israel Studies* 12.2 (2007), S. 104; B., »Mekomam«

19 Gespräch des Autors mit Itai Haviv

20 HCJ 7622/02

21 Vgl. F. N. Mono, *The Drinking Gourd*, New York 1970

22 Der Streit war bereits zuvor kurz aufgeflammt, bevor die Streitkräfte Stützpunkte auflösten, um sich Ende 1995 gemäß dem Oslo-Abkommen über die erweiterte palästinensische Autonomie aus sechs Städten

der Westbank zurückzuziehen. Im Juli 1995 verkündeten 15 Rabbiner einschließlich des ehemaligen Oberrabiners Avraham Shapira und der Vorsteher von mehreren Talmudschulen im Hesder-Programm einen Beschluss, der sich gegen die Auflösung der Stützpunkte wandte. Nach dem Rückzug sagten Armeeoffiziere, dass ihnen keine Soldaten bekannt seien, die den Befehl verweigert hätten. Einem der Rabbiner zufolge, die den Beschluss unterzeichnet hatten, vermied es die Armee, Hesder-Einheiten zum Abriss der Stützpunkte abzukommandieren. Die Zahl Absolventen vormilitärischer Lehranstalten in der Armee war zu dieser Zeit noch klein. Vgl. »Psak Halakhah Be'inyan Seruv Pekudah«, www.yeshiva.org.il/midrash/shiur.asp?id=1978, zuletzt besucht am 12. Dez. 2010; *Ha'aretz*, 12. Juli 1995; Peter Hirschberg, »Soldiers Ignore Rabbis' Ban on W. Bank Pullout«, *Jerusalem Report*, 25. Jan. 1996, S. 4

23 Rabbi Aharon Trop, »Gerush Yehudim Zo Averah«, *Besheva*, 15. Okt. 2004 (tatsächliches Publikationsdatum war der 14. Okt.), www.inn.co.il/Besheva/Article.aspx/3396, zuletzt besucht am 1. Dez. 2010

24 »Isur Hishtatfut Be'akirat Yishuvim Uma'ahazim«, 29. Tishrei 5765 (15. Okt. 2010), rotter.net/User_files/forum/gil/41716f560ab30a49.pdf, zuletzt besucht am 1. Dez. 2010

25 Arik Bender, »63 Sarbanim Bizman Hahitnatkut«, *NRG*, 7. Sept. 2005, www.nrg.co.il/online/1/ART/980/911.html, zuletzt besucht am 9. Juni 2010. Ein früherer Bericht, erschienen am 23. Aug. 2005 in *Bamahaneh*, nannte 163 Soldaten, die während der Vorbereitungen und der Durchführung des Rückzugs den Befehl verweigert hatten, was Zweifel an Halutz' Zahlen nährte.

26 Vgl. Cohen, »Tensions«, S. 103–126; Cohen, »Dilemmas«, S. 12

27 Menahem Rahat, »Nikra'im Bein Harabbanim«, NRG, 25. Okt. 2004, www.nrg.co.il/online/1/ART/804/492.html, zuletzt besucht am 24. Nov. 2010

28 Vgl. Avihai Ronski, »Seruv Leseruv Pekudah«, *Besheva*, 28. Mai 2003, www.inn.co.il/Besheva/Article.aspx/1597, zuletzt besucht am 16. Dez. 2009

29 Vgl. Shlomo Aviner, »Seruv Lo! Motivatzia Gam Lo!«, She'ilat Shlomo, www.havabooks.co.il/article_ID.asp?id=65 (laut anderen Berichten ursprünglich veröffentlicht Ende Okt. 2004), zuletzt besucht am 24. Nov. 2010

30 Vgl. Shlomo Aviner, »Aseret Hadibrot La megaresh«, She'ilat Shlomo, www.havabooks.co.il/article_ID.asp?id=62 (nach anderen Berichten ursprünglich veröffentlicht am 11. Juli 2005), zuletzt besucht am 24. Nov. 2010

31 Gespräch des Autors mit Moshe Hagar

32 Gespräch des Autors mit Yitzhak Nissim

33 Hagit Rotenberg, »Hasarbanim. Hasippur Ha'amiti«, *Besheva*, 6. Okt. 2005, www.inn.co.il/Besheva/Article.aspx/4963, zuletzt besucht am 9. März 2009

34 Vgl. Anat Bashan, »Dakat Ha-90«, *Korim Meah*, 9. Aug. 2005, S. 3, www. police.gov.il/meida_laezrach/pirsomim/KitveiEt/Documents/daka90. pdf, zuletzt besucht am 17. Nov. 2009 [Link offenbar ungültig, A. d. Ü.]. In einer Erklärung vom 19. Nov. 2009 teilte mir der Sprecher der israelischen Polizei mit, dass sich die Gesamtstärke der israelischen Polizei einschließlich der paramilitärischen Grenzpolizei damals auf 26 848 Beamte belief.

35 Vgl. Stuart Cohen, »Tensions«, S. 108

36 Vgl. Yagil Levy, »The Embedded Military. Why Did the IDF Perform Effectively in Executing the Disengagement Plan?«, *Security Studies* 16.3 (2007), S. 402 f.; Amos Harel, »Nisayon Halehimah Im Hapalistinaim Umispar Hadati'im Hagavo'ah-Hotzi'u Hativat Golani Mima'agalei Hapinui«, *Ha'aretz*, 17. Juni 2005, www.haaretz.co.il/hasite/pages/ShArt. jhtml?itemNo=589104, zuletzt besucht am 12. Dez. 2009; Cohen, »Tensions«, S. 109. Rotenberg, »Hasarbanim«, berichtet von einem Fall, in dem orthodoxe Soldatinnen Befehle verweigerten.

37 Im Juni 2009 lebten über 65 000 Israelis östlich des Sicherheitszauns. Vgl. »Hagadah Hama'aravit«, www.peacenow.org.il/sites/default/files/ SHeb_WBSide%20June%202009.pdf, zuletzt besucht am 1. Dez. 2009

38 Vgl. RNPO, Antrag auf Registrierung von Od Yosef Hai als gemeinnütziger Organisation, 4. April 1983

39 Vgl. Sasson, *Havat Da'at*, S. 101, 123, Appendix 1:23

40 Vgl. Gilad Shenhav, »Rav Tzva'i Hadash«, NRG, 27. März 2006, www. nrg.co.il/online/1/ART1/065/860.html, zuletzt besucht am 21. Juli 2009

41 Vertrauliche Interviews des Autors mit Soldaten und Erziehungsoffizieren der israelischen Streitkräfte

42 *Lekhu Lahamu Belahmi*, Harabbanut Hatzva'it 2009

43 »Hakod Ha'eti Shel Tzahal«, dover.idf.il/IDF/About/Purpose/Code_Of_ Ethics.htm, zuletzt besucht am 14. Juli 2009

44 Yuval Freund, »Kotzer Ruah Veruah Gedolah«, *Toda'ah Yehudit Letzahal Menatze'ah*, veröffentlicht vom Armeerabbinat zum Sabbat des 24. Jan. 2009

45 Avihai Ronski, Vorlesung bei der Weihung einer neuen Torarolle, 12. Nov. 2009, www.karnash.co.il/contentManagment/uploaded-Files/audioGallery/R.RONSKY_sefertora.wma, zuletzt besucht am 16. Nov. 2009

46 *Operation Cast Lead*, Breaking the Silence 2009, http://hosting-source. bronto.com/11522/public/Breaking_the_Silence_-_Operation_Cast_ Lead_report_-_ENG.pdf, zuletzt besucht am 21. April 2009

47 Sprüche der Väter, 4:2 (A. d. Ü.)

48 »Lo Lehitgayyes Letzahal Aharei Hagerush«, *Arutz Sheva Hadashot*, 10. Nov. 2005, www.inn.co.il/News/News.aspx/129397, zuletzt besucht am 1. Dez. 2010

49 Gespräch des Autors mit Itai Zar

50 Keren Levi, *Tfisat Hazehut Hakollectivit Al Markiveiha Hashonim Beke-*

rev Noar Dati Leumi (Die kollektive Identität religiöser zionistischer Jugendlicher und ihre Beziehung zu ihrer Bereitschaft, in der israelischen Armee zu dienen und das Gesetz zu befolgen), Magisterarbeit an der Bar-Ilan-Universität, 2009

51 Vgl. »Toldot Hamekhinah«, www.bneidavid.org/show_item.asp?leve-lId=62596, zuletzt besucht am 1. Dez. 2010

52 Eli Sadan, »Lehosif Or–Igeret Lano'ar«, www.bneidavid.org/VF/ ib_items/334/%D7%9C%D7%94%D7%95%D7%A1%D7%99% D7%A3%20%D7%90%D7%95%D7%A8.pdf, zuletzt besucht am 24. März 2009

53 Eliezer Melamed, *Revivim 2*, Jerusalem 5768 (2007–2008), S. 299 f., 321 f.

54 Vgl. *Ha'aretz*, 18. Nov. 2009

55 Vgl. *Ma'ariv, Ynet, Ha'aretz*, 23.–26. Okt. 2009

56 Vgl. *Ma'ariv, Ynet, Yediot Aharonot*, israelisches Radio, 16.–18. Nov. 2009

57 Vgl. *Ma'ariv, Ha'aretz* und *Ynet*, 13. Dez. 2009

58 »Sugiah Behesder«, *Olam Katan*, 23. Tevet 5770 (9. Jan. 2010), S. 4 f.

6. Die Arbeit der Gerechten verrichten andere

1 Amos Oz, *Eine Geschichte von Liebe und Finsternis*, S. 26

2 Vgl. Menachem Friedman, *Hahevrah Haharedit. Mekorot, Megamot Vetahalikhim*, Jerusalem 1991, S. 1, 63, 121

3 Gespräch des Autors mit Menachem Friedman; Menachem Friedman, »›Al Hanissim‹: Prihato Shel ›Olam Hatora‹ (Hayeshivot Vehakollelim) Biyisrael«, in: Emanuel Etkes (Hg.), *Yeshivot Uvatei Midrashot*, Jerusalem 2006, S. 431–442; Joseph [Yosseph] Shilhav, Menachem Friedman, *Hitpashtut Tokh Histagrut. Hakehillah Haharedit Biyerushalayim* (Wachstum und Trennung. Die ultraorthodoxe Gemeinde von Jerusalem), Jerusalem 1985, S. 50 ff.

4 Nicht so groß, aber doch vorhanden. Ultraorthodoxe Gemeinschaften kamen ungeachtet der Trennung von Religion und Staat in den USA, vermutlich durch den politischen Hebel der Stimmblockbildung, in den Genuss einer bevorzugten Finanzierung. Ein Beispiel: Das amerikanische Ministerium für Wohnungsbau und Stadtentwicklung sucht aktiv nach Unternehmen von Minderheiten für bestimmte Projekte. Zu den Minderheiten, die ein Anrecht auf eine derartige »positive Diskriminierung« haben, gehören »schwarze Amerikaner, hispanische Amerikaner, amerikanische Ureinwohner, asiatisch-pazifische Amerikaner, asiatisch-indische Amerikaner und *chassidische jüdische Amerikaner*« (Hervh. v. mir). Department of Housing and Urban Development, *Procurement Handbook for Public Housing Agencies* (7460.8 rev-2), Kap. 15 und App. 1, www.hud. gov/offices/adm/hudclips/handbooks/pihh/74608/, zuletzt besucht am

23. April 2012

5 Alex Levac, »Anashim Be'avodah«, lose Fotoserie in Teil B von *Ha'aretz*, 29. Aug.–5. Okt. 2000. Zum breiteren Thema des Wiederaufblühens der Charedim im Westen vgl. Haym Soloveitchik, »Rupture and Reconstruction. The Transformation of Contemporary Orthodoxy«, in: *Jews in America. A Contemporary Reader*, hrsg. v. Roberta Rosenberg Farber und Chaim I. Waxman, Hanover, N. H., 1999, S. 320–376

6 Hok Limmud Hovah, 1949; ISA 21/11-Kaf, Protokolle des Erziehungsausschusses der Knesset, 29. Juni 1949, 27. Juli 1949, und 24. Aug. 1949

7 Vgl. Friedman, *Hahevrah Haharedit*, S. 56, 67

8 Vgl. Hok Hinukh Mamlakhti, 1953

9 Vgl. Gespräch des Autors mit Menachem Friedman; vgl. Friedman, *Hahevrah Haharedit*, S. 70 ff.

10 Gespräch des Autors mit Menachem Friedman; Friedman, »Al Hanissim««, S. 431–442

11 Naomi Mei-Ami, *Giyyus Talmidei Yeshivot Letzahal Vehok Dehiyat Sherut Letalmidei Yeshivot Shetoratam Umanutam (Hok Tal)*, Jerusalem 2007, S. 3

12 Vgl. Binyamin Baron, »Ve'ein Shi'ur Rak HaTora Hazot«, *Eretz Aheret*, Sept.–Okt. 2007, S. 64; Friedman, »Al Hanissim««, S. 431–442; anonyme Gespräche des Autors mit Charedim

13 Gespräch des Autors mit Bezalel Cohen, mit Joseph Shilhav und anonyme Gespräche mit Charedim

14 Vgl. Shilhav, Friedman, *Hitpashtut*, S. 50 ff.

15 Moshe Scheinfeld, »Veheshiv Lev Avot El Banim«, *Diglenu*, Nissan 5714 (April–Mai 1954), zit. n. Friedman, »Al Hanissim««

16 Vgl. Friedman, *Hahevrah Haharedit*, S. 80–87

17 Vgl. Laurence J. Silberstein (Hg.), *Jewish Fundamentalism in Comparative Perspective. Religion, Ideology, and the Crisis of Modernity*, New York 1993, S. 27–55

18 Lawrence Kaplan, »The Hazon Ish. Haredi Critic of Traditional Orthodoxy«, in: *The Uses of Tradition. Jewish Continuity in the Modern Era*, hrsg. v. Jack Wertheimer, New York 1992, S. 145–173

19 Vgl. ebd., S. 168

20 Vgl. Soloveitchik, S. 320–376; Menachem Friedman, »The Lost Kiddush Cup. Changes in Ashkenazic Haredi Culture – A Tradition in Crisis«, in: Wertheimer, *Uses of Tradition*, S. 175–186; Gespräch des Autors mit Shlomo Tikochinski

21 Vgl. Friedman, »Al Hanissim««, S. 431–42; Friedman, *Hahevrah Haharedit*, S. 80–87; Baron, »Ve'ein Shi'ur«, S. 57 ff.

22 Vgl. Gespräch des Autors mit Bezalel Cohen und anonymen Charedim

23 Gespräch des Autors mit Arye Naor und Joseph Shilhav

24 Vgl. KA 0523, Koalitionsvereinbarung zwischen dem Likud, der Nationalreligiösen Partei und Yehadut HaTora-Agudat Yisrael, 19. Juni 1977

25 BCA ADA_00053500, Koalitionsvereinbarung zwischen dem Likud, der

Nationalreligiösen Partei und Yehadut HaTora–Agudat Yisrael und Tenuat Mesoret Yisrael, 4. Aug. 1981

26 Gespräch des Autors mit Arye Naor

27 Vgl. Mei-Ami, *Giyyus*, S. 3

28 Vgl. National Insurance Institute, *Riva'on Statisti*, April–Juni 2010, S. 105; Gespräch des Autors mit Arye Naor; Esther Toledano et al., *The Effect of Child Allowances on Fertility*, Jerusalem 2009, S. 5 ff.; Dan Ben-David, *Israel's Labor Market. Today, in the Past and in Comparison with the West*, Jerusalem 2010, S. 237

29 Gespräch des Autors mit Arye Naor

30 Vgl. »Kol Haknasot«, www.knesset.gov.il/history/heb/heb_hist_all.htm, zuletzt besucht am 15. Sept. 2009; Gershom Gorenberg, »Hot Shas«, New Republic, 25. Jan. 1999, S. 11 ff.; Gespräch des Autors mit Arye Naor; Friedman, *Hahevrah Haharedit*, S. 175 ff. Die Stärke der Ultraorthodoxen bei den Wahlen von 1996, 1999 und 2003 war zum Teil eine Folge des Wahlsystems jener Jahre, bei dem die Wähler mit einer Stimme einen Premierminister und mit einer getrennten Stimme eine Partei wählen konnten. Insbesondere Shas profitierte von diesem System.

31 Daniel Gottlieb, *Ha'oni Vehahitnahagut Beshuk Ha'avodah Bahevrah Haharedit* (Armut und Verhalten auf dem Arbeitsmarkt in der ultraorthodoxen Bevölkerung in Israel), Jerusalem 2007, S. 12. Es gibt höhere Schätzungen der charedischen Bevölkerung. Vgl. z. B. Norma Gurovich, Eilat Cohen-Kastro, *Haharedim. Tifroset Geografit Umefayanim Demografiim, Hevratiim Vekhalkaliim Shel Ha'ukhlusiah Haharedit Biyisrael, 1996–2001* (Ultraorthodoxe Juden. Geografische Verteilung und demografische, soziale und wirtschaftliche Merkmale der ultraorthodoxen jüdischen Bevölkerung in Israel), Jerusalem 2004, S. 80. Die Autoren kommen zu dem Schluss, dass es 2002 in Israel 550 000 Charedim gab.

32 Toledano, *Effect of Child Allowances*, S. 9, berechnet die Fruchtbarkeitsziffer (TFR, total fertility rate) für charedische Frauen 2001–2002 auf 7,24 und für andere jüdische Frauen in Israel auf 2,13.

33 Vgl. National Insurance Institute, *Riva'on Statisti*, April–Juni 2010, S. 91; Ben-David, *Israel's Labor Market*, S. 237 f. Scharons Koalition bestand aus dem Likud, der Arbeiterpartei und der militant säkularistischen Shinui.

34 Vgl. Toledano, *Effect of Child Allowances*, S. 9

35 Na'amah Tzifroni, Bambi Sheleg, »Ani Hared Me'od Legoral Hayehadut Haharedit«, *Eretz Aheret*, Aug.–Sept. 2007, S. 25; Gespräch des Autors mit Bezalel Cohen

36 Vgl. Ben-David, *Israel's Labor Market*, S. 233

37 Vgl. Gottlieb, *Ha'oni Vehahitnahagut*, S. 11, der auf Zahlen des israelischen Statistikamtes Bezug nimmt. In einer Mitteilung vom 26. Dez. 2010 ließ der Sprecher des Erziehungsministeriums verlauten, dass 70 000 Männer als Studenten von Talmudschulen Unterstützung vom Ministerium erhielten. Es ist unwahrscheinlich, dass die Diskrepanz der Zahlen auf einen Anstieg von beinahe 15 000 Studenten in zwei Jahren

zurückzuführen ist. Zumindest ein Teil der Abweichung erklärt sich aus betrügerischen Einschreibungen von Studenten, darunter von Männern, die schwarzarbeiten, während sie als Talmudstudenten registriert sind.

38 Vgl. Ben-David, *Israel's Labor Market*, S. 242. 2008 war weniger als die Hälfte der ultraorthodoxen Frauen in der Spanne von 35–54 Jahren beschäftigt.

39 Vgl. Miri Endewald et al., *2008. Poverty and Social Gaps, Annual Report*, Jerusalem 2009, S. 1, 15

40 Vgl. Gottlieb, *Ha'oni Vehahitnahagut*, S. 13

41 Vgl. Nachum Blass, *Israel's Educational System. A Domestic Perspective*, Jerusalem 2010, S. 165

42 Die religiöse Zuständigkeit für Eheschließung und Scheidung gilt in Israel auch für andere Glaubensgemeinschaften. Schariagerichte regeln zum Beispiel die Scheidungen unter Moslems. Eine besonders extreme Folge davon ist, dass katholischen Paaren kein legaler Weg zur Scheidung offensteht.

43 Gespräch des Autors mit Menachem Friedman

44 Vgl. Center for Women's Justice, »The Problem and Our Solutions«, http://www.cwj.org.il/the-problem-and-our-solutions, zuletzt besucht am 1. Mai 2012

45 Vgl. Avi Sagi, Zvi Zohar, *Transforming Identity. The Ritual Transformation from Gentile to Jew – Structure and Meaning*, London 2007; Gespräch des Autors mit Zvi Zohar

46 Sagi, Zohar, *Transforming Identity*, S. 252–263; Gespräch des Autors mit Zvi Zohar. Vorschriften zum Vollzug von Konversionen, die Oberrabbiner Shlomo Amar in seiner Rolle als Präsident der rabbinischen Gerichte 2006 erließ, beschreiben den Prozess der Annullierung von Übertritten – für sich genommen schon eine radikale Vorstellung –, führen jedoch keine Gründe auf, wann Konversionen zu annullieren sind. Vgl. Shlomo Amar, »Klalei Hadiun Bevakashot Legiur«, 17. Shvat 5766 (15. Febr. 2006)

47 Vgl. Susan Weiss et al., *The Interrogation of the Convert »X« by the Israeli Rabbinic Courts*, Jerusalem 2010; Gespräch des Autors mit Zvi Zohar

48 Nach der Wahl 1999 nahm Ehud Barak auch die charedischen Parteien in seine Koalition auf. Bei dieser Wahl wurden jedoch Premierminister und Parlament getrennt gewählt. Während Barak in der Direktwahl des Premierministers die Mehrheit bekam, errangen die Ultraorthodoxen und rechtsgerichteten Parteien die Mehrheit im Parlament.

49 Die von Kommunisten angeführte Hadash-Liste wird überwiegend, aber nicht ausschließlich, von arabischen Wählern unterstützt. Ihrer Knesset-Fraktion gehören stets auch Juden an.

50 Die theoretische Grundlage dieser Erörterung liefert Philip D. Straffin, *Topics in the Theory of Voting*, Boston 1980, S. 1–17.

51 Gespräch des Autors mit einem kommunistischen Knessetmitglied, das sich Anonymität ausbat

52 Gespräch des Autors mit Joseph Shilhav und Eliahu Naeh. Immanuel, eine Siedlung, die ganz für ultraorthodoxe Bewohner bestimmt war, wurde früher gegründet, zog jedoch keine große Zahl von Siedlern an.

53 Interviews des Autors mit anonymen Gesprächspartnern in Beitar Illit

54 Central Bureau of Statistics, »Population in Municipalities and Local Councils«, www.cbs.gov.il/ishuvim/ishuv2009/table7.xls, zuletzt besucht am 1. Mai 2012. Modi'in Illit hatte 46 200 Einwohner, Beitar Illit 35 000. Die Gemeinde von Beitar Illit gab am 18. Okt. 2010 in einem Ausdruck, den ich von ihrem Sprecher erhielt, eine leicht höhere Zahl von 36 757 Einwohnern an.

55 Vgl. Central Bureau of Statistics, »Modi'in Illit«, www.cbs.gov.il/publications/local_authorities2007/pdf/552_3797.pdf, zuletzt besucht am 29. Dez. 2010. Der genaue Anteil betrug 2007 28,9 Prozent. In Beitar Illit waren am 18. Okt. 2010 der Gemeinde zufolge 28,1 Prozent der Einwohner fünf Jahre oder jünger, vgl. vorherige FN.

56 Gespräch des Autors mit Joseph Shilhav

57 Gespräche des Autors mit Yosef Rozovsky and Eran Ben-Porat

58 Gespräch des Autors mit Shlomo Tikochinski; Bezalel Cohen, *Economic Hardship and Gainful Employment in Haredi Society in Israel. An Insider's Perspective*, Jerusalem 2006, S. 32

59 Vgl. Naomi Darom, »Haredim Lefarnasatam«, *The Marker*, 27. Mai 2010, S. 30–34; Gespräch des Autors mit Bezalel Cohen und Joseph Shilhav

60 Vgl. Bezalel Cohen, *Economic Hardship*, S. 50

61 Vgl. ebd., S. 48 ff.

62 Gespräch des Autors mit Menachem Friedman

63 HCJ 10296/02 (Urteil vom 11. Aug. 2004); HCJ 4805/07 (Urteil vom 27. Juli 2008)

64 Vgl. Hok Mosdot Hinukh Tarbutiim Yihudiim, 2008

65 Die Debatte darüber, was zu einer geisteswissenschaftlichen Erziehung gehören und wie sie vermittelt werden soll, ist viel zu ausgedehnt, um sie hier zusammenzufassen. Für eine kurze Einführung vgl. Martha C. Nussbaum, *Nicht für den Profit. Warum Demokratie Bildung braucht*, Überlingen 2012

66 Private Mitteilung von Joshua Gutoff

67 Vgl. Drori, *Bein Emunah Letzava*, S. 26–41, 51–78; Gespräch des Autors mit Ze'ev Drori und Soldaten und Offizieren von Netzah Yehudah

68 Vgl. Drori, *Bein Emunah Letzava*, S. 75

69 Gespräche des Autors mit Ze'ev Drori und Oberstleutnant Dror Spiegel

70 Gespräch des Autors mit Ariel Eliahu

71 Gespräch des Autors mit Ze'ev Drori

72 Gespräche des Autors mit Ze'ev Drori und Oberstleutnant Dror Spiegel

7. Die Revolution kommt heim

1 Benny Morris, *1948*, S. 164 ff.; Gespräch des Autors mit Johayna Saifi; ISA 2196/14-Gimel, Dok. 8B, Tätigkeitsbericht der Verwaltung des Nahariyah-Distrikts

2 Vgl. Tom Segev, *Es war einmal ein Palästina*, S. 498; Shimon Cohen, »Hayom Ha'azkarah Le'Shnei Eliahu«, *Arutz Sheva*, 27. März 2007, www.inn.co.il/News/News.aspx/160911, zuletzt besucht am 12. Jan. 2010. 2009 führte Erziehungsminister Gideon Sa'ar vom Likud eine Unterrichtseinheit für Acht- und Neuntklässler ein über »jene, die zum Galgen emporgestiegen sind«: zwölf Mitglieder der Irgun und Lechi, die entweder hingerichtet worden waren oder im Gefängnis Selbstmord begangen hatten. Darunter waren »die Eliahus«. In einem Schreiben des Ministeriums an die Schuldirektoren hieß es, dass die Einheit »auf Grundlage des Charakters und der Taten« der zwölf »die Werte des Heldentums, des Selbstopfers und der Hingabe an die nationale Wiedergeburt« stärke. Die Unterrichtseinheit passte zum Mythos des Märtyrertums, den die politischen Erben der Irgun und Lechi seit 1948 pflegen. »Haf'alat Tokhnit Yihudit Benose Olei Hagardom«, 20. Nov. 2009, cms.education.gov.il/NR/rdonlyres/125B367F-3304-4174-A710-FC61 B439B5D7/104647/MictavMenahalim.doc, zuletzt besucht am 10. Jan. 2010 [Link offenbar ungültig, A. d. Ü.]; Olei Hagardom, *Jerusalem 2009*, cms.education.gov.il/NR/rdonlyres/125B367F-3304-4174-A710-FC61 B439B5D7/104645/oleyGardom.pdf, zuletzt besucht am 10. Jan. 2010 [Link offenbar ungültig, A. d. Ü.]

3 Vgl. Meron Rapoport, »Mitzvat Yishuv Ha'aretz Etzel Ahmad Basalon«, *Ha'aretz*, 10. Okt. 2006, www.haaretz.co.il/hasite/pages/ShArt PE.jhtml, zuletzt besucht am 14. Okt. 2008 [Link offenbar ungültig, A. d. Ü.]

4 Gespräche des Autors mit Sami Hawary, Suheila Khalil und Suheil Omari

5 Im Dez. 2009 belief sich die Bevölkerung laut Sharon Dahan, Sprecherin der Kommune, auf 53 252 Einwohner, von denen 72 Prozent Juden waren. Das Statistikamt gibt geringere Zahlen für die Gesamtbevölkerung und den jüdischen Anteil an: Ende 2009 zählte es 46 300 Einwohner, davon 30 600 – 65 Prozent – Juden. Central Bureau of Statistics, *Statistical Abstract of Israel 2010*, Tabelle 2.15. Ein Knesset-Bericht gab die Bevölkerung der Stadt zur gleichen Zeit jedoch mit 51 825 an, davon 12 956 – 25 Prozent – Araber. Vgl. Yossi Zulfan, *Ha'ir Akkon*, Jerusalem 2002

6 Vgl. Avishag Adari, »Te'atron Aher«, *Besheva* 13. Okt. 2008, S. 10; Gespräch des Autors mit Nachshon Cohen

7 Gespräch des Autors mit Naftali Reznikovich

8 Adari, »Te'atron«

9 Gespräch des Autors mit Sara Paparin

10 Gespräch des Autors mit Nachshon Cohen

11 »Odot Hayeshivah«, www.yAkkon.co.il/about.asp, zuletzt besucht am 6. Jan. 2011

12 Ori Tal, *Hametihut Bein Yehudim Le'aravim Bishkhunat Wolfson Be'Akkon*, Jerusalem 2006, S. 3, zitiert die in der vorangegangenen FN genannte Website in der Fassung vom 26. Okt. 2006

13 Vgl. ebd., S. 3 f.

14 *Ynet* und *Ha'aretz*, 9.–12. Okt. 2008; Ala Hlehel (Hg.), *October 2008 in Akka (Acre). Course of Events Akkon 2008*, www.ittijah.org/UserFiles/File/Report-English.pdf, zuletzt besucht am 1. Dez. 2009 [Browsermeldung: »als attackierend gemeldete Website!«, A. d. Ü.]; Elyashiv Reichner, »Garinim Birgashot Me'uravot«, *Nekuda*, Okt. 2009, S. 22–26; Gespräche des Autors mit Noam Wreshner und Ahmed Odeh

15 Vgl. Reichner, »Garinim«.

16 Gespräch des Autors mit Eliyahu Mali; vgl. auch Reichner, »Garinim«

17 Gideon Dokov, »Mitnahalim Beyaffo«, 16. Iyyar 5769 (10. Mai 2009), www.kipa.co.il/now/show.asp?id=32851, zuletzt besucht am 11. Jan. 2011; »Proyekt Yaffo Letzibur Dati Le'umi«, bemuna.co.il/project.asp?id=66, zuletzt besucht am 11. Jan. 2011. Die Firma spricht davon, dass das Projekt in Ostjerusalem im jüdischen Viertel von Ost-Talpiot liege (www. bemuna.co.il/english/project.asp?id=53), tatsächlich aber handelt es sich um das benachbarte Palästinenserviertel Arab a-Sawahra. Arabische und jüdische Einwohner von Jaffa klagten ohne Erfolg gegen die Entscheidung der israelischen Liegenschaftsverwaltung, Entwicklungsrechte an eine Firma zu veräußern, die Wohnungen in diskriminierender Weise zu verkaufen plant. Das Oberste Gericht lehnte die Klage aus dem Grund ab, dass sie eingereicht wurde, als der Verkauf an die Firma bereits »eine vollendete Tatsache war«. Administrative Appeal 1789/10

18 Uri Ariel, »Behazarah Le'Akkon Veyaffo«, *Besheva*, 13. Okt. 2008, S. 13

19 Vgl. Sholem Asch, *Der Gott der Rache*, Berlin 1907. Das Stück wurde 1907 auf Jiddisch uraufgeführt. Als es 1923 in New York auf Englisch auf die Bühne kam, wurden die Schauspieler und der Produzent verhaftet und wegen der Aufführung einer unmoralischen Darbietung verurteilt, wobei der Richter, von der *New York Times* nur als »McIntyre« identifiziert, die »Entweihung der heiligen Schriftrollen der Tora« geißelte (»›God of Vengeance‹ Players Convicted«, *New York Times*, 24. Mai 1923, S. 1). Aschs literarische Reputation hat den Vorwurf des Angriffs auf das Judentum überdauert.

20 David Kretzmer, *The Legal Status of Arabs in Israel*, Boulder (Co.) 1990, S. 18 f., 61–66, 90–98; Yiftachel, *Ethnocracy*, S. 142 f.; Hok Ma'amad Hahistadrut Hatzionit–Hasokhnut Hayehudit Le'eretz Yisrael, 1952

21 Vgl. Sebastian Wallerstein, Emily Silverman, *Housing Distress within the Palestinian Community of Jaffa. The End of Protected Tenancy in Absentee Ownership Homes*, Bimkom 2009; Gespräche des Autors mit Omar Siksek und Yudit Ilany

22 Die Bevölkerungszahlen sind dem *Statistical Abstract of Israel 2010*, Ta-

belle 2.8, entnommen, korrigiert durch Herausrechnung der Jerusalemer Araber, von denen die meisten keine Einwohner Ostjerusalems sind. Zahlen für die Jerusalemer Araber: *Jerusalem Institute of Israel Studies, 2009–2010 Statistical Yearbook*, jiis.org/.upload/web%20C0409.xls, zuletzt besucht am 4. Mai 2012. Beschäftigungszahlen: Ali Haider (Hg.), *The Equality Index of Jewish and Arab Citizens in Israel, 2008*, Jerusalem 2009, S. 55

23 Vgl. Haider, *Equality Index*, S. 41. Der Durchschnitt in arabischen Klassen betrug 29, 18 Prozent über dem jüdischen Durchschnitt von 24,6.

24 Ebd., S. 45. Unter den 20- bis 34-jährigen Juden waren 9 Prozent an Universitäten eingeschrieben, verglichen mit 3,3 Prozent der Araber. Dabei mag die Zahl der Araber zu gering veranschlagt sein, da viele Araber ihre Hochschulbildung mit 18 beginnen, während die große Mehrzahl der Juden erst den Militärdienst ableistet. Zu den Faktoren, die zu der Diskrepanz beitragen, könnten die schlechtere Finanzierung von Schulen in arabischen Gemeinden, kulturelle Vorurteile bei Aufnahmeprüfungen der Colleges und die Tatsache gehören, dass arabische Studenten an israelischen Universitäten in ihrer Zweitsprache studieren müssen.

25 Gespräche des Autors mit Hussein Jbarah und Abd al-Aziz Abu Isba Maswari

26 Bei der Wahl 1965 war die einzige unabhängige Partei, die vor allem von arabischen Bürgern unterstützt wurde, Rakah (Neue Kommunistische Liste), die drei Sitze errang; zwei weitere arabische Parteien, die insgesamt vier Sitze erhielten, waren Klienten der Mapai-Partei. 1984 gewannen zwei unabhängige Parteien mit Unterstützung vor allem arabischer Wähler insgesamt sechs Sitze. 2009 errangen drei Wahllisten mit arabischer Rückendeckung zusammen elf Sitze in der Knesset. »Kol Haknasot«, www.knesset.gov.il/history/ heb/heb_hist_all.htm, zuletzt besucht am 1. Dez. 2010 [Link offenbar ungültig, A. d. Ü.]

27 Gespräche des Autors mit Tawfik Jabareen, Dany Tirza und Hashem Mahameed

28 Vgl. Yiftachel, *Ethnocracy*, S. 111, 142

29 Vgl. HCJ 6698/95, Urteil vom 8. März 2000; Gespräch des Autors mit Adel Ka'adan und Dan Yakir

30 Bei diesen Sammelklagen in den frühen 50er Jahren ging es um die Rassentrennung an öffentlichen Schulen. Der Oberste Gerichtshof der USA befand in seinem Grundsatzurteil, dass hautfarbenspezifische Bildungseinrichtungen den in der Verfassung verbürgten Gleichheitsgrundsatz verletzen. (A. d. Ü.)

31 HCJ 6698/95, Urteil vom 8. März 2000

32 Vgl. HCJ 8060/03, Klageschrift vom 7. Sept. 2003, 194.90.30.84/hebrew-acri/article.asp?id=719, zuletzt besucht am 5. Jan. 2011 [Link offenbar ungültig, A. d. Ü.]; Antrag auf Kostenerstattung eingereicht am 1. Jan. 2006, www.acri.org.il/pdf/petitions/hit8060baqasha2.pdf, zuletzt besucht am 5. Jan. 2011

33 Vgl. »Anashim Ketanim She'asu Mahpekhot Gedolot«, *The Marker*, 27. Nov. 2008, www.themarker.com/tmc/article.jhtml?ElementId=skira20081127_1041224, zuletzt besucht am 5. Jan. 2011

34 HCJ 8036/07, Klageschrift vom 23. Sept. 2007, eingereicht von Adalah – Juristisches Zentrum für die arabische Minderheit in Israel, das Jerusalem Open House (für die Rechte von Lesben, Schwulen, Bi- und Transsexuellen), Misrachi Democratic Rainbow und andere, www.adalah.org/features/land/admission-p.pdf, zuletzt besucht am 5. Jan. 2011; Aufschub der Anhörung, 23. Dez. 2010, http://elyon1.court.gov.il/files/07/360/080/n60/07080360.n60.pdf, zuletzt besucht am 5. Jan. 2011

35 Dieser Abschnitt basiert z.T. auf Gershom Gorenberg, »The Minister for National Fears«, *Atlantic Monthly*, Mai 2007. Liebermans autoritäre Haltung kommt am drastischsten in einem Gesetz von 2006 zur Änderung des Regierungssystems zum Ausdruck, vorgelegt von seiner rechtsnationalen Partei Yisrael Beitenu (»Unser Haus Israel«). Danach kann der Premierminister ohne Zustimmung des Parlaments Minister ernennen. Falls die Knesset die Verhängung des Ausnahmezustands billigt, könnte das Kabinett Notverordnungen erlassen, die zeitweise die Gesetze außer Kraft setzen, und wenn »der Premierminister im Fall dringlicher und lebensnotweniger Notverordnungen erkennt, dass das Kabinett nicht einberufen werden kann, ist er befugt, diese selbst zu erlassen«. Das Gesetz billigt dem Premierminister im Fall des Falles diktatorische Machtbefugnisse zu.

36 Interview des Autors mit Avigdor Lieberman

37 Alexej Tolstoi, *Peter der Erste*, Berlin 1960, S. 441, 395 et passim

38 Vgl. *Ha'aretz*, 12.–25. Nov. 1997

39 Jean-Paul Sartre, »Die Judenfrage«, in: *Drei Essays*, Frankfurt a. M./Berlin 1968, S. 119, 111

40 Vgl. DK 2. Juni 2004

41 *Tochnit Medinit Liyisrael. Matza Yisrael Beitenu* (Plattform Unser Haus Israel, erhalten von Parteifunktionären 2006); Gespräch des Autors mit Fania Kirshenbaum

42 Vgl. Yiftachel, *Ethnocracy*, S. 29 ff.

43 Vgl. Moshe Feiglin, »Tokhnit 100 Haymim«, *Manhigut Yehudit*, he.manhigut.org/content/view/2457/153/, zuletzt besucht am 9. Nov. 2008 [Link offenbar ungültig, A. d. Ü.]

44 Vgl. *Ha'aretz* und *Yediot Aharonot*, 9. Dez. 2008

45 Vgl. *Ma'ariv* und *Yediot Aharonot*, 23.–24. Febr. 2009

46 Vgl. Hatza'at Hok Mirsham Ukhlusin, 2009, P/18/811; Hatza'at Hok Sherut Hamedinah, 2010, P/18/2792; Hatza'at Hok Hakolno'a, 2010, P/18/2307; Association for Civil Rights in Israel, *October 2012. Knesset 2010 Winter Session. Expectations and Concerns*, http://www.voltairenet.org/IMG/pdf/_Knesset_2010_Winter_Session.pdf, zuletzt besucht am 5. Mai 2012

47 Vgl. *Ynet* und *Ha'aretz*, 10. Okt. 2010

48 Freimütig räume ich ein, dass mich die Vereinigung für Bürgerrechte in Israel bei meiner Klage vor dem Obersten Gerichtshof gegen das Archiv der israelischen Streitkräfte vertreten hat und ich auf Veranstaltungen des New Israel Fund bezahlte Vorträge gehalten habe.

49 Im Tirtzu, *Hashpa'atam Shel Irgunei Hakeren Hahadashah Liyisrael Al Doh Goldstone*, 10. Febr. 2010, imti.org.il/Uploads/GoldstoneHE5.pdf, zuletzt besucht am 10. Febr. 2010. Für die Widerlegung durch den New Israel Fund vgl.»Analysis of the Im Tirtzu Report on the New Israel Fund«, http://www.nif.org/index.php?option=com_content&view=article&id=79, zuletzt besucht am 5. Mai 2012. Der offizielle Titel des UN-Berichts lautet *Human Rights in Palestine and Other Occupied Arab Territories. Report of the United Nations Fact- Finding Mission on the Gaza Conflict*, 25 Sept. 2009 (www2.ohchr.org/english/bodies/hrcouncil/docs/12session/A-HRC-12-48.pdf, zuletzt besucht am 5. Mai 2012). Er ist allgemein unter dem Namen des südafrikanischen Juristen Richard Goldstone bekannt, der die Mission führte.

50 Gespräch des Autors mit Ronen Shoval

51 Diagramme der Knessetwahl, 5. Jan. 2011, unter www.knesset.gov.il/vote/heb/Vote_Res_Map.asp?vote_id_t=15118; www.knesset.gov.il/vote/heb/Vote_Res_Map.asp?vote_id_t=15119, zuletzt besucht am 12. Jan. 2011 [Links offenbar ungültig, A. d. Ü.]

52 Videoausschnitte von Liebermans weithin ausgestrahlter Rede am 10. Jan. 2011, unter: www.ynet.co.il/articles/1,7340,L-4011576,00.html, zuletzt besucht am 10. Jan. 2011

53 Danons Behauptungen finden sich in einem Posting auf seiner Website: »Beyozmat Danon. Va'adat Hakirah Baknesset Al Irgunei Smol«, 6. Jan. 2011, www.dannydanon.com/he/index.php?view=article&catid=35:media&id=256:2011-01-05-21-35-05, zuletzt besucht am 10. Jan. 2011

54 »Gilui Da'at«, www.zefat.net/images/stories/10_2010/esorrav.jpg [Link offenbar ungültig, A. d. Ü.], www.bhol.co.il/article.aspx?id=22296, zuletzt besucht am 16. Jan. 2011; Eli Ashkenazi, »Kenes Rabbanim Lidehikat Ha'aravim Metzfat Ne'erakh Bemimun Hamedinah«, *Ha'aretz*, 20. Okt. 2010, www.haaretz.co.il/hasite/spages/1194347.html, zuletzt besucht am 20. Okt. 2010

55 Hok Letikkun Pekudat Ha'agudot Hashitufi'ot (Mispar 8), 2011, http://www.knesset.gov.il/Laws/Data/law/2286/2286.pdf, zuletzt besucht am 13. Apr. 2011. Das Gesetz führt zwar aus, dass Bewerber nicht auf Grundlage von »Rasse, Religion, Geschlecht, Nationalität, Behinderung, persönlichem Status, Alter, elterlichem Status oder sexueller Orientierung« abgewiesen werden dürfen. Wie der Fall Ka'adan jedoch gezeigt hat, ist es recht leicht, einen Kandidaten unter Verweis auf ein anderes Kriterium abzulehnen. Indem es ausdrücklich die Ablehnung nach Maßgabe des »sozio-kulturellen Gefüges« erlaubt, höhlt es das Diskriminierungsverbot aus.

56 Yishai Friedman, »Eikh Kipah Srugah Mityashevet Al Madim Kehulim«,
    Olam Katan, Rosh Hashanah 5771 (Sept. 2010), S. 6
57 »Ani Ma'amin Shehakol Patir«, *Olam Katan*, Rosh Hashanah 5771 (Sept.
    2010), S. 6
58 Vgl. *Yediot Aharonot*, 3. Okt. 2010
59 Yeshayahu Leibowitz, *Judaism*, S. 225

8. Die Neugründung Israels

1   Bis zu einem gewissen Grad ist der Glaube an diese Entweder-oder-Wahl
    eine Reaktion auf Forderungen arabischer Politiker und Aktivisten in Is-
    rael, das Land solle sich von einem jüdischen Staat in einen »Staat für alle
    seine Bürger« verwandeln.
2   Vgl. Chaim Gans, *A Just Zionism. On the Morality of the Jewish State*, Ox-
    ford 2008, S. 18 ff., 25 ff.
3   Wie Emmanuel Sivan in seinem Nachwort zur hebräischen Ausgabe von
    Raymond Arons *La Tragédie Algérienne* (Paris 1957) schreibt: »Utopien lie-
    gen nicht in Reichweite; ein Ziel voranzubringen geht immer auf Kosten
    eines anderen.« Raymond Aron, *Hatragediah Ha'aljirit* (Die algerische
    Tragödie), Tel Aviv 2005, S. 87
4   Vgl. Paul Berman, *A Tale of Two Utopias. The Political Journey of the Ge-
    neration of 1968*, New York 1996, S. 30–56, schildert, dass die Begrün-
    der der Neuen Linken der 60er Jahre häufig Kinder altlinker Aktivisten
    waren und sich danach sehnten, dem Heldentum ihrer Eltern gerecht zu
    werden; sie fürchteten, zu »Veteranen der Cinemathek« zu werden. In
    abgeschwächter Form mag die gleiche Dynamik das Engagement gegen
    die Apartheid in westlichen Universitäten in den 80er Jahren mit einem
    Teil des Aktivismus gegen Israel heute verbinden.
5   Das Bruttoinlandsprodukt pro Kopf in der Westbank und dem Gazastrei-
    fen belief sich 2008 auf 2900 Dollar (Central Intelligence Agency, *The
    World Fact Book*, www.cia.gov/library/publications/the-world-fact-book/
    geos/we.html), in Israel auf 29000 Dollar (www.cia.gov/library/publi-
    cations/the-world-factbook/geos/is.html, beide zuletzt besucht am 6. Mai
    2012). Die Zahlen sind möglicherweise verzerrt, weil sie die israelischen
    Siedlungen zu Israel zählen statt zur Westbank.
6   »Static Maps«, Geneva Initiative, http://www.geneva-accord.org/main-
    menu/static-maps/, zuletzt besucht am 6. Mai 2012. Vgl. die komple-
    xeren Grenzvorschläge in David Makovsky et al., *Imagining the Border.
    Options for Resolving the Israeli-Palestinian Territorial Issue*, http://www.
    theisraelproject.org/site/apps/nlnet/content2.aspx?c=hsJPKoPIJpH&b=4
    183369&ct=9040963, zuletzt besucht am 6. Mai 2012. Ein weiterer Vor-
    schlag für die Annexion von Siedlungen, bei dem der Sicherheitszaun als
    Grundlinie einer neuen Grenze dient, stammt aus der Zeit der Regierun-

gen Scharon und Olmert. Wie oben (S. 118) erörtert, ist diese Linie als Grenze untauglich und bietet den Palästinensern keine Kompensation für das von Israel annektierte Land.

7 International Crisis Group, »Israel's Religious Right and the Question of Settlements«, *Middle East Report* 89 (20. Juli 2009), S. 2, http://www. crisisgroup.org/~/media/Files/Middle%20East%20North%20Africa/ Israel%20Palestine/89_israels_religious_right_and_the_question_of_ settlements.ashx, zuletzt besucht am 8. Mai 2012

8 Gespräch des Autors mit Cheftziba Skali

9 Gespräch des Autors mit Yisrael Ariel

10 Rabbi Nachum Rabinovitch, Vorsteher der Hesder-Talmudschule Birkat Moshe in der Siedlung Ma'aleh Adumim 1995 in einem Gespräch mit dem orthodoxen Friedensaktivisten Yitzhak Frankenthal. Frankenthal hat die Unterhaltung aufgezeichnet. Die Zitate hier sind einer Überset-zung des gesamten Gesprächs entnommen, die 1997 für ein britisches Gericht im Fall Rabbi Rabinovitch versus Peter Halban Publishers Ltd. angefertigt wurde.

11 Ende 2009 waren 78,3 der Bevölkerung von Israel (einschließlich der Westbanksiedler und ausgenommen die palästinensischen Bewohner von Ostjerusalem) Juden, 17,4 Prozent Araber und 4,3 Prozent »andere« – eine Kategorie in offiziellen Statistiken, die sich auf Nichtjuden bezieht, hauptsächlich Immigranten aus der ehemaligen Sowjetunion, die sozial zur jüdischen Mehrheit gehören. Zu den Zahlen der nationalen Bevöl-kerung vgl. Central Bureau of Statistics, *Statistical Abstract 2010*, Tabelle 2.1; zur arabischen Bevölkerung Jerusalems: Jerusalem Institute of Israel Studies, *2009–2010 Statistical Yearbook*, jiis.org/.upload/web%20C0409. xls, zuletzt besucht am 7. Mai 2011

12 Ich bin meinem Arabisch sprechenden Sohn dankbar für seine diesbe-züglichen Anmerkungen.

13 Vgl. Gans, *Just Zionism*, S. 75–79

14 Ich spreche bewusst nicht von der Verabschiedung einer vollständig niedergeschriebenen Verfassung, die allzu oft von Juristen und Wissen-schaftlern als Allheilmittel für die israelische Demokratie gesehen wird. Es besteht heute, wie bei der Unabhängigkeit, die Gefahr, dumme Kom-promisse festzuschreiben, um eine Verfassung zu ratifizieren. Ein Bei-spiel ist der Entwurf »Verfassung durch Konsens« aus der Denkfabrik Israel Democracy Institute (http://www.idi.org.il/PublicationsCatalog/ Pages/Consti/index.htm, zuletzt besucht am 7. Jan. 2009). Einerseits enthält der Entwurf eine lobenswerte Grundrechtecharta. Andererseits schließt er die großen Streitfragen über Religion und Staat von der rich-terlichen Überprüfung aus, um die Rechte und die klerikalen Parteien zu besänftigen, verleiht der gegenwärtigen Fahne und Hymne Verfas-sungsrang und erhebt eine Version des Rückkehrrechts in den Rang eines Grundrechts.

15 Leibowitz, *Judaism*, S. 176

16 Vgl. Steve Crabtree, Brett Pelham, »What Alabamians and Iranians Have in Common«, Gallup, 9. Febr. 2009, http://www.gallup.com/poll/114211/Alabamians-Iranians-Common.aspx, zuletzt besucht am 8. Mai 2012; Steve Crabtree, »Analyst Insights. Religiosity around the World«, Gallup, 9. Febr. 2009, www.gallup.com/video/114694/Analyst-Insights-Religiosity-Around-World.aspx, zuletzt besucht am 8. Mai 2012

17 Gespräch des Autors mit Brenda Brasher

18 Leibowitz, *Judaism*, S. 178

19 Der amerikanische Ansatz fußt auf der Vorstellung, dass ein Kleriker das Sakrament der Ehe erteilt. Im Judentum erteilt ein Rabbiner nicht das Sakrament der Ehe; das tut das Paar selbst. Der Rabbiner ist anwesend, um zu gewährleisten, dass die Zeremonie ordentlich ausgeführt wird. Technisch gesehen könnte dieselbe Rolle auch von jemandem ausgefüllt werden, der gar nicht ordiniert ist.

20 Durchschnittliche religiös-zionistische Eltern in Israel würden bestreiten, dass die finanzielle Last des Religionsunterrichts zu hoch sei. Doch diese Eltern zahlen wie die anderen Israelis einen Großteil der Kosten der Grundbildung: Sie müssen die Schulbücher ihrer Kinder kaufen, Nachhilfestunden bezahlen, um miserable Schulen wettzumachen, und zahlen häufig zusätzliches Schulgeld für etwas, das zur kostenlosen Bildung gehören sollte. Ich empfehle, den Kuchen anders aufzuteilen: Der Staat soll seiner Verpflichtung nachkommen, eine Allgemeinbildung anzubieten, und die Eltern können für zusätzliche Stunden bezahlen, um ihre religiösen Werte an ihre Kinder weiterzugeben.

21 Dieser Abschnitt stützt sich auf Gans, *Just Zionism*, Kap. 5.

22 Vgl. CA 72/62

Abkürzungen

Admoni	Admoni, Yehiel, »Asor Shel Shikul Da'at. Hahityashut Me'ever Lekav Hayarok, 1967–1977«, Manuskript des Autors, angeführt mit Jahr und Seite
BCA	Menachem Begin Heritage Center Archives
CA	Civil Appeals (Zivilrechtliche Berufungsverfahren)
DC	Demant Collection: frühe Dokumente von Gusch Emunim, gesammelt von Peter Robert Demant
DK	Divrei Haknesset (Knesset-Protokolle)
Dok.	Dokument
HCJ	High Court of Justice (Oberster Gerichtshof Israels)
IDFA	Israel Defense Forces Archive (Archiv der israelischen Verteidigungsstreitkräfte)
ISA	Israel State Archive (Israelisches Staatsarchiv)
KMA	Habikibbutz-Hame'uhad-Archiv
LPS	Labor Party Secretariat (Sekretariat der Arbeiterpartei)
MGA	Merom-Golan-Archiv
MER	Middle East Record der Yale Law School
NARA	Nationale Archives and Records Administration, USA
NTA	Neveh-Tzuf-Archiv
OA	Ofra-Archiv
PS	Protected Source, Quellen, die auf Anonymität bestanden
RNPO	Registeramt gemeinnütziger Organisationen, Israel
YAOH	Yigal Allon Oral History, gelistet nach Interview und Seitenzahl
YLE	Yad-Levi-Eschkol-Archiv
YTA	Yad-Tabenkin-Archiv

Bibliografie

Archive

Gush-Etzion-Archiv
Israel Defense Forces Archive
Israel State Archive
Knesset Archive
Menachem Begin Heritage Center Archives
Merom-Golan-Archiv
Midreshet Eretz Yisrael – Makhon Reshit
National Archives and Records Administration, College Park, Maryland, USA
Neveh-Tzuf-Archiv
Ofra-Archiv
Registrar of Nonprofit Organizations, Israel
Yad Levi Eskhol Archives
Yad-Tabenkin-Archiv/Hakibbutz-Hame'uhad-Archiv

Bücher, Artikel und Dokumente

Die Titel sind nach Möglichkeit in Übersetzung aufgeführt. Hebräische Verlage geben häufig keinen Publikationsort an. Wo nur das hebräische Datum genannt wird, ist das kalendarisch übliche in Klammern dahinter gesetzt.

Abkommen betreffend die Gesetze und Gebräuche des Landkriegs, unter: http://www.admin.ch/ch/d/sr/i5/0.515.112.de.pdf, zuletzt besucht am 24. März 2012

Admoni, Yehiel, *Asor Shel Shikul Da'at. Hahityashvut Me'ever Lekav Hayarok, 1967–1977* (Das Jahrzehnt des Gutdünkens. Siedlungspolitik in den Territorien, 1967–1977). Makhon Yisrael Galili Leheker Hakoah Hamagen/ Yad Ta¬benkin/Hakibbutz Hame'uhad 1992

Allon, Yigal, *Oral History*, Israel State Archives 154.0/1–19/5001/19–22–Alef. 23 Interviews, durchgeführt 1979 vom Davis-Institut der Hebräischen Universität

Amar, Shlomo, »Klalei Hadiun Bevakashot Legiur«, 17 Shvat, 5766 (15. Febr. 2006)

Anderson, Benedict, *Die Erfindung der Nation. Zur Karriere eines erfolgreichen Konzepts*, Berlin 1998

Aran, Gideon, »From Religious Zionism to Zionist Religion. The Roots of Gush Emunim«, *Studies in Contemporary Jewry* 2 (1986), S. 116–143

Arieli, Shaul, Michael Sfard, *Homah Umehdal. Geder Hahafradah-Bitahon O Hamdanuti* (Die Mauer der Torheit), Tel Aviv 2008

Aron, Raymond, *Hatragediah Ha'aljirit* (Die algerische Tragödie), hebräische Ausgabe mit einem Nachwort von Emmanuel Sivan, Tel Aviv 2005

Asch, Sholem, *Der Gott der Rache*, Berlin 1907

Association for Civil Rights in Israel, *Knesset 2010 Winter Session. Expectations and Concerns*, Oktober 2009

B. [ohne weitere Namensdetails], »Mekomam Shel Hovshei Hakipot Bapikud Hatakti Shel Tzahal«, *Ma'arakhot* 432 (2010), S. 50

Bareli, Avi, *Mapai Bereishit Ha'atzma'ut, 1948–1953*, Jerusalem 2007

Baron, Binyamin, »Ve'ein Shi'ur Rak Hatorah Hazot«, *Eretz Aheret*, Sept.– Okt. 2007, S. 56–65

Bashan, Anat, »Hadakah Hatishim«, *Korim 100*, 9. Aug. 2005, www.police. gov.il/meida-laezrach/pirsomim/KitveiEt/Documents/daka90.pdf, zuletzt besucht am 17. Nov. 2009 [Link offenbar ungültig, A. d. Ü.]

Ben-Ami, A. (Hg.), *Hakol. Gvulot Hashalom Shel Eretz Yisrael* (Hakol. Die Friedensgrenze Israels), Tel Aviv 1967

Ben-David, Dan, *Israel's Labor Market. Today, in the Past and in Comparison with the West*, Jerusalem 2010

Ben-Gurion, David, *Israel. Die Geschichte eines Staates*, Frankfurt am Main 1969

Ben-Horin, Michael (Hg.), *Baruch Hagever. Sefer Zikaron Lekadosh Dr. Baruch Goldstein*, Jerusalem Yehudah 5755 (1994/95)

Benziman, Uzi, *Yerushalayim. Ir Lelo Homah* (Jerusalem. Stadt ohne Mauer), Tel Aviv 1973

Benziman, Uzi, Atallah Mansour, *Dayyarei Mishneh* (Untermieter), Jerusalem 1992

Berman, Paul, *A Tale of Two Utopias. The Political Journey of the Generation of 1968*, New York 1996

Billig, Miriam, Dan Soen, S. Sorkraut, »Bnei Dor Hahemshekh Beyishuvim Hakehillati'im Beshomron Uvinyamin Venitioteheim Bevehirat Mekom Megurim Le'aher Hanisu'im« (Junge Leute in der zweiten Generation in der Region Shomron und ihre Ortsverbundenheit), in: *Mehkarei Yehudah Veshomron*, 10. Ariel, West Bank 2001

Blass, Nachum, *Israel's Educational System. A Domestic Perspective*, Jerusalem 2010

Blum, Yehuda Zvi, »Tzion Bemishpat Beinle'umi Nifdetah«, *Hapraklit* 27 (1971), S. 315–324

Borstein, Etti, »Noar Hagva'ot. Ben Hemshekhiut Lemered«, http://www.articles.co.il/article/4793, zuletzt besucht am 21. Mai 2009

Boyd, Stephen M., »The Applicability of International Law to the Occupied Territories«, *Israel Yearbook on Human Rights* 1 (1971), S. 258–26

Brenner, Uri, *Altalena. Mehkar Medini Utzva'i* (Altalena. Eine politische und militärische Studie), Hakibbutz Hameuchad 1978

Center for Women's Justice, »The Problem and Our Solutions«, www.cwj.org.il/the-problem-and-our-solutions, zuletzt besucht am 24. Mai 2012

Cohen, Bezalel, *Economic Hardship and Gainful Employment in Haredi Society in Israel. An Insiders Perspective,* Jerusalem 2006

Cohen, Hillel, *Good Arabs. The Israeli Security Services and the Israeli Arabs, 1948–1967,* Berkeley/Los Angeles 2010

Cohen, Stuart A., »Dilemmas of Military Service in Israel. The Religious Dimension«, *Tora u-Madda Journal* 12 (2004), S. 1–23

– »Tensions Between Military Service and Jewish Orthodoxy in Israel. Implications Imagined and Real«, *Israel Studies* 12.1 (2007), S. 103–126

– »Relationships between Religiously Observant and Other Troops in the IDF. Vision Versus Reality«, in: *The Relationship of Orthodox Jews with Believing Jews of Other Religious Ideologies and Non-Believing Jews,* hrsg. v. Adam Mintz, New York 2010

Declaration of the Establishment of the State of Israel, The, 14. Mai 1948, http://www.jewishvirtuallibrary.org/jsource/History/Dec_of_Indep.html, zuletzt besucht am 24. Mai 2012

Demant, Peter Robert, *Ploughshares into Swords. Israeli Settlement Policy in the Occupied Territories, 1967–1977,* Diss. an der Universiteit van Amsterdam 1988

Diamond, Jared, *Kollaps. Warum Gesellschaften überleben oder untergehen,* Frankfurt am Main 2011

Dinstein, Yoram, »Tzion Bemishpat Beinle'umi Tipadeh«, *Hapraklit* 27 (1971), S. 5–11

Don Yehiya, Eliezer, »The Bock and the Sword. The Nationalist Yeshivot and Political Radicalism in Israel«, in: *Accounting for Fundamentalisms. The Dynamic Character of Movements,* hrsg. v. Martin E. Marty u. R. Scott Appleby, Chicago 1994

– *Mashber Utmurah Bemedinah Hadashah. Hinukh, Dat Upolitikah Bama'avak Al Ha'aliyah Hagdolah* (Krise und Wandel in einem neuen Staat. Erziehung, Religion und Politik im Ringen um Masseneinwanderung in Israel), Jerusalem 2008

Douer, Yair, *Lanu Hamaggal Hu Herev II* (Unsere Sichel ist unser Schwert. Nachal-Siedlungen von 1967 bis 1992), [Efal] 1997

Drori, Ze'ev, *Bein Emunah Letzava. Gedud Hanahal Haharedi-Sikkuim Vesikkunim* (Zwischen Glaube und Militärdienst. Das Bataillon Haredi Nahal), Jerusalem 2005

Eisenstadt, David E., *Hatmurot Bigvulot Ha'ironiim (Municipaliim) shel Ye-rushalayim, 1863–1967* (Die Entwicklung von Jerusalems Stadtgrenzen, 1863–1967), Magisterarbeit, Bar-Ilan-Universität 1998

Eldar, Akiva, Idith Zertal, *Adonei Ha'aretz. Hamitnahalim Umedinat Yisrael, 1967–2004* (Herren des Landes. Die Siedler und der Staat Israel 1967–2004), Tel Aviv 2004

Endewald, Miri, et al. 2008, *Poverty and Social Gaps*. Annual Report, Jerusalem 2009

Felner, Eitan, Roly Rozen, *Law Enforcement on Israeli Civilians in the Occupied Territories*, Jerusalem 1994

Festinger, Leon, Henry W. Riecken, Stanley Schachter, *When Prophecy Fails*, New York 1964

Filber, Ya'akov Halevi, *Ayelet Hashahar*, Jerusalem 5728 (1967/68).

Fine, Jonathan, *Meshilton Koloniali Mandatori Limedinah Ribonit. Hakamat Ma'arekhet Hamemshal Hayisraelit Ben Hashanim, 1947–1951* (Von der kolonialen Mandatsherrschaft zu einem souveränen Staat. Die Entstehung des israelischen Regierungssystems zwischen 1947–1951), Diss. an der Hebräischen Universität von Jerusalem 2005

– *Kakh Noladnu. Hakamat Ma'arekhet Hamemshal Hayisraelit, 1947–1951* (Die Geburt eines Staates. Die Entstehung des israelischen Regierungssystems 1947–1951), Jerusalem 2009

Fischer, Louise, *Moshe Sharett. Rosh Hamemshalah Hasheni. Mivhar Te'udot Mepirkei Hayav 1894–1965* (Moshe Sharett. Der zweite Premierminister. Ausgewählte Dokumente 1894–1965), Jerusalem 2007

Fleishman, Larisa, Ilan Salomon, »Lashe'elah 'Heikhan Hakav Yarok?‹ Hateshuva ›Ma Zeh Hakav Hayarok‹«, *Alpaim* 29 (2005), S. 26–52.

Friedman, Menachem, *Hahevrah Haharedit. Mekorot, Megamot hetahalikhim*, Jerusalem 1991

– »The Lost Kiddush Cup. Changes in Ashkenazic Haredi Culture. A Tradition in Crisis«, in: *The Uses of Tradition. Jewish Continuity in the Modern Era*, hrsg. v. Jack Wertheimer, New York 1992

– »The Structural Foundations for Religio-Political Accommodation in Israel. Fallacy and Reality«, in: *Israel. The First Decade of Independence*, hrsg. v. S. Ilan Troen u. Noah Lucas, Albany 1995

– »Al Hanissim'-Prihato Shel ›Olam Hatorah‹ (Hayeshivot Vehakollelim) Biyisrael«, in: *Yeshivot Uvatei Midrashot*, hrsg. von Immanuel Etkes, Jerusalem 2006

Gans, Chaim, *A Just Zionism. On the Morality of the Jewish State*, Oxford 2008

Gazit, Shlomo, Peta'im Bemalkodet. Shloshim Shnot Mdiniut Yisrael Bashtahim (In der Falle), Tel Aviv 1999

Gelber, Yoav, *Lamah Perku Et Hapalmah. Hakoah Hatzva'i Bema'avar Meyishuv Limedinah* (Warum die Palmach aufgelöst wurde. Militärische Gewalt im Übergang von einem Jischuw zu einem Staat), Tel Aviv 1986

»Gilui Da'at«, www.zefat.net/images/stories/10_2010/esorrav.jpg, zuletzt besucht am 16. Jan. 2011 [Link offenbar ungültig, A. d. Ü.]

Ginbar, Yuval, *On the Way to Annexation. Human Rights Violations Resulting from the Establishment and Expansion of the Ma'aleh Adumim Settlement*, Jerusalem 1999

Gorenberg, Gershom, *The Accidental Empire. Israel and the Birth of the Settlements, 1967–1977*, New York 2006

– »At What Price«, *Mother Jones*, Juli–August 2003, S. 42–49

– *The End of Days. Fundamentalism and the Struggle for the Temple Mount*, New York 2002

– »Hot Shas«, *New Republic*, 25. Jan. 1999, S. 11 ff.

– »The Minister for National Fears«, *Atlantic Monthly*, Mai 2007, S. 84–90

– »The Thin Green Line«, *Mother Jones*, September–Oktober 2002, http://www.motherjones.com/politics/2002/09/thin-green-line

– »The War to Begin All Wars«, in: *New York Review of Books*, 28. Mai 2009, S. 38–41

Gottlieb, Daniel. *Ha'oni Vehahitnahagut Beshuk Ha'avodah Bahevrah Haharedit* (Armut und Verhalten auf dem Arbeitsmarkt unter der ultraorthodoxen Bevölkerung in Israel), Jerusalem 2007

Grinberg, Lev Luis. *Hahistadrut Me'al Lakol* (Histadrut über alles), Jerusalem 1993

– *Politics and Violence in Israel/Palestine. Democracy Versus Military Rule*, New York 2010

Gurovich, Norma, Eilat Cohen-Kastro, *Haharedim. Tifroset Geografit Ume¬fayanim Demografüm, Hevratiim Vekhalkaliim Shel Ha'ukhlusiah Haharedit Biyisrael, 1996–2001* (Ultraorthodoxe Juden. Geografische Verteilung und demografische, soziale und wirtschaftliche Merkmale der ultraorthodoxen jüdischen Bevölkerung in Israel), Jerusalem 2004

Haber, Eitan, *Hayom Tifrorz Milhamah* (Heute wird der Krieg ausbrechen. Die Erinnerungen von Brigadegeneral Israel Lior), Tel Aviv 1987

Haider, Ali (Hg.), *The Equality Index of Jewish and Arab Citizens in Israel, 2008*, Jerusalem 2009

»Hakod Ha'eti Shel Tzahal« http://dover.idf.il/IDF/About/Purpose/Code_Of_Ethics.htm, zuletzt besucht am 14. Juli 2009

Hareuveni, Eyal, *By Hook and by Crook. Israeli Settlement Policy in the West Bank*, Jerusalem 2010

Hertzberg, Arthur (Hg.), *The Zionist Idea. A Historical Analysis and Reader*, New York 1973

Herzl, Theodor, *Altneuland*, Leipzig 1902, http://www.zionismus.info/altneuland/altneuland.htm, zuletzt besucht am 24. Mai 2012

Hlehel, Ala (Hg.), *October 2008 in Akka (Acre). Course of Events*, Akkon 2008

Human Rights in Palestine and Other Occupied Arab Territories. Report of the United Nations Fact-Finding Mission on the Gaza Conflict, 25 Sept. 2009, www2.ohchr.org/english/bodies/hrcouncil/docs/12session/A-HRC-12-48.pdf, zuletzt besucht am 5. Mai 2012

International Crisis Group, »Israel's Religious Right and the Question of Settlements«, *Middle East Report* 89 (20. Juli 2009), http://www.crisisgroup.org/en/regions/middle-east-north-africa/israel-palestine/089-isra-els-religious-right-and-the-question-of-settlements.aspx, zuletzt besucht am 24. Mai 2012

Institute for National Security Studies, »Israel«, in: *Middle East Military Balance Files*, Tel Aviv 2009. http://www.inss.org.il/upload/%28FILE%291284986151.pdf, zuletzt besucht am 24. Mai 2012

»Isur Hishtatfut Be'akirat Yishuvim Uma'ahazim«, 29. Tishrei 5765 (15. Okt. 2010), rotter.net/User_files/forum/gil/41716f560ab30a49.pdf, zuletzt besucht am 1. Dez. 2010

Jerusalem Report Staff, *Shalom, Friend. The Life and Legacy of Yitzhak Rabin*, hrsg. v. David Horovitz, New York 1996

Judt, Tony, *Geschichte Europas von 1945 bis zur Gegenwart*, München 2006

Kaplan, Lawrence, »The Hazon Ish. Haredi Critic of Traditional Orthodoxy«, in: *The Uses of Tradition. Jewish Continuity in the Modern Era*, hrsg. v. Jack Wertheimer, New York 1992

Karp, Yehudit, *Hakirat Hashadot Neged Yehudim Biyehudah Veshomron*, Jerusalem 1982

Katz, Jacob, »Orthodoxy in Historical Perspective«, *Studies in Contemporary Judaism* 2 (1986), S. 3–17

Khalidi, Rashid, *The Iron Cage. The Story of the Palestinian Struggle for Statehood*, Boston 2006

Klein, Menachem, *Bar-Ilan. Akademiah, Dat Upolitikah* (Bar-Ilan. Universität zwischen Religion und Politik), Jerusalem 1998

– *The Shift. Israel-Palestine from Border Struggle to Ethnic Conflict*, London 2010

Kook, Avraham Yitzhak Hacohen, *Orot*, Jerusalem 5753 (1992/93)

Kook, Tzvi Yehudah Hacohen, *Lintivot Yisrael*, Jerusalem 5727 (1966/67)

Kretzmer, David, *The Legal Status of Arabs in Israel*, Boulder (Co.) 1990

– *The Occupation of Justice. The Supreme Court of Israel and the Occupied Territories*, Albany 2002

Lahav, Pnina, *Judgment in Jerusalem. Chief Justice Simon Agranat and the Zionist Century*, Berkeley 1997

Lammfromm, Arnon, Hagai Tsoref (Hg.), *Levi Eshkol. Rosh Hamemshalah Hashlishi* (Levi Eshkol. Der dritte Premierminister – Ausgewählte Dokumente 1895–1969), Jerusalem 2002

Leibowitz, Yeshayahu, *Judaism, Human Palues and the Jewish State*, Cambridge (Mass.) 1992

Lein, Yehezkel, *Land Grab. Israel's Settlement Policy in the West Bank*, Jerusalem 2002

– *Behind the Barrier. Human Rights Violations as a Result of Israel's Separation Barrier*, Jerusalem 2003

Lekhu Lahamu Belahmi, Harabbanut Hatzva'it 2009

Levi, Keren, *Tfisat Hazehut Hakollectivit A1 Markiveiha Hashonim Bekerev Noar Dati Leumi* (Die kollektive Identität von religiös-zionistischen Jugendlichen und ihre Bereitschaft, in der israelischen Armee zu dienen und das Gesetz zu befolgen), Magisterarbeit an der Bar-Ilan-Universität 2009

Levy, Yagil, »The Embedded Military. Why Did the IDF Perform Effectively in Executing the Disengagement Plan?«, *Security Studies* 16.3 (2007), S. 382–408.

- *Mitzava Ha'am Letzava Haperipheri'ot* (Von der Armee des Volkes zur Armee der Peripherien), Jerusalem 2007

- »The Case of the al-Aqsa Intifada. The Linkage between Israel's Military Policies and the Military's Social Composition«, *American Behavioral Scientist* 51.11 (2008), 1575–1589.

Makovsky, David, et al., *Imagining the Border. Options for Resolving the Israeli-Palestinian Territorial Issue*, http://www.theisraelproject.org/site/apps/nlnet/content2.aspx?c=hsJPKoPIJpH&b=4183369&ct=9040963, zuletzt besucht am 24. Mai 2012

Margalit, Avishai, *Über Kompromisse – und faule Kompromisse*, Berlin 2011

Medding, Peter, *The Founding of Israeli Democracy, 1948–1967*, New York 1990

Mei-Ami, Naomi, *Giyyus Talmidei Yeshivot Letzahal Vehok Dehiyat Sherut Letalmidei Yeshivot Shetoratam Umanutam (Hok Tal)*, Jerusalem 2007

»Mekhinot Kdam Tzvai'ot«, www.aka.idf.il/giyus/general/?CatID=23072&Doc ID=25015, zuletzt besucht am 21. Sept. 2010

Melamed, Eliezer, *Revivim*, Bd. 2, Jerusalem 5768 (2007/8)

Merom Golan, *Reshit*, Merom Golan 1977

Middle East Record, Bde. 3–5, Tel Aviv 1967/69

Mitchell, George J., et al., *Sharm El-Sheikh Fact-Finding Committee Report*, 30. April 2001, Washington, D. C., 2001, http://eeas.europa.eu/mepp/docs/mitchell_report_2001_en.pdf, zuletzt besucht am 23. Mai 2012

Morris, Benny, *The Birth of the Palestinian Refugee Problem Revisited*, Cambridge 2004

- (Hg.) *Making Israel*, Arm Arbor 2007

- *1948. The First Arab-Israeli War*, New Haven (Conn.) 2008

Nakdimon, Shlomo, *Altalena*, Jerusalem 1978

Naor, Arye, *Eretz Yisrael Hashlemah. Emunah Umdiniut* (Großisrael. Theologie und Politik), Haifa 2001

National Insurance Institute, *Riva'on Statisti*, Jerusalem April–Juni 2010

Navon, Yitzhak. *Be'emunato Yihiyeh. Leket Dvarim AZ David Ben-Gurion*, Sdeh Boker 1998

Negbi, Moshe, *Kevalim Shel Tzedek. Bagatz Mul Hamemshal Hayisraeli Bishtahim* (Die Justiz unter Besatzung. Das Oberste Gericht Israels gegen die Militärverwaltung in den besetzten Gebieten), Jerusalem 1981

Netzer, Moshe, *Netzer Mishoreshav. Sippur Haim* (Lebensgeschichte), Tel Aviv 2002

Newman, David, »The Territorial Politics of Exurbanization«, *Israel Affairs 1.1* (1996), S. 61–85

Newman, David (Hg.), *The Impact of Gush Emunim. Politics and Settlement in the West Bank*, London 1985

Nussbaum, Martha, C., *Nicht für den Profit. Warum Demokratie Bildung braucht*, Überlingen 2012

Olei Hagardom, Jerusalem 2009, cms.education.gov.il/NR/rdonlyres/125B3 67F-3304-4174-A710-FC61B439B5D7/104645/oleyGardom.pdf, zuletzt besucht am 10. Jan. 2010 [Link offenbar ungültig, A. d. Ü.]

Operation Cast Lead, Breaking the Silence 2009, http://hosting-source.bronto. com/11522/public/Breaking_the_Silence_-_Operation_Cast_Lead_report_-_ENG.pdf, zuletzt besucht am 21. April 2009

Oren, Michael B., *Six Days of War. June 1967 and the Making of the Modern Middle East*, New York 2002

Or Hame'ir, privat veröffentlichte Gedenkschrift für Unteroffizier Meir Shenwald, o. J. u. O.

Oz, Amos, *Eine Geschichte von Liebe und Finsternis*, Frankfurt 2004

Pappe, Ilan, *Die ethnische Säuberung Palästinas*, Frankfurt 2007

Peace Now Settlement Watch Team (Siedlungsüberwachung der israelischen Bürgerinitiative Schalom Achschaw), *Aveirah Goreret Aveirah. Bniyat Hahitnahaluyot A1 Karka'ot Beva'alut Pratit Palestinit* (Rechtsbrüche: Einer führt zum nächsten. Israelischer Siedlungsbau auf privatem palästinensischen Land), Jerusalem 2006

– *Illegal Construction in the Settlements. The List of Demolition Orders*, Jerusalem 2007

Pedatzur, Reuven, *Nitzahon Hemukhah. Mdiniut Memshelet Eshkol Bashtahim Le'ahar Milhemet Sheshet Hayamim* (Triumph der Beschämung. Israel und die besetzten Territorien nach dem Sechstagekrieg), Tel Aviv 1996

»Psak Halakhah Be'inyan Seruv Pekudah«, www.yeshiva.org.il/midrash/ shiur.asp?id=1978, zuletzt besucht am 12. Dez. 2010

Quandt, William B., *Peace Process. American Diplomacy and the Arab Israeli Conflict since 1967*, Washington, D. C., 1993

Rapoport, David C., »The Four Waves of Rebel Terror and September 11«, *Anthropoetics* 8.1 (2002), http://www.anthropoetics.ucla.edu/archive/ apo801.pdf, zuletzt besucht am 24. Mai 2012

Ravitzky, Aviezer, *Haketz Hameguleh Umedinat Hayehudim* (Messianismus, Zionismus und der jüdische religiöse Radikalismus), Tel Aviv 1993

Robinson, Shira Nomi, *Occupied Citizens in a Liberal State. Palestinians under Military Rule and the Colonial Formation of Israeli Society, 1948–1966*, Diss. an der Stanford University 2005

Rubinstein, Danny, *Mi Lashem Elai. Gush Emunim* (Auf der Seite des Herrn. Gusch Emunim), Tel Aviv 1982

Sa'di, Ahmad H., Lila Abu-Lughod (Hg.), *Nakba. Palestine, 1948, and the Claims of Memory*, New York 2007

Sagi, Avi, Zvi Zohar, *Transforming Identity. The Ritual Transformation from Gentile to Jew-Structure and Meaning*, London 2007

Sagi, Nana (Hg.), *Political Documents of the Jewish Agency*, Bd. 2, January–November 1947, Jerusalem 1998

Sartre, Jean-Paul, »Die Judenfrage«, in: *Drei Essays*, Frankfurt a. M./Berlin 1968, S. 108–190

Sasson, Talia, *Havat Da'at (Beina'im) Benose Ma'ahazim Bilti Murshim* (Anmerkungen zu ungenehmigten Außenposten), Jerusalem 2005

Scholem, Gershom, *The Messianic Idea in Judaism*, New York 1971

– *Sabbatai Sevi. The Mystical Messiah, 1626–1676*, Princeton (N. J.) 1973

Schwar, Harriet Dashiell (Hg.), *Foreign Relations, 1964–1968*, Bd. 19, *Arab-Israeli Crisis and War, 1967*, Washington, D. C., 2004

Segev, Tom, *Die ersten Israelis. Die Anfänge des jüdischen Staates*, München 2008

– *Es war einmal ein Palästina. Juden und Araber vor der Staatsgründung Israels*, München 2005

Shalev, Nir, et al., *The Ofrah Settlement. An Illegal Outpost*, Jerusalem 2008

Shamgar, Meir, »The Observance of International Law in the Administered Territories«, *Israel Yearbook on Human Rights* 1 (1971), 262–265.

Shamgar, Meir, et al., *Vaadat Hahakirah Le'inyan Hatevah Bime'arat Hamakhpelah Behevron. Din heheshbon*, Jerusalem 1994

Shapira, Anita, *Yigal Allon. Aviv Heldo* (Yigal Allon. Frühling seines Lebens), Tel Aviv 2004

Shapira, Yitzhak, Yosef Elitzur, *Torat Hamelekh. Dinei Nefashot Ben Yisrael Le'amim*, o. O. 5770 (2009)

Shapiro, Yonathan, *Illit Lelo Mamshikhim. Dorot Manhigim Bahevrah Hayisraelit* (Eine Elite ohne Nachfolger. Generationen politischer Führer in Israel), Tel Aviv 1984

– *Leshilton Behartanu. Darkah Shel Tun'at Haherut – Hesber Sotziologi-Politi* (Zum Befehl berufen. Der Weg der Cherut-Partei an die Macht. Eine soziopolitische Deutung), Tel Aviv 1989

Sharon, Ariel, mit David Chanoff, *Warrior. An Autobiography*, New York 2001

Shehadeh, Raja, *Occupiers Law. Israel and the West Bank*, Washington, D. C., 1985

Shilhav, Joseph [Yosseph], *Ultra-Orthodoxy in Urban Governance*, Jerusalem 1998

Shilhav, Joseph, Menachem Friedman, *Hitpashtut Tokh Histagrut. Hakehillah Haharedit Biyerushalayim* (Wachstum und Trennung. Die ultraorthodoxe Gemeinde von Jerusalem), Jerusalem 1985

Shlaim, Avi, *The Iron Wall. Israel and the Arab World*, New York 2001

Shvut, Avraham (Hg.), *Ha'aliyah El Hehar. Hahityashvut Hayehudit Hamithadeshet Biyehudah Veshomron* (Aufstieg zu den Bergen. Die Erneuerung der jüdischen Besiedlung in Judäa and Samaria), Jerusalem 2002

Silber, Michael, »The Emergence of Ultra-Orthodoxy. The Invention of a Tradition«, in: *The Uses of Tradition. Jewish Continuity in the Modern Era*, hrsg. v. Jack Wertheimer, New York 1992

Silberstein, Laurence J. (Hg.), *Jewish Fundamentalism in Comparative Perspective. Religion, Ideology and the Crisis of Modernity*, New York 1993

Soloveitchik, Haym, »Rupture and Reconstruction. The Transformation of Contemporary Orthodoxy«, in: *Jews in America. A Contemporary Reader*, hrsg. v. Roberta Rosenberg Farber u. Chaim I. Waxman. Hanover (N. H.) 1999, S. 320–376

Spiegel-Bericht (über israelische Siedlungen) www.haaretz.co.il/hasite/images/printed/P300109/uriib.mht, zuletzt besucht am 30. Apr. 2009 [Link offenbar ungültig, A. d. Ü.]

Sprinzak, Ehud, *Ish Hayashar Be'einav. Illegalism Behevrah Hayisraelit* (Ein jeglicher ist in seinen eigenen Augen gerecht. Illegalismus in der israelischen Gesellschaft), Tel Aviv 1986

– *Brother against Brother. Violence and Extremism in Israeli Politics from »Altalena« to the Rabin Assassination*, New York 1999

Stern, Elezar, *Masa Kumtah. Nivutim Begovah Ha'einayim* (Orientierungen), Tel Aviv 2009

Straffin, Philip D., *Topics in the Theory of Voting*, Boston 1980

Swirski, Shlomo, *The Burden of Occupation. The Cost of the Occupation to Israeli Society, Polity and Economy*, 2008 Update, Tel Aviv 2008

Tal, Ori, *Hametihut Bein Yehudim Le'aravim Bishkhunat Wolfson Be'akko*, Jerusalem 2006

Toledano, Esther, et al., *The Effect of Child Allowances on Fertility*, Jerusalem 2009

Tolstoj, Alexei, *Peter der Erste*, Berlin 1960

Tsur, Ilana (Regisseurin), *Altalena*, Dokumentarfilm, Israel 1994

Tsur, Zeev, *Mipulmus Hahalukah Ad Tokhnit Allon* (Vom Streit über die Teilung bis zum Allon-Plan), Ramat Efal 1982

– *Hakibbutz Hame'uhad Beyishuvah shel Ha'aretz* (HaKibbuz Hameuchad in der Besiedlung von Eretz Israel), Bd. 4, 1960–1980 [Efal] 1986

Tzaban, Dror, *Omdan Helki Shel Taktzivei Memshalah Hamufnim Lehitnahaluyot Bagadah Hama'aravit Ubiretzu'at Azzah Veshel Tiktzuv Ha'adef Bishnat 2001*, im Auftrag von Schalom Achschaw (Peace Now), January 2001

Ungar, Yaron, *Gvulot Hatziut Vehasarbanut Lapekudah Hatzva'it*, Jerusalem 2010

United Nations Palestine Commission, *First Special Report to the Security Council. The Problem of Security in Palestine*, 16. Febr. 1948, http://unispal.un.org/UNISPAL.NSF/0/FDF734EB76C39D6385256C4C004CDBA7, zuletzt besucht am 24. Mai 2012

United Nations Special Committee on Palestine, Report to the General Assembly, 3. Sept. 1947, http://unispal.un.org/unispal.nsf/0/07175de9fa2de563852568d3006e10f3, zuletzt besucht 12. März 2012

Wallerstein, Sebastian, Emily Silverman, *Housing Distress within the Palestinian Community of Jaffa. The End of Protected Tenancy in Absentee Ownership Homes*, Bimkom, 2009

Weber, Max, *Wirtschaft und Gesellschaft. Grundriss der verstehenden Soziologie*, besorgt von Johannes Winckelmann, 5. Aufl., Tübingen 1980

Weiss, Susan, et al., *The Interrogation of the Convert »X« by the Israeli Rabbinic Courts*, Jerusalem 2010

World Zionist Organization Settlement Division, »Hityahasut Hahativah Lehityashvut Behistadrut Hatzionit Ha'olamit Lehavat Da'at (Beina'im) Benose Ma'ahazim Bilti Murshim«, Mai 2005

Yanai, Natan, *Mashberim Politi'im Biyisrael. Tekufat Ben-Gurion*, Jerusalem 1982

Yavne, Lior, *A Semblance of Law*, Tel Aviv 2006

Yiftachel, Oren, *Ethnocracy. Land and Identity Politics in Israel/Palestine*, Philadelphia 2006

Yogev, Gedalia (Hg.), *Political and Diplomatic Documents, December 1947–May 1948*, Jerusalem 1979

Yossi, privat veröffentlichtes Gedenkbuch für Unteroffizier Yosef Weinstock, o. J. u. O.

Zamir, Eyal, *Admot Medinah Biyehudah hehashomron. Skirah Mishpatit* (Staatliches Land in Judäa und Samaria. Der rechtliche Status), Jerusalem 1985

Zulfan, Yossi, *Ha'ir Akko*, Jerusalem 2002

Zeitungen, Journale und Nachrichten-Websites

Alei Golan, Kibbutz Merom Golan
Arutz Sheva Hadashot (inn.co.il)
Bamahaneh, Tel Aviv
Besheva
Bitterlemons (bitterlemons.org)
CNN (cnn.com)
Davar, Tel Aviv
Eretz Binyamin (binyamin.org.il)
Forward, New York
Gallup (gallup.com)
Ha'aretz/The Marker, Tel Aviv
Hamashkif, Tel Aviv
Hatzofeh, Tel Aviv
Hayom, Tel Aviv
Jerusalem Post
Jerusalem Report
Kipah (kipa.co.il)
Lamerhav, Tel Aviv
Ma'ariv, Tel Aviv
Nekuda, Jerusalem
News from the Shomron (shechem.org)
New York Review of Books
New York Times
NRG (nrg.co.il)
Olam Katan Walla (news.walla.co.il)
The Washington Post
Yediot Aharonot, Tel Aviv
Yisrael Hayom, Tel Aviv

Ynet (ynet.co.il)

Zra'im

Weitere Websites

Atar Hatmikhot (israelisches Finanzministerium): tmichot.gov.il
Außenministerium, israelisches: mfa.gov.il
Bemuna: bemuna.co.il
Bnei David-Eli: bneidavid.org
B'Tselem: btselem.org
Central Bureau of Statistics: cbs.gov.il
Central Intelligence Agency: cia.gov
Danny Danon: dannydanon.com
Erziehungsministerium, israelisches: cms.education.gov.il
Genfer Initiative: geneva-accord.org
Im Tirtzu: imti.org.il
Israels Sicherheitszaun: seamzone.mod.gov.il
Jerusalem Institute of Israel Studies: jiis.org
Knesset: knesset.gov.il
Manhigut Yehudit: he.manhigut.org
Menachem Begin Heritage Center: begincenter.org.il
New Israel Fund: nif.org
Rechnungshof, israelischer: mevaker.gov.il
Schalom Achschaw (Peace Now): peacenow.org.il
She'ilat Shlomo: havabooks.co.il
Shvut Ami: svotamy.fav.co.il
Talmudschule Akko: yakko.co.il
Talmudschule Od Yosef Hai: odyosefchai.org.il
US-Außenministerium: state.gov
Yizkor: izkor.gov.il

Gesetze (Israel)

Dinei Hamoatzot Hamekomiot Vehamoatzot Ha'eizoriot Be'eizor Yehudah
    Veshomron, 1996
Hok Ha'ezrahut, 1952
Hok Hama'avar, 1949
Hok Hashvut, 1950
Hok Hinukh Mamlakhti, 1953
Hok Leha'arakhat Tokpan Shel Takanot Sha'at Herum (Aveirot Bashtahim
    Hamuhzakim-Shiput Ve'ezrah Mishpatit), 1967, 1977

Hok Limmud Hovah, 1949
Hok Ma'amad Hahistadrut Hatzionit – Hasokhnut Hayehudit Le'eretz Yisrael, 1952
Hok Mosdot Hinukh Tarbutiim Yihudiim, 2008
Hok Nikhsei Nifkadim,1950
Hok Sherut Bitahon, 1949
Hok Yesod: Hofesh Ha'isuk, 1992
Hok Yesod: Kvod Ha'adam Veheruto, 1992

Juristische Fälle (Israel)

A144/06: Oberste Militärstaatsanwaltschaft gegen Hauptmann Moshe Peretz Botavia Gonen
Administratives Berufungsverfahren 1789/10: Esther Saba et al. gegen staatliche Liegenschaftsverwaltung et al.
CA 72/62: Oswald Rufeisen gegen Innenministerium
CA 6821/93: Mizrahi-Bank gegen Migdal Kfar Shitufi
HCJ 73/53: Kol Ha'am gegen Innenministerium
HCJ 390/79: Duweikat et al. gegen den Staat Israel et al.
HCJ 6698/95: Aadel und Iman Ka'adan gegen staatliche Liegenschaftsverwaltung et al.
HCJ 7622/02: David Zonshein et al. gegen Generalstaatsanwaltschaft
HCJ 10296/02: Gewerkschaft der Hochschullehrer gegen Erziehungsministerium
HCJ 8060/03: Aadel und Iman Ka'adan gegen staatliche Liegenschaftsverwaltung et al.
HCJ 11163/03: Übergeordneter Überwachungsausschuss für Arabische Angelegenheiten et al. gegen den Premierminister von Israel
HCJ 1661/05: Regionalrat Hof Aza et al. gegen Knesset et al.
HCJ 6357/05: Schalom Achschaw (Peace Now) et al. gegen Verteidigungsministerium et al.
HCJ 8414/05: Yassin gegen Staat Israel et al.
HCG 9051/05: Schalom Achschaw (Peace Now) et al. gegen Verteidigungsministerium et al.
HCG 3008/06: Schalom Achschaw (Peace Now) et al. gegen Verteidigungsministerium et al.
HCJ 8887/06: Yussuf Musa Abed a-Razek al-Nabut et al. gegen Verteidigungsministerium et al.
HCJ 4805/07: Israel Religious Action Center gegen Erziehungsministerium
HCJ 8036/07: Fatina Ebriq Zubeidat et al. gegen staatliche Liegenschaftsverwaltung et al.
HCJ 9060/08: Nadmi Hassan Muhammad Salman et al. gegen Verteidigungsministerium et al.

PCA 5716/08: Oberste Militärstaatsanwaltschaft gegen Hauptmann Moshe Botavia

Interviews

Aasi, Samir, 14. Dez. 2009
Abou Shehadeh, Sami, 8. Juli 2010
Admoni, Yehiel, 12. Dez. 2003
Agbariya, Ahmad, 8. Juli 1999
Ahmed, Abdulkarim Ayoub, 2. Jan. 2008
Alfon, Dov, 14. Apr. 2010
Alpher, Yossi, 21. Febr. 2002
Ariel, Noa, 28. Okt. 2009
Ariel, Yisrael, 28. Okt. 2009
Azaryahu, Arnan (Sini), 5. Nov. 2003
Bar, Carmel, 3. Nov. 2003
Bareli, Avi, 3. Sept. 2009
Bauer, Ze'ev, 14. Sept. 2009
Ben-Porat, Eran, 27. Okt. 2009
Ben-Shushan, Eliad Eliahu, 10. Dez. 2009
Billig, Miriam, 15. Dez. 2009
Brasher, Brenda, 5. Sept. 2000
Caplan, Kimmy, 10. Sept. 2009
Cohen, Bezalel, 3. Sept. 2009
Cohen, Liat, 10. Dez. 2009
Cohen, Nachshon, 9. Dez. 2009
Cohen, Stuart, 20. März 2009
Dabit, Busayna, 20. Dez. 2009
Dahan, Sharon, 9. Dez. 2009
de Hartog, Amnon, 6. Dez. 2009
Drori, Ze'ev, 26. Apr. 2009
Eisenstadt, David, 21. Jan. 2003
Ehrlich, Yifat, 24. Febr. 2003
Eliahu, Ariel, 4. Nov. 2009
Eliraz, Kobi, 28. Juli 2010
Etkes, Dror, 3. März 2009, 16. Okt. 2009, 12. Juli 2010
Ezrahi, Yaron, 11. Mai 2009, 16. Aug. 2009
Fine, Jonathan, 13. Dez. 2009
Fischer, Shlomo, 4. Okt. 2009
Friedman, Menachem, 29. März 2009, 11. Okt. 2010
Genad, Roni, 17. März 2009
Golani, Motti, 9. Juli 2007
Goldschmidt, Ronny, 22. Aug. 2010

Gottlieb, Daniel, 25. Nov. 2009
Gouri, Haim, 6. Aug. 2003, 12. Sept. 2003, 28. Okt. 2003, 9. Juli 2004
Grinberg, Lev, 11. Sept. 2009
Hagar, Moshe, 26. Okt. 2009
Harel, Itay, 17. März 2009
Harel, Yehudah, 4. Nov. 2003
Harel, Yisrael, 23. März 2004
Haviv, Itai, 12. Juni 2002
Hawary, Sami, 8. Dez. 2009
Horovitz, Pnina, 18. Juli 2010
Hurvitz, Einat, 3. Jan. 2011
Ilany, Yudit, 12. Aug. 2010
Jabareen, Tawfiq, 2. Juni 2003
Jabarin, Shawan, 8. Aug. 2010
Jbarah, Hussein, 29. Juli 2010
Karlinsky, Nahum, 1. Nov. 2009
Karp, Yehudit, 8. Aug. 2010
Khalil, Suheila, 8. Dez. 2009
Kirshenbaum, Fania, 15. Okt. 2006
Krebs, Ronald, 25. Juli 2010
Kretzmer, David, 2. Febr. 2006, 29. Juni 2006, 21. Sept. 2010
Kuttab, Jonathan, 16. Juli 2010
Lahat, Shlomo, 26. Aug. 2003
Lein, Yehezkel, 23. Febr. 2003
Levy, Yagil, 8. März 2009, 15. März 2009
Lieberman, Avigdor, 15. Nov. 2006
Mahameed, Hashem, 2. Juni 2003
Mali, Eliyahu, 12. Aug. 2010
Maswari, Abd al-Aziz Abu Isba, 29. Juli 2010
Meinrat, Gershon, 4. Nov. 2003
Melchior, Michael, 16. März 2009
Meron, Theodor, 12. Juni 2007
Mirsky, Yehudah, 23. Aug. 2009, 14. Sept. 2009
Moskovic, Moshe, 24. Dez. 2003, 31. Dez. 2003, 12. Jan. 2004
Naeh, Eli, 27. Okt. 2009
Naor, Arye, 21. Dez. 2009
Negbi, Moshe, 11. Nov. 2005, 7. Juli 2010
Nevo, Galit, 10. Dez. 2009
Nissim, Yitzhak, 25. März 2009
Odeh, Ahmed, 8. Dez. 2009
Ofran, Hagit, 24. Nov. 2010
Omari, Suheil, 8. Dez. 2009
Paparin, Sara, 8. Dez. 2009
Paz, Ilan, 16. Sept. 2010
Perry, Yaakov, 9. Juli 2007

Peters, Gretchen, 24. März 2009
Porat, Hanan, 3. Sept. 2003, 30. Okt. 2003, 27. Mai 2004
Raz, Avi, 31. Aug. 2009
Reznikovich, Naftali, 9. Dez. 2009
Rozovsky, Yosef, 27. Okt. 2009
Rubin, Yishai, 9. Dez. 2009
Rubinstein, Meir, 27. Okt. 2009
Saifi, Johayna, 10. Dez. 2009
Sasson, Talia, 17. März 2009
Sat, Eytan, 5. Nov. 2003
Sfard, Michael, 20. Dez. 2009
Shalev, Nir, 15. Sept. 2010
Shamgar, Meir, 13. Juli 2010
Shbaytah, Fadi, 8. Juli 2010
Shehadeh, Raja, 14. Juli 2010
Shilhav, Yosseph, 19. Nov. 2009
Shoval, Ronen, 4. Febr. 2010
Shushan, Itzik, 5. Juli 2010
Siksek, Omar, 11. Juli 2010, 21. Juli 2010
Skali, Cheftziba, 29. Okt. 2010
Sklar, Lea, 28. Febr. 2003
Spiegel, Dror, 4. Nov. 2009
Sullaiman, Mohammed, 12. Juli 2010
Tikochinski, Shlomo, 27. Okt. 2009
Tirza, Dany, 7. Apr. 2003
Tzaban, Dror, 5. Febr. 2003
Wallerstein, Pinchas, 22. Juni 2010, 9. Aug. 2010
Wreshner, Noam, 8. Dez. 2009
Yinon, Avigail, 15. Dez. 2009
Zabari, Menachem, 23. Aug. 2010
Zar, Itai, 28. Okt. 2009
Zecharia, Shlomy, 20. Dez. 2009, 7. Nov. 2010
Zohar, Zvi, 15. Mai 2008

Studenten an den Lehranstalten Elisha und Beit Yatir und der Hesder-Tal-mudschule in Akko; Soldaten der Netzah-Yehudah-Brigade; Bewohner in Außenposten, Akko, sowie Charedim ohne Angabe des Ortes.

Register